A History of Modern Tunisia

ケネス・パーキンズ［著］
鹿島正裕［訳］

チュニジア近現代史

民主的アラブ国家への道程

風行社

A HISTORY OF MODERN TUNISIA (2nd ed.)

by Kenneth Perkins

Japanese translation published
by arrangement with Cambridge University Press
through The English Agency (Japan) Ltd.

チュニジアに連れて行くことを楽しみにしている
レベッカとダラムに捧げる

〔目　次〕

凡例……5
地図一覧……6
図版一覧……7
謝辞……9
近現代チュニジアの政治家人名録……11
第二版への序文……26
第一版への序文……32
第一章　バルドへの道　一八三五―一八八一年……45
第二章　チュニジアは誰のものか？　一八八一―一九一二年……80
第三章　身構え　一九一二―一九四〇年……122

第四章　関係の見直し　一九四〇—一九五六年……159
第五章　独立国家が進路を定める　一九五六—一九六九年……190
第六章　政権の確立と反政府活動の激化　一九六九—一九八七年……220
第七章　「新しい」チュニジアにおける継続性と革新　一九八七—二〇〇三年……254
第八章　尊厳・自由・正義のための革命……285

日本語版への追記……340

原注……344
訳者後書き……363
索引……*i*

【凡例】

・地図のすべてと図版のほとんどを再掲したが、一部の図版は版権の問題で割愛した。参考文献紹介も省略した。

・チュニジアの公用語はアラビア語であるが、アラビア語は書き言葉とアラブ各国方言の話し言葉がそうとう異なっており、人名・地名も書き言葉の発音と現地方言での発音が異なることが多い。さらに、チュニジアでは現在もフランス語が広く用いられているので、原著でもしばしば人名・地名が現地方言の発音によりフランス語風に表記されており、その日本語での読み方もフランス語風にした。ただし、フランス語では「h」を発音しないがアラビア語ではするので日本語でもそう読み、母音を伴わない時は前後の音節に応じて「ハ」もしくは「フ」とした。

・チュニジア以外の国の人名・地名は原著の英語風（マグレブ諸国についてはしばしばフランス語風）表記に従って、英語風の読み方にしているが、日本の主要新聞等に頻出するものは慣例に従った（チュニジアの場合も同じ。たとえば、カルタジュ→カルタゴ）。アラビア語では長音がよく使われるが、英語表記や、多くの場合それに基づく日本語表記では短音とされることが一般的である（たとえば、イスラーム→イスラム）。ただ、子音のみの音節と間違われそうな場合は長音とした（たとえば、ラシド→ラシード）。

・チュニジアの政党・団体名や新聞・雑誌・映画名等も、多くはフランス語で書いてあり、英訳が付いていない場合も日本語訳し、初出時にフランス語の読み方をルビにふった。アラビア語名が英語風表記で書いてある場合、それを日本語読みにするとともに、フランス語訳か英訳が付してあれば和訳を付したが、アラビア語のみの場合は和訳を試みなかった。

・原著者が本文中に［　］で補筆してある場合と、訳者が〔　〕で注をつけた場合があるが、どちらも活字を小さくしてある。

◎地図一覧

チュニジア……24―25
1・1　チュニスと近郊、一八九八年頃……60―61
2・1　諸都市と諸部族、一九一二年頃……83
2・2　入植者の所有地、一九一一年頃……94―95
2・3　鉄道・道路網、一九〇四年頃……104―105

◎図版一覧

1.1 バルド宮殿の玉座室（議会図書館、印刷物・写真部）……46
1.2 ザイトゥーナ・モスクを出て行く礼拝者（議会図書館、印刷物・写真部）……55
1.3 サディキ大学（著者の収集品）……75
2.1 フランス通り、一九二〇年頃（著者の収集品）……87
2.2 植民者《コロン》の穀物倉庫（著者の収集品）……97
2.3 チュニス－ラ・グーレット－ラ・マルサ鉄道の列車（議会図書館、印刷物・写真部）……106
3.1 アブド・アル＝アジーズ・サアルビ（著者の収集品）……128
3.2 ネオ＝ドゥストゥール党政治局の指導者たち（チュニスの民族運動史高等研究所《アンスティチュ・シュペリユール・ディストワール・デュ・ムブマン・ナショナル》）……151
3.3 アブール・カシム・アル＝シャッビとフマイス・タルナン（著者の収集品）……155
3.4 一九三八年四月の民族主義的抗議を記念するポスター（著者の収集品）……157
4.1 シャルル・ドゴール将軍、アミン・ベイ、シャルル・マスト統監、一九四三年（議会図書館、印刷物・写真部）……163
4.2 労働運動指導者のファルハト・ハシェドとムハンメド・アリ（著者の収集品）……169
4.3 スースの殉教者広場《プラス・デ・マルティール》（著者の収集品）……181
4.4 ハビブ・ブルギバのチュニス帰還、一九五五年六月一日（チュニスの民族運動史高等研究所）……188
5.1 サラハ・ベン・ユスフ（チュニスの民族運動史高等研究所）……192
5.2 身分法を宣伝する郵便切手、一九五八年（著者の収集品）……196

5・3　机に向かうハビブ・ブルギバ大統領、一九六五年頃（チュニスの民族運動史高等研究所）……209
5・4　モナスティルのビーチ、一九八五年頃（著者の収集品）……215
6・1　「私はチュニジア生まれだ」（著者の収集品）……225
7・1　ザイン・アル＝アビディン・ベン・アリ（著者の収集品）……255
7・2　チュニジアの映画（ロイ・アームズ教授のご厚意による）……260
8・1　革命を記念する郵便切手、二〇一一年（著者の収集品）……297
8・2　革命の象徴的殉教者、ムハンマド・ブーアジージを称える郵便切手、二〇一一年（著者の収集品）……297
8・3　首相府前の抗議者、二〇一一年二月（エイダン・ルイス氏のご厚意による）……304
8・4　チュニスでの革命の落書き、二〇一一年二月（エイダン・ルイス氏のご厚意による）……327
8・5　チュニスの投票所での投票者、二〇一一年一〇月（カーター・センターのデボラ・ヘイクス氏のご厚意による）……328
8・6　ザグワン地方の投票者が、投票した証拠としてインクのついた指を誇らしげに示すさま、二〇一一年一〇月（レイラ・ブラッキング氏のご厚意による）……330
8・7　ザグワンでの投票集計、二〇一一年一〇月（レイラ・ブラッキング氏のご厚意による）……331

謝　辞

本書を彩る図版を選ぶ必要から、私は過去四〇年間にチュニジアで集めた写真・切手・絵葉書、その他雑多なチラシ等のコレクションを精査するという楽しい課題と取り組んだ。そのために、より古い図版の保管場所を探す必要にも迫られた。民族運動史高等研究所《アンスティチュ・シュペリユール・ディストワール・デュ・ムブマン・ナショナル》の保有する写真を探し複写するうえで、チュニス・マグレブ研究センター《サントル・デチュド・マグレビンヌ・ア・チュニス》（ＣＥＭＡＴ）の前所長ジェームズ・Ａ・ミラー博士が助けてくださったことに感謝する。同研究所のＭ・ファイサル・シェリフ氏は、私が求めた写真を親切にも利用させてくださったし、また所長のファウジ・マハフーディ博士は、それらの図版をこの第二版でもまた使用することを許可してくださったので、お二人にも感謝する。

南カロナイナ大学教育サービスセンターのキース・マッグロー氏は、絵葉書や切手やスライドを、出版に適した図版へと変換するのに必要な技能を与えてくれたし、歴史学部はこのプロジェクトに資金を提供してくれた。またカーター・センターは、二〇一一年一〇月のチュニジア制憲議会選挙の国際監視団に加わるよう招待してくれ、そのおかげで私は革命後のチュニジアを初めて見るとともに、選挙が地元の責任部局によっていかに準備され実施されるかを学ぶことができたので、感謝している。

カーター・センターのデボラ・ヘイクス、チュニジアにおける私の監視パートナーだったレイラ・ブラッキング、写真を使わせてくれたＢＢＣのエイダン・ルイス、そして風刺画の一つを使わせてくれたビル・モールディンの遺産管理者に、とくに感謝する〔風刺画は、版権の問題で翻訳書では掲載していない〕。

二〇〇二―二〇〇三年のサバティカル休暇のおかげで、本書の第一版の完成が早まった。妻のマーガレットがモロッコ・アガディールのイブン・ズフル大学英語学部におけるフルブライト学者に任命されたおかげで、私たちは北アフリカでその年を過ごすことができた。チュニジアについて書きながらモロッコで暮らすことは正統的とは言えなかったかも知れないが、それによって私は両国の類似性と異質性についての理解を大いに深められたので、マーガレットがこの経験をさせてくれたことに大変感謝している。

◎近現代チュニジアの政治家人名録

アシュール、ハビブ（一九一三―一九九九年）
組合指導者で労働者の権利の擁護者。社会主義ドゥストゥール党の忠実な党員としての長い経歴にもかかわらず、同党の経済政策が一九七〇年代にチュニジア労働総同盟《ユニオン・ジェネラル・デ・トラバユール・チュニジアン》（ＵＧＴＴ）のメンバーに及ぼした悪影響に対して、非常に批判的だった。一九七八年の暴動後一時投獄され、一九八一年に組合活動を再開したが、ライバルの労働組合を政府が後援するのを非難したあと、一九八五年に再逮捕された。一九八八年の釈放後は、さらなる活動を避けた。

アハマド・ベイ（一八〇六―一八五五年）
フサイン朝の一〇代目の君主、在位一八三七―一八五五年。チュニジアを外国の侵略より守ろうとする狙いから彼が導入した西洋化改革は、破滅的に高くついた。彼の死後も存続した事業はほとんどなかったが、その治世はのちの多くのチュニジア指導者に、国際問題にかかわる最初の経験を与えた。

アミン・ベイ（一八七九―一九六二年）
フサイン朝の一九代目で最後の君主、在位一九四三―一九五七年。退位させられたモンセフ・ベイに交替したあと、ネオ＝ドゥストゥール党・フランス当局の双方と良い関係を維持しようとした。しかし独立後のチュニジア政府は、競合する権威のありかを除きたかったので、君主制廃止の前触れとして彼の退位を要求した。

バシュ＝ハムバ、アリ（一八七六―一九一八年）

青年チュニジア党の活動家。サディキ大学同窓会《アソシアシオン・デザンシアンゼレーブ・デュ・コレージュ・サディキ》を一九〇五年に結成し、一九〇七年にはチュニジア人の発行する初のフランス語新聞『チュニジア人《ル・チュニジアン》』の共同創設者にして政治部長となった。チュニスの電車体系を、チュニジア人職員とヨーロッパ人職員を平等に扱わせようと試みてボイコットする運動を組織したため、一九一二年に国外追放されイスタンブールで客死した。

ベン・アリ、ザイン・アル＝アビディン（一九三六年―）

一九八七年から二〇一一年のチュニジア大統領。陸軍退役後に大使や閣僚に任命され、首相となり、ハビブ・ブルギバを引退させて大統領となった。彼の経済政策はほとんどのチュニジア人の生活の質に改善をもたらしたが、意味ある政治的多元主義を実現するという誓約はけっして実行されなかった。政権のイスラム主義的反対派は一九九〇年代に根絶され、世俗的反対派は政治的領域での意義ある役割から体系的に排除された。在職の最後の一〇年は、汚職・収賄・縁故主義やその他の形態の腐敗に関する広範な告発で傷つけられ、最後には彼とその強く嫌われた妻、レイラ・トラベルシは出国、サウジアラビア亡命に追いこまれた。

ベン・アンマル、タハル（一八八九―一九八五年）

ドゥストゥール党の創設に参加した政治家で、それを捨てて改革党《パルティ・レフォルミスト》を選び、その後いかなる特定政党とも関わりを避けて大評議会のメンバーを一九二八年から一九三四年まで、そして第二次大戦後は議長を務めた。一九五五年に首相に指名され、まず国内自治、ついで保護国の終焉を導いた交渉を監督した。

ベン・ジャーファル、ムスタファ（一九四〇年―）

ブルギバ後時代の野党政治指導者で人権活動家。一九七〇年代にチュニスで医者として働きながら、チュニジア人権連盟《リグ・チュニジエンヌ・デ・ドロワ・ド・ロム》（ＬＴＤＨ）の創設を助け、同国でこの種の最初の組織とした。一九九四年に労働と自由のための民主フォーラム《フォロム・デモクラティク・プール・ル・トラバーユ・エ・レ・リベルテ》（ＦＤＴＬ）を創設し、それは二〇〇二年まで認可されなかったが、その後はベン・アリ下で許されたわずかな野党の一つとなった。ベン・ジャーファルは、二〇〇九年の選挙で大統領に対抗出馬しようと試みたが、立候補を認められなかった。革命後、短期間保健相を務め、制憲議会選挙のために新党エッタカトル（ブロック）を準備するのにもっとも熱心だった。同党の相対的成功により、二〇一一年一二月に議会議長となった。

ベン・サラハ、アハマド（一九二六年―）

政治活動家で労働者の組織者。一九六一年に計画相に指名され、脱植民地後の経済開発という課題を与えられた。農業を国家統制下におこうと努力して強い批判を招き、腐敗や誤った管理への非難も加わって罷免され、一九六九年に逮捕された。一九七三年に亡命したのち人民統一運動《ムブマン・ド・リュニテ・ポピュレール》（ＭＵＰ）を組織し、ブルギバ失脚後一九八八年に暫時チュニジアに戻った。しかしＭＵＰの公認を得られなかったので、二〇〇〇年まで亡命を続けた。同党は革命後ついに法的地位を得たが、二〇一一年の制憲議会選挙では振るわなかった。

ベン・ユスフ、サラハ（一九二〇―一九六一年）
ネオ・ドゥストゥール党の闘士で、独立前夜に党の支配を巡ってハビブ・ブルギバに挑戦した。ブルギバのフランス人と妥協しがちなこと、世俗的志向、汎アラブ主義への嫌悪を批判して公然たる反乱を煽り、それはフランスの助力によってようやく鎮圧された。一九五六年に国を離れたが、カイロから、暗殺されるまでブルギバを攻撃し続けた。

ブーアジージ、ムハンマド（一九八四―二〇一一年）
国の経済的に貧しい内陸部のシディ・ブージドの路上物売り人。個人的な経済的苦境と、自分を地元警察ほかの役人によるいじめの犠牲者と考えたことから、二〇一〇年一二月、自分や他の多くの同時代人の状況への劇的な公開抗議として、ガソリンをかぶりマッチで火を着けた。ブーアジージは、数週間後チュニスの病院で、この自ら招いた火傷のため死亡した。彼は、やがてベン・アリ政権を倒した革命の象徴となり、多くのチュニジア人は彼の死がこの革命を引き起こしたと信じた。革命は、彼の自殺のあるなしにかかわらず起きたであろうことはまず確実だが、彼の不毛な行為が、その後街頭に跳び出した他の若いチュニジア人の怒りと葛藤を表現したことは疑えない。

ブルギバ、ハビブ（一九〇三―二〇〇〇年）
民族主義の指導者でネオ・ドゥストゥール党の共同創設者、独立チュニジアの初代首相、そして一九五七年から、一九八七年に健康上の理由で罷免されるまでの同国大統領。フランス支配を終わらせるための彼のプラグマティックな戦略が反植民地主義運動を率い、また彼の攻撃的に近代主義で断固として世俗的な哲学が、脱植民地後の国家における政策形成を方向付けた。

カンボン、ポール（一八四三—一九二四年）

一八八二年から一八八六年のフランス統監。チュニジアにおけるフランスの初代最高責任者として、保護国を樹立した条約で合意された諸改革の実施を監督した。ベイの主権という外見を保ちつつ、自己とフランス人行政官の少数幹部に実権を留保するという彼の決定によって、一つの基本型が確立され、それは後継者たちにとっての規範となった。

ガンヌーシ、ムハンマド（一九四一年—）

ガンヌーシが国際協力・外国投資相を何年か効果的に務めたあと、ベン・アリは一九九九年に彼を首相に指名した。ガンヌーシは、この独裁体制の最後の時期の目に余るスキャンダルからだいたいにおいて距離を保ったが、それでも独裁者やその取巻きとの密接な関係によって汚された。大統領が最後に内閣の長に選んだ者として、二〇一一年の革命の際、彼は不可避的に抗議者たちの反感の標的となった。ベン・アリが逃げたあと、ガンヌーシは大統領職に就こうとしたが、その野心は他の政治エリートによって妨げられ、彼は首相にとどまった。革命後、彼は挙国一致政権を形成しようと努めたが、民主立憲連合《ラサンブルマン・コンスティチュショネル・デモクラティク》（ＲＣＤ）の旧指導者たちが引き続き留任することや、首相が彼らの多くと見たところ親密なことに多くの市民が反発したため、それは不評だった。ますます声高になる批判者たちを静めることができず、ガンヌーシは二月末に職を辞し、ベジ・カイド・アル＝セブシが首相として率いる、より安定した暫定政府に道を開いた。

ガンヌーシ、ラシード（一九四一年―）

イスラム的価値の復興に献身する協会であるイスラム潮流運動《ムブマン・ド・ラ・タンダンス・イスラミク》（ＭＴＩ）を、一九七九年に創設した。ブルギバ時代の末期に二度投獄されたが、ベン・アリ大統領がイスラム諸集団との関係改善を求めたので、一九八八年に釈放された。彼のアル＝ナハダ（再生）党が一九八九年の選挙に立つのを政府が禁じたあと、亡命してイギリスに落ち着いた。続いて、チュニジア当局は彼が暴力の波を引き起こしたと非難し、政府の転覆を謀ったかどで（欠席裁判により）有罪とした。革命後、彼はチュニジアに戻り、アル＝ナハダ党復活のために働き、二〇一一年の制憲議会選挙でその勝利をもたらした。その後公式には引退したが、精神的指導者として党の諸機関において相当な影響力を維持した。

ゲッラティー、ハサン（一八八〇―一九六六年）

青年チュニジア党の活動家で、一九一二年のチュニス電車ボイコットで果たした役割ゆえに国外追放された。第一次大戦後帰国し、ドゥストゥール党を結成したかつての同志たちと袂を分かち、一九二一年に、それほど戦闘的でない改革党を組織した。フランスの自由主義者たちは彼の穏健な哲学を称えたが、それはチュニジア人の間ではほとんど支持者を見出せず、同党は速やかに消滅した。

ハシェド、ファルハト（一九一三―一九五二年）

労働者の組織者で、一九四六年にチュニジア労働総同盟（ＵＧＴＴ）を創設した。労働者をネオ＝ドゥストゥール党の政治目標支持に動員して、同党の要求に勢いを加え、フランスの植民者や行政官の憎しみを買った。彼は暗殺されて民族主義運動の著名な殉教者となり、国中で暴力の激発を引き起こした。

ジェバリ、ハンマディ（一九四九年―）

技師としての訓練を受けたが、ジェバリは一九八〇年代初期にイスラム潮流運動に参加した。一九九〇年代初期に、アル＝ナハダ党の新聞『アル＝ファジュル（夜明け）』の編集者となり、その後ベン・アリ政府転覆の陰謀に加わって有罪とされた。二〇〇六年まで投獄されたが、その年に一斉大赦の適用を受け、イスラム団体での活動を再開した。革命後のアル＝ナハダ党合法化によって同党の主要な代弁者の一人となり、二〇一一年の制憲議会選挙で勝利したのち、国の首相となった。革命後もっとも深刻な公衆デモのさなか、二〇一三年二月に彼は辞任したが、それは左翼政治家のシュクリ・ベライド暗殺後、事実上全政治勢力の間で感じられた深い懸念に対処すべく、挙国一致政府を形成しようと提案したのに党の同志たちが拒否したためだった。

ハイル・アル＝ディン・アル＝トゥンシ（一八二二頃―一八九〇年）

政治家として一連の職務に就いたが、ムスタファ・ハズナダルとの対立の結果、一八六二年に自発的にヨーロッパに亡命した。一八六九年にチュニジアに戻り、強く公正で責任ある国家を築こうという意図から諸改革を提唱し、一八七三年に宰相となってその多くを実施した。ハズナダルの仲間が彼を一八七七年に辞めさせたあと、オスマン・トルコに渡った。

ラビジェリー、シャルル＝マルシャル（一八二五―一八九二年）

フランスの聖職者で、北アフリカのフランスによる支配に伴うキリスト教の布教を支持した。彼が一八六八年に創設した「白い神父たち」という宣教団は、チュニジアで保護国化前にさえフランスの利益推進を助けた。

一八八二年にカルタゴとアルジェの大司祭に任命され、チュニジアにおけるフランスの地位強化のために調和的な教会・国家関係を提唱した。

マシュール、ルイ（一八四八―一九二二年）

一八八三年から一九〇八年まで公教育長官。教育が人種間の適切な関係の鍵を握ると確信し、フランスとアラブの両文化の要素を交えた学校制度を組織した。多くの植民者の反対にもかかわらず、彼は保護国における勤務を通じてチュニジア人学生のための教育機会を強く擁護した。

マルズーキ、モンセフ（一九四五年―）

ブルギバ後時代の政治・人権活動家。二〇〇一年に、新しい中間左派で世俗的な政党の共和国会議《コングレ・プール・ラ・レピュブリク》（CPR）を創設したが、それは法的地位を得られなかった。彼は二〇一一年の革命まで、同党を自発的亡命の地から指導した。二〇一一年の制憲議会選挙でのCPRの議席数により、同議会は翌年に実施予定の国会選挙まで、彼を共和国の暫定大統領に選出することになった。

メスティリ、アハマド（一九二五年―）

社会主義ドゥストゥール党の政治家で、大統領権力の制度的監視と党業務の処理における透明性の強化を要求したあと、一九七四年に同党を除名された。ついで彼は社会民主運動《ムブマン・デ・デモクラト・ソシアル》（MDS）を創設し、一九八三年に政党として公式に認められてから一九九二年に自分が政治生活を引退するまで、何回か国会選挙キャンペーンを率いたが、成功を収めなかった。

ムハンメド・アリ（一八八八頃―一九二八年）

労働者の組織者でドゥストゥール党の戦闘的活動家。労働者階級のための社会的・経済的正義を推進すれば同党のブルジョワ的基盤を広げられると信じて、一九二四年にチュニジア労働総同盟（ＣＧＴＴ）を組織した。しかし一九二五年に、一連のストライキが組合に対する弾圧措置はドゥストゥール党にも適用されるのではないかという懸念を引き起こしたので、同党はＣＧＴＴに背を向けた。

ミレー、ルネ（一八四九―一九一九年）

一八九四―一九〇〇年のフランス統監。青年チュニジア党の、国民と西洋との間の対話者を務めたいという願いに好意的で、同党の教育事業を支持し出版物に政府の補助を与えた。フランスの植民者たちは彼にそうした行為をやめるよう圧力をかけ、結局ロビー活動によって罷免させることに成功した。

モンセフ・ベイ（一八八一―一九四八年）

フサイン朝の第一八代君主、在位一九四二―一九四三年。ネオ＝ドゥストゥール党の著名な政治家たちが、第二次大戦前の反フランス活動で下獄していたか亡命していたので、彼は民族主義の代弁人を務める姿勢を見せた。ドイツがチュニジアを占領した時期（一九四二―一九四三年）、その高官たちと公的に適切な関係を維持するだけにとどめたが、民族主義への彼の同情はフランス人を警戒させ、ドイツ人の撤退後退位を強制された。

ムハンマド・ベイ（一八一一―一八五九年）
フサイン朝の第一一代君主、在位一八五五―一八五九年。アハマド・ベイの政策の多くから距離をおき、政府の支出を減らそうと望んだ。イギリスとフランスは、チュニジアにおける利権を守るために、司法改革を実施し国内に相当な外国投資を受け入れるよう、彼に圧力をかけた。

ムハンマド・アル＝サディク・ベイ（一八一四―一八八二年）
フサイン朝の第一二代君主、在位一八五九―一八八二年。彼の統治においては不適切な開発計画や官僚の腐敗が目立ち、相当な負債を生み出した。海外からの借款を返済できず、国際委員会が組織されてチュニジアの財政を監督するようになった。彼の首相が先頭に立った政治・経済改革運動がその後崩壊したことが、一八八一年のフランスによる侵略を導いた。

ムスタファ・ハズナダル（一八一七―一八七八年）
一八五〇年代から一八七〇年代に、しばしばベイたちの宰相を務めた。個人的資産を築いたが、その多くはチュニジアでの商売を望むヨーロッパ人との協同によって得た。自国に破滅的負債を負わせ、増税によって引き起こされた反乱を野蛮に弾圧したことで大方の軽蔑を受け、自国への債権者たちを互いに争わせようと試みるなか、一八七三年に失脚した。

ムザリ、ムハンマド（一九二五―二〇一〇年）
一九八〇―一九八六年の首相。より開放的で多元的な政治環境を推進する改革を導入して彼自身の社会主義ドゥストゥール党の保守派を敵に回す一方、不振な経済を刺激することができなかったため、中間および下層のチュニジア国民の支持を得られなかった。一九八六年に、有力な批判者がブルギバ大統領に彼を罷免するよう申し入れた際、さらなる政治的・法的報復を避けるために国を離れた。

ナシル・ベイ（一八五五―一九二二年）

フサイン朝の第一五代君主、在位一九〇六―一九二二年。一九二二年に、フランス人に新設のドゥストゥール党と交渉するよう圧力をかけようとし、同党の要求を考慮しなければ退位すると脅かした。統監のルシアン・サンがフランス軍部隊でベイの宮殿を包囲し、そのような脅迫には応じないとはっきり伝えたので、彼は翻意した。

ヌイラ、ヘディ（一九一一―一九九三年）

ネオ＝ドゥストゥール党の政治家。一九五八年から一九七〇年までチュニジア中央銀行の総裁を、ついで一九八〇年まで首相を務めた。その職務における彼の主たる任務は、アハマド・ベン・サラハの社会主義計画経済の実験によってもたらされた混乱からの回復を促すことだった。経済的自由主義者で、民間企業を支援し外国投資を求めたが、それ以前の時期に創設された国営企業の多くには手を触れなかった。

ペイルートン、マルセル（一八八七―一九八三年）

一九三三―一九三六年のフランス統監。統治を始めるに当たり、民族主義運動内部の相違を拡大しそのより急進的な分子を孤立化させようと希望して、ドゥストゥール党に、もっとも戦闘的な若手党員たちの意見を否定すれば活動禁止を解くと提案した。その若手党員たちが一九三四年にネオ＝ドゥストゥール党を結成すると、彼らの逮捕を命じ、新党を破壊しようと試み始めた。

ロシュ、レオン（一八〇九—一九〇一年）

一八五五—一八六三年の在チュニス・フランス総領事。チュニジアにおけるフランスの影響力を強める責任を負い、ロシュはベイたちと密接な個人的関係を結び、それによって自己の親フランス政策唱道を助けてもらった。任期切れの直前、彼はチュニジア政府の初めての国際借款をパリの銀行との間で取り決めさせた。

サン、ルシアン（一八六七—一九三八年）

一九二一—一九二九年のフランス統監。保護国の創設以来もっとも明瞭かつ組織的な反対運動のさなかに就任すると、ドゥストゥール党の主要要求を拒否し、ベイを脅して民族主義者たちから距離をとらせ、ジャーナリズムや政治活動を厳しく制限した。彼の施政下に、表面的には平穏ながら、フランス統治へのチュニジア人の反発はそうとう強まった。

アル＝セブシ、ベジ・カイド（一九二六年—）

政治家・官僚で、その長い経歴は、一九五六年にハビブ・ブルギバの助言者となったときに始まった。その後任命された職は、多くの大臣・副大臣職や大使等を含む。不屈のドゥストゥール党員で、穏健な改革に好意的（ただし、変革を主張する指導性を発揮したがりはしない）との評判により、ベン・アリ下の最後の首相ムハンマド・ガンヌーシが、革命家たちに受け入れられる政府を形成できなかったために二〇一一年二月に辞任した際、彼は後任に選ばれた。アル＝セブシは二〇一一年一〇月の制憲議会選挙までその職を務め、そのあと議会が後継者を指名できるよう辞任した。

スファル、バシル（一八六五―一九一七年）

青年チュニジア党運動の活動家。サディキ大学で教育を受けたことで、保護国政府に職を得た。フランス人が宗教的信託領地に指定された土地を使用したことに抗議して、一八九八年にハブース評議会会長を辞した。保護国を引き続き批判していたため、一〇年後首都から遠い地に再任用され、影響力を大きく減らした。

サアルビ、アブド・アル＝アジーズ（一八七五頃―一九四四年）

ドゥストゥール党の一九二〇年の結成以来、死ぬまで指導者だった。フランスの改革提案に同党が反対したので抑圧の波が来ることを恐れ、一九二三年にチュニジアを逃れて一九三七年まで戻らなかった。その間に、活動家の新世代が民族主義運動を支配するようになっていた。彼は自分の地位を取り戻そうとして失敗し、ドゥストゥール党は反植民地闘争の周辺部にとどまった。

ウッド、リチャード（一八〇六―一九〇〇年）

一八五五―一八七九年の在チュニス・イギリス総領事。イギリス臣民の利益を守り、その地におけるイギリスの存在を強める投資を促そうとする彼の仕事は、フランス人対抗者たちとの長期にわたる競争を引き起こし、それは彼がチュニジアをオスマン帝国にいっそう強く結びつけようと活動したため、さらに激化した。

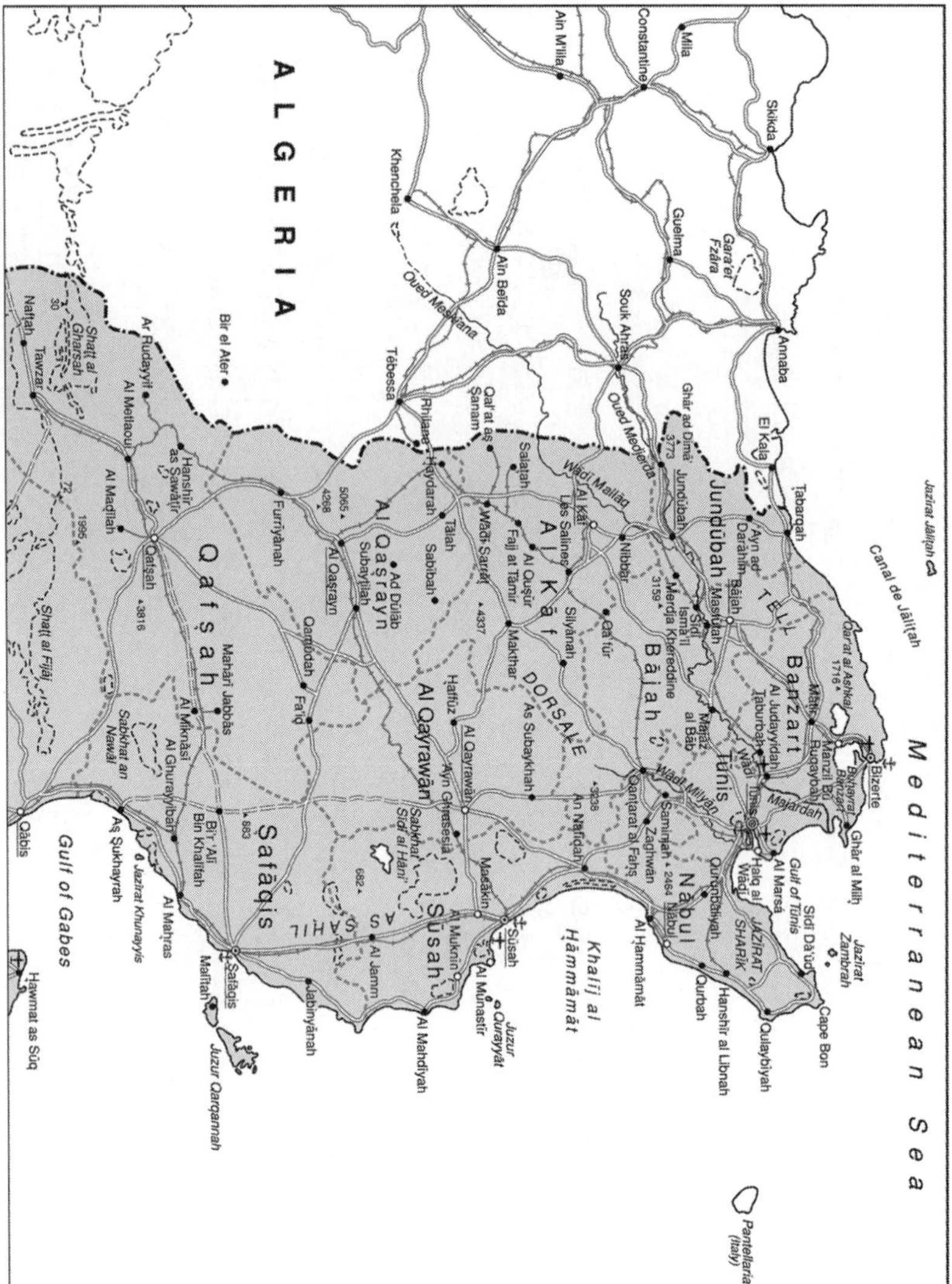

ALGERIA
Mediterranean Sea
Gulf of Gabes
Khalij al Hammāmāt
Gulf of Tūnis
Canal de Jāliṭah
Jazīrat Jāliṭah
Pantelleria (Italy)
Jazīrat Zambrah
Cape Bon
Juzur Qarqannah
Juzur Qurayyāt
Jazīrat Khunayyis
Banzart
Jundūbah
Bājah
Tūnis
Nābul
Al Kāf
Sīliānah
Al Qaşrayn
Al Qayrawān
Sūsah
Şafāqis
Qafşah
TELL
DORSALE
SAHIL
Bizerte
Ṭabarqah
Annaba
Skikda
Constantine
Mila
Aïn Mlila
Khenchela
Aïn Beïda
Guelma
Souk Ahras
Tébessa
El Kala
Bir el Ater
Oued Medjerda
Oued Meskiana
Wādī Mallāq
Wādī Milyān
Majardah
Qābis
Naftah
Tawzar
Al Mahdīyah
Al Munastīr
Al Jamm
Al Ḥammāmāt
Qurbah
Qulaybīyah
Ḥammām al Anf
Halq al Wādī
Sabkhat an Nawāl
Shaṭṭ al Fijāj
Shaṭṭ al Gharsah
Ḥawmat as Sūq

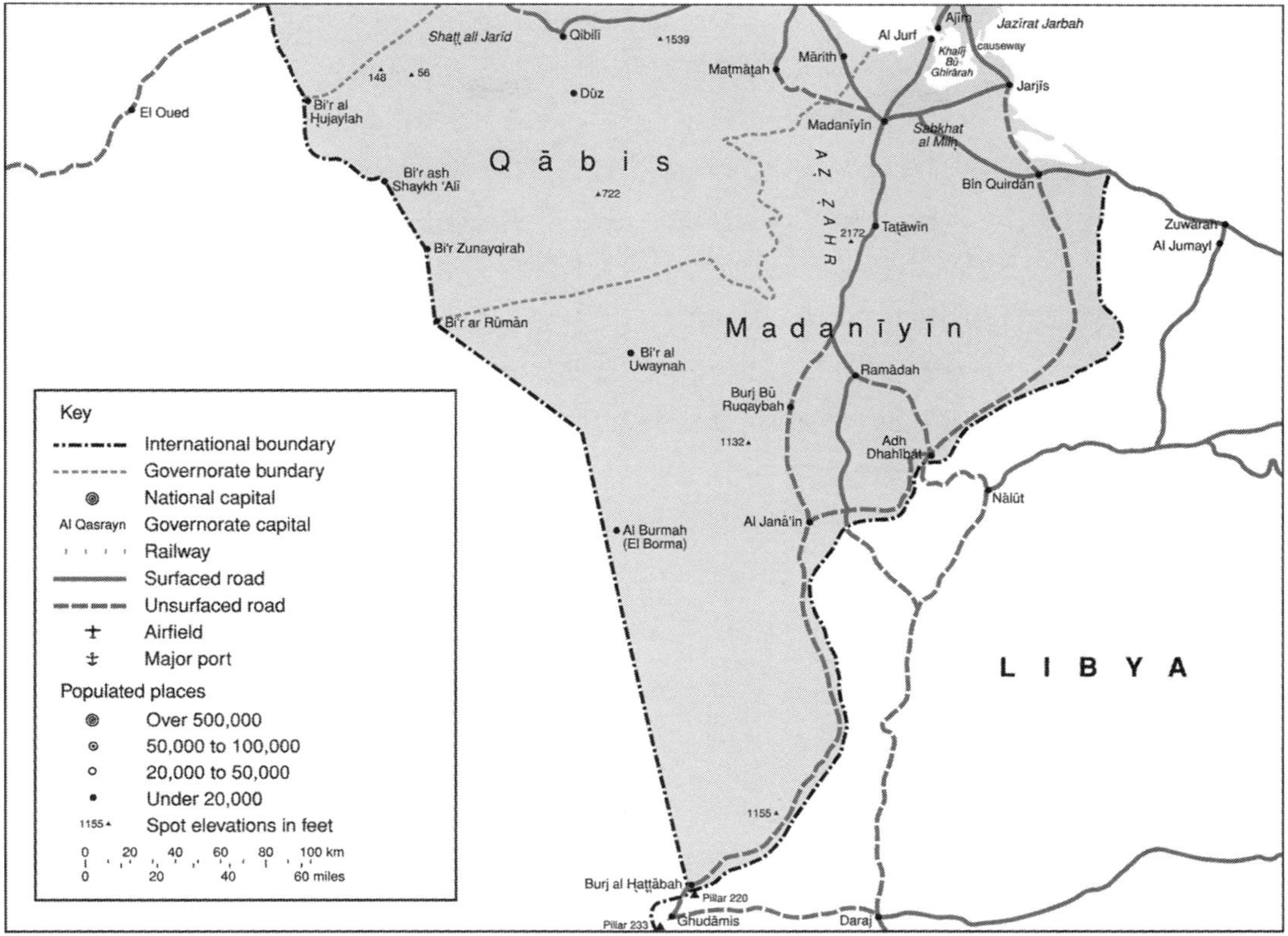
Shaṭṭ all Jarīd
Qibilī
1539
148
56
Dūz
El Oued
Bi'r al Ḥujaylah
Qābis
Bi'r ash Shaykh 'Alī
722
Bi'r Zunayqirah
Bi'r ar Rūmān
Madanīyīn
Bi'r al Uwaynah
Burj Bū Ruqaybah
1132
Al Burmah (El Borma)
Al Janā'in
1155
Burj al Ḥaṭṭābah
Pillar 220
Pillar 233
Ghudāmis
Daraj
Ajīm
Jazīrat Jarbah
Al Jurf
causeway
Khalīj Bū Ghirārah
Māriṭh
Maṭmāṭah
Jarjīs
Madanīyīn
Sabkhat al Milḥ
AZ ẒAHR
Bin Quirdān
Zuwārah
Al Jumayl
Taṭāwīn
2172
Ramādah
Adh Dhahībāt
Nālūt
LIBYA
Key
International boundary
Governorate bundary
National capital
Al Qasrayn Governorate capital
Railway
Surfaced road
Unsurfaced road
Airfield
Major port
Populated places
Over 500,000
50,000 to 100,000
20,000 to 50,000
Under 20,000
1155 Spot elevations in feet
0 20 40 60 80 100 km
0 20 40 60 miles

チュニジア

第二版への序文

一九五六年のチュニジアの独立以来五〇年以上にわたって、西洋の学者の中核的少数者と着実に増加するチュニジア人の仲間――歴史家・政治学者・経済学者・人類学者・社会学者・言語学者・古典学者等々――は、その専門家としての人生を同国の研究に捧げ、チュニジア、その国民、彼らの文化についての学術的知識を高める著作を刊行してきた。しかし学会以外では、チュニジアはあまり関心を引かなかった。権力の地球大の回廊において、同国は稀にしか、そしてわずかしか目立たなかった。マグレブの近隣諸国は――言語・宗教・文化に根差した数世紀来の結合を共有する、より遠方の中東の従弟たちは言うまでもなく――しばしば国際的な観察者や分析者の間に懸念を抱かせるが、チュニジアの本質的に穏健な、通常は西洋志向の政治的・経済的同盟関係は、懸念の発生要素を欠く（良かれ悪しかれ）、語るに足りない退屈さを印象づけていた。専門家以外では、同国に親しい外国人のほとんどは、古代の地中海文明の土地として知っているか、あるいはもっとありそうなのは、最高に恵まれて施設も整った休暇適地で、ヨーロッパに近く、しっかり定着した安定の実績により騒がしい政治的・経済的・社会的勢力の介入と無縁に見える場所として、その魅力を高めていると知っていることだった。実際そうしたイメージの力により、チュニジアの観光産業は国民経済の不可欠な要素となった。しかし、そうした理想化された構成概念の常として、このイメージも直視したくない、できれば無視したい現実によって掘り崩されえた。

チュニジアでは二〇一一年一月にすべてが変化したが、同月に勃発し「アラブの春」を解き放った革命は、すべてのそうした運動同様に深い根をもっていたし、とりわけ振り返ってみればそれがよく分かる。予測はされなかったかもしれないが、驚くべきことではまずなかった。その後エジプト・リビアその他でこうした人民主義的運動が発現し、その規模や国際的意味合いがより大きかったので、ジャーナリズムによるカイロ・ベンガジ・トリポリ・サナア・マナマでの諸事件の報道が、しばしばチュニジアを舞台中央から追いやった――革命の成果を適用するというそれほど劇的でない作業が進行し、最終的には同国初の意義ある選挙（制憲議会の）を生み出したのだけれど。この機関はアル＝ナハダ党に支配されたが、この政党は、イスラム的文化と伝統を維持することに熱心ながら、重要な諸分野でチュニジアの進歩主義の歴史を尊重し、基本法が成立したら憲法上正統な議会をなすための第二回選挙を行うことも約していた。チュニジアの革命の結果についての最終的判断をなすのは、状況が不安定で暴力の発作が頻発し、著名な政治家や市民団体の人物が暗殺されることさえあるなかでは早過ぎるが、チュニジア人は民主的でコンセンサスに基づく政治的未来を涵養するに必要な知恵と忍耐を見せるだろうという、革命後初期の慎重かつ控え目な楽観主義はひどく弱まったけれども、すっかり消えてはいない。時の経過だけが、あまりに楽天的な評価の実効性を確認するか否定するだろう。

『チュニジア近現代史』のこの改訂・最新版は、二〇〇四年以降に記述を及ぼし、同国が経験した非常な変革を描写し、評価し、背景を明らかにする。第一版の序文で明らかにした四つの重要テーマはここでも同様に再現されるが、いずれも革命とその結果により強調点が多かれ少なかれ変更されている――（一）統治者と被統治者の双方に受け入れられる政治指導部の探求、（二）伝統的信仰と慣習――ジェンダーのような問題とのそれらの関連や、一方での宗教の公的役割と他方での革新・個人主義・人格の自由の重要さとの関連を含む――に適度な重みを与えるという異論ある問題についての、コンセンサスに近いものの追求、（三）腐敗によって汚染されずに、便益が市民に着実かつ賢明に分配されるのを強化し維持できるような経済の管理、（四）同国の文芸や芸術の遺産を奨励することの価値と必要、がそれである。これらのテーマはいずれも、他のすべてと強く関連している。蜂起、ベン・アリの打倒、アル＝ナハダ党の勝利、同党の支持者とチュニジアの世俗派の対照的で競合するそれぞれの構想、腐敗・情実・身内びいき・無能さの文化から生み出された普通のチュニジア人の葛藤は、こうした連関を表わしているが、これらに限られるとはとても言えない。芸術的領域では、革命の影響は時間が経つにつれてより明瞭に現れるだろう。ベン・アリ追放までは、文芸・映画・芸術批評の表現はリスクを伴った。革命後の雰囲気においては、それらが創作者たちを危険にさらす可能性はずっと少ない。疑いもなく、革命の多くの観察者や参加者、知識人や普通のチュニジア人が、すでにそれに関わる計画に取り組んでいる――それらはまだ、ほとんど日の目を見ていないが。

本書の第一版の序文は、チュニスから郊外への想像上の旅を描いていた。今日同じ旅をすると、若干多くの停止場所と最新のコメントにより、多くの連結地点で革命と新しいチュニジアに直面することになる。チュニスへ、そしてチュニスから、チュニス－マルサ線の鉄道は、今もカルタゴの大統領宮殿の傍らを通るが、それは列車の窓からは過去と少しも変わらないように見える。しかし、二〇〇四年には住んでいたザイン・アル＝アビディン・ベン・アリと後妻のレイラ・トラベルシは、革命がクレッシェンドに達し独裁の息の根を止めるなか、二〇一一年一月に命からがらサウジアラビアへと亡命した。かつての人権活動家で長きにわたりベン・アリの政敵であったモンセフ・マルズーキが、二〇一一年一〇月の制憲議会選挙後暫定大統領になったが、その選挙は、チュニジアの歴史において初の自由で公正な選挙に参加して多数の議席を得た諸政党の指導者間で、職務を分け合うという合意を生み出したのだ。暫定大統領マルズーキは、象徴性と国民的誇りの問題として革命前の時代の装飾の一部を維持したが、本研究が示すように、旧政権の統治の抑圧的哲学はなお結晶途上の（かならずしも合意を得ていない）観念に道を譲ったし、その観念は過去とは違って公然と討議し、評価し、決定されうるのだ。

列車がチュニス海側駅に着くと、ブルギバ通りの下端へは歩いてすぐだが、そこには一九八七年から二〇一一年まで一一月七日広場《プラス・デュ・セット・ノバンブル》と呼ばれた場所があり、それはシディ・ブージドで自殺して革命の始動を助けた若者を記念してブーアジージ広場と改名されている。皮肉にも、同じ広場に内務省が建っており、そこで政権の反対者と支持者——国家憲兵隊《ジャンダルムリ・ナショナル》の部隊を含むが、彼らは抗議者たちをしばしば過酷に扱ったので多くのチュニジア人に恐れられ、憎まれており、その本部も同広場にある——の間で、暴力的で犠牲の多い衝突が起きたのだった。それらは合わせて、そこや全国で繰り広げられた闘争の感動に満ちた記念物であり象徴をなしている。

ブルギバ通りを繁華街の中央ビジネス地区へと歩んでいくと、これらの通りを揺さぶった騒乱の目に見える証拠のほとんどは修理されたか除去されているが、ときどき落書きに覆われた壁が、とりわけ大通りを離れた脇道で、革命の間およびその後に展開された暴力の沈黙せる証言者として残っている。実際、大通りの上端のバーブ・アル＝バハル門に向かって歩むとりわけ注意深い観察者なら、革命をリアルタイムで記録し報じた国際的ジャーナリスト部隊の背景に写ったホテル・商店その他の目印をいくらでも見つけるかもしれない。無頓着な旅行者なら、休暇に来た他国の都市における近い過去の憂鬱な側面を見落としても許されよう——彼らは表面の見かけ上の雰囲気・魅力・異国の風情を超えて探索する必要がないし、とりわけその過去がほぼ見えなくなっていればなおさらだ。しかしチュニスにより親しんでいる人なら誰でも、ブルギバ通りを歩けばチュニス（と全国）がいかに速やかにかつ深く、未曾有の暴力と破壊に投じられたかのイメージと記憶を喚起されそうだ。それを胸に、ブルギバ通りを少しそれて中央郵便局に行くと、革命の物的記念物を持ち帰る機会が得られる——それは二〇一一年に発行された四枚一組の切手で、一枚はブーアジージを描いている。

大通りに戻り、メディナに入る前に、同旧市街を囲む主要道路であるバーブ・スイカ通りとバーブ・ジャジーラ通りのいずれかを辿って少し歩くと、旧市街の住宅街に出る。チュニジアの人口が若いので、そうした住宅街のどこであれ少しぶらつくと、二〇一一年一〇月の制憲議会選挙の投票所になった小学校のどれかに出会う可能性が高い。そうした学校は今や教育の役割に戻っており、異常な点は何もないが、あの投票日には、それらや全国の他の投票所は、この国がそれまでけっして経験しなかった何かを象徴していた——政治過程に票を投じる機会、その票が正直に数えられること、そしてその行動の結果が将来の発展に何らかの影響を及ぼすということを。

　もし、メディナ周辺の通りを巡るよりも、バーブ・アル＝バハル門から直接なかに入り、ザイトゥーナ通りをその歴史的モスクを越えて歩むなら、訪問者はカスバ広場に着くが、この以前は政府広場《プラス・デュ・グベルヌマン》と呼ばれた場所は、革命のもっとも活動的で重要な現場の一つだった。ベイ時代の建築様式になる政府の建物群が取り囲む、木で縁取られたこの小広場に首相官邸がある。ベン・アリ逃亡後の騒々しい数週間に、チュニジア中から来た何千もの抗議者たちがこの広場に宿営地を設け、前大統領の最後の任命者ムハンマド・ガンヌーシが、旧政権の遺物を解体するのに半端な措置や時間稼ぎの回り道を策すのを明確に拒否した。広場の自給自足共同体の隊列は、当初は学生・労働者・組合活動家・貧困者や失業者からなっていたが、弁護士や他の専門家、さらには我慢の限界に達した多くの中産階級のチュニジア人が加わって膨れ上がり、今や自国の政治指導部は本当に新しいページを開いたという確かな証拠を要求した。彼らは、ガンヌーシが辞任してベジ・カイド・アル＝セブシに交替し、二月初めのカスバの抗議が示した人民主義的精神にいっそう密接に寄り添った政策を彼が実施し始めたときに、ようやく急ごしらえの共同体を解散した。この「占領」の間、広場や周辺にある政府の建物は、あらゆる種類の落書き——どこにでもある「ベン・アリ、デガジュ！（ベン・アリ、出て行け！）」等の政治スローガンから、失脚した同大統領や彼の政権の他の人物たちの諷刺漫画まで——で覆われていた。しかし抗議者たちが去るや、彼らが新たに発見した自己を完全かつ自由に表現する機会の痕跡のほとんどは、きれいに消し去られた。カスバ広場では、ブルギバ通りや首都の他の大通り同様、革命のこの側面の証拠はほとんど目につかなくなった。

しかしさらに遠くに行けば、革命の破壊的な物的影響の名残がとどまっている——ラ・マルサの繁華街をわずかに外れた道路にある、トラベルシ一家の一員が所有した館の燃え残った骨組とか、同様の所有者のスポーツカーだったのが燃やされ、今や乱暴にペンキを塗られた廃車が、ビルサの丘のカルタゴ博物館正面に芸術作品としてやや不調和に展示されているのや、同様の「遺跡」が国中にたくさん残されて、革命勃発を助けた過剰行為を想起させるものなどだ。

メディナの北西の隣接地にカスバ広場から遠くない所にある、軽便電車路線のバーブ・サードゥーン駅からほんの数駅乗って制憲議会広場《プラス・ド・ラサンブレ・コンスティチュショネル》（かつての国会広場《プラス・ド・ラサンブレ・ナショナル》で、二〇一三年に予定された恒久的立法機関の選挙後はふたたびそうなる）にあるバルド駅で降りることも、革命とその結果を喚起する。代議員院は、国立博物館——ローマ時代のモザイクの比類ないコレクションを有する——に隣接した翼面にある旧ベイ宮殿で長いこと会合を開いてきたし、制憲議会が二〇一一年一二月の招集以来その場所で審議を行っている。このように、そこで革命後のチュニジアが形成されつつあるのだ。

第一版への序文

注意深い旅行者には、チュニス湾に沿った一連の郊外集落をチュニスと結ぶ軽便鉄道のTGM線——チュニス、ラ・グーレット、ラ・マルサ間の——に乗ることは、この国の歴史と文化を巡る非常に興味深い旅となりうる。路線の終点のラ・マルサから遠からぬ所に一六世紀の宮殿の廃墟があり、そこでかつてチュニジアの統治者たちが海風を求めて夏の数カ月を過ごし、一八八二年には、当時のベイが自国をフランスの保護国とする文書に署名したのだった。線路を一マイル戻ると、列車はシディ・ブー・サイドに着くが、この村は一五—一六世紀にはイベリア半島から逃れたムスリムたちを歓迎し、また長い間、地元やヨーロッパの芸術家たちが好んで訪れる場所となっている。ルドルフ・デルランジェ男爵（一八七二—一九三二年）の家だった場所にある「伝統的音楽・楽器博物館」は、チュニジアの音楽家たちが、「シディ・ブー」に彼らの先祖の難民たちがもたらしたアンダルシア風のメロディーや技術を保存できるよう、このフランス人学者が支援するために何年も費やした、その仕事を称えている。

TGM線の次の六つの駅は、二—三マイルに広がっているが、みなカルタゴ内にある。二つは、この古代都市のもっとも有名な父子、アミルカルとハンニバルの名をつけている。アミルカル駅から丘を下った所にあるホテルは、新たに独立した国のビーチにヨーロッパ人旅行者を引きつけようとするキャンペーンの初期に建てられた。同駅の西数百ヤードには、第二次世界大戦の軍人墓地——一九四二—一九四三年の戦線に沿ってチュニジア中に散在しているイギリス・フランス・ドイツ・アメリカ軍兵士の数多い埋葬地の一つ——があり、北アフリカで戦った男たちを記念し、三〇〇〇人近いアメリカ人兵士の亡骸を守っている。

ハンニバル駅に到着する直前に、乗客は鉄道の両側にローマ時代のカルタゴの様子を垣間見る。チュニス湾に向かってアントニヌスの浴場の遺跡が広がっており、それは現在は複合的建築物の痕跡を擁する考古学公園となっていて、湾を越えカプ・ボン半島に至る素晴らしい景色が望まれる。列車の反対側には、ローマの街の発掘された一画が横たわっている。アミルカルとハンニバルの間の大統領官邸《プレジダンス》駅は、共和国大統領の公式官邸から近い。チュニスでの職のために往復している通勤者たちで、この並列の意味をよく考えた人はたぶんほとんどいなかろうが、一九五六年以降にこの、チュニジアの過去のまさに支柱的二人を象徴的に取り入れた場所に住んだただ二人の最高責任者、ハビブ・ブルギバとザイン・アル＝アビディン・ベン・アリは気をよくしたに違いない。

カルタゴのさらにもう一つの駅、ビルサは、カルタゴの要塞が建っていた、そしてベルギリウスの時代錯誤的な叙述によれば、ディド女王が旅行にうみ疲れたアイネイアスを歓待した丘からその名を得ている。フランスがチュニジアを保護国にしたのち、カトリック教会は丘の上に聖ルイ寺院を建築し、その聖人君主が組織した一三世紀の不運な十字軍が足下の渚で崩壊したことを記念した。ビルサ駅から少し歩むと、フェニキア時代のカルタゴの双子海港に着くが、一つは同市の商船隊用、他は軍艦用だった。サラムボ駅（アミルカルの娘にちなんで名づけられたが、彼女はまた、チュニジアの魔法にかかった一九世紀の多くのヨーロッパ人の一人ギュスタブ・フロベールにも、一八六二年の小説の題を提供した）から同様に少し歩むとトフェトに着くが、そこは聖域で、ある学者たちが信じるところではカルタゴの神々を宥めるために子供が生け贄に供された場所だった。

さらに数駅先には、一六世紀の私略船の船長で、その船団がヨーロッパ人船乗りたちの心を恐怖で震えさせたハイル・アル＝ディン・バルバロッサか、あるいはおそらくハイル・アル＝ディン・アル＝トゥンシ――一九世紀の改革志向の首相で、フランスに一〇年住みチュニジアはヨーロッパ諸国から現代世界について学ぶことがたくさんあると信じた――にちなんで名づけられた駅がある。同駅は両ハイル・アル＝ディンが彼らのまったく異なる使命のために出航した港、ラ・グーレットの端にあるが、この曖昧さはまさに適切だと思われる。

ラ・グーレットは、チュニス湾の海岸線の切れ目が浅いチュニス湖につながる流れ――その名が示すガレット（水道）――を作っている場所に位置し、数世紀にわたってチュニスの外港をなしてきた。地中海を巡る海上の環に合わせて、同市はコスモポリタンな雰囲気をもち、独立後も同国でもっとも民族的・宗教的に混交した地域社会の一つであり続けた。TGMは、スペインのハプスブルグ家によってこの地域の征服を確実にすべく、一五三五年に建てられた要塞の大きな銃眼付き胸壁の下を通る。この建造物の南壁に沿った道の先には、遠すぎてはっきり見えないけれどもハビブ・ブルギバの騎乗像があるが、それはかつてチュニスの繁華街にあったものが、彼の大統領在任末期の一九八七年に、このあまり目立たない場所へと移されたのである。ラ・グーレットを離れると、鉄道路線は西へ向いて土手道により湖を横切るが、この道は湖の西の水際に沿ったより長いルート――一八七〇年代初期にこの路線を建設し運営した、イタリアの特許権所有会社が開いた――に取って替えるため、チュニス都電会社が一九〇五年に建設したものだ。およそ五〇分で一五マイルを走ってチュニス海側駅に着くまでに、列車は三〇〇〇年の歴史と結びついた地を通ったのである。

TGMの終点で降りて、一―二時間ぶらぶら歩くと、列車からのチュニジア史入門の続きが得られる。回転式ゲートを出るとすぐ「新」市街の東西方向目抜き通りで、それはアラブ都市であるメディナの壁の外側にヨーロッパ人地区を設けるために、湖につながる干潟の上に一九世紀に建設された。賑わう「一九八七年一一月七日広場」は、巨大な時計塔が見下ろしているが、その日にベン・アリが病んだブルギバに取って替わった「歴史的変化」を称えて名づけられたもので、後者は大統領としてチュニジアの政界を半世紀以上にわたって支配したのだった。この「歴史的変化」以前の広場の中心物はブルギバの銅像だったが、それは今やラ・グーレットに置かれている。

にもかかわらず、大通りは今も元大統領〔ブルギバ〕の名をもっている。広い中央のモールは、両側に巨木が陰を作り、並木道に沿って車の通行を分離させている。歩行者のための快いその空間は、花の露店がたくさんあり男性や子供たちが大勢ジャスミンの花束を売っているので、見た目に魅力的だしよい香りがする。ブルギバ通りをTGMの駅からおよそ三〇〇ヤード進んだところに、国民劇場がある。ヨーロッパ人植民者のための歓楽センターの一部として二〇世紀初めに建てられ、カジノも備えていた同劇場は、チュニジア人の諸劇団の本拠となり、それらの公演は、文化生活の水準を引き上げつつも民族主義感情を煽った。さらに二ブロック先には、七五年にわたったフランスの植民地統治のもっとも強力な象徴、すなわち聖バンサン・ド・ポール寺院が見え、その真向いにはフランス大使館がある。同大使館は、独立前には統監の邸宅であり保護国行政の本部だった。両建物の間、ブルギバ通りの中央分離帯には、チュニジア生まれの著名な一四世紀の学者であるイブン・ハルドゥーンの銅像がある。さらに西へ一〇〇ヤードとほんの少しの所は、繁華街の商業地区とメディナとの主たる接点をなしている。

メディナの壁をかつては開いていたいくつかの門は、あちこちに痕跡を残すのみである。文句なく一番よく知られているのはバーブ・アル＝バハル、つまり海の門で、湖にもっとも近い道をなしていた。今日、それはむしろポルト・ド・フランスとして広く知られている。門のすぐ内側にはイギリス大使館があり、そこでかつては女王陛下の領事たちが、チュニジアをヨーロッパの軌道に引き込む競争におけるフランスやイタリアの相手たちに対して、陰謀を巡らしていた。その付近には、「リトル・マルタ」という、マルタ島から来てイギリスの保護を受けていた移民たちでかつては満たされていた地区や、メッラハという、かつてはユダヤ教徒たちを住まわせていた地区がある。ポルト・ド・フランスからメディナに突き進む二つの道の一つは、リュ・ジャマア・ザイトゥーナ（ザイトゥーナ・モスク通り）だ。それは、緩やかな上り坂をモスクの表玄関に行き着くまで両側に驚くほど多様な店を擁し、今日その多くは旅行者が好む品物を専門にしている。ザイトゥーナは八世紀に建てられ、祈りの場としてだけでなくチュニジアにおける主要な教育機関としての役割を果たしていた。一九世紀に近代的世俗学校がその役割を強奪し始めたあとでさえも、同モスクはムスリムの知的生活の拠点をなしていた——一九六〇年代に、その教育的機能がチュニス大学神学・宗教科学部に移されるまでは。ザイトゥーナの周りの曲がりくねった通りや路地は、同モスクが市内最高のスーク、つまり市場に取り囲まれているので、無数の気晴しを提供する。香水・香料・書物・宝石や高級織物が多彩な色と混じり合った芳香を生み出し、モスクの構内を独特の環境として他と区別させている。ザイトゥーナから遠からず、メディナの南端の方角にはトゥルベト・アル＝ベイ、すなわちフサイン朝（一七〇五—一九五七年）の諸君主の墓所がある。

ポルト・ド・フランスからメディナを横切る第二の主要道路はモスクのすぐそばを通るが、メディナの宗教的というよりは世俗的な権威の中心であるカスバに行き着く。統治者の旧宮殿であるダール・アル＝ベイは、今は首相官邸をなしており、他の官庁を収めた建物はメディナの西端にある政府広場に並んでいる。なくなった壁のかわりに旧市を取り巻く賑やかな大通りの反対側には、サディキ大学がある。ハイル・アル＝ディン・アル＝トゥンシの、今も機能しているこの遺産は、チュニジアのブルジョワジーの息子たちに近代的中等教育を授け、数世代にわたる民族主義指導者たちの紛れもない温床としての役割を果たした。

チュニジアの歴史を巡るこの旅の最終行程には、メディナの周辺に沿って一三世紀のメディナ郊外であるバーブ・スイカ地区まで、そしてそこからチュニス・メトロのバーブ・アル＝ハドラ駅まで歩くことが含まれるが、このメトロは都会の交通混雑を緩和し、同市を北・西・南の郊外と結ぶために、一九八〇年代に開業された市電網である。西へのルートである第四路線はル・バルド駅に停まるが、そこにあるベイ宮殿で一八八一年の条約が調印され、チュニジアにおけるフランスの特権を認めて保護国への道を用意したのだった。同宮殿の一部を現在は国民議会が占有しており、玄関は一九世紀の儀礼服を身にまとった兵士が両脇を固めている。宮殿の他の翼は、チュニジアの人工遺物をずらりと展示する世界水準の博物館となっているが、とりわけ有名なのはモザイクのコレクションで、多くはカルタゴから、他はチュニジアの他の遺跡――ドゥッガ、エル゠ジェム、トゥルブルボ・マジュス、ブッラ・レジア等――から来ている。専門家の一部は、バルドの所蔵品はローマ時代のモザイクとしては世界最高のコレクションだと評価している。歴史の層があれほど切れ目なく混じり合っている国において、それらの二一世紀の本拠が一四世紀に起工された王宮に存するのはふさわしいことに思われる。

ラ・マルサとル・バルドの間の二〇マイルもない旅で、目にする歴史の豊かさや多様性がいかに素晴らしいとはいえ、それはけっしてチュニス地方に独特のことというわけではない。国全体でもアメリカのフロリダ州よりほんのわずかに大きいだけだが、同程度に短いが同様に多様性に富む旅を、スース・マハディア・スファックス・ケルアン・ビゼルテといった他の都市地域でも、首都西方のマジェルダ渓谷の町や村でも、南西部のジャリド・オアシスでも、容易に経験できる。現在のチュニジアとなったものの歴史的経験は、かくも多様性をもち、異なる諸文化のかくも多くの痕跡を残しつつ展開したのだが、それはいかにして起きたのだろうか?

アフリカの海岸線がカプ・ボン半島の南で湾曲し、チュニジアに地中海上で二つの窓口を与えた――一つはヨーロッパに、他は中東に開いた窓である。この状況が古代から、両地域の人々――フェニキア人・ローマ人・アラブ人・トルコ人・スペイン人・マルタ人・イギリス人・フランス人ら――がこの地域に入り、しばしば支配することを容易にした。その名は時とともに、地中海盆地の全域から新たに到着した人たちの波を住民が繰り返し吸収するにつれて、カルタゴ、アフリカ（あるいはアラブ語化した形で、イフリキヤ）、チュニジアと変化した。それらの人々がみな、風景や居住民に文化的刻印を残した。しかし、チュニジアに授けられたあらゆる豊かな遺産のなかでも、アラブ人のそれが疑問の余地なくもっとも深甚で持続的であることが分かった。ほとんど一四世紀前にアラブ人がマグレブ（「西」。彼らにとっては、ナイル渓谷の向こうの土地すべてを意味した）にもたらした言語・信仰・文化が、それ以来この地域の国民の中心的アイデンティティーを創り出したのだ。

にもかかわらず、シチリア島とカプ・ボンを隔てるわずか八マイルの幅の海峡は、ヨーロッパの影響をも容易に伝えることを確実にした。地中海の北岸の統治者たちは、海に接する土地の支配を巡り、ときおりチュニジアの相手と争った。とはいえより一般的には、彼らの方が北アフリカにその政治的・経済的意志を押しつけ、ローマ帝国や、ずっとのちにはフランス帝国に吸収した。紀元前六世紀のカルタゴの最盛期や紀元九世紀のアグラブ朝の統治時代など稀な場合にのみ、のちにチュニジアとなったものに基礎をおく政治的統一体がテーブルを向け替え、ヨーロッパの領土を自己のものとした。

しかし、チュニジアと隣国の関係がどの歴史的瞬間にいかなるものであったにせよ、この土地は外部からの多くの影響であふれていた。現代のチュニジア人は、彼らの先祖が、自分たちがさらされた多くの刺激を混ぜ合わせて固有の文化を生み出した技量に大きな誇りを抱いている。チュニジアの近現代史は、同国が直面した主要な試練が、国民のあらゆる文化的遺産に依拠する概念や接近法に基礎づけられた反応をいかに広範に引き出したかを、明瞭に示している。任意の時点における西洋の影響とアラブ・イスラムの影響の相対的力や人気、人口中の多様な部分がそうした影響をいかに評価したか、そして彼らがそうした見解をなぜ抱いたかを認識すれば、同国の近過去を我々が理解することは容易になりうる。

近現代においては、チュニジア史の軌跡を決定した四つの繰り返し現れる主題が、そうした影響の相互作用をよく示している。その歴史を語るに際して、本書は四つすべてのもっとも目立つ成分――その混合物は、時と場合によって変化した――を縫い合わせる。その主題とは、(一) 統治者と被統治者の双方に受入れ可能と見なされた政治的環境を作り出そうとする努力、(二)「進歩」を妨げると見なされた伝統的信仰や慣行を修正するか、ある場合には根絶しようとする一方、同時に植民地化以前の過去に根差した国民的アイデンティティーを保持しようとする奮闘、(三) 対外依存を低減し、政治的・社会的発展のための安定的舞台を提供するに十分なほど活発な経済成長を促そうとする試み、(四) 同国が受け入れた多くの様々なインプットを反映する、芸術的な伝統を練り上げようとする意図、である。

近現代のチュニジアは、土着の君主政による統治、フランスの保護国としての植民地支配、そして独立共和国の政治を経験した。保護国時代の初期、チュニジア人は、なかでも植民地化前に政治構造を改革しようと運動した人たちやその後継者たちは、自身への統治に対して発言権を強めようとした。最初、彼らは自国のヨーロッパ人居住者が享受するのと同様の権利と特権を求めて嘆願した。フランスがその訴えに応えなかったので、フランスの支配をすっかり終わらせるよう要求するに至った。反植民地闘争のもっとも成功した指導者たちは、運動を組織するためにヨーロッパやヨーロッパ人との接触経験から学んだ理念や技術を利用し、チュニジアのアラブ・イスラム的文化遺産を守りながら西洋の資産を獲得しようと主張したので、国民の広範な部分から共感を得た。その結果、彼らは一九五六年の独立後に生まれた政治体制を形成し、ついで支配するために有利な立場にあった。しかし一九七〇年代には、彼らがもたらした世俗的・単独政党・権威主義の政権に対する民衆の熱狂が冷めたので、執行権力を制約し多元主義を推進することを念頭に、政治体制を刷新しようという声が上がった。しかし、「終身大統領」と称えられていた民族主義の旧最高指導者ハビブ・ブルギバは、一九八七年までその地位を去らなかった。チュニジアが二一世紀に入ったとき、大統領および政党指導者としての彼の後継者ベン・アリが、政治の舞台でどの程度まで意義のある満足な変化を実現してきたかは、不確かなままであった。

近現代のチュニジア史においてもっとも混乱させ、動揺させ、奥が深い、かつ確かにもっとも重大な社会的議論が、伝統的信仰や慣行の価値を巡って行われた。遠い昔に確立された習慣や制度を禁止したり制限する法律が制定され、他のより微妙な形での政府の圧力としばしば結びつき、その遵守は事実上避けがたいものとなった。植民地化以前の時代から現在まで、歴代の政府が時代遅れとし、それゆえに撲滅するか根本的に変える標的としてきたものの多くは、イスラムとつながりがあった。国家はその意思の表面的遵守を確保する権力をもっていたが、宗教的事項へのその対処法は反対派に武器を与え、深刻な反発を引き起こした。保護国の当局は、フランス的裁判所や学校を導入した。対応するチュニジアの（そしてイスラムの）法的・教育的機関は存続したが、時の経過とともに名声と公的舞台における有用性の多くを失った。独立後、国民の新指導者たちは、事実上すべてがフランス式教育の産物で西洋文化の哲学的土台に同化していたので、現代世界では古臭く、発展の妨げになると彼らが見なした信仰や慣行から、チュニジア人を解放するために企画されたというふれこみの全面的な社会改革を導入した。その幅と衝撃において、一九二〇年代と一九三〇年代のトルコのケマル・アタチュルクによる世俗化だけが、ムスリム世界における比較可能な類例を提供した。ほとんどのチュニジア人は、西洋に教育されたこれらのエリートとは異なる源から彼らの世界観を得ていたという事実により、こうした改革に緊張が伴うことは不可避だった。政府の権力は、長年の間こうした政策への反対が結晶化するのを妨げてきたが、ついに結晶化したとき、それは輸入された価値や慣行の猛攻撃からチュニジアの伝統的なアラブ・イスラム的遺産を保持する必要性という言い方で表現され、しばしば非常な成功を収めた。

近現代チュニジアの統治者たちは、自己の政府の政治的・社会的課題を支援するに十分な力や安定性をもつ経済を築こうと努力して、多様な戦略を採用した。保護国時代には、チュニスでなされた経済的決定は間違いなく国民中の特定部分に特権を与え、ヨーロッパ人が土地を取得するのを助けるほか、一般にチュニジア人の農民や商人に対してヨーロッパ人の農業植民者や都市の企業家の利益を推進するものだった。ヨーロッパ人が国内でもっとも豊かな、もっとも利益の上がる土地をもち、生まれつつあったわずかな製造企業を支配した。経済の周辺部に押しやられたチュニジア人はしばしば窮状におかれていたが、一九二〇年代や一九三〇年代のようなとりわけ厳しい時代には、とくに農村地域では、多くが生き残ることすらできなかった。その結果、経済的不満がフランスの支配に対する反対を活発化させる強力な要因となった。独立とともに、政府の主たる経済目標は、経済に対するチュニジア人の支配の主張と工業化措置の強化となった。これらの目標達成を促進するために、国家は経済の計画と管理における顕著な役割を担ったが、それは一九六四年に政府党の名前に「社会主義」という形容詞を付加したことからも示唆される。この措置の深刻な欠陥や、農地の集団化や協同組合農場設立等の政策に民衆が強く抵抗したため、政府は経済哲学を再考するよう迫られ、一九七〇年代初めには劇的に異なる教義に基づくものに取り替えざるを得なかった。自由主義的原則の復活と、石油や観光産業が主要な役割を果たす開放的・外向的経済の発展により、一部のチュニジア人資本家はきわめて豊かになったが、ほとんどの一般チュニジア人はそうならなかった。階級間の格差が拡大し、生活の質が低下するのを経験した人たちの絶望は深まった。一九七八年・一九八〇年・一九八四年の死者の出た暴動に震撼させられ、政府はそれまでに主張した二つの路線の中間を通り抜けるという経済政策を定式化し、以来それを追求している。

公演芸術・絵画・文学は、様々な文化的影響がチュニジアにもたらした衝撃を明らかにする、相対的に研究されていない一連の事例をなしている。劇場作品は、伝統的アラブの文芸においては目立たないが、ヨーロッパ人植民者用に上演された作品に親しんだチュニジア人は、二〇世紀初めに西洋劇のアラブ版を上演し始めた。両大戦間期には、彼らのレパートリーが広がってチュニジア人を含むアラブ人作家による材料をもっと含むようになった。ほぼ同じ頃、そして同じような過程を経て、アラビア語で書かれた最初のチュニジアの小説も登場した。世紀の半ばにかけて、ヨーロッパ的形式だけでなくヨーロッパ言語を採用した新しいフィクションの洪水が、それらに付け加わった。同国のもっとも著名な小説家の多くは、何語で表現するにせよ、主題として彼ら自身の生活で出会う競合し、しばしば衝突する文化間の闘争を取り上げてきた。

劇や小説同様、絵画や彫刻も、北アフリカの伝統的アラブ・イスラム文化においてはほとんど知られていなかった。しかし保護国にいくらかのヨーロッパ人芸術家が住み、さらに多くの人が訪問した。彼らの作品に触れたことで、一九二〇年代・一九三〇年代には、一握りのチュニジア人が画家としての実験を試みるに至った。第二次大戦後、これらの男性が「チュニス派」登場の推進力となった。その最初の大家たちとして、彼らは真にチュニジア的な芸術的人格の創造を助長したが、それは自国の伝統や象徴を尊重しつつ、それらを近代的形態で表現したのである。チュニジアの音楽家や音楽学者は、ラジオやレコードが世界中に西洋の音楽を大衆化するなかで、国民の声楽や楽器による遺産を保持することで同様に本物への尊敬を表わした。これらのパイオニアの足跡を辿って、独立後世代の劇作家・俳優・音楽家・芸術家たちは、アラブ・イスラムとヨーロッパの双方の伝統に霊感を求め、しばしば両方の要素を融合させた。多くが自国での作品に対してアラブ世界中で、またヨーロッパで、賞賛を勝ちえた。しかし、チュニジアの芸術的表現で国際的にもっとも広く知られた一面は、シネマである。その幼児期においても、映画は若干のチュニジア人の関心を引いたが、外国の制作者たちは撮影のロケ地とするためにチュニジアの有り余る陽光と多彩な風景を活用した。より最近では、同国の映画産業は、しばしばアラブと西洋の作家・制作者・監督・俳優・技術者の才能を組み合わせ、非西欧世界で最高に評価され成功しているものの一つへと進化している。

チュニジアの「近代」史が始まる正確な時点は解釈が異なりうる事項だが、一八八〇年代のフランスによる統治の押付けが巨大な重要性をもつ転回点をなすことは疑問の余地がない。それゆえ、本書は保護国のための舞台を準備した環境から叙述を始めよう。

第一章

バルドへの道　一八三五―一八八一年

外部の支配を拒絶する長い歴史をもつ猛烈に独立的な部族が、チュニジアとアルジェリアの境界のごつごつとした山地の、森の多い地方に住んでいた。繰り返される争いが、多くの伝統的な部族の境界を無視した国境によって悪化させられ、この地域を危険に不安定化させていた。一八七〇年代に、地元のアルジェリア軍事当局は優に二〇〇〇件を超える事件を記録したが、その多くは国境侵犯を含んでいた。[1] こうして、一八八一年二月のアルジェリア人集団によるチュニジアの一フミル部族民への奇襲攻撃は、〔他の事件同様に〕地元の名望家による調停と血債の支払いで解決し、忘却の彼方に追いやられるはずだったが、フランスの北アフリカでの野心と、他のヨーロッパ諸国にそれを受け入れる用意があり、チュニジア政府はそれを妨げる能力をもたなかったという事情が合わさって、チュニジアでの軍事作戦が非常に望ましいという口実にされてしまった。

三月末にかけて、アルジェリアのラ・カッレのフランス軍事行政部が部族民間の交渉を邪魔したので、いらだった彼らは予想通り新たな暴力の激発を引き起こした。同地域を安定化させる必要があると主張して、フランス軍部隊が四月二四日に国境を越え、二日後に駐屯地のル・ケフを制圧した。同時にフランスの軍艦がタバルカ

図版1・1 バルド宮殿の玉座室。歴代のベイは、このけばけばしい装飾を施したサロンで、チュニジア政府の幹部や外国の顕官と公式に接した。

を砲撃し、ついで東に向かい、より大きく、より戦略的位置にある港ビゼルテを砲撃した。同市の総督は、チュニスから受け取った命令に従い何ら抵抗せずに降伏した。次の週にフランスから相当な援軍を得て強化され、ジュール＝エメ・ブレアール将軍はチュニス自体に部隊を進めようとした。長引く雨で進軍が予想より長く困難になったが、ブレアールはついに五月一二日、首都の西郊にあるバルドのベイ宮殿、クサル・サイドに到着した。自分の使命を完遂したくて、彼はただちにムハンマド・アル＝サディク・ベイ［ベイとは、オスマン朝などトルコ系の王朝で用いられた貴人の称号］との会見を主張し、その場でフランス総領事のテオドール・ルスタンとともに、同君主がフランス・チュニジア関係を規制する文書に、なんと三時間以内に同意するよう要求した。フランスの圧倒的な軍事力に鑑みて、フランス軍が近づくなか宮殿に召集された顕官中、一人を除く全員が彼に受入れを求めた。唯一反対したのは、チュニスの市長ラルビ・ザッルクだった。バルド条約はベイの主権を認めたが、チュニジアの外交関係をフランスの統監とフランス人将軍麾下の軍隊の監視下においた。さらに同条約は、フランスが秩序維持に必要と見なす限り、いくらでも部隊を国中に駐留させることを認めた。

バルド条約に体現された制約は、フミル領における最近の騒ぎに表向きは結びついていたが、半世紀前に根源をさかのぼりうる過程の到達点だった。チュニジアには、昔から地中海盆地のあらゆる隅から来た人々が見られ、商業に従事する一時滞在者がいる一方、チュニスと他の沿岸都市に自分たちの居場所を作り出した離散者共同体の住人もいた。しかし、アハマド・ベイの統治時代（一八三七－五五年）にはヨーロッパの人・商品・イデオロギーが、未だかつてなかったほどの数と激しさでチュニジアに流れ込んだ。当初、こうした発展は主としてチュニジア社会の上流層に影響を及ぼしたが、すぐのちにはその衝撃が至る所で見てとれた。オスマン帝国のいくつかの地域でほぼ同時に起きたように、ヨーロッパの理念が、政治的・社会的・経済的な組織のもっとも基本的な概念についての伝統的な思考を、異常に混乱させる仕方で揺るがしたにもかかわらず、ヨーロッパの文物への好みゆえに政府は破産の淵へと追いやられた。チュニジアの幾人かの政治家が、最悪のシナリオを避けるため国内改革の計画を実行しようとほとんど最後まで試みたけれども、こうした諸事情の不利な組合わせにより、同国を政治的・経済的に支配しようというヨーロッパ人の増大する欲望に対抗する能力は損なわれた。チュニジア史の決定的転換点を示すものとして、一八八一年五月一二日夜のバルド宮殿での調印式は、彼らには改革できないことを立証した。この陰鬱な出来事の意味を十分に理解するには、アハマド・ベイの時代からチュニジアで起こりつつあったことの文脈に、それを埋め込むことが必要である。

アハマドは、一七〇五年以来統治してきたフサイン朝の第一〇代君主として、彼の家族が歴史的にうまくオスマン帝国内での相当な自律性を守ってきた慣行が危うくなったと思われた時期に即位した。カラマンリ家が一七一一年以来同様の許容範囲を与えられていた隣接地のトリポリを、一八三五年にオスマン軍が占領していた。一八三〇年のフランスによるアルジェリアの征服で、イスタンブールは驚いて北アフリカに対する関心をこのように劇的に示したのだ。オスマンによる直接的支配の回復は、この領土が単に地元の有力者だけでなくスルタンが保有する物だと強調することで、さらに奪われるのを防ごうという意図によったのだが、アハマドにはチュニジアでの同様の作戦の前触れと受け取られた。さらに、アハマドが戴冠したまさにその年に、チュニジアと多くの政治的・経済的・社会的つながりのある、アルジェリア最東部の州コンスタンティーヌがフランスの物とされた。このように、その治世の起点において、忠実なイスラム教徒としてそれへの忠誠を求められた大国の軍隊が一国境のすぐ向こうに駐留する一方、彼が（一八三〇年のアルジェリア侵攻以来、フランスのチュニジアでの商業活動が強まった結果として）相当な借金を負っている大国の軍隊が他の国境のすぐ向こうに駐留していたのだった。

アハマドは、より強力な隣国たちに万力のように挟まれているという不快な感覚を、大胆だが意図的な二股戦略を採用すれば緩和することができると信じた。彼は、フランスがオスマン帝国内でのチュニジアの自律性を擁護するのは、トルコ人をアルジェリアからできるだけ遠ざけておき、いつか自国にフランスの影響を及ぼすための道を開こうという欲望に発していることをよく理解していた。フランスによるオスマン－チュニジア関係の解釈を理解しつつも、新しい強力な隣国の意図を警戒して、アハマドはイギリスの支持を懇請したが、それはフランスがチュニジアを犠牲にして北アフリカでの所有地を拡大しようと試みるのを、イギリスがけっして許さないだろうと信じたからだ。イギリスの高官はアハマドの申入れを温かく受理したが、オスマン当局とより強力で公然たる絆を結ぶように、そのような行動をなせばフランスとの距離を保つのに役立つだろう（イギリス自身がチュニジアに経済進出するのを容易にすることは言うまでもなく）と促し、彼を困らせたのだった。この無理強いにもかかわらず、ベイはオスマンの抱擁で窒息する危険性をけっして見失うことなく、自分が単なる地方行政官でしかないように振る舞うことは断固として拒否した。こうして彼は、スルタンの臣下の権利を高めた一八三九年の画期的な勅令（ハット＝イ＝シャリフ）の規定を公布することを巧みに避けたが、彼自身が奴隷貿易を廃止し奴隷を解放する法令を発した（それぞれ一八四一年と一八四六年に）ことは、彼のオスマン改革への反応が、その内容に反対してではなく、むしろ見かけの従属性を避けようとしてのものだったことを示唆している。ベイに対して不満なスルタンは、一八四〇年にオスマン艦隊をチュニジアに派遣したが、それに対抗しフランス、ついでイギリスも軍艦をチュニジア沖に送った。同じ頃にオスマン領シリアでもっと深刻な危機が勃発したおかげで、対決は回避された。その後イスタンブールは、その究極的主権を象徴する慣行を守るよう熱心に主張したが、アハマドは同様に熱心にそれをやらずにすませようとした。スルタンへの貢納支払いや贈り物、新しいベイの就任を公式に確認する勅令の発行等がその例だった。アハマドが、帝国との政治関係の曖昧さを入念な振付けによって強めたにもかかわらず、トルコ人が一六世紀に到着して以来そうだったように、イスタンブール、スルタン、そして中東のオスマンの所領は、すべてのチュニジア人ムスリムにとって強力な宗教的・文化的魅力の極であり続けた。

アハマドは、この外交的戦線を超えて、チュニジア軍がいかなる方面からの挑戦にも持ちこたえられるようにすることを狙い、軍事力近代化計画に取り組んだ。アハマドの計画は、その概要において、それまでの五〇年間におけるセリム三世やマハムード二世、エジプトの副王ムハンマド・アリによる同様の事業と似ていた。最新の兵器や他の軍事物資の獲得がアハマドの課題の上位にあり、その装備はいくつかのヨーロッパ諸国から供給され、少なからざる部分はフランスから来ていた。一八三〇年以降フランス政府は、チュニジアは完全に独立した政治体だという意見を強調し続けていたが、それはそうした地位にあれば、やがてフランスがチュニジアを北アフリカの所領へと取り込む際に、イスタンブールからの反対に最小の根拠をしか与えないだろうからだった。こうした観点がフランスとイギリスを対立させ、チュニジアを巡る厳しい争いにおける重要な要素となり、その争いはほとんど保護国の発足まで持続した。それはまたフランスを、チュニジア軍に独立を守る準備をさせ、その独立をフランス自身がある日終わらせようとするかもしれない——しかもその過程で、フランス製の兵器が自己の軍隊に向けられることになる——という、いくらか奇妙な立場においた。アハマドは、自分が関わったヨーロッパ人はみなその政策形成にあたって、彼のではなく彼らの利益を最優先することをよく知ってはいたが、フランスの役人たちが彼に主権者という飾りを与えるため大騒ぎするのを大いに喜んだ。このおべっかは、ベイが一八四六年にフランスを国賓として訪問した際に頂点に達し、その後彼は、フランス宮廷の装身具の多くを、しばしば多額の費用をかけて採用した。

マスケット銃・大砲・軍艦は、アハマドの近代化計画の重要な一側面をなしたが、それらが効果をもつか否かは二つの要求が満たされるかどうかにかかっていた——新しい軍事および海軍のハードウェアや、それが支えるはずの現代的な戦術的・戦略的思考に慣れている将校団と、刷新した軍事体制に力を与える兵士や水夫が十分にいることである。これらの必要の最初のものに応じるために、アハマドはバルド宮殿に士官学校を創設した。そこでヨーロッパ人教官が将来の将校を教育したが、後者のほとんどはマムルーク（フサイン家の代理人によってオスマン帝国の奴隷市場で購入され、チュニスで高位官職に就くために訓練された、国家官僚の特権階級）の息子たちで、ただし商業を伝統的縄張りとする、首都の社会的に著名な階級であるバルディーヤの子弟もいくらかはいた。バルド学校は小規模で、改良された軍隊に備えるに十分な数の将校団をけっして生み出しはしなかったが、その卒業生が一群の新思想や概念にさらされた——軍事科目を学んだだけでなく、彼らは近代的数学・工学・応用化学を体系的に学んだ最初のチュニジア人だった——ことは、彼らに連帯心を植えつけ、独特のエリートとして他と区別させ、国家の諸機関におけるその影響は、アハマドの軍事構想が廃れたあとも長く持続した。

陸軍と海軍にマンパワーを供給するために、アハマドは農民を徴兵するという革新的措置をとった。それまでは、フサイン朝の軍隊は「トルコ人」（トルコの兵士や官吏の子孫、またはオスマンの地中海世界中から集められた冒険者たち）、ズワブ（アルジェリアの戦闘能力で知られたカビール部族、ズワワ出身者）、スパヒ（チュニジアの部族的騎兵）、ハムバ（「トルコ人」と警察機能を果たしたチュニジア人の双方からなる騎馬部隊）のみからなっていた。必要に応じてこれらの部隊を、軍事的奉仕のかわりに課税軽減を受けた部族から提供される不正規騎兵が補った。アハマドが、その軍事体制の隊列を埋めるための伝統的慣行から大きく逸脱したことは、不可避的に一定の大衆的不満を引き起こした。徴用兵の不確かな運命や、その家族が経験した経済的苦境は言うまでもなく、政府の役人による徴兵のしばしば高圧的で気まぐれなやり方は、反対を強め徴兵忌避を促した。徴兵は、短期的には軍の隊列に人体を付加する以上のことはほとんどしなかったが、やがてこの慣行は、普通のチュニジア人も国家機構にその位置を占め、したがって国民の未来に利害関係をもちうるという概念を植えつけるのに貢献した。

この高価な計画の資金繰りのために、アハマドは新税を考案し、既存の賦課を引き上げた。彼はまた、農産物の輸出に対して政府の独占を課したが、それはかつて何人かの前任者とヨーロッパ諸国の経済関係を悪化させた体制を復活させるものだった。フランスは一八三〇年のアルジェでの勝利のあと、フサイン・ベイ（一八二四—三五年）に圧力をかけて同様の独占をやめさせ、フランス人にチュニジア市場への自由参入を認めさせていた。こうして、アハマドが輸出規制を復活させたことは、ヨーロッパ人には同国への経済的浸透を進める彼らの努力を一歩後退させるものと受け取られた。政府の歳入を増加させようとする活発な努力にもかかわらず、軍事体制を支援を意図した多くの副次的事業はあまりに高くついた。制服や基本的補給品を生産する小工場は、めったに最大生産能力を発揮しなかった。費用がかかるためにある計画は未完成に終わり、他の計画はベイの気まぐれな熱意水準の犠牲となった。

アハマドは、在位期間の大半を通じて財政の破局をもてあそんでいたが、一八五二年に側近の一人が国庫のかなりの部分を持ち逃げするまでは、支出削減を真剣に考慮しなかった。しかしその時でさえ、彼は強く実効的な国家というチュニジアの地位（少なくとも彼の意識における）を損ないかねない経費節減に抵抗した。壮大な野心と悲惨な財政的現実の間に挟まれて、アハマドはその治世をとりわけ辛辣な調子で終えた。彼が建設した軍隊を展示し、チュニジアがヨーロッパ最強の国々と対等なことを示すべく、アハマドは一八五五年に英仏とともにクリミアに部隊を派遣し、スルタンがロシアの突きつけた脅威に対処するのを助けた。遠征費を賄うために彼は王家の宝石のいくつかを売却したが、理論的には臣従しているベイがオスマン家の主人を〔英仏が〕救うのを助けるというシナリオを想像して、疑いもなく非常な喜びを感じた。アハマドは、その戦争にチュニジアが参加すれば尊敬と、彼がなお開始したいと希望していた冒険への新たな支持が得られると確信していた。軍隊がクリミアで、ついにまみえることのなかった戦闘からではなく、疾病から多大の損失を被ったことを知る前に彼が亡くなったのは、結局は最善だったと言えよう。故郷から非常に遠い地での、結局何の役にも立たなかったこの大災難は、軍事的近代化計画に最後の、そして致命的な打撃を与えた。その後のベイたちは、誰もそれを復活させようという意向はわずかなそぶりも見せなかった。

アハマドは、その治世を通じて一連の特別な難問に直面した。自分の対応のモデルとすべき伝統的な地元のパラダイムがなかったので、彼は先行した君主たち、エジプトのムハンマド・アリやオスマンのスルタン、セリム三世やマハムード二世が、同様の状況下に行ったのとそっくりに行動した――すなわち実用的でアド・ホックな措置をとり、その多くは過去の慣行から根本的に逸脱していた。ベイと彼の周囲のエリート仲間が、大きな変化の必要性を言明する唯一の集団をなしていたから、そうした変化は常に上から来たが、変化を押しつけるむき出しの力はもっていても、草の根レベルへのその影響の認識（あるいは興味さえも）を兼ね備えることは滅多になかった。アハマドの改革は、事実上一つも明白な成功を収めなかったが、全過程を失敗させるような大災難も、クリミアの冒険までは一つもなかった。

ベイは、チュニジアを防衛し、国際舞台で自国と自分への尊敬を獲得するという双子の目標を追求して、自分の目前の必要を満たすヨーロッパの大国と同盟を結んだが、それはたいてい他のヨーロッパ人の影響と相殺されることになった。同時に彼は、増大する外国の影響に対して国家を支えるという名目のもとに、革新的だがしばしば不人気な慣行を導入することを正当化した。アハマドの一八年に及ぶ治世は、彼がチュニジアに移植した聞き慣れない理念や新しい技術がしっかり根を張るには短すぎる時間であったけれど、だからといって彼の努力を無価値とすべきではない。反対に、彼の治世の初めに何もしなかったら大災難を招いていたろうし、彼が直面した諸問題に対して、当初手元にあった乏しい資源だけによって対処しようとすれば、まず間違いなく失敗していただろう。

アハマドの改革のうち、もっとも影響力があり持続したものが、チュニジア国家が長く堅持してきた組織原則を掘り崩した。バルディーヤ階級の息子たちにバルド士官学校への入学を許し、農民を軍隊に徴集したことは、土着のチュニジア人――「祖国の息子たち」――が国の統治に役割を果たし、それゆえ将来に真の利害関係をもつかもしれないという、前代未聞の観念をもたらしたのだ。アハマドは、青年たちの選ばれた集団をヨーロッパ世界の物質的事物や知的概念にさらすことで、チュニジアの国家と社会に深い影響を与える過程を始動させた。彼の死後数年にして、ヨーロッパ人が同国への影響力を引き続き競うのに対して、根本的な政治的・社会的改革を実施しようとする新たな努力が、アハマドがほとんど想像できなかっただろう環境を創り出していた。

ムハンマド・ベイは、前任者が敷いた道の成行きを警戒し、アハマドがあまりに自由に付き合い、カネをあまりに気前よく支払ったと信じたヨーロッパ人たちと、自分自身は距離をおきたかっただろう。アハマドの熱狂的統治のあとに冷却期間をという彼の計画は、エジプトやオスマンの統治者で自国の活動的・先駆者的な改革者のあとを襲った者たちの希望を反復するものだったが、彼ら同様、ムハンマドもほとんどまったく猶予を得られなかった。彼が一八五五年に即位したのは、チュニスに二人の強力な男が到着したのと同時になり、彼らはムハンマドをその意思に従わせようとただちに試み始めた。それぞれイギリスとフランスの総領事であるリチャード・ウッドとレオン・ロッシュは、チュニジアで経済的・政治的優位を得るために互いに猛烈に競ったが、ベイに対する最初の申入れは協調して行った。クリミア戦争の終結にあたり、スルタンのアブドゥル＝マジドは、彼の非ムスリム臣下の諸権利を公然と認めることで寛容と進歩性への関与を示すようにという、同盟国イギリスとフランスの要求を受け入れた。ヨーロッパ列強が、オスマン帝国のキリスト教徒やユダヤ教徒の福利に対していかなる関心を抱いていたにせよ、それらの底にある計算は、より開放的な政権の方が西洋の経済的浸透や帝国の世界経済への統合を受け入れやすいだろうというものだった。領事たちが予期したように、ムハンマドはチュニジアにおける一八五六年の勅令〔非ムスリム臣下の諸権利を認めよという〕の適用を拒否した――一八三九年にアハマドが、まったく同じ理由で拒否したように。しかしウッドとロッシュは、ベイにこの問題をそう易々と避けさせる気はまったくなく、また現在は彼らに同意する、主としてマムルークからなる集団の支持を期待できた。

この人たちはアハマド・ベイの被保護者だったが、前統治者の政策に伴う輸入の急増を嘆いていた。外国製品は軍事物資をはるかに超えて多様な消費物資に及び、チュニジアの多くの小規模家内工業に非常な損害を与えていた。この傾向を逆転させるには、チュニジア経済を徹底的に精査して国際体系への統合に導くことが必要だったし、まさにそれがイギリスとフランスのオスマン帝国における目標だった。ヨーロッパに影響された彼らの見解によれば、恣意的な政府に対する保護の保証を普通のチュニジア人に与えることが、そうした過程を始動させるための不可欠な前提条件だった。人々が人格の自由と財産の安全を保証されることにより、伝統的手工芸部門

図版１・２ ザイトゥーナ・モスクを出て行く礼拝者。チュニスで最古・最重要のモスクであり、礼拝の場であるだけでなく、チュニジアにおけるイスラムの高等教育のもっとも著名な機関の所在地ともなっていた。このモスク＝大学は、チュニジアのイスラムの知的心臓に位置を占めていた。

だけでなく農業においても——そこでは、アハマドの治世に耕作が八〇％縮小していた[2]——生産増加を含むシナリオが展開すると、これらの近代化推進者は期待した。やがては、アハマドが創り出した初期の工業基盤が拡大することも予期された。そうした成長は、国内外からの資本投下を、経済のそれらの分野だけでなく、全構造を強化し国内外への売込みを促すだろう近代的輸送・通信インフラの発展に対しても促すはずだった。

一八五七年のある事件により、ウッドとロッシュはムハンマドへの圧力を強めることができた。ベイが、バットー・スフェズというチュニジア人ユダヤ教徒の処刑を承認したのだが、彼は荷馬車に乗っていてチュニジア人の子供をひき殺し、ムスリム集団と口論したのだった。その場の熱気から、スフェズはイスラムを冒瀆するという死刑に値する罪を犯したとされた[3]。両外交官は、死刑判決への憤激を表明し、ムハンマドに対して一連の司法的・経済的要求を提出した。ムハンマドが部分的にのみ応じることを提案すると、ロッシュはフランスの軍艦をチュニジアの海岸に呼び寄せたので、ムハンマドは現実的選択肢をもたないことを理解した。そしてアハド・アル＝アマン、すなわち安全の誓約を発し、彼の臣下すべてに公民的・宗教的同権を認めることで領事の求めに応じた。しかし、両人の元の条件に従い、勅令はさらに進んで、ベイが刑法・商法を制定し、ヨーロッパ人を含む事件を扱う混合裁判所を設置することを約束した。勅令はまた、国家独占事業の廃止を告げた。ロッシュとウッドは、ベイがこれらの義務をたしかに果たすように、勅令の実施に際して彼らと協議するよう主張した。アハド・アル＝アマンは、全面的な経済的・社会的変化に道を開いた。アハマドの改革同様、それは上から押しつけられたが、過去より不吉なことに、内部からも押しつけられたのだった。

経済の近代化を主張したマムルークたちは、その過程に外国が関与することの重要性を認識していたが、ほとんどの者はヨーロッパのヘゲモニーのリスクを過小評価したか、それを防ぐ彼らの能力を過大評価した。ある場合には、金銭的計算が彼らの思考を支配した。ヨーロッパ人企業家はチュニジアでの起業に仲介者を必要とし、マムルークがヨーロッパ文化・言語に通じていたため、そうした役割を果たして儲けるのに理想的な選択肢となった。しかしエリートの別の部分、ウラマーつまり神学者の間では、はるかに大きな懐疑心が支配的だった。ウラマーは、ズィンミー（イスラムの土地に住み、国家の保護を受けた一神教徒）に関する伝統的なムスリムの見解に従い、ベイが非ムスリム臣下の安全を確認したことには何の異論もなかったが、非ムスリムが課税や法律事項で対等とする考えには反対した。行政官や事務職員として働く者は批判を控える傾向があったが、他の者、とくにシャイフ〔長老〕や権威あるモスクにして大学であるザイトゥーナのムフティー〔イスラム指導者〕らは、より率直にその見解を表明した。ムハンマドはおそらく、アハド・アル＝アマンがイスラムと一致するという公的見解を強調するために、その前文――ベイの臣下の福利に焦点を当てるが、勅令の経済的・法律的内容をごまかしている――を金曜の祈禱時に読み上げるよう命じた。宣言のそうした短縮版を広く普及させたことは、その細部は承認されないだろうとムハンマドが知っていたことを示唆する。

チュニジアには、少数のヨーロッパ人商人がアル＝ムワッヒド時代（一二―一三世紀）から住んでいたが、一八五七年以降に到着した投機者や実業家の洪水が彼らの存在を大いに目立たせた。しかし、スフェズ事件やアハド・アル＝アマンのある種の条項に対するウラマーの懸念が顕わにしたように、同国の社会構造はほかのより大きな非ムスリム人口を含んでいた。バットー・スフェズはユダヤ人共同体に属したが、それはローマによる統治への一―二世紀の反乱後パレスチナから離散した人たちを先祖とする、おそらく一万八〇〇〇人ほどからなっていた。これらのユダヤ系チュニジア人は農村にも都市にも住んでおり、一般に貧しく、政治的・社会的影響力をほとんどもたなかった。ずっと小さなまったく別のユダヤ人の集団は、わずか一〇〇〇人か二〇〇〇人だったが、[4]一六―一七世紀のスペインからの難民の子孫や、一八―一九世紀初期のイタリアの都市リボルノからの移民であった。後者のほとんどは商人で、地中海商業ネットワークへのつながりを利用して、チュニスで重要かつ報酬に恵まれた役割を――当初はしばしば私略船の代理人やその資金供給者として――果たしていた。これらグラナ（チュニジアの口語アラビア語でリボルノのこと）のある者たちは、教育およびヨーロッパとのつながりのおかげで支配エリートのサークルに加わり、幾人かのベイに対する助言者、営利事業の代表、あるいは医師を務めた。

ユダヤ教徒に加えて、ムハンマドの治世にチュニスと郊外には、アラブ人でもムスリムでもない者が数千人住んでいた。そのうちの最大の一隊は、近くのマルタ島から来た約七〇〇〇人で、通常は荷車引きや労働者として波止場等で未熟練職業に従事していた。アラビア語に近い言語を話し、大部分はメディナ、つまり壁で囲まれた旧市の一郭に住み、チュニジアで一般的な社会習慣の変種に従っているマルタ人が、同国の原住民と違うのは主としてローマ・カトリック教徒だという点だった。シチリア人・サルディニア人そして本土からのイタリア人がさらに四六〇〇人の外国人居住者をなしたが、イタリアの政治的・経済的事情でムハンマドの治世後の二〇年間に、この数は二倍以上に増えた[5]。彼らは、早くもアハマド・ベイの時代からチュニスの港ラ・グーレットに集中していたが、それは彼の近代化計画が多くの熟練・半熟練労働者と職人を引きつけたからで、この町はチュニジア的と言えるのとほとんど同じくらいイタリア的になった。他のイタリア人は炭鉱夫・農民・労働者か、マルタ人同様に同国人の必要を満たす小さな店・食堂・居酒屋を開いていた。

イタリア人とマルタ人は、豚の屠殺者やアルコール調達者、あるいは一定の技術職の熟練者を除き、社会経済的底辺でチュニジア人の同類と職を求めて争った。にもかかわらず世紀の半ばまでには、移住者はチュニスに彼ら自身のそれと分かる隙間を見つけ、圧倒的に成人男子の共同体だったものに妻や子供を加わらせることができるようになった。その後は、ほとんどの移住者は家族として到着した。ムスリムと非ムスリムの間の取引きを伝統的に規制していた商業条約は、ヨーロッパ人女性がムスリムの土地に住むことを排除していたから、この未曾有の状況はチュニジアの社会中で社会的経済的交流に影響を及ぼし、移住者とチュニジア人が近接して住んだことが問題をさらに複雑にした。婦人の適切な行動についての矛盾する観念が共同体間の緊張を悪化させ、結局政府は、かつては私的問題とされた社会経済事項を規制しようと試みることを必要とした[6]。

アハド・アル＝アマンは、他のヨーロッパ人に対してと同様にこれらの移住者にも適用されたが、イタリア人とマルタ人はその利益を守り拡大するために、領事館の役人に（後者の場合は、自国が植民地だったからイギリスの代理人に）依存し続けた。外交官は彼らを無視はしなかった――自国の公民や臣下が相当数存在することは、潜在的影響力を提供したから――が、一八五七年以降は事業家や投機者の提案を尊重する方に注力することをずっと好んだ。事業家や投機者のチュニジアでのベンチャーの方が、彼らの代表する政府の戦略をずっと直接的に助けたからである。いずれにせよ、多くの領事は一八六〇年代と一八七〇年代の移民急増を犯罪増加と結びつけた——あるものは軽犯罪だが、輸出入禁止の武器を含む広範な密輸のような犯罪ははるかに深刻で、彼らの使命を脅かした。ほとんどの移住者の低い社会経済的地位と犯罪性とを関連づけ、外交官たちはときに階級的利益を国民的連帯より優先させ、地中海の「たしかにヨーロッパだとは言えない」海岸（すなわちマルタやイタリアの島々）から来た最低生活の移住者たち、とりわけ女性には不利になるよう、お互いや有力なチュニジア人と共謀した。(7)

ムハンマド・ベイがアハド・アル＝アマン発布を迫られた事情は、彼を非常に悩ませた。彼は勅令実施の措置をほとんどとらなかったが、ヨーロッパの投機者がチュニジアに群がって来ると、領事たちは規則的に勅令を引合いに出した。ウッドとロッシュはこのコーラスを率いたが、彼らはさらに、アハド・アル＝アマンを完璧な憲法にまで高めるようムハンマドに新たな圧力をかけていた。彼にはそうしたい気持ちはさらさらなかったが、この件に関してほとんど選択の余地がないことを経験から知っていた。ベイは不快な状況を何とかしようと、そうした文書のありうる形式を検討するための委員会をいくつか立ち上げた。アハマド・ベイの取巻き中のベテランたちは、改革のもっとも声高な主張者として除外しかねたが、彼らを任命したのに加えて、ムハンマドは多くのウラマーをも委員会に指名した。宗教指導者の多くは首都の商人と家族的・社会的絆をもっており、後者はヨーロッパ人が国際貿易を支配するようになって苦境に陥っていた。その結果、彼らは展開されつつあるシナリオを、ヨーロッパ人の影響のすさまじい拡大と結びつけ、さらにそれを、アハマドの治世以来起こった多くの革新と結びつけて反発した。彼らは、ヨーロッパ人にチュニジア浸透を許す扉をひとたび開いたら、二度と閉じられず、チュニジア人はそこを通る者を何ら統制できないのではないかと恐れた。エジプトとオスマン帝国のウラマーが同様の懸念を数十年前に表明しており、それは予言的だったことが一八五〇年代末に証明されつつあっ

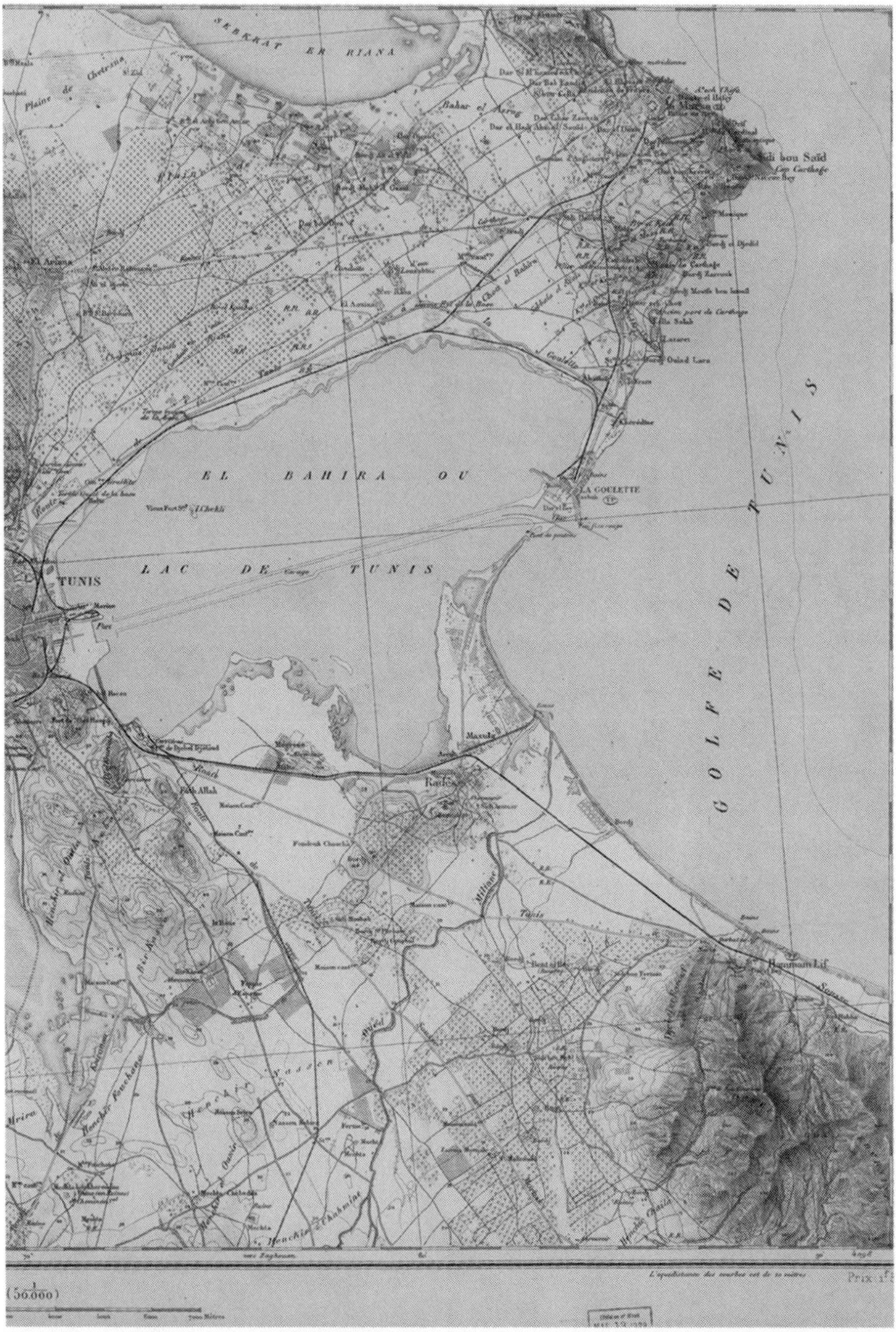

約によって正式にチュニジアを保護国化する前と後には、フサイン家の諸ベイ（1705－1957年）の首都として役割を果たした。その後、同市の外港であるラ・グーレットからチュニス湾に沿ってラ・マルサへと広がった郊外の多くは、同市のヨーロッパ人住民の上流地域社会となった。

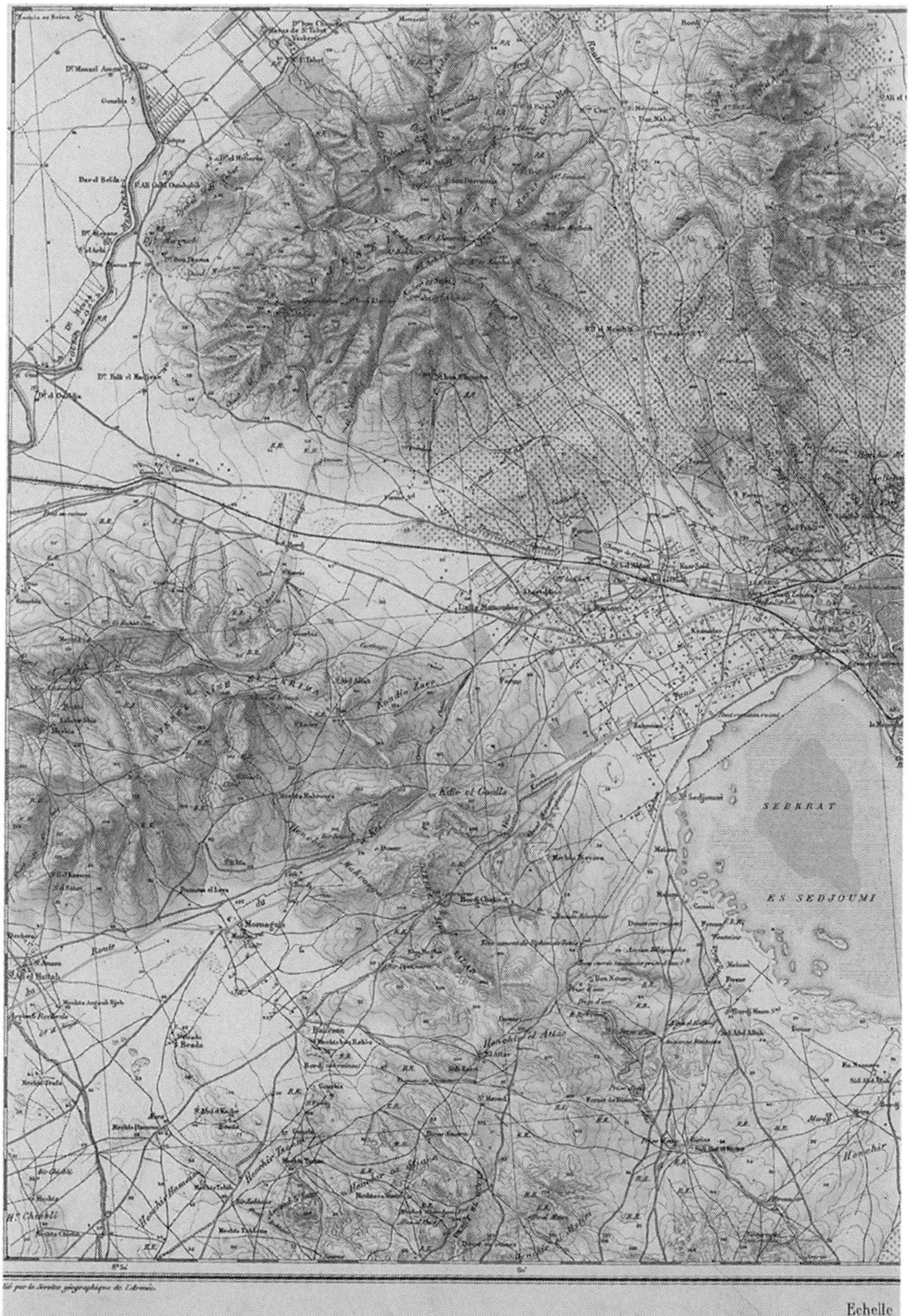

地図１・１　チュニスと近郊、1898年頃。チュニスは、698年にナイル渓谷から前進したアラブ軍によって建設され、地域の最重要都市としてカルタゴに取って替わった。ハフシド朝（1227－1574年）のもとで黄金時代を迎え、フランスが1883年にラ・マルサ協

た。もっと重要なことに、ウラマーは、チュニジアはすでに憲法、すなわちコーランをもっており、社会の適切な秩序づけを確保するのに他のいかなる立法も必要としないと信じた。しかしウラマーの委員たちは、近代化推進者のような政治的技量とコネを欠いていた。負けると決まっている流血の戦いに乗り出すよりも、ウラマーは審議から撤退することを選んだ。

憲法委員会がその仕事を開始した頃、ムハンマド・ベイは、今や二つの悪のうちましな方と見えたものを受け入れ、チュニジアをオスマン帝国といっそう強く同一視することでヨーロッパ人の野心を牽制しようと、最後の努力をした。彼の代理人たちがイスタンブールに旅し、フサイン朝がチュニジアの経営を自由に行うことを認めてくれるなら、同国に対するスルタンの権利を承認するという提案を申し入れた。チュニジアの特使たちは、この提案は現状を形式的に承認するだけだと強調した。スルタンは、ベイが弱さから行動したことを知っており、チュニジアは本来帝国の所領であるというオスマンの伝統的見解のいかなる修正をも黙認することを拒否した。スルタンの頑固さは、チュニジアの熱心な改革者たちをさらにヨーロッパの方へ追いやったが、世界でもっとも強力なムスリム国家との良好な関係はなお不可欠だという見解の者も残った[8]。

憲法委員会がその仕事を終えるよりずっと前に、その設置を強く働きかけた英仏の協力は、投資の機会を巡る猛烈な競合へと変化を遂げていた。ウッドとロッシュはともに、アハマド・ベイとムハンマド・ベイの双方の首相を務めたムスタファ・ハズナダルを、統治エリート間でもっとも影響力ある人物であり、彼らの計画を容易に進めることも妨げることもできる男だと見なした。ロッシュは、一八五八年に最初にハズナダルと接触し、ベイの政府に財政的支援をなす用意のあるフランス人銀行家を紹介しようと申し入れた。罠をかぎつけたムハンマドは、ウッドに打診し、いかなる対抗提案をする気があるか見ようとした。イギリスの高官はこの機会をとらえて、イギリス・チュニジア銀行を両国の投資家が共同出資し、領事館が支配する形で設立することを主張した。

この機関は、チュニジアを国際（あるいは、少なくともイギリスの）金融体制に結びつけることに加えて、法定通貨の発行権の独占を果たすはずだった。ロッシュはもちろんこの取決めに激怒したが、ムハンマドはこれを裁可し、ヨーロッパ人はこの銀行を巡る悶着を解決してほしいと付言した。彼らは解決できなかったが（ベイが想定したとおり）、諸大国を互いに争わせようとしたチュニジアの戦略も成功しなかった。フランスからの圧力が続き、そのいくつかは露骨にアルジェリアにおける強力な部隊の存在を想起させる形をとったので、ムハンマドはこの点でもほかのたいていの事柄でも、フランスの望みを拒否したらただではすまない、とりわけイギリスの支持の約束の裏には何らそうした軍事力の直接的誇示がない以上は、ということを肝に銘じた。結局、彼は銀行の承認を取り消し、その変心に対する相当な損害賠償を引き受けざるをえなかった。

のち一八五八年になって、ウッドはベイにイギリスの企業家グループが、チュニスと、地中海を海底ケーブルがヨーロッパへと走っているアルジェリアのラ・カッレをつなぐ電報ラインを建設したがっていると助言した。ロッシュは、ベイがこの打診に応える時間さえも与えず、それを拒否してかわりに競争相手の計画に同意するよう要求したが、その計画はフランス人を儲けさせるだけでなく、イギリスの経済的利益をアルジェリアから遠ざけておくという追加的利点もあった。その提案は、フランスの会社がチュニジア政府の費用の一部負担を求めている点だけが違っていた。ムハンマドはこの取決めをはねつけたが、結局は、計画の副次的側面に対するチュニジアのより控えめな支払いを求める、フランスの修正された申込みを受け入れた。投資家たちが同様に、ラ・グーレット港と首都を結ぶ鉄道の建設に国家が資金的に参加し、さらに道路の権利を譲り、無料の労働力を提供せよと主張したので、そうした連結がチュニジアを世界経済に統合するには明らかに重要であるにもかかわらず、仕事は前へ進まなかった。一八五九年にムハンマドが死去してから数年後、イギリスのコンソーシアムが、九九年間の操業許可を得られるならチュニジアの分担を求めずにその鉄道を建設するという提案をなした。彼らがその路線をアルジェリア国境まで延ばすことを意図したので、フランス人は狼狽し、電報の場合と同様に、ロッシュはその取決めが成約に至る前に妨害した。

英仏の競合と投資しようとする者の強欲が、チュニジアの経済発展を促進しえた諸計画を流産させる一方で、チュニジアの必要にそれほど応えない、しかも費用がかかりすぎる他の企画は前進した。しかしこの異常事態は、ヨーロッパとチュニジアの間の力の不均衡を耐えるようにさせた領事たちの能力によるとばかりは言えない。そうしたベンチャーは外国人投資家ばかりでなく、地元の仲介者にも大きな利益をもたらしたし、したがって後者はそれを熱心に推進したのである。たとえば、もしイギリス・チュニジア銀行が実現していたらムスタファ・ハズナダルがその頭取になっていただろう（表向きは首相としての彼の地位のおかげだが、間違いなく彼がウッドに協力したことへの報酬として）。ほかの著名なチュニジア人もヨーロッパ人投資家との提携を工作したが、権力の回廊にコネをもつ者は、外国人を〔有力者に〕紹介する機会をもうけ、不慣れなビジネス環境内を案内して機嫌をとるのに有利な立場にあった。腐敗と縁故主義は、過去になかったとはとうてい言えないが、ムハンマドの治世にさらに顕著となった。好例は、一八五九年にフランスの企業が賄賂とロッシュによる圧力の組合わせによって獲得した契約で、政府の資金によりザグワンからチュニスへ送水路を建設するものだった。関係費用は高過ぎたはずだが、くたびれていたムハンマドは屈服した。彼の後継者ムハンマド・アル＝サディクは義務を相続したが、アハド・アル＝アマンによって税収が減り独占が廃止されたため、国庫はすでに窮迫していたからとうてい引き受けられなかった。チュニジアの近代化と依存は、手を携えて進行したのだ。

ムハンマドが死去したとき、チュニジアに憲法を授ける問題を研究させるべく彼が委嘱した委員会は、ちょうどその仕事を終えるところだった。ムハンマド・アル＝サディクは、そのような措置に熱狂的支持を表明した。この政治モデルを採用すれば、チュニジアがヨーロッパ諸国から好意を得られ、ムハンマドのより反動的な統治の時代に受けた圧力が緩和されるだろうと、彼は確信していたからである。最良のシナリオによれば、そのような大きな改革は、ムハンマド・アル＝サディクがいとこのアハマド同様非常に高く評価していたヨーロッパ諸国と、チュニジアが対等の地位を得るための重要な一歩となるかも知れなかった。もしそうなれば、チュニジアはオスマン帝国から距離をとることができ、おそらく公式の主権さえ得られるかもしれないと。しかし、チュニジアの政治体制の真の再編成は、ベイの優先順位においてきわめて地位が低かった。オスマンとチュニジアの関係についてのフランスの伝統的見解、および憲法に対するフランスのとりわけ熱烈な支持に照らして、ムハンマド・アル＝サディクは文書の草案をナポレオン三世に示し、その承認を得て一八六一年に公布した。

その基本法は、ムスリム世界におけるその種の立法としては最初のもので、立憲君主制を樹立し、その大臣は統治者に任命された六〇名からなる大評議会に責任を負った。評議会に指名された者の多くは改革の熱心な擁護者で、なかでも有名なのは会長であるハイル・アル＝ディン・アル＝トゥンシという名のマムルークだった。しかしムスタファ・ハズナダルのような有力な人物で、過去に支配的だった責任と義務の曖昧な環境において活躍した人たちも評議会に席を占めており、改革、とりわけ説明責任を強調するものには一切関わろうとしなかった。ハズナダルとはまったく別な理由で、他のチュニジア人も展開しつつある過程に対して懸念をもっていた。

ある人たちにとっては、コーランの教えが社会政治的参照基準としてもはや十分でないというほのめかしは、改革者の誤った政策の縮図であり、憲法をあらゆる不満の原因を周囲に集める避雷針に転じるものだった。ウラマーは憲法の編纂に関する議論から離れており、公布をだいたいにおいて無視したが、まもなくほかの方向から騒ぎが沸き起こった。国際経済へのチュニジアの着実な統合は、小麦やオリーブ・オイル等の農産物の輸出を急増させ、これらの主食を国内市場でより高価にした。抗議のため、商人やザイトゥーナのウラマーの集団が一八六一年末にチュニスのスーク（中央市場）で一緒にデモを行い、その行動を強調しようとバルド宮殿への行進に移った。この対決へのベイの反応は、速やかで断固としたものだった——世俗的参加者の多くを逮捕し、穏健なウラマーの若干名を官職に取り込んだのだ。これらの事件についての政府の発表は、その意義を貶めるものだったが、抗議者が経済的苦難を強すぎる外国の影響という根本原因——憲法が今やその象徴となっていた——の一結果であると見なしたことは、宮廷でも外国領事館でもよく知られていた。

ベイは収入源に窮して、一八六〇年に国債を発行し始めていたが、農村地域からの税のより徹底的・体系的な徴収だけが、財政を赤字から守る現実的見通しを与えうるものだった。当然ながら、そのためのいかなる努力も抵抗に遭い、政府が外国の債権者に借金をしたためだと、まったく正当にも見なされた。司法の再編成により、慣習的に部族のシャイフが裁きを行っていた地域でも国家の裁判所が導入されるのではないかという危惧が、チュニスに対するいっそうの反感を生んだ。この場合、憲法を頂点とする改革の過程が、不愉快な状況の中心にあるものとふたたび認識されたのである。ロッシュは、ハズナダルがこの騒ぎを引き起こしたとして非難したが、たしかに首相とその仲間は事態を利用したけれども、一八五七年以来の一連の出来事により、多くの普通のチュニジア人が多かれ少なかれ悪影響を受けていたのである。それゆえ彼らの行動は、主として自己利益の意識からなされたものと結論するのが合理的と思われる。

ムハンマド・アル＝サディクは、啓蒙的な立憲君主として自分を売り込めばヨーロッパ人からの圧力を緩和できるだろうという希望をもっていたが、そのナイーブさを一八六三年の二つの事件によって思い知らされた。ベイが、まずパリの銀行家から借金をして自己の財政状況を改善し、次にイギリス臣民に特典を与えてフランスの増大した影響力を相殺しようと決めたことは、チュニジアに広がっていた興奮ムードを公然たる反乱へと押しやった。約三〇〇〇万フランの国際的債務を果たすために、チュニジア政府は三五〇〇万フランを借りたが、手数料や割引によって実際に手にした額は二九〇〇万に減っていた。一二％の利率により、返済は六五〇〇万フラン近くになり、毎年の支払いは七〇〇万フラン、すなわち国家の平均収入のおよそ半分とされた(9)。この義務を果たすために、ベイは個人税（マジュバ）によって得られる歳入を抵当に出したが、十分な基金をもたらさないことを恐れて税率を二倍にするという軽率な決定を行った。

ムハンマド・アル＝サディクはまた、諸大国が憲法を求めていたにもかかわらず、マルタ人・イタリア人・その他のヨーロッパ人共同体のメンバーはチュニジアの全住民の平等の宣言を、その概念が彼らのある種の特権の喪失をもたらすならば好まないということを発見しつつあった。たとえば、彼らはチュニジアの裁判所の管轄下に入るよりも領事裁判を維持することや、ある形態の課税の免除の継続を欲した。にもかかわらず、彼らは憲法が保障する保護を受ける権利を主張した。この非常に身勝手な解釈はチュニジア人を怒らせ、さらに改革の信用を貶めた。そのためベイはイギリスの臣民を、相当な数のマルタ人を含めて、憲法の傘下にチュニジア人と同権とするという公式協定を結ぼうとの提案に好意を抱いた。ムハンマド・アル＝サディクにとって、イギリス＝チュニジア協約は、大きくて重要な一外国人共同体の治外法権的地位を廃するものだったが、イギリス人にとっては、憲法によって財産所有権が保障されるという条項は同国における彼らの努力を是認するものだった。両当事者にとって重要なことに、この協約は、最近の借款によって高められたフランスの影響力を相殺した。しかし、ベイの臣下のほとんどにとって、この合意は、外国人が自国の事情に介入するためのもう一つの仕組みを表わすに過ぎなかったし、そうした介入はまず確実にチュニジア人にとって不利になるのだった。

恐れ・怒り・葛藤、そして嫌悪が一八六四年に爆発して、大規模な反乱をもたらした。その状況をハイル・アル＝ディンはヨーロッパから眺めていたが、彼はベイとハズナダルに海外で借金するのを思いとどまらせようと試みて失敗し、チュニスに居づらくなったあとそこに滞在していたのだけれど、状況を陰鬱に描写した——

アラブ人は、押しつけられていた専制主義と不正義の体制をもはや支持できなくなって、摂政管区の端から端まで決起した。この恐るべき反乱は、政府を崩壊の淵に立たせた。ベイは苦悶し、反抗を制圧できないため、謀反人たちが首都と彼の居城に侵入するのを今日見ることか、明日見ることかと待っていた(10)。

この蜂起は、マラブー（敬虔な人物、あるいは地元の聖人）でありカディ（ムスリムの判事）の息子であるアリ・イブン・グダヘムの扇動により、ケルアンとル・ケフ間の地方の諸部族によって開始された。反乱者は、重税を廃止し、地元名士の威信をとくに司法分野で傷つけた改革を反故にし、憲法を廃止せよと要求した。彼らはこれらすべての望ましからざる革新の責任の所在を宮殿の扉に認め、ムハンマド・アル＝サディクと彼のマムルークたちこそ彼らを惨めにした張本人だと非難した。アリの「民衆のベイ」という自称は、臣下の福利を無視した統治者への軽蔑を、臆面もなく表明していた。

軍隊は、長く給料をもらってない兵士が脱走して隊列が激減し、部族への課税を引き上げる展望もまったくなかったので反乱を鎮圧できず、それは地中海の東岸に沿った豊かな平野であるサヒルに速やかに広がった。この地域に基本的に定住している住民は部族民の不満を共有していたが、チュニジアのもっとも価値ある輸出品たる穀物やオリーブ・オイルの生産者として、起こりつつあった事態において外国の外交官・商人・投機家たちが果たした役割を、部族民よりもいっそう明確に把握していた。彼らは状況をより適切に評価し、ムハンマド・アル＝サディクはもはや自由な行為主体ではなく、たとえ彼が望んだとしても問題を調整する能力を失っていると結論するに至った。多くのサヒル住民は、チュニスから新政策を期待するよりもオスマン帝国の介入を希望した――イギリスとフランスの軍艦が、自国民の利益を守るために派遣されて水平線上に現れただけになおさらだった。イスタンブールの見方では、ベイの政権は沈没の淵にあり、オスマン人のチュニジアとのほころびた、しかしなお重要な絆をも引きずり込もうとしているように見えた。帝国の高官たちは、サヒルで構想された方針による介入の試みがもたらす結果にいかなる幻想ももたなかったが、無為に眺めているわけにもいかなかった。オスマンの一上級外交官がチュニスに上陸し、戦意をなくした軍隊を活気づけ蜂起を制圧させられるようにと資金を持ち込んだ。[11] しかしオスマンの介入以前にさえ、ハズナダルは部族の反乱を、その指導者たちを買収し、政府での雇用を約束し、地元での競争を操ることで挫こうとし始めていた。秋の収穫のために戦士が畑に戻る必要が生じるや、運動は次第に下火になった。皮肉にも、反乱者がオスマンの支援を期待したサヒルでこそ、政府はオスマンの資金で強化された部隊を派遣し、彼らを屈服させたのだった。

蜂起は力と説得の組合わせにより制圧されたが、その主目的たる憲法の撤回を達成する時間はあった。しかしこの点では、ベイは国内のというよりも外国の圧力にいっそう反応して行動した。イギリスが、ハズナダル首相のイギリス領事館との密接な関係の結果と言えなくもないイギリス＝チュニジア協約によって有利な地位を獲得したことは、フランスを非常にいらだたせた。少なくともこの尺度から見れば、改革運動は、チュニジアにおける影響力獲得の主要な競争相手を強化したため失敗だった。フランスの高官は、反乱時の軍事派遣団長だったジャン＝バプティスト・カンプノン将軍が次のように明言したように、憲法と協約を結びつけていた――「イギリス協約はチュニジア憲法の結果だった。憲法を死文化させよう、撤回させよう……そうなれば、イギリスとの条約も道連れになるだろう」[12]。その目的のために、とはいえ不正の跋扈を終わらせるという口実により、フランスはハズナダル解任を要求し、反乱者をけしかけ、ベイは憲法を停止すべきだと主張した。過去と同様に、フランスは意思を通すためには軍事力に訴えるというもっともらしい暗示を受けて、ムハンマド・アル＝サディクはフランス人の意向を受け入れ、彼らがつい最近国民に押しつけるよう主張した憲法体制を廃止せざるをえなかった。カンプノンが予言したように、憲法による保護を失ってイギリス＝チュニジア協約は無効化した。短時間のうちに旧体制が復活し、ヨーロッパ人の間の猛烈な競争とチュニジア人高官に対する抑制の欠如を伴った。他方で、反乱の終焉はチュニジアのオスマン帝国との関係に、少なくとも紙の上では一つの変化を生みだした。ベイの要請により、ハイル・アル＝ディンはスルタンとの了解に達し、後者がフサイン家の世襲支配とチュニジアの行政上の自律を認めるかわりに、帝国の主権を承認した。ハイル・アル＝ディンの派遣を促した事件を念頭に、スルタンはまた、チュニジアで将来いかなる問題が生じても介入する権利を明示的に確保した。

スルタンは、ムハンマド・アル＝サディクと合意する気になったからといって、後者が尊重よりもはるかに切実に必要としたもの、つまりカネを提供するまでには至らなかった。ベイは、オスマンの緊急支援金を反乱者に対する作戦実施に使ってしまったので、一八六三年の借款を返済するのになお相当な資金を必要とした。ムハンマド・アル＝サディクは、サヒルの民衆は不忠義の代償を支払うべきだという考えから、ハズナダルが信頼する家臣のアハマド・ザッルクに同地域を略奪し、所有物や収穫物を没収し、強制的賠償金を課し、不運な住民を兵役に徴集せよと命令するのを認めた。ザッルクがその任務を過酷に果たしたので、サヒルは荒廃した――経済は破壊され、町や村・農村も同様に、住民が年貢を払えなかったために全財産を失い、人口は激減した。〔政府にとって〕多少割に合わないが同様の略奪を、アリ・イブン・グダヘムの周りに集った諸部族も被った。にもかかわらずこの悪しき猛攻撃は、ベイが債権者に対して清算することを許すに十分な資金を得させるには至らず、彼は一八六六年に返済を中断せざるをえなかった。長期的により重要だったのは、ザッルクの戦術が中央政府、とくにベイへの深い怨念の貯水池を作り出したことだった。ムハンマド・アル＝サディクは、一八八一年にフランス軍をチュニジアの国土に受け入れて、反乱後に自分が引き起こしたつむじ風の報いを受けた。しかし彼の債権者たちは、もっと直接的な恥辱を用意していた。

自由主義的改革の脱線は、改革を強制したのと同じ外国の圧力の結果であったが、チュニジア政府の中枢ではほとんど悲嘆を引き起こさなかった。反乱鎮圧後の彼らの残虐性が示したように、ベイ、ハズナダルとその仲間は反射的に恣意的な権力行使へと回帰した。反乱の再発を防ぐために、彼らはヨーロッパから相当量の軍事物資を購入し、他方では彼ら自身やチュニジア人・ヨーロッパ人の双方からなるビジネス仲間を富ませるために、賢明ならざる投資を追求し続けた。しかし六〇年代の終わりには、債権者たちはそれが「盗人に追銭」であることに気づいた。一八六九年にイギリス・フランスとイタリアは、チュニジア政府に国際財務委員会の設置を受け入れさせた。ハズナダル首相は、自国の最大の債権者たちを宥めようと期待して、賢明で責任ある政府をという主張で著名だったハイル・アル＝ディンを説得し、自発的亡命をやめて同委員会の議長としてチュニジアに戻らせた。同委員会は、外国からの投資を守るよう計画された財政政策改革を監督したが、政府の歳入を既存の債務の返済に充てる彼らの権限は、財政管理の決定的側面をチュニジア人の手からヨーロッパ人の手に移してしまった。

イタリアが国際財務委員会に参加したのは、チュニジアに住む公民（とりわけシチリア人）の数が増え、急速に最大の外国人共同体になったからで、イタリアの経済的関与が高水準にあったわけではない――それは目標であり続けたが、未だ現実ではなかった。一八六八年のイタリア＝チュニジア条約は、イタリア人居住者に五年前イギリスがその臣民に獲得したのと同様の特権を保障することで、経済的浸透の加速化を促した。それにはイタリア公民権の維持、チュニジア海域での漁業権を含む就業権[13]、そして財産権が含まれた。同条約はまたイタリア人に、もっぱら自己の共同体内部の、あるいは他の非ムスリムにのみ関わる問題では、自己の法律や裁判所を維持することを認めた。

委員会が作動し始めるやいなや、ハイル・アル＝ディンとハズナダルは抜き差しならない対立状態におかれた。同委員会に対する首相の第一の衝動、それは彼の過去の行動と完全に一致するやり方であったが、委員会を断固妨害することであり、それができないときは、彼の儲かるビジネス上の取決めや国家資金の容易な入手を危険にさらす命令を排除することだった。ハイル・アル＝ディンは、委員会議長であったにもかかわらずチュニジアにおける外国の干渉に賛成でなかったが、自国を等喫水線におくためにはいかなる有力者も、とりわけベイやその首相が喜んで受け入れはしないような、大掃除を必要とすると信じていた。〔首相の〕こうした断固たる反対を前にしては、ハイル・アル＝ディンを含むいかなるチュニジア人も、外部の支援なくしてそのような措置を手配しえなかった。イギリスはハズナダルを支持し続けたが、委員会のフランス人とイタリア人のメンバーは、無責任会計と目に余る腐敗を理由に彼を更迭するよう働きかけた。一八七三年にムハンマド・アル＝サディクがハイル・アル＝ディンを首相に指名したとき、チュニジアの債権者は自己の支配が予算から重要な閣僚の任命にまで及ぶことを示した。

ハズナダルの取巻きや子分は、報復を誓った。他方ウッド領事は、信用を失った彼の仲間を見捨てるのを躊躇せず、新首相がウッドとハズナダルの評判の悪い協同を、イギリスの利益を無視するのに十分な理由たりうるとしないよう、ハイル・アル＝ディンに近づき始めた。さらにウッドは、フランス人がハイル・アル＝ディンをある種の被後見人と見なし――彼は一八五〇年代にパリで数年を過ごし、一八六二年にチュニジアを去ったときパリに戻った――、フランスの威信が一八七一年の対プロシャ戦争での敗北からなお回復途上であった時期故に、彼の出世を歓迎したことに気づいた。抜け目のないハイル・アル＝ディンは、相対的自由を得て工作しうる領域を極大化するために、イギリス・フランス・イタリアに彼の好意を求めて互いに競争させることで、できるだけ利益を引き出そうと意図した。

ハイル・アル＝ディンが一八六七年に出版した本、『アクワム・アル＝マサリク・リ・マアリファト・アハワル・アル＝ママリク（諸国の状態に関する知識を得るためのもっとも確実な道）』は、彼の首相職への青写真を提供した。

部分的には比較政治学の研究であり、他の部分では政治的宣言である『もっとも確実な道』は、ハイル・アル＝ディンの知的遺産のもっとも重要な三要素に依拠していた――ムスリムの敬虔さ、マムルークとしての訓練に組み込まれた伝統的国政術、そしてアハマド・ベイに仕えて最初に遭遇し、フランスに住んだ結果より深く理解した西洋の現代文化である。西洋体験が彼に教えたのは、政治的・社会的・経済的発展が西洋に数え切れない資産――あるものは具体的、他のものはあまり有形でない――を備えさせ、チュニジアは、選択的かつ賢明にやるのであれば、それらを借用あるいは模倣することで利益を得られるかもしれないことだった。しかし彼はまた、西洋の制度は特定の文化的脈絡のなかで数世紀の長きにわたる成熟過程を経ており、それを西洋文化に根差さない社会に移植することが成功するか否かは、たとえ短縮されたとしても同様の過程に基礎をおくことにかかっていると理解していた。

ハイル・アル＝ディンの見解においては、よい統治は分別ある管理と良心的な指導に等しく、国民の信任と信頼によって報いられるもの――羊飼いと羊の群れの関係に類した、統治者と被統治者のそれ――だった。変化へのいかなる委任も必然的に上から降ろされなければならず、またイスラム的価値の媒介変数の内部に収まらなければならなかったが、それはイスラム的価値の保護者であるウラマーの支持によって確認されるものだった。ハイル・アル＝ディンは、チュニジアで起こりつつあった過程に多くのウラマーが参加していないことを遺憾に思ったので、彼らを『もっとも確実な道』の鍵となる読者に想定した。そこで彼らに、いかなる種類の権力乱用も恣意的行為も避けながら、政府の抑圧的性格を除くための連合に、名誉ある政治家たちと加わるようにと呼びかけた。シャリーア法を含むイスラムの諸指針に導かれるこの新秩序は、臣下に正義・安全・繁栄の恵みを授け、それによって最近の指導者たちがその行動によって失った国民の信頼を回復するはずだった。こうした原則によりウラマーの支持を得て、ハイル・アル＝ディンは一八七七年まで統治した。(14)

ハイル・アル＝ディンの行政が始まった当時は、一八六四年の反乱から一〇年近くたっていたが、サヒルの農業はなお混乱していた。その再活性化がチュニジアの安定と繁栄にとって不可欠だと判断し、首相は未払いの税を免除し、新しくオリーブの木を植えた農民に免税を申し出、⒂輸出税を引き下げた。輸入品にいっそう高い関税を課して職人を助け、徴税官を綿密に監視して彼らが行いがちだった職権乱用の多くを防いだ。こうした措置は、実施面でも、減税や徴税における強制的手段の放棄による歳入減少の面でも、犠牲を伴った。国際財務委員会の継続的作業は、ハイル・アル＝ディンが課題を実行するために利用できる資金をさらに削減した。その結果彼は、多くが宗教的性質をもつ既存の制度を現代の必要に適応させるために企画された、それほど費用のかからない改革に相当な関心を向けた。

チュニジアの土地のほとんど二五％を占める宗教的信託地（ハブース）は、それまでばらばらに管理されていたが、ハイル・アル＝ディンはそれに現代的経営観念を導入しようという目的で、一八七四年にハブース評議会を設置し、同国でもっとも尊敬されるウラマーの一人ムハンマド・バイラム・アル＝ハミスを会長に任命した。首相はまた、ザイトゥーナ・モスク＝大学のカリキュラムを、伝統的宗教学に世俗的学問分野を付加して修正する先陣を切り、将来の宗教学者を含むチュニジア人の教育においてそうした科目が役立つという彼の確信を示した。サディキ大学の創設は、ハイル・アル＝ディンの自国へのもっとも永続的な貢献となったが、その背景にもこの信念があった。この学校は、アラビア語で教えられる伝統的学問のコースと、フランスに鼓舞され現代語・数学・科学を強調するカリキュラムを組み合わせた。サディキで二種類文化の訓練を受けた学生は、たいていのチュニジア人がほとんど理解できない西洋世界と広範な接触をもたされた政府の職にとって、理想的な候補者となった。サディキの卒業生は、まもなく政府の職員や書記官としてザイトゥーナの卒業生に取って替わり始めた。多くは公務員の隊列において急速に出世し、緊密な結びつきをもつ中核グループを形成し、指導者ハイル・

図版１・３　サディキ大学。1875年にハイル・アル＝ディン・アル＝トゥンシによって創設され、サディキは、初めてチュニジア人学生が世俗的な西洋の教育を受けられるようにした。その初期の卒業生の多くは保護国の行政機関で働き、のちの同窓生の多くは民族主義運動の活動家となった。

アル＝ディンの哲学をその政府が終わったのちも長く維持し、可能な限りそれに基づいて行動した。同大学は、設立後何十年にもわたってチュニジアにおける世俗的教育の指導的機関として、同国のその後の歴史で顕著な役割を果たした諸世代の卒業生を輩出した。

国際関係の領域では、ハイル・アル＝ディンはその職歴を通じて主張していた一つの目的――チュニジアのオスマン帝国との絆を強めること――を、首相として実現した。ベイの、スルタンはチュニジアの自律にとって邪魔者であるという見解とは対照的に、ハイル・アル＝ディンは、それを世界でもっとも重要なムスリム国家の精神的・現世的元首であり、イスラム的原則によって導かれるいかなる指導者も自然な親近感を覚えるだろう人物と見なした。同時に、ハイル・アル＝ディンはまた、同帝国のチュニジアにおける権利を認めることは、同国に「様々なヨーロッパの列強の貪欲さに対する最善の保護手段[16]」を与えると信じた。しかし、オスマン帝国が存続する限り、それに形式的に結びつけられたチュニジアはヨーロッパの支配から自由でいられるだろうと計算することは、帝国が生き残ればその権益圏内の出来事に影響を及ぼしうることを意味するという、まったく誤った仮定をなすことだった。スルタンが一八七七年のロシアの侵攻に対して、撃退を助けるようチュニジアに派兵を求めたことは、この計算違いを示唆した。ハイル・アル＝ディンは、財政的・外交的制約から従うことができなかったが、チュニジア国民にオスマンの戦争努力に対する寄付金を募った。この出来事は、オスマンとチュニジアの関係に対する彼の信頼を揺るがしはしなかったが、どちらの当事者が相手をいっそう必要としたのかという疑問をたしかに提起する。

ハイル・アル＝ディンのイスタンブールに対する態度は、就任以来彼が追求する行動路線に関わるフランスの苦悩を深めさせた。フランスは、ウッドが持ち込んだビジネス上の諸提案を彼が喜んで支持したことに反発し、一八七五年の新たなイギリス＝チュニジア商業協定の締結には度を失った。その前年、総領事としてチュニスに到着したテオドール・ルスタンは、当初はフランスの利益を推進する熱心な努力においていくらか成功を収めたが、まもなくハイル・アル＝ディンの解任を要求するようになった。ハズナダル派は、排除されたことによるうずきをなお感じていたから、首相の失脚をやかましく要求するコーラスに熱狂的に参加した。同時に地中海におけるイギリスの利害は、一八六九年に開通したスエズ運河が帝国の思考において支配的地位を占め始めるなか、東方へと移っていった。ウッドは徐々にハイル・アル＝ディンから距離をとるようになり、そうしてムハンマド・アル＝サディクが一八七七年に彼を解任するのに道を開いた。改革者が列強を互いに牽制させようとした戦略は、それらすべてが彼に対して同盟する結果をもたらした。オスマンへの忠誠者だったから、ハイル・アル＝ディンはイスタンブールで引退生活を送り、生涯の最後の一〇年を過ごした——一八七八—九年の短期間、スルタンの大大臣（首相）を務めたが。辛辣で病んだハズナダルは首相に復帰したけれど、一年と経たずに死亡した。

たまたまハズナダルの死去は、ヨーロッパ人による大量の外交的・経済的活動のさなかに起こり、彼があれほど顕著な役割を果たした政権の終焉の前触れとなった。スエズ運河に向かう道を守る必要から、イギリスは一八七八年にキプロスを獲得し、オスマンの統一を支持するという旧来の政策の放棄を示したが、この変遷はイギリスをチュニジア問題から多かれ少なかれ完全に引き離すことになった。同年ヨーロッパ列強はベルリン会議を開き、ロシアに敗れたあとのオスマン帝国の運命を検討した。ベルリンでの議題は、チュニジアに関わる競合する利益や要求に関する交渉を含んでいた。フランスとイタリアが自己の主張を提示し、イギリスはそうした議論を傍観していた。ドイツはチュニジアが、フランス・プロシャ戦争で失った領地を回復しようというフランスの潜在的に不安定化要因となる強迫観念から気をそらさせうる褒美になるとみて、そこでのフランスの無制約の影響力を認めさせることに成功した。フランスは、ドイツの動機を怪しんでこの取決めの受入れを躊躇したが、チュニジアに深く関与したビジネス関係者や投機家からの圧力と、イタリアが、チュニジアにおけるフランス人居住者に対して自国の公民が一五対一の数的優位に立つことを根拠に激しいキャンペーンを始めたことから、その態度を改めた。困惑したが相対的に弱いイタリア政府は、トリポリタニア〔現在のリビアの一部〕での同様な地位の約束を得て手を打たざるをえなかった。フミル地方にはびこる騒乱が、フランスにベルリンでの交渉の席からベイの宮殿のテーブルへの橋を提供し、その席にムハンマド・アル＝サディク、ルスタン総領事、ブレアール将軍が集って、一八八一年五月にバルド条約を完成させた。

ベイが要求に従い、フランス軍侵攻への抵抗が鎮められて任務が見たところ達成されたので、条約で認められた駐屯軍の一部に指定された以外の部隊のほとんどは六月に撤退した。しかし翌月、同国の多くの地域で蜂起が勃発し、ベイが屈服したからといって民衆がフランス人の存在を受け入れたことにはならないのを明らかにした。反乱は、初期段階ではしばしば不信心者による侵略への聖戦というレトリックで正当化され、結局はフランス人に対するのと同程度にムハンマド・アル＝サディクとその取巻きに対するものとなった。ベイは臣下の尊敬を失っており、彼らの多くは、長年抱いていた不満に仕返しする手段として蜂起に飛びついた。彼は役人たちに反乱を抑えるよう命令する際、おそらくフランス人に強要されてだが、フランス人は彼の要請により友人として来たのだと主張したが、そのために敵からおべっか使い、もしくは愚か者と形容されても仕方なくなった(17)。

蜂起のもっとも著名な扇動者は、東南部の部族のカイドであるアリ・イブン・ハリファだった。政府のおかげでその地位に就いていたが、農村地帯におけるベイの権威の代理人たちのほとんどと同様に、フランス人を追い払えなければ、ベイの従属と並行的な過程により部族の独立を制限する支配の押付けがもたらされるだろうと考えた。オスマンの「機械仕掛けから出てくる神《デウス・エクス・マキナ》」〔急場しのぎ策〕の出現を反乱者は期待したが、成就の機会は今回、一八六四年よりさらに少なかった。フランスの侵入の数日後、オスマンの高官はヨーロッパ列強にチュニジアにおける帝国の権利を想起させ、続いてバルド条約を拒否するというこれ見よがしのショーを演じた。しかしスルタンには、オスマンの艦船がダーダネルス海峡を通過してくれれば戦争行為と見なすという、フランスのぶっきらぼうな警告を無視する気はさらさらなかった。

数万人の部族戦士が蜂起に加わるにつれて、南部と西部の多く、そしてサヒルの農村部が反乱者側に入ったが、彼らはサヒルの諸都市を支配することができず、最終的勝利にとって不可欠な資源を入手できなかった。都市の冷淡さは、その住民が、激しやすく常に潜在的に破壊的な遊牧民に昔から不信を抱いていたためだった。彼らの大部分は、部族による支配の明らかな不安定さのリスクを冒すよりも、フランス人による秩序の押付けに伴いうる厄介ごとが何であれ、それに対処する方を好んだ。一八六四年の反乱後の政府の行動が繰り返されることを恐れて、都市住民は反乱者を支持する気持ちをさらになくした。夏の間にフランス軍が増派されて、蜂起の潮目が変わった。反体制側は最後に聖なる都市ケルアンに頼って、一〇月までそこを守ったあとばらばらの集団として散らばり、そのいくつかは同年末まで南部で散発的抵抗を続けた。フランスの優越した火力が最終的には蜂起を負かしたが、ほかの問題もその弱体化に貢献した。習慣的な競争がしばしば部族間の協力を妨げたし、近づく収穫作業が戦士の多くの気を散らさせた。反乱が崩壊するや、一〇万人以上の部族民とその家族がオスマンのトリポリタニアに避難所を求めた。

反乱の火が消され、バルド条約がフランス議会によって批准されると、上級外交官のポール・カンボンが、フランスの初代統監《レジダン・ジェネラル》として一八八二年初めにチュニスに到着した。彼の任務はフランス政府の利益を代表し、条約に明記してあるようにベイの外務大臣を務めることだったが、彼はベイのいかなる邪魔立ても許す気はなかった。しかしムハンマド・アル＝サディクはほんの数カ月後に亡くなり、新任の統監は新しいベイ、ムハンマド・アル＝サディクの弟のアリとともに、新しいフランス・チュニジア関係の媒介変数を確立することになった。

第二章
チュニジアは誰のものか？　一八八一―一九一二年

フランスのチュニジア――保護国の枠組みの据付け

アリ・ベイは、彼の地位を保持できるかどうかはフランスの統監カンボンとの人間関係にかかっていることをよく知っていた。新しいベイは、当初はフランス軍の侵攻を非難したが、抵抗運動の反ベイ的性格が明るみに出るや、フミル地方でフランス軍と任務に就いているチュニジア部隊の指揮をとった。一八八一年の作戦の計画に責任のあるフランスの高官の幾人かが、ムハンマド・アル＝サディクを退位させて、アリが皇太子とされているにもかかわらず弟タイエブに取り替えようと主張していたという噂を聞き、アリはタイエブの戴冠がなお一選択肢であることを疑う理由をもたなかった。カンボンにとってベイの交代は、フランスがバルド条約によって得た外交監督権を強調し、同時にベルリン会議において認められたはるかに広範な行政的・政治的監督へと、フランスの役割を広げる準備をするための好機を与えるものだった。そうした監督権はもし適切に運用されるなら、チュニジアにおけるオスマンの政治的要求に片を付けるのにも役立つかもしれなかった。こうした目的のため、そして身分不安定なアリからの反対もなく、カンボンは一八八二年一〇月二八日、新統治者の戴冠式を取り仕切った。カンボン統監は、ラ・マルサの海辺の居城からバルド宮殿までアリのお供をし、そこでフランスの名において彼をベイに就任させ、レジオン・ドヌール勲章を授与した。イスタンブールのフランス大使が前もって巧妙に介入したので、任官令の交付というスルタンの慣行の簒奪は、オスマンの首都では支障なく行われた。その夜、統監はチュニスの上級外交官として振る舞い、外国の領事たちを集めてベイに会見させた。

カンボンは今や、フランスが選んで引くどんな線上でもアリが歩むことを確信し[1]、フランスが完全に自由に振る舞うのを妨げる二つの主な障害、すなわち国際財務委員会と、国内問題に責任を負うチュニジアの諸省を除去しようと心がけた。彼はこれを一八八三年六月八日、ラ・マルサ協約にベイの署名をもらうことで達成した。アリから意味ある主権をすべて奪ったこの合意は、チュニジアをフランスの保護国に変えた。アリ・ベイが引き続き君臨したが、もはや統治しなかった。彼の息子ムハンマド・アル＝ハディ（一九〇二―〇六年）、ついで甥のムハンマド・アル＝ナシル（一九〇六―二二年）が王位に就く頃には、保護国の官吏はベイの従属状態を当然視するようになった。

ラ・マルサ協約は、侵攻以来のチュニジアの最終的地位に関するフランスでの論争に終止符を打った。植民地拡大への多くの反対者は完全撤退を求めて運動し、チュニジアでの部隊駐留はフランス本国の防衛を弱めると論じた。彼らはまた、チュニジアが結んだたくさんの国際協定は多くが最恵国待遇条項を含んでおり、チュニジアの相当数のマルタ人・イタリア人人口との関連で外交的窮地の結果作られたのだが、もっとも決意あるフランスの行政をも悩ませかねないことを恐れた。すでにチュニジアに定着していたフランスの軍事指導者と実業家は、事実の同じ組合せからまったく異なる教訓を引き出した。彼らにとっては、完全なフランスの主権を宣言しあらゆる外国の要求を一撃で追いやるに至らないいかなるやり方も、併合の重荷をフランスに負わせるだけで何の利点ももたらさないのだった。保護国の擁護者は、中間的地位を占めた。彼らは、土着政府の外観を保存すれば、フランスへの政治的同化が隣国アルジェリアの原住民間に生み出した失意と敵意を刺激する可能性を減らせると信じた。さらに、そうした外見を維持すれば、フランスが監督する行政をチュニジアに賄わせることができた。保護国が存続した間、チュニジアのフランス人高官や住民は、しばしばアルジェリアの政策や慣行に言及した——ときには学ぶべきモデルとして、しかしより多くはしてはいけない例として。

一八八三年までに、チュニジアの債務は一億四〇〇〇万フラン以上、すなわち政府の歳入の一一倍へと急増した[2]。債務保証のための当初の代償として、フランスは、財務省を手始めとして主要機関を統監に責任を負うフランス人専門家の指導下におくことを求めた。カンボンがこの部署を最初の標的としたのは、政府の歳入の体系的徴収と健全な管理が外国人債権者の信頼を維持し、ラ・マルサ協約において想定された改革を実施するために不可欠だったからだ。保護国化以前の指導者たちは(ハイル・アル＝ディンは顕著な例外だが)、慢性的な資金不足に対処すべく、生産や商業に対して大概は逆進的な課税を乱発していた。財務省を庁へと改組したあと、フランス人長官は多くの既存の税率を引き下げ、国家職員で税の評価や徴収において不正行為を行った者を処罰するよう手を打った。これらの措置に加えて、保護国当局の整備や技能改善によって歳入が増加し、政府はしっかりした財政基盤を得たので、一八八三年からの一〇年間にほとんどの輸出税を徐々に撤廃し、市場手数料をそうとう引き下げ、マジュバを二五％削減することができた[3]。しかしこれらの減免にもかかわらず、税の支払いはなお多くのチュニジア人に相当な苦難をもたらした。

カンボンとその後継者たち、ジュスタン・マシコー(一八八六—九二年)、ユルバン・ルービエ(一八九二—四年)、ルネ・ミレー(一八九四—一九〇〇年)の下で、チュニジアの省は三つを除いていずれもフランス人高官の

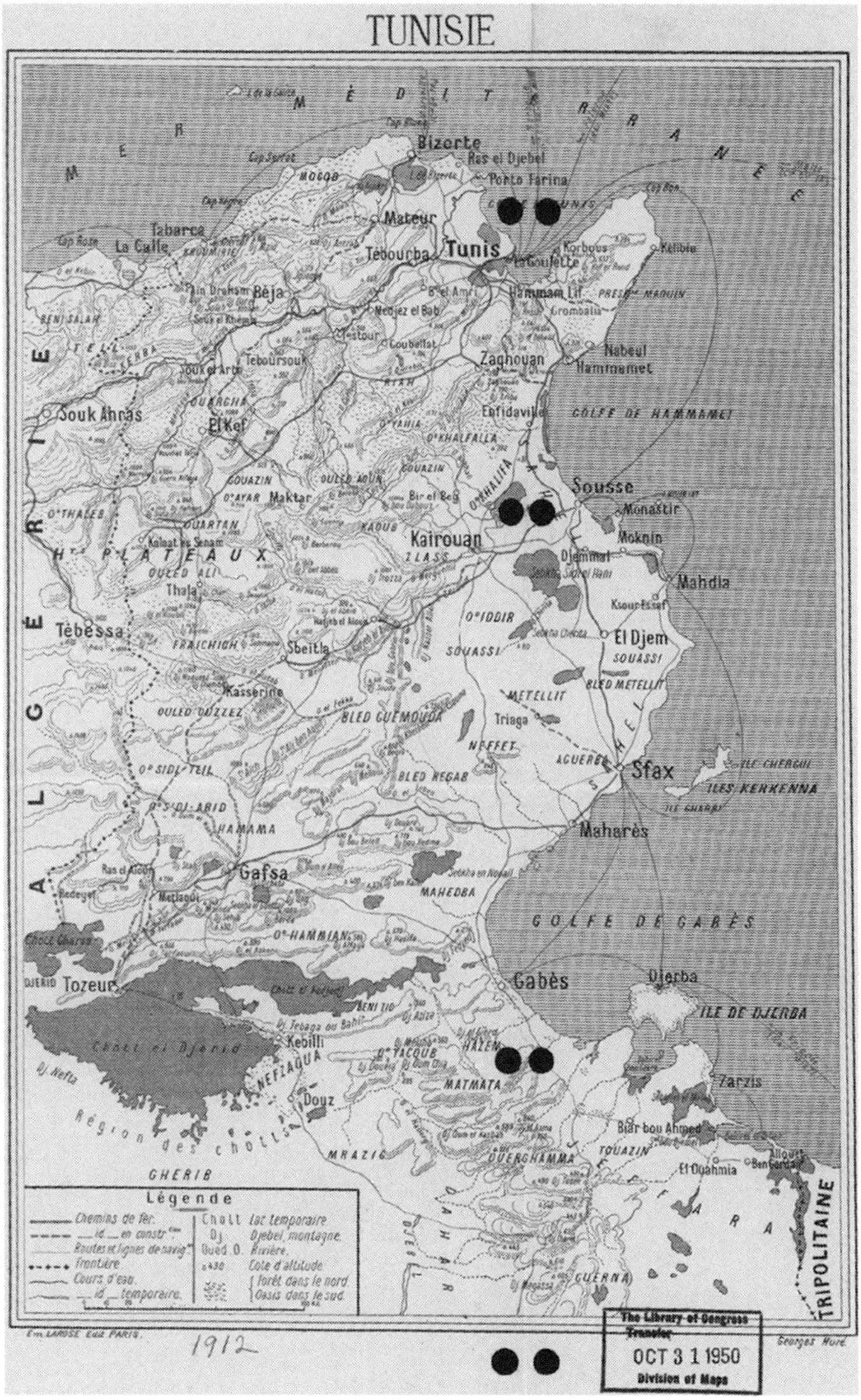

地図２・１ 諸都市と諸部族、1912年頃。保護国の諸都市や部族地域は、フランス陸軍将校が管理した最南部の砂漠地帯を除き、フランス人官吏の民事統制官（コントロルール・シビル）が統轄したが、彼らのチュニジア人地元当局者に対する監督は、ベイやその閣僚に対する統監の全般的監督を模していた。

監督下に同様の再編成を経験した。保護国の技術業務部と集合的に呼ばれたこれらの機関は、少数のチュニジア人を雇用したが最下級でか通訳としてであり、この慣行はベイ時代の官僚機構で行政官・事務職員その他を務めていて配置換えされた大勢を怒らせた。統監が外務大臣、フランス軍部隊を指揮する将軍が軍事大臣を務め（バルド条約において取り決められたように）、「筆大臣（書記長）」と法務大臣、首相だけがチュニジア人でありチュニジア人の部下をもった。首相に助言し官僚機構を調整するために、カンボンは保護国事務総長の職務を設け、それにフランス人上級外交官のモーリス・ボンパールを任命した。

地方統治は、チュニジア人の職員の配置換えにあまりよく適応しえなかった。都市・町・その他の定住地域でベイの権威を代表していたカイドやハリファは、通常地元の有力な家族の出身で、部族とキヤダ（カイドが長となる行政単位）が重複する農村地域では部族の指導者であった。習慣的な、ときには不快な慣行を、少しでも改める意向を示す者はほとんどいなかった。行政単位を標準化するとともに部族の名望家を抑制するため、保護国当局は既存のキヤダの境界を引き直し、血縁よりも地理に基づく区分けを行った。一八九〇年代の初めから、都市的地方官吏にはしばしばサディキ大学の将来有望な卒業生が、そうした地位に啓蒙的手法をもたらすと期待されて任命された。

保護国の発足時に、フランス人領事や副領事がいくつかのより大きな地方拠点において統監を代表し、農村部ではフランス人兵士がカイドやハリファの行動を監視していた。カンボンは、軍隊にそうした役割を恒久的に認めることは、不安定をもたらすアルジェリア式の「サーベル政権」を成立させかねないと懸念した。彼は任期中ずっと有効な選択肢を求めたが、軍部が地方で治安を保障できるのは自分たちだけだと主張して妨げた。ジュスタン・マシコーは、統監になってまもない一八八七年に、カンボンの努力を踏まえて「民事統制官《コントロルール・シビル》」隊を創設し、チュニス以外での彼の目や耳になるよう求めた。統制官は、ラ・グーレットからガフサまでキヤダに相当する一三のシルコンスクリプション（区）に配置され、カイドやハリファに指示や指導を与え、基本的警察任務を行うためにチュニジア人憲兵の小派遣団を使うことができた。ヨーロッパ人人口の規模が地方自治評議会の創設を認めうる都市や町では、彼らはその機関の仕事を監視した[4]。この取決めはチュニジア政府の外形を保存したが、統制官と彼らが直接その官邸に報告を送る統監とは、自分たちの示唆が熱心に実行されないことなど想定しなかった。南部と西部の若干の遠隔地で、諸部族が慣習的に政府の令状を強要されたときしか尊重しない所では、アルジェリアでの軍による部族管理をモデルとした「情報業務部《セルビス・デ・ランセニュマン》」（一九〇〇年に「原住民問題業務部《セルビス・デザフェール・アンディジェーヌ》」と改称）が同様の機能を果たした。カンボン、マシコー、その後継者たちの二〇年にわたる熱心な努力の結果、一九〇六年になって統監部はついにその将校たちへの統制権を獲得し、保護国の行政における軍隊の役割という繰り返される悪夢を追い払った。

　中央・地方政府の再編成によりフランスのチュニジア国民統制は確立されたが、カンボンはまた、外国人共同体——一八八三年にその二万人のメンバー中、九五％が非フランス人だった[5]——を保護国の軌道に乗せる必要性を認めていた。オスマン時代のキャピチュレーション〔外国人に治外法権等の特権を認めた条約〕やより最近にヨーロッパの諸国家と交渉された、あるいはそれらに押しつけられた諸条約は、外国人に特権、とりわけ顕著なのは領事裁判所の維持を許しており、それらがベイ政府の外国人支配を制限していたし、今や同様に保護国の官吏を制約した。カンボンは、一八八三年に領事裁判所の廃止を命令した。その管轄下にある諸個人は、保護国で誕生しつつあったフランスの司法制度の完全な利用権を得たが、それは地方の治安判事とチュニスの下級裁判所からなっていた（やがてスース、スファックス、ビゼルテの裁判所によって補完された）。

　イギリスは、エジプトで同様の状況に直面したので、この決定に何ら異議を唱えなかった。イタリアの同意はそうとう嫌々ながらで、チュニジアの外国人人口の半分以上をなしたイタリア人居住者もイタリア政府も、一八六八年のイタリア＝チュニジア条約で確保された他の適用免除を、ただフランスが要請したからといって放棄する気はなかった。イタリア首相のフランチェスコ・クリスピは、チュニジアを「フランスに占領されたイタリアの植民地」と呼び、チュニスの指導的イタリア語新聞『ルニオネ』は、北アフリカの状況は「落ち着いておらず、持続不可能で、チュニジアにおけるイタリアの権利はフランスのそれと同様[6]」なままだと主張した。イタリアがフランスによる不可避な支配の承認を頑固に拒んでいる間に、チュニジアのイタリア人人口は急増し、保護国化後最初の一〇年で八八％増えた。一八六八年のイタリア＝チュニジア条約で与えられた特権のほとんどを維持したいというイタリアの主張を、フランスがイタリアによる保護国の承認と引替えに受け入れた一八九六年には、同国に住む五万五〇〇〇人のイタリア人は、フランス人公民を五対一の比率で上回っていた[7]。チュニジアのイタリア人は、一八九六年の処置が、支配的ではなくともたしかな隙間を彼らのために設けたと確信し、その特有のアイデンティティーを強調し保存するため、共同体内にすでに存した多くの政治的・教育的・社会的・文化的・宗教的機関を拡大・洗練させ始めた。

保護国の弱小なフランス人人口は、イタリア人の数的優位に対抗するために「人口学的同盟者」を探し求めるようになった。イギリスがチュニジアから撤退し、その臣下がフランスの司法制度に吸収されたことで、一八八三年に同国に住んでいた七〇〇〇人のマルタ人がこの役割にとって絶好の候補者となった。フランスのカトリック教徒がチュニジアで最初にマルタ人と接触したとき、彼らはマルタ人の信仰慣習が伝統的で彼らの目には洗練されていないと馬鹿にする傾向があった。いろいろな例のなかで、マルタ人が聖職者に盲従し、出生率が非常に高い点をその証拠とした。しかしその世紀末には、保護国の支持者は一万二〇〇〇人以上のマルタ人共同体を、チュニジアだけでなくフランス領北アフリカのすべてにとって入植者の肥沃な源泉と見なすに至った。カンボンは、カトリック住民の扱いにおいて、カルタゴとアルジェの大司教シャルル・ラビジェリー枢機卿を重要

図版２・１　フランス通り、1920年頃。ヨーロッパ的都市の目抜き通りは、メディナからチュニス湖へと走っていた。この景観は、旧市と新市の最重要連結点であるバーブ・アル＝バハル（フランス門、ポルト・ド・フランス）からのもの。左後景に、サン・バンサン・ド・ポール大寺院の尖塔が見える。保護国行政の本部は、通りを横切ったところにあった。

な味方とした。ラビジェリーは、北アフリカにおけるフランスの政治的使命と教会の精神的使命の結合を情熱的に主唱しており、このつながりはチュニスにおいて統監官邸と大寺院がフランス通りの両側で直接向き合っていることによって象徴された。この高位聖職者は、フランス人司祭たちに保護国の政策を支持し、マルタ人とイタリア人のカトリック教徒をフランスの諸目的にいっそう同調させるようにと促した。一八九一年のフランスとバチカンの政教条約は、カルタゴの司教座をフランス教会の領分としたが、それはチュニジア国家がフランス政府の領分となったのと同様だった。一七世紀からチュニジアで働いていたイタリアのカプチン派修道会の最後の司祭たちが同年に去ることを決めたとき、ラビジェリーは思いとどまらせようとは一切しなかった(8)。

フランスの裁判所の設置により、チュニジアは二つの別個の司法行政をもつことになった（それは単一の権威の下にある外国人法廷の確立という点を除けば、保護国の法的構成と似ていなくもなかった)。チュニジア人のための裁きは、宗教裁判所(イスラム教とユダヤ教の両方)かチュニジア司法省——単にウィザラ(省)と呼ばれた——でなされたが、チュニジア人がヨーロッパ人を含む紛争の当事者となったときはフランス裁判所が優先された。ウィザラは、本質的には国家の世俗裁判所だったが、その権威は統治者が犯罪や民事事件を裁く伝統的権利に由来していた。シャリーア裁判所は、イスラムの法に従って身分問題や財産紛争を扱い、ラビ〔ユダヤ教の法学者〕の裁判所は同様の事件に対しモーゼの法を適用した。

シャリーア裁判所の維持は、事実上すべてのムスリムにとって必要不可欠だったが、チュニジアの二万五〇〇〇人のユダヤ教徒の間では、適切な司法構造について相当な見解の相違が生じた。保護国の初期に、グラナ系の豊かなビジネスマンの多くはフランス裁判所の利用を要請し、一八七〇年のクレミウー令がアルジェリアのユダヤ教徒にフランス公民権を与えたことに基づいてそれを求めさえしたけれども、保護国の官吏はそうした特権の拡張を断固拒否した。彼らは、バルドとラ・マルサの議定書はチュニジア人をベイの主権からフランスのそれへ移すことを除外していると指摘したし、一八八〇年代末に現れてきた政治的意識の高いチュニジア人の一隊は、この禁止条項を熱心に守るだろうことを知っていた。いずれにせよ、多くのチュニジアのユダヤ教徒も同化に反対し、それが望ましいか否かはユダヤ人共同体内の二つのよく組織され、明瞭な政治的陣営を分かつ中心的争点となった。批判者は、文化的・宗教的議論を提出するのに加えて、チュニジアのユダヤ教徒が一般によい関係を維持してきて、とりわけ保護国の樹立以来、フランス人とよりも多くを共有してきたムスリムの多数派を疎外することは無分別だと強調した。そして多くの入植者の猛烈な反ユダヤ主義を同宗信者に想起させ、統合の謳われた利益に疑問を投げかけて、それを求める者が出会いそうな冷たい反応を警告した。(9)

一九〇九年に、差し迫ったフランスの立法がチュニジア人の帰化を容易にするだろうというニュースが、ユダヤ教徒内部、およびユダヤ教徒とムスリムの間で活発な論争を促した。しかし一九一〇年のメシミ法の最終的諸条項の下では、ほんのわずかなチュニジアのユダヤ教徒しか公民権の資格を得られなかった。法案の厳しい条件によって希望を挫かれた人たちは、フランス人官吏による拒絶、チュニジアの多くのフランス人民間人における軽蔑、ムスリムの同国人からの疑念、仲間のユダヤ教徒からの仲違いの経験に、恨みを抱いて反応した。こうした深い葛藤を感じた人たちは好意的な政治環境を探し求め、一部はフランスの社会主義グループに、他の一部は一九一一年に組織されたチュニジアのシオニスト運動であるアグダト・シオンへと導かれた。これらこそ、彼らがのちに献身したイデオロギーであった。

　フランス人官吏は、宗教裁判所の運営に干渉することを避けたが、ウィザラに対しては変化を導入し、もっとも劇的なものとしては一八九六年にフランス人判事を長とする「司法業務庁」という技術業務部を新設して、それを支配下においた。続く数年間に、この機関は六つの大都市に地域法廷を設立したので、ウィザラは首都の訴訟を審議するとともに地方で起こるもっとも重大な問題を裁いたり、下級裁判所の判決の控訴に対処するようになった。一〇年後、同庁はチュニジアの全世俗裁判所に「政府委員《コミセール・デュ・グベルヌマン》」と呼ばれるフランス代表を付加し、ベイ政府の官吏と表向きは対等だが実際は彼らを支配する、フランスによる監督のもう一つのネットワークを作り出した。これらの人物のすべてがアラビア語——彼らが監視するはずの審議で用いられる言語——を話せたわけでなく、いくらかでも法的教育や訓練を得ていた者はほとんどいなかったが、彼らの否定的な判断は最上級のチュニジア人判事をも窮地に追い込みえた。一九〇六年から一九一三年の間に、フランスの法律家とチュニジアのウィザラの官吏は協同して契約法・刑法・民事訴訟法を書き上げたが、いずれもフランス法に深く根づいたものとなった。

　財産問題に対するシャリーア裁判所の管轄権は、チュニジア人がイスラム法の知識を使って外国人が土地を得ようと試みるのを妨げたり、外国人が所有すると宣言する地片への彼らの権利を疑うことを長きにわたり可能にしていた。カンボンは、将来のヨーロッパ人移民を禁じるに違いないこの手続きを除くことの重要性を認識していたが、シャリーア法に関するチュニジア人の感受性を考慮して、注意深く事を運んだ。彼はまず、フランス＝チュニジア委員会を任命し、そのメンバーの三分の一はベイ政府の閣僚かイスラム司法体制の高官とし、その任務として既存の財産法を成文化し、保護国の代表がその裁定に発言できる方法を工夫することを課した。委員会は一八八五年に、チュニジア人も外国人も利用できる、私的に所有された土地を国家に登録し、それによって金城鉄壁の権利証を発行してもらう機構を定式化した。こうした土地をめぐる争議は「混合不動産法廷《トリビュナル・ミクスト・イモビリエ》」に持ち込まれたが、これはフランス人判事を長官とし、さらに三人のフランス人、三人のチュニジア人の治安判事によって構成された[10]。この混成裁判所を、司法業務庁ではなく内務庁の管轄下においたことは、その主目的が正義の公正な執行を保障することより、土地への外国人の主張を強化することだったのを明らかにした。

ヨーロッパ人入植者のチュニジア――繁栄と貧窮

保護国の初期に、フランス人の土地取得は、一八六一年の憲法が外国人による不動産購入を合法化してまもなく現れたパターンに従っていた。会社や裕福な投機家が大面積の土地を買ったが、それはしばしばハナシル（王家や他の貴族に属する農村の所領で、通常、国有地とハブースの組合せからなる）の形をとったものだった。ハイル・アル＝ディン首相は一八八〇年に、エンフィダ付近のこうした領地の一つで一〇万ヘクタール以上のものを売った。五年後、マルセイユ信用会社《ソシエテ・マルセイエーズ・ド・クレディ》のエンフィダとシディ・サビトの所有地は、他の五つの投資会社が支配する三万ヘクタールとともに保護国におけるフランス人所有地の八八％を占め、残る一二％は他の三四所有者が分かち持っていた。[11] チュニジア人農民がこの土地を耕作し続けたが、ときには賃貸者として、しかし一般的には物納小作人としてであり、それは投機家が価格をチュニジア人のほとんど払えない水準に押し上げたためだった。彼らのかわりに、諸会社は比較的小さな地片を個人購入者に転売したが、その多くはイタリア人だった。この土地の多くは小麦栽培に十分適していたが、同世紀の最後の二〇年はロシアと北米のヨーロッパへの穀物輸出が急増してその価格を着実に引き下げており、チュニジアの小麦を輸出して利益をあげるのが難しくなっていた。その結果、投機家の土地の三分の一もがときに休耕されていた。

保護国のフランス人人口は一〇年間に一万人を超えたが、新参者のほとんど誰も農村地域に落ち着くことを選ばなかった。一八九二年までに、およそ四〇万ヘクタールがフランス人の手に落ちたが、所有地の数は三三三にしかならず、わずか一五〇〇人のフランス公民が農業に従事していた。一八九七年に、フランス人のもつ所有地数が初めて一〇〇〇を超えたが、前年の国勢調査によるとフランス人人口のわずか二二％（二〇〇〇人余）がその土地にいた。対照的に、およそ一〇〇〇以上のイタリア人家族が、その一部は保護国化以前から権利を主張していたが、一八九〇年代初期に二万七三五〇ヘクタールを所有し耕していて、当時イタリア人の全人口はフランス人のそれの五倍に達していた。[12] このフランス人の大規模な商業的ベンチャーとわずかな入植者、そしてイタリア人自作農の小土地所有というパターンは、保護国における人口学的不均衡についてのチュニスとパリでの懸念を高め、フランス人コロン（入植者）を引きつける努力を促した。

統監マシコーは一八九〇年に、フランス公民が望ましい農地を購入するのを助けるため農業庁を創設した。次の年に「公式の」、すなわち国家支援の植民が始まり、同庁はチュニス近郊の国有地数千ヘクタールを売りに出した。[13] しかしその厳格な条件――現金払い、転売しないとの誓約、家の建設を開始し耕地の三分の二以上の耕作を開始したあとで土地の正式な譲渡を行うこと――は、多くの購入希望者を遠ざけた。一八九六年になってこうした義務が緩和され、地片の規模が二倍とされて始めて、販売は望ましい水準に達した。より直接的に成果をあげた措置は、土地登録の手続きを簡略化し、必要な費用のほとんどを登録者負担から政府に移したことなどであった。この改定体制の初年度たる一八九三年には、それまでの七年間の合計より多くの登録申請がなされたが、ただしその要求の多くはチュニジア人によるものだった。ベイの命令により、一八九六年にマワト、すなわち不毛地が国家に戻され、これもまたフランス人の購入可能となった。

他の二つの大規模で儲かる宝庫は、部族によって集合的に所有されている土地やハブース地であり、それらもコロンの利益のために開放された。政府は、前者を一九〇一年に押さえた。三年後、混合法廷は、部族は組織的集団を構成せず、したがって集合体として所有地をもつことはできないと裁定した。厳密に言えば常に国家に属した宏大な地域で、しかし諸部族が用益権や放牧を許されてきたものが、今や譲渡可能とされた。「公式の」植民が開始される以前にさえ、法的策略によって非ムスリムがハブース地を恒久的に賃貸することが可能とされた。政府は一八九八年より、ハブース評議会に毎年少なくとも二〇〇〇ヘクタールの所有地をフランス人に売るよう求め始めた。農業庁が地片を選択し、評議会と相談して価格を決めた。一八九二年から一九一四年の間に、これらやほかの「公式の」植民政策によって二五万ヘクタール以上がチュニジア人からフランス人の所有に移り、第一次大戦勃発までにフランス人の土地所有は約七〇万ヘクタール、非チュニジア人の所有地の八四％へと増加した。

ブドウやオリーブの木の栽培が、この二〇年間にフランス人によって獲得された所有地で支配的になり、ブドウやオリーブ、そしてそれらの副産物であるワインやオイルがコロン農業のもっとも儲かる産品へと発展した。フランスのブドウ園で、ネアブラムシの蔓延が一八六〇年代に始まって荒廃を引き起こしたため、アルジェリアとチュニジアの両方でブドウ栽培の拡大が促された。後者では、一八八〇年代にブドウを植えた地域が一〇〇〇ヘクタールから五〇〇〇へと五倍になった。フランスでの生産は一八九〇年代には復活したが、チュニジア産ワインへの高需要は持続し、世紀の転換時までにブドウ栽培に捧げられる地域は一万五〇〇〇ヘクタール以上になった(14)。ブドウ園のほとんどは小規模のフランス人入植者が所有し、それらはチュニス地域やマジャルダ渓谷に位置していたが、耕作にはしばしばイタリア人農業労働者を雇用していた。チュニジア人は、ワイン生産に必要な技術の獲得に何の関心ももたなかったから、ブドウ栽培による利益はほとんどすべてコロンのものとなった。

オリーブはまったく別問題だった。オリーブ栽培とオイル生産の中心であるサヒルでは、自発的売却の場合を除き外国人による購入を免れた、小規模な私的所有農園が繁栄していた。しかし一八九一年から一八九五年の農業長官ポール・ブルドは、ケルアン・ガベス・ガフサによって囲まれたステップの三角地域でコロンによるオリーブ農園の発展を構想した。遊牧諸部族が家畜を放牧し、わずかな穀物の収穫をあげていたこの不毛の地は、歴史的・考古学的記録によれば古代には重要なオリーブ生産地であったことを、彼は知っていた。彼は一八九二年、スファックス西部の広大な土地で、ムハンマド・アル＝サディクが一八七一年に地元の名望家のシアラ家から没収した国有地を、植民のために割安価格で売りに出すべく開放するのに権限を行使した。一年以内に、同庁は所領の一部を購入したいという八〇〇件の申請を受け取った。ほとんどはスファックスのチュニジア人ブルジョワジーから来たが、フランス人植民者も同地の三分の一以上を要求した。ブルドの主張により、新所有者たちはチュニジア人農民と、ムガラサトと呼ばれる伝統的農業契約の交渉をした。この取決めによれば、所有者は農民に土地を貸し、後者はオリーブの木を植え世話をし、実を結ぶまで木々の間で自家消費のために穀物を育て、結実時点で所有者と賃借者が土地を折半するのだった。シアラの土地の耕作は、スファックス地域とその後背地を、遊牧諸部族の犠牲の上にではあったが、コロンによるオリーブの生産とオイルへの加工の一大中心地とした。

パリとチュニスの多くのフランス人官吏は、保護国をフランスに結びつけ他のヨーロッパ諸国の利益を脇に追

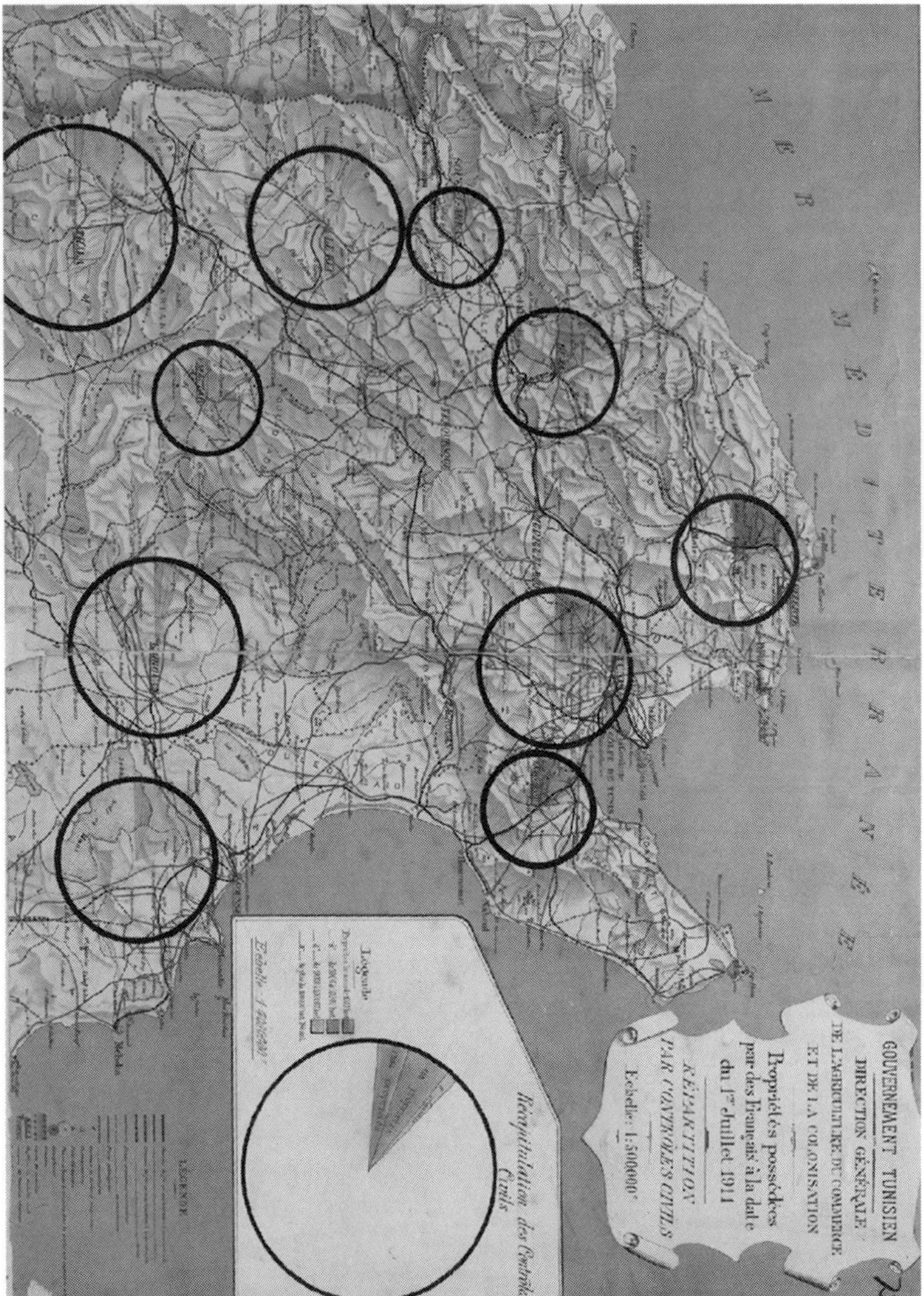
GOUVERNEMENT TUNISIEN
DIRECTION GÉNÉRALE
DE L'AGRICULTURE, DU COMMERCE
ET DE LA COLONISATION
Propriétés possédées
par des Français à la date
du 1er Juillet 1911
RÉPARTITION
PAR CONTRÔLES CIVILS
Récapitulation des Contrôles Civils
Légende
MER MÉDITERRANÉE

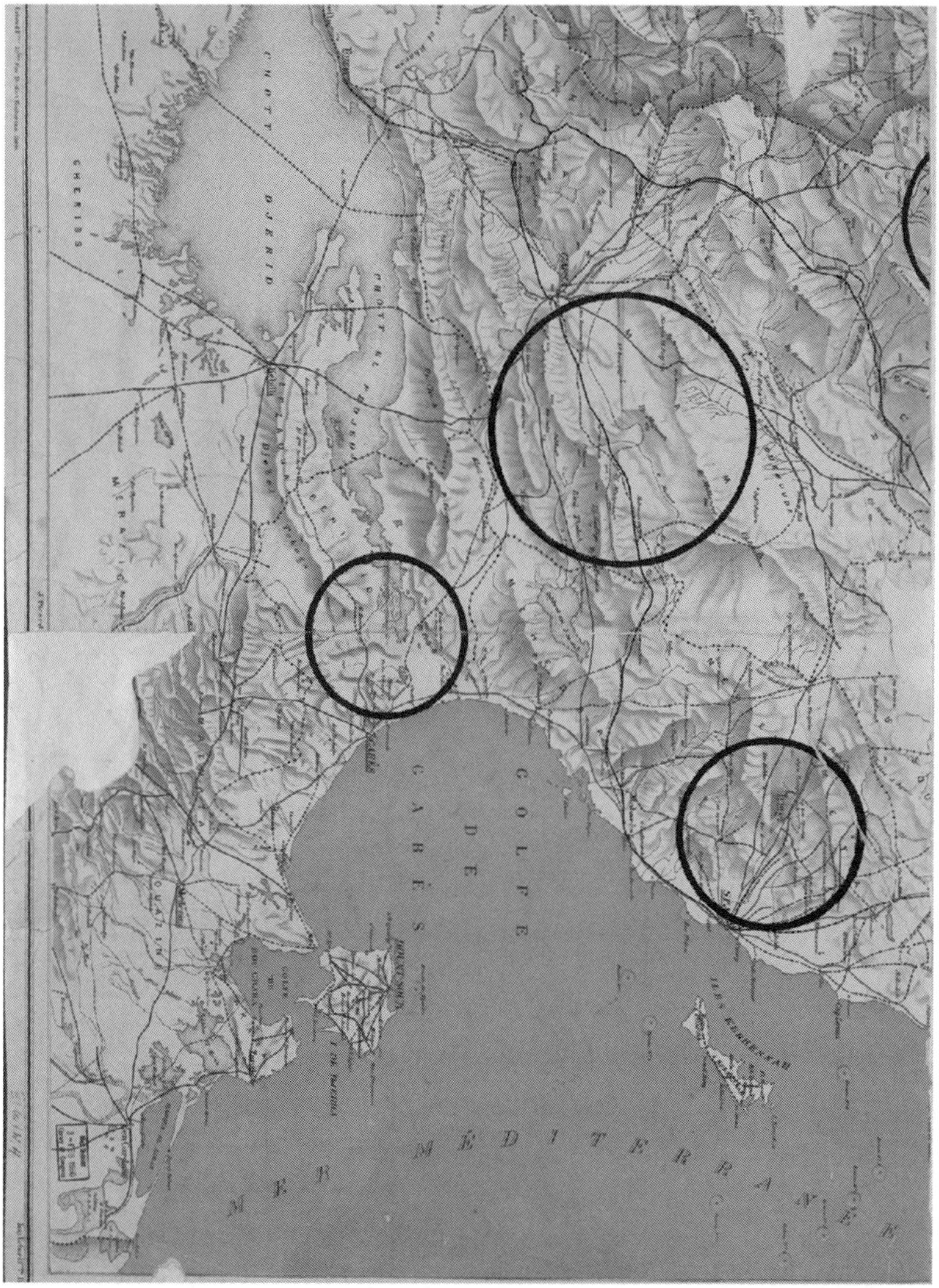

地図２・２ 入植者の所有地、1911年頃。コロンはチュニジア中でもっとも生産的で利益のあがる農地を獲得し、土着の農民・牧畜民を辺地に追いやって生きていかれなくした。この公式地図の円グラフは、各地域でヨーロッパ人が占めた土地の比率を示している。

いやるには、フランス公民が所有地を獲得することと同様に、強くて相互利益になるフランス・チュニジア間の商業関係が重要だと考えた。チュニジアの国際貿易は、オリーブ・オイルを先頭とする農産物の輸出と工業製品の輸入を含んでいた。しかし保護国が発足したあとでさえ、チュニジアの収穫物はフランスよりイタリアに多く渡っており、それは後者の関税がより低いためだった。この貿易をものにするため、フランスは一八九〇年にチュニジアからの輸入品の多くの関税を撤廃し、残る品には最低限の税を課すだけにした。ただちにフランスへの販売が激増して大量のフランが流入したが、それは一八八八年に保護国の法定通貨とされていた。その供給過剰がピアストル不足と一緒になって——チュニジア人が新貨幣制度に抗議してピアストルをためこんだので、流通から消え始めていた——、フランのピアストルに対する価値を引き下げた。新税制の実施後数カ月にして、財務庁はチュニジアのピアストルの回収と、パリで鋳造されフランとサンチームと名付けられた硬貨との交換を命じた。各硬貨はフランス語の裏側とアラビア語の表側をもち、ベイの名前、硬貨の額面、そしてヒジュラ〔イスラム紀元〕年を表示していた[15]。

しかし、保護国化前にチュニジアとヨーロッパ諸国の間で交渉されたいくつかの商業条約にある最恵国条項が、フランスからの輸入のための互恵的取決めを妨げた。イタリアとイギリスがそうした利権を返上したのち、一八九八年になってようやく保護国当局は、フランスに発する財への関税を免除しながら他の諸国の産物への関税は据えおくことができた。その結果、世紀の転換時にフランスはチュニジアの輸入品の約六〇％を供給し、輸出品でも同様の比率の購入先となった[16]。フランス市場への容易な参入は、すべての耕作者の役に立ったが、とりわけコロンには有利だった。農業は圧倒的にチュニジア人の仕事であり続けたが、相対的に少数のヨーロッパ人農民は、その近代的手法のおかげで収穫高の量や価値において不釣り合いな割合を生産できた。入植者が機械や他の必需品を安く輸入する能力や、収穫物を利益が出るようにフランスに輸出する機会を保障されたことは、「公

図版２・２ 植民者（コロン）の穀物倉庫。チュニジアのヨーロッパ人入植者は、隣国アルジェリアほど多くはなかったが、相当な政治的・経済的力を享受した。この両大戦間の絵葉書の下部には、次のように書いてある――「フランス人により北アフリカの人口を増やすことは、20世紀のフランスの国家事業である。」

式の」植民の成功確保にそうとう貢献した。

その成功によって、ヨーロッパ人がチュニジアの農村中に拡散するようになった。一八八〇年代半ばには、ヨーロッパ人がもつすべての農村所有地の四分の三は、ビゼルテからナブールにかけての弧の内部にあり、チュニスから五〇マイル以上離れたものはなかった。二〇年後、ヨーロッパ人はマジャルダ渓谷、上テル、内陸のステップ、さらにはサハラ手前のオアシスのいくつかにおいても土地を耕していた。さらに、ヨーロッパ人の店主・実業家・銀行家・政府の役人が地域の市場町や行政中心――ベジャ、スーク・アル＝アルバ（現ジェンドゥーバ）、テストゥール、ル・ケフ、マクタル、カセリン、ガフサ、ガベス、ケビリ、その他多数――に定住し、農業企業を不可欠な財やサービスによって支援する仕事に就いていた。入植者のヨーロッパ特有の家々が風景を変え、時とともに道路や鉄道も同様で、それらのあとには電報・電話・電線が国中を這い巡った。農村部のサヒルだけはヨーロッパ人が希だったが、海岸の都市中心たるスース・モナスティル・マハディア・スファックスにはかなり多くが住んでいた。

しかし、驚くべきことではないが、チュニスとその郊外が同国の卓越したヨーロッパ人地域社会であり続け、一九〇四年にはおよそ五万五〇〇〇人の外国人が（三万五〇〇〇人のイタリア人、一万人のフランス公民、八〇〇〇人のマルタ人、その他二〇〇〇人）八万人のムスリム、三万九〇〇〇人のユダヤ教徒とともに住んでいた[17]。この急増するヨーロッパ人人口は、保護国の開始時には部分的に壁で囲われたメディナとその近接する二地域に居住していたのだったが、文字通り首都の形を変えた。一八八〇年代と一八九〇年代には、ヨーロッパ人の仕様書にあわせて建設された一画が、メディナの壁とチュニス湖の間の湿地帯を干拓して広い並木道・高層ビル・大規模小売店・劇場・教会を擁するようになった。ほとんどのムスリムとユダヤ教徒は元の密集地に住み続けたが、そこに住んでいたヨーロッパ人の事実上すべてが新都市に引っ越したし、いくらかのユダヤ教徒もそうした。既存の都市の壁の向こうに新しい地区を創設したことは、ヨーロッパ人が慣れ親しんだ快適な、そしてだいたいにおいて隔離された環境で住み、働くことのできる空間をまさに「製造した」。スース・スファックス・ビゼルテ・ケルアン・その他の都市もチュニスのモデルをまねしたが、チュニス自身もアルジェリアの都市慣行を参考にしたのだった。「ヨーロッパ人のチュニス」は非生産的な土地に位置したから、その建設は多くの個人の移住を必要としなかったが、他の新町《ヌーベル・ビル》のいくつかの開発はかなりのチュニジア人の移住を伴い、怒りと反発を買った。

農村でのヨーロッパ人入植者の受入れは、より大きな問題を提起した。誰のものでもない耕地は希だったし、都市地域と違って新しい畑や果樹園は「製造」できなかった。しかし保護国の最初の数年間は、農村の所有地をヨーロッパ人が入手してもそこに住むチュニジア人農民をほとんど困らせなかった。彼らは自分たちが一度も所有したことのない大所領を耕作し続け、その所領は会社・個々の投機家・私的所有者の手に移ったのだが、彼らはみな土地を生産的にしておくために労働者を必要とした。この状況は、一八九〇年代に変化した。「公式の」植民は、農村の不動産のより小さな地片をチュニジア人からフランス人の手に移し、チュニジアの大地に対するフランス公民の人的・物的愛着を強めることを目的とした。こうしてフランス人入植者が、それまで国有地、部族の共有地、ハブース地だったものから彼らの農地を切り取り始めるや、そこを耕していたか家畜を放牧していたチュニジア人は移住させられた。農業や牧畜を続けることを選んだ者は、入植者の興味を引かない辺境の土地でそうするしかなかった。土地を追われた農民の一部はフランス人農場で仕事を見出したが、文化的に異なる労働習慣や農業慣行ゆえに、コロンの所有者、とりわけ作業の機械化を進めていた者は、より高い賃金を払ってもフランス人やイタリア人の労働者を雇うことを好んだ。根こぎにされた他の者は、放浪生活に入ったり軽犯罪で暮らすようになった。残りの者は町や都市に流れ込み、教育と技術を欠くために、たとえ職を見つけられたとしてももっとも望ましからざる仕事にしか就けなかった。

サディキ大学の初期の卒業生であるバシール・スファルは、ハブース評議会の議長をしていたが、ハブース地が入植者への売却を強制されたのに抗議して一八九八年に辞任した。スファルは当初、西洋文化にさらされたことで利益を得た多くの他のサディキ卒業生同様、フランス人の存在は、農村への植民の思慮深く運営された計画を含め、チュニジア人すべての生活の質を引き上げうると信じた。しかし、「公式の」植民の一〇年は彼をいらだたせ、辛辣にさせ、怒らせた。一九〇三年に彼は書いた――「フランスはその公民の配置を賄うのに、被保護者に飢餓や逃亡を強いたり、危険なプロレタリアに変えたりしなくてすむほど十分豊かである。[18]」スファルのような人物を疎外したことは、保護国にとって深刻な問題を内包していた。

一九世紀末と二〇世紀初頭に農村人口が移住させられたことは、町や都市のチュニジア人の多くに経済的悪影響を及ぼした。たとえば、部族がよい放牧地を失ったことは、家畜の群れの規模や質を引き下げ、それは次に都市部市場の肉・バターほかの動物産品の供給を減少させた。それはまた織工や皮革職人の原料を奪い、数十年にわたるヨーロッパとの競争で挫折した職人たちをさらに弱くした。都市地域では、ヨーロッパ製品への嗜好増大で事実上あらゆる種類の地元産商品への需要が減ったが、それとは対照的に農村地域は輸入品への熱狂をそれほど見せず、したがって職人生産品の重要な販売先をなしていた。しかし地方の困窮はその市場を弱め、国中で熟練工にノックアウトに近い打撃を与えた。

フランス人コロンがチュニジア人農民や牧畜民を押しのけるにつれて、後者の生産性は急降下した。彼らから搾り取られた税金は、そうならなかった。ある推計によれば、一八九六年の政府の歳入は一人当たり一〇フランの平均的税に相当し[19]、それはとりわけ貧しい農村地域ではかなりの重荷であった。この数字は全人口の平均であり、すべての農村部チュニジア人男性は払ったが、一部の都市住民や全外国人が免除を受けた二〇フランの年間個人税（マジュバ）を見えにくくしている。一九一三年に、年間一〇フランとして外国人を含む全男性に課せられる個人税イスティタンがマジュバに取って替わったが、それが生み出した収入の九〇％を担ったチュニジア人の多くにとっては、課税が半分にされてもほとんど救いにならなかった。農村のチュニジア人には、都市の相方や外国人にくらべて他の形態の直接税がはるかに重くのしかかったからだ。耕地はウシュルという評価を例外なく課され、それは播種面積に従い収量に関係なく決定された。一九一四年に、植民者の農民はチュニジアの農地の一〇％を支配していたが、ウシュルの一％余りしか払わなかった――土地を耕すのに機械や近代的技術を用いる農民は減免され、そうした慣行はほとんど完全に外国人に限られていたからである[20]。ウシュルの不公平な分配は、コロンの手にあった一〇分の一の土地の質や生産性を見れば、より大きく感じられる。チュニジア人はより多くの、しかし価値の劣った土地を占めていたから、彼らの生産はより少なく、支払いはより多かった。同様な具合に、典型的にヨーロッパの作物であるブドウはまったく課税されず、コロンがほとんど浸透していないサヒルや砂漠のオアシスの経済にとって重要なオリーブやデーツの収穫には、追加の税が伴った。税収の相当な部分が、チュニジアの農村社会の組成を損ないつつある植民計画に充てられたことは、傷に塩を塗った。

　こうした状況では、植民者とチュニジア人の紛争は不可避だった。遊牧民の家畜が播種地に侵入してしばしば対決を引き起こしたが、一八九〇年代には強盗・窃盗・略奪・襲撃がすべて増加した。チュニジア人も、ヨーロッパ人同様にこうした犯罪の犠牲になったが、それは地方に広がりつつあった絶望的な困窮によって生み出された。保護国の発足以来もっとも自由主義的な統監だったルネ・ミレーは、悪化する農村の状況に対する責任の多くをコロンに帰することを躊躇しなかった。彼らをたしなめて、彼は書いた――

「植民は、ヨーロッパ人を土着民の競争相手、しかも恐ろしい相手にした。彼は土地を支配してその値を上げ、必需品の価格も上げた。彼は毎年より多くの土地を支配下におき、囲い込み、守り、放牧や通過を許さない。新しい耕作方法を導入して、ムスリム労働者の日課をかき乱す。[21]」

ミレーは一八九六年に、コロンの要請に応じて各民事統制《コントロール・シビル》区に付属する憲兵を村落警察官によって補うことに同意したが、ヨーロッパ人所有地に対する攻撃は地方における生活への付き物であり続け、地元の諸部族が悪天候や乏しい収穫、政府の有害な政策、植民者の傲慢さに出会うか否かで決まるリズムによって、その頻度は増減した。

　ミレーは、チュニジア人に力を与えようとするいかなる措置にもコロンが激しく反対することを知っていたが、都市の、西洋的教育を受けたチュニジア人（バシール・スファルもその一人）との彼の協同を含めた保護国の政策を、農村の混乱を口実に攻撃するのをやめるよう彼らに警告した。彼らは「一五〇万人のアラブ人を二万人の同胞のために犠牲にせよと公然と要求することはできない」が、もし「アラブ人の住民とその指導者たちが、我々の行動や影響力の発展に断然敵意をもって［いる］」という彼らの主張が、フランス政界で信用されたなら、

「チュニジアで土着人口を減らし押し戻す政権、例外的措置、フランス人のみにすべての財源を割り当てる政権を立ち上げるしか……選択肢が残らないだろう。……こうした政権はアルジェリアで存在し、その結果は思い出させる必要もないほどよく知られている。」[22]

ミレーは、入植者を制御しようとひっきりなしに闘ったため一九〇〇年に解任されたが、これはその頃にはコロンのロビーが振うようになった力と、入植者の利益が保護国の政策課題を決めた程度を明らかに示した。

保護国の下で最初に設置された技術業務部の一つ、公共事業庁によって開発された輸送・通信設備は、チュニジア人に対するコロン優先の政策を例示している。アルジェリアに基盤をおくボーヌ＝ゲルマ会社が、一八七八年に獲得した免許によってチュニス・アルジェ間の鉄道を、一八八四年に完成させた。同路線は、ヨーロッパ人がすでに土地を得ていたマジャルダ渓谷や上テルを通ることで農産物の市場への動きを加速させただけでなく、新しい保護国をフランス領アルジェリアの諸県と結びつけるという軍事的・戦略的目的を果たした。フランス人入植者が、一八九〇年代にチュニジアの地方へいっそう広範に広がるにつれて、彼らは新路線の建設を要求したが、同社はヨーロッパ人があまり住んでいない地域で営業を行うことに抵抗した。保護国の官吏は、この問題を解決するためにボーヌ＝ゲルマの幹線を、ビゼルテ・スース・スファックス・ケルアンに延長するのにかかる事実上全費用を、チュニジア政府が吸収するよう取り決めた。こうして支出された国家歳入の大部分はチュニジア

人納税者から来たが、その鉄道によってコロンの方がチュニジア人よりはるかに利益を得た。二〇世紀初頭に、鉄道建設の焦点が農業開発支援から鉱物資源の利用促進に移ると、同社が鉱物の豊富な地域に支線や、ときにはまったくの新線を建設するのに国家補助を得たことから、他のヨーロッパ人企業家が裨益した。チュニジア政府は一九〇二年から一九一二年にかけて、インフラの拡大に融資するため二億フラン以上を借りたが、ボーヌ＝ゲルマ社がその優に半分以上を受け取った[23]。この成長により、同社は主事業をアルジェリアからチュニジアに移したので、一九一五年にアルジェリア政府が同国でのその資産を接収した際に生き残ることができた。

ボーヌ＝ゲルマの体系に加え、世紀転換点には他の二つの鉄道が運行していた。イタリア人所有の短いチュニス－ラ・グーレット－ラ・マルサ（ＴＧＭ）線が首都をその東部郊外と結び、ガフサ・リン酸塩鉄道会社《コンパニー・デ・フォスファト・エ・シュマン・ド・フェール・ド・ガフサ》はリン酸塩を南西部の鉱山から地中海へと運ぶ路線を運営した。一八八五年にガフサ付近でリン酸塩の大鉱床が発見されたことを受けて、政府はその開発利権を売り出したが、買取り者には鉱石を輸出するに便利な港を開発しそれを鉄道で鉱山と結ぶことも要求した。これらの条件のために、一八九〇年代半ばまでは真剣に応じる者が出なかったが、その頃投資家のコンソーシアムが資金を募り始め、一八九七年にガフサ・リン酸塩鉄道会社を設立することができた。その間に政府は、当時スファックス港で拡張・近代化計画が実施されつつあったことに鑑み、輸出港の建設要求を撤回していた。利権の最終的条件は、同社に九〇年間鉱山を掘り鉄道を運行することを認めた。リン酸塩会社に参加した者の中には、サン・ゴバン化学会社（ヨーロッパ最大のリン酸塩消費者）、ムフタル・ハディド鉱山会社（アルジェリアの鉱山開発への重要な投資者）、デュパルシー会社（スファックス港の改良に責任を負う会社で、新会社は同港の素晴らしい顧客となった）、多くの有名なフランスの産業家、何千もの小口投資家がいた。鉱石の最初の荷は、一八九九年に新設なった鉄道に乗ってスファックスに到着した[24]。

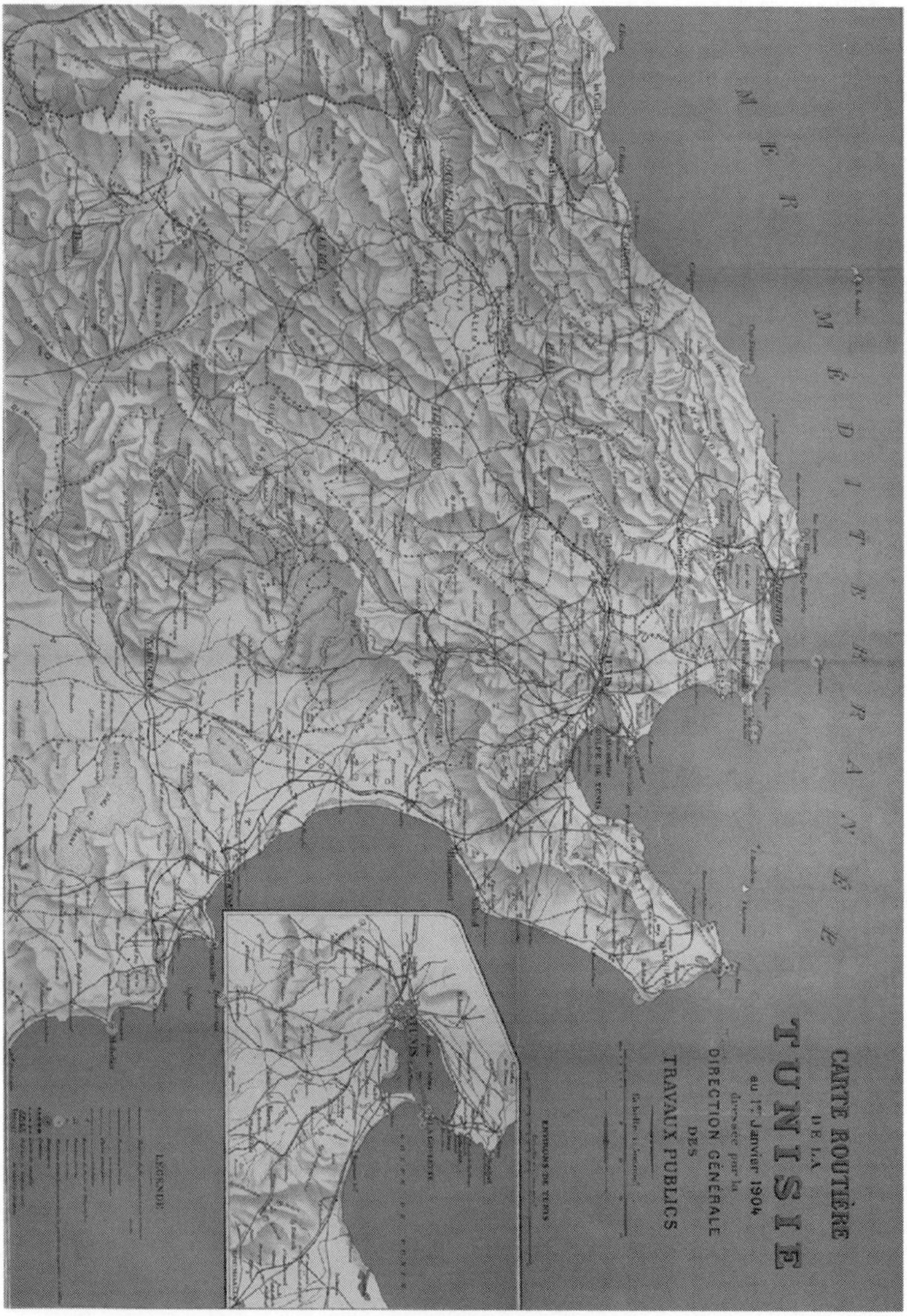

スース・スファックス・ケルアンに路線が及ぼされた。リン鉱石を、ガフサ周辺の鉱脈からスファックスの港へと運ぶ産業鉄道も開かれた。

地図２・３　鉄道・道路網、1904年頃。保護国発足後の鉄道建設は、主としてコロン農民やヨーロッパ人鉱山所有者の利益に奉仕した。第一次大戦勃発までには、マジェルダ渓谷の豊かな農地を通る鉄道がチュニスをアルジェリアと結び、ほかにもビゼルテ・

図版2・3 チュニス－ラ・グーレット－ラ・マルサ鉄道の列車。この鉄道は、1870年代にチュニスを海岸の郊外と結ぶために建設され、1898年までイタリア人企業家によって運営された。その後は、1905年にチュニス電車体系に統合されるまで、ボーヌ＝ゲルマ社が路線を経営した。

この鉄道とリン酸塩会社は、保護国で最大の雇用者かつ最大の納税者の一つとなり、チュニジアの植民地経済の創出において、大規模な専門的諸会社を通じたフランスの資本投下が重要な役割を果たしたことを例示している。こうした会社の最初期の者が関与した土地投機は、小農民を選好する「公式の」植民が開始されたのちも目立って減少することはなかった。しかし一八九〇年代以降は、経済の他部門が鉱業（鉄・鉛・亜鉛・リン酸塩）を先頭に、投資家の真剣な注意を引き始めた。保護国の発足から第一次大戦終結までの四〇年間に、鉱物資源の開発、輸送体系（鉄道が支配的）の発展、港湾設備の改善（チュニス・スース・スファックスでの）、大規模な海軍基地の建設（ビゼルテでの）、そして土地の取得が、合わせて全資本投下の四分の三を占めた[25]。豊かなコロンは、宗主国の株主に加わってこうした企業の利益に与ったが、チュニジア人はほとんどこうした投資をなす財源をもたなかった。それどころか、彼らはこうした計画に労働者として参加することさえなかった。鉄道や港湾開発会社はフランス人やイタリア人の労働者を雇い、鉱山でさえトリポリタニア・アルジェリア・モロッコからの出稼ぎ者がチュニジア人より好まれた――ヨーロッパ人の親方たちは、しばしばチュニジア人を信頼できず無能だとしたのだった。

チュニジア人ブルジョワジーのチュニジア――大きな希望から苦々しい幻滅へ

フランス人行政によるベイ政府の事実上の置換、フランス人の利益の全土での上昇、普通のチュニジア人が経済と社会の、ときには文字通り周辺部に下降させられたことは、深い反発を引き起こさずにはいなかった。洗練されていない農村住民は、その敵意を多くの場合ばらばらで突発的な暴力によって表明したが、チュニスの若干のウラマーが保護国時代の初期にその不満を表わそうと控えめに試みたのは、不徹底のまま収まっていった。しかしヨーロッパの言語の訓練を受け、西洋の学問と科学を認識している教育ある少数の都会人幹部は、保護国への彼らの不平を明示するのに、部族民のやり方よりも物理的に攻撃的でなく、ウラマーの方式や語彙よりもヨーロッパ人対話者がよりよく理解できる仕方を学びつつあった。保護国以前には、チュニジア人はそうした指導を受ける機会をほとんど得なかった――それは、ヨーロッパ人共同体の子供のためにキリスト教の宗教団体が設けた学校や、エリートの子弟のみを受け入れたバルド士官学校のような専門機関でのみ与えられていたからだ。チュニジア人男性ムスリムの正式な教育はクッタブ〔モスク附属学校〕で行われ、そのカリキュラムはコーランの暗唱を中心に編まれていた。若者たちの選ばれた集団は、チュニスの有名なザイトゥーナ・モスク＝大学で勉強を続けた。サディキ大学が一八七五年に開校して始めて、ムスリムの若者は伝統的なイスラム的話題の枠外で教えを受ける道を得たが、サディキの受入れ数はきわめて限られていた。チュニジアのユダヤ教徒の男子のほとんどの教育は、クッタブ同様の学校での初歩的宗教教育を出なかった。ムスリムもユダヤ教徒も女子は、慣習的に自宅で得た家庭用技術の訓練を超える教育は受けなかった。一八八三年から一九〇八年の公衆教育の長官だったルイ・マシュールは、ムスリムやユダヤ教徒の教育に直接介入することのリスクを理解していた。それにかえて、彼は遠くから彼らを監督し、その行政の開始時からチュニジア人がフランス人の態度に同化するよう促すことを狙って実施し始めた、世俗的教育制度に彼らを結びつけようとする選り抜きの改革を、静かに推進することを選んだ。

その世俗的制度は、チュニジア人とフランス人ほかのヨーロッパ人の男子に開かれたフランス語の小学校に依拠した。これらのフランス＝アラブ学校は、適切に修正されたフランスのカリキュラムを用い、アラビア語を一科目として含んでいた。これらの学校は、公衆教育庁の見解では、同庁が保護国の行政にふさわしくチュニジアのアラブ的伝統の守護者を自認することを可能にしながら、フランス語の普及を通じた同化を推進するものだった。入植者にとって、これらの学校はその子弟に基本的にフランス式の教育を授けつつ、アラビア語の学習が、いくらか嫌な含蓄をもつにもかかわらず、ごくわずかなヨーロッパ人しかもたない潜在的に価値ある技量を備えさせた。チュニジア人の一部は、これらの学校をヨーロッパ人共同体に近づく場として歓迎したが、政府の官吏や地方の名望家はしばしば強要されるか、フランス人に取り入るためにのみ子供たちを入学させた。はるかに多くのチュニジア人は、フランス＝アラブ学校を支持するよりは、通常は宗教的理由で忌避した。

にもかかわらず、保護国下の生活の現実は、植民者の文化や言語に少なくともある程度は親しむことを、とりわけ都市部ではほとんど不可欠とした。チュニジア人の自由主義的教育家たちは、一九〇八年に、世俗的フランス＝アラブ学校を拒否し宗教教育を好むムスリムの学生に、その初歩を教える「改革された」クッタブを組織し始めた。ユダヤ教徒の共同体においては、西洋化されたグラナはフランスの公立学校に引き寄せられたが、ほとんどのチュニジア出身ユダヤ教徒はその環境を不快に感じた。「ユダヤ教徒・フランス人連合」のために働く教師は、このいっそう伝統に縛られた共同体を初歩段階の西洋的教育に触れさせた。

ムスリムの女子に近代的カリキュラムを提供する最初の小学校は、統監の妻ルイーズ・ミレーの熱狂的支援を得て一九〇〇年に開校した。同校は、「[チュニジア人女性]の運命を改善し、フランスの影響が彼女たちに働きかける直接的機会を提供する」[26]という、進歩的思想を普及させることを目的とした。娘を同校に送る両親の心配を軽減するために、保護国官吏のフランス人未亡人でチュニジア社会をよく知っていたその女性校長は、伝統的社会基準を守り、カリキュラムのイスラム的要素を教えるのにザイトゥーナ・モスク＝大学出身の高齢の教員を雇いさえした。ハブース評議会が、在学者の少ない数年間を通じて同校を支えた資金を提供し、その精神的支持はムスリム共同体における貴重な是認を与えた。一九〇五年に在学者は一〇〇名に達し、一九一二年に移転してパシャ通り学校《エコール・リュ・ド・パシャ》と改称した頃には、五〇〇名近い若い女性が同校に通っていた。公衆教育庁は、一九〇八年までムスリム女子のための公立小学校を建てなかった。そこではムスリム女性がフランス人教員を助け、カリキュラムは学問的勉強と職業的・家庭的訓練を組み合わせたものとなった。

小学校レベルより上では、若干の公立学校がアラブ人・ヨーロッパ人の双方を擁していた。マシュールにせかされて、しかし公式にはベイの命令で、一八八四年に設立されたアラウィ大学は、若い男性にフランス＝アラブ学校で教える準備をさせた。同大学は、開設時は主にチュニジア人のためと意図されたものだったが、入植者や保護国官吏の子弟も受け入れた。二〇世紀初頭には、その学生の約二〇％がヨーロッパ人だった[27]。リセ・カルノーはアラウィ大学の鏡像をなした。フランス人宣教師たちが、同校を一八七五年にサン・ルイ大学という名で若者のために創設したが、のちに財政的重荷となったため、ラビジェリー枢機卿が一八八九年に公衆教育庁へと引き渡した。一八九四年に、同年暗殺されたフランス大統領を顕彰してリセ・カルノーと改称され、チュニジアにおけるフランス的公教育の頂点に立っていた。したがって顧客は圧倒的にヨーロッパ人だったが、フランス＝アラブ学校を経てきた最良のムスリムおよびユダヤ教徒の学生を、いつも一握りは擁していた。女性のための相当機関であるリセ・ファリエールは、圧倒的にヨーロッパ人の女性教師を育てた。

アラウィ大学とリセ・カルノーは、サディキ大学卒業生でさらに教育を受け続けたい者をも引きつけたが、サディキのカリキュラムではたいていの学生が、フランス＝アラブ学校で訓練された若者とこれらの中等教育機関への入学競争で勝てるほど十分な準備ができなかった。フランス人官吏は、彼らの行政にとっての職員や翻訳者の源泉としてのサディキの価値を認め、同大学を支配するために素早く動いた。ラ・マルサ協約が保護国を正式なものとする前にも、統監カンボンは一八八二年に同校を監督するための運営評議会を任命し、それによってハイル・アル＝ディンに保護されフランスの存在を歓迎しなかった校長の権威を掘り崩した。その後公衆教育庁は同大学の性格を変えることに興味をもたず、フランス人の必要にいっそう役立つよう学習の方向を変えさせるにとどまった。

こうして、保護国の最初の一五年ほどの間に、数千人のチュニジア人男性とずっと少数の女性が様々な新しい思想にさらされ、フランス人住民と直接接触するようになる教育を受けつつあった。その経験はほとんどにとって小学校で終わったが、数百人は先に進んだ。一八九〇年代には、公衆教育体系の最高レベルを修了した人たちが保護国政府における職位に就きつつあった。彼らはそこで、保護国以前の時代にサディキ大学を卒業し、フランスで学んで公務におけるキャリアを得ようと帰国した人たちに加わった。マシュールや他の官吏は、こうした西洋的教育を受けたチュニジア人、とりわけサディキ卒業生の中核に、より広範なチュニジア社会への橋を――幅広い国民による保護国の受容を確保するためのキャンペーンにおける、貴重な同盟者を――見出した。チュニジア人の多くもこうした見方を共有し、それに従って行動する用意があった。彼らは一七八九年の〔革命の〕諸原則に共鳴し、そうした理想をチュニジアに適用すれば全社会が利益を受けると信じた。彼らの国はフランスがなったように近代国家になり、技術が国を未だかつてないほどしっかりと結びつけ、共和的統治が恣意的な君主権力に取って替わるだろうと。

それにもかかわらずこうした人たちは根こぎにはならず、アラブ＝イスラム的遺産を深く愛し続けた。彼らのほとんどにとって、第二の知的概念サラフィーヤ（イスラムの改革）が、ヨーロッパの進歩主義と少なくとも同じだけ強く魅力をもった。その唱道者たちは、彼らの祖先（アル＝サラフ）の核心的価値の復活を訴え、ムスリムが数世紀の間にその価値を捨てたか歪めてしまったと論じた。それによる無知と無視がムスリム共同体を弱め、とうとう一九世紀にそれを悩ました病、その最小ならざるものがヨーロッパ帝国主義だが、そうした病にかかりやすくしてしまったのだ。サラフィーヤの心酔者は、かならずしも非イスラム的なものをすべて拒否したりせず、多くの人がムスリムの暮らしを高めうる西洋の文化的特徴の適用を承認した。ハイル・アル＝ディンの思考がサラフィーヤの理想を体現しており、それは当然サディキ大学のカリキュラムに反映された。ハイル・アル＝ディンの追随者のムハンマド・アル＝サヌーシが、一八八三年にチュニスに、当時もっとも著名なサラフィーヤ組織の支部を設けた。アル＝サヌーシの招待により、同運動の指導的光であったムハンマド・アブドゥフが一八八五年に、ついで一九〇三年にもチュニスを訪れた。アブドゥフは、チュニジア人が自国に対するフランスの支配力を打破する能力を欠くことを理解していた。その状況ゆえに、彼は聴衆に保護国体制下で働き、公正と正義のムスリム的諸原則を体現する改革を求めるよう助言した――それは、エジプトにおける彼自身のイギリスとの関わり方をモデルとした助言だった。

三年後、アル＝サヌーシ、アリ・ブー・シュシャ、ムハンマド・アル＝カルウィ、そしてバシール・スファルを含むサラフィーヤの達人の一集団が、チュニジア文化におけるアラビア語とイスラムの中心性を尊重した近代化と社会変革への、彼らの要求を宣伝するアラビア語新聞『アル＝ハディラ』を立ち上げた。これらの人物はみな、前首相ハイル・アル＝ディンの協力者であったか保護国化前の時代のサディキ学生として、彼の時代の改革とつながりをもっていた。『アル＝ハディラ』はとりわけ、チュニス社会の二つのもっとも学識あるアラビア語話者集団であるバルディーヤとウラマーを標的とした。その訴えは、前者と比較的進歩的なウラマーの間である程度成功したが、それはこのメッセージが両者にハイル・アル＝ディンの論文『もっとも確実な道』の言葉を喚起させたからだ。しかしより保守的なウラマーは、革新に対して頑固に抵抗して見せた。同新聞は二二年存続したが、その少なからざる理由は保護国の官吏が補助したからであり、彼らはそれを、確かな信念をもつチュニジア人たちをフランスの存在と和解させるのに便利な道具と考えたのだった。

一八九四年にルネ・ミレーが任命され、イスラムの改革派系統への同情者が統監職に就任した。ミレーは、アル＝ハディラに関与する人たちと、彼の到着時に載った記事に要約された彼らの期待についてともに議論し、西洋とアラブ＝イスラム文化間の最適な対話者としてその地位を高めた。彼は、都市の教育あるチュニジア人の最大の懸念に関わる彼らの諸目的——保護国当局がムスリムの慣行や制度を尊重すること、ムスリムが政府の業務に関与すること、公衆教育の拡大、そして国内の職人を保護する関税の設定——を、だいたい支持すると示唆した。さらに、改革者たちがそのメッセージを普及させるために追加的な手段を探し求めるよう促した。一八九六年にスファルとムハンマド・ラスラムは、アラビア語を話すチュニジア人に西洋への窓を開く教育組織ハルドゥニーヤ〔一四世紀のチュニス生まれの政治家・歴史家であり、『歴史』等の著書で有名なイブン・ハルドゥーンにちなんだ名称〕の創設を先導した。「ムスリムの間に科学への嗜好を広げ……彼らの偏見をきっぱりと破壊〔して〕……彼らに実際的・商業的分野でまったく未知であった多くの地平を開く〔こと〕」(28)を目的に、そのメンバーはイスラム学校では教えない多様な科目を無料で教えた。チュニジア人は誰でもハルドゥニーヤで学ぶことができたが、高度に伝統的なイスラム的カリキュラムがしっかり残っていたザイトゥーナ・モスク＝大学の学生を引きつけることに、同組織は特別な努力を払った。異なる学校制度出身の若い男性が交流できる数少ない場の一つとして、ハルドゥニーヤはチュニジア人とヨーロッパ人の間に橋を築くことよりも、多様な背景をもつチュニジア人を互いに親しませることに注力した。

　ミレーが、一定の状況下では政府と和解に達する用意のあるチュニジア人に積極的態度を示したことは、保護国における政治的・経済的権力への競争をゼロサム・ゲーム〔同一のものを取るか取られるかの試合〕と見なしたコロンを嘆かせた。世紀の転換時には、西洋的教育を受けたチュニジア人は入植者の覇権への脅威をなした。彼らの数は多くなかったのに——一八八五年から一九〇〇年のどの年においても、チュニジア人口の〇・五％以下が西洋的カリキュラムをもった学校に通っており、一九〇〇年にチュニジアの全人口のわずか三％ほどがこうした方面の学習を少しでも行ったことがあるのみだった——、植民地の住民を教育するという考え自体を嫌悪する多くの植民者の間では、陰鬱な怒りを引き起こした。彼らは、チュニジア人の子供はフランス＝アラブ学校に属するべきでない、なぜならヨーロッパ人学生の進歩を妨げるし、彼らはコロンの所有地で農業労働者として雇われるに必要な技能だけを学ぶべきだと主張した。

　ビクトル・ド・カニエールは、一八九二年から一九五〇年代まで過激な植民者の意見のジャーナリスティックな声となった『フランスのチュニジア』《ラ・チュニジー・フランセーズ》の刊行者だが、チュニジア人を制限せよと主張し、彼らは「結局ただのアラブ人だ」と述べた。「アラブ人は誰とも同じ人間であり、フランス人の権利と同等の権利をもつべきだ」と信じた見当違いのフランス人官吏は、「彼らは憂鬱な宗教と、怠惰と宿命主義の長きにわたる先祖返りのために明白に劣等化した人種を構成する」[29] ことを理解し損なっていた。近代的教育はチュニジア人の期待を高め、経済的階梯の最底辺で彼らと入植者との間にある種の仕事を巡る競争をもたらしさえした。彼らの期待は、言うまでもなくヨーロッパ人住民を犠牲にして満足させるわけにいかないが、それを無視すればチュニジア人の恨みを買うのは確実だった。「学校で仲良くなれば尊敬を失うが、それがないと敵意ある住民の真ん中に埋め込まれた数百人のコロンは十分な安全を享受できない」(30)と、ド・カニエールは熱弁した。チュニジア人を教育することは、保護国の発足以来入植者が独占してきた特権的地位をひとえに危険にさらすのだった。こうした見解が、公衆教育庁の指導的諸人物の思考といかにかけ離れていたかは、アラウィ大学の校長のコメントに明瞭に表われていた。彼自身の文化の優越性には何の疑問ももたないながら、彼は同国人のあまりにも多くが、自分たちがその真ん中で住んでいる文明は——

「我々のものとは違うのは事実だし、我々のものより劣等だと急いで付け加えよう……しかし、一言で言えば一つの文明である。ビュルヌス〔北アフリカで着られる頭巾付きの長い毛織の外套〕やシェシア〔チュニジア男性が被る柔らかく赤い鍔なし帽〕に惑わされてはいけない——我々がここで関わっているのは、たいへん文明化された人々なのだ(31)」

ということを理解できていないと嘆いた。この政策上の根本的な対立ではコロンが勝利し、外務省を説得して保護国にチュニジア人の教育を削減するよう命令させた。公衆教育庁はしぶしぶ、一八九八年から一九〇一年の間にフランス人生徒が数人しかいなかったフランス＝アラブ学校一〇校を閉鎖した。一〇年以上前に同制度が発足してから初めて、この時期にチュニジア人の在籍者は着実に減少した。同庁は、入植者の教育上の課題のもう一つの側面に対応して、一八九八年に職業学校を設立した。しかしその学生のほとんどはヨーロッパ人で、チュニジア人は入学できても、より近代的で報酬もよい技術を学ぶ機会を受け取るより、伝統的職人としての訓練を受けさせられた。

このキャンペーンでコロンが成功したことは、彼らが共有する認識をはっきり述べ、確信と執拗さをもって提示し、政府の鍵となる機関にそれを受け入れるよう圧力をかける点で効果的であることを示した。『フランスのチュニジア』がこの過程で重要な役割を果たしたが、一八九二年に設置された「諮問会議」という、主として予算問題で統監に助言するための機関における入植者の参加も重要だった。元来同会議は、入植者の農業会議所と商業会議所の延長である二つの団体からなっていたが、一八九六年に政府の官吏や自由職業人のための第三の団体を加えて拡大された。同会議は立法権限をもたず、統監にその勧告に従うよう強制することはできなかったが、コロンの意見や不満を公表するためのフォーラムを提供した。チュニジア人は、並行的な公的フォーラムを何らもたなかったし、同会議にも一〇年以上誰も任命されなかった。一九〇七年に、一六名のチュニジア人が追加されて同会議のメンバー総数は五二となった。この明らかなチュニジア人の過小代表（全人口の九〇％以上なのに会議では三〇％）でさえ入植者の代表たちを怒らせ、彼らは一九一〇年に会議の三つの会議所を二つに、すなわち一つは「原住民」用、他の一つはフランス人優勢者《プレポンデラン》用に再編することで、チュニジア人を隔離することに成功した。

ムスリムの教育機会は、改革者たちが自己の思い描く社会にとっての必須条件と常に考えていたもので、その削減は彼らを深く失望させ、挫折感を与えた。広範で公然たる人種主義に遭遇し、改革者たちは、入植者はチュニジア人が「同化への道をどれだけ遠くまで歩んだとしても他者であるという」単純な理由で、彼らを同格者としてはけっして受け入れないだろうことを認めざるを得なかった。保護国当局が、チュニジア人の運命を改善する政策を実施することに執着する意志と能力をもつことへの、彼らの信頼も低下した。マシュールのような専門家でさえも、チュニジアの入植者が声を伝えた植民地ロビーイストからの激しい圧力を受けた、パリの大臣たちの要求に応じた。西洋の教育を受けたチュニジア人は、彼らの社会の主流から切り離され、はっきり少数派的地位に立った。その結果、改革者たちは二つの踏み台の間に落ち、仲間のチュニジア人にもヨーロッパ人にも信頼されなくなる恐れがあった。最後に、彼らは自己の課題における後退を吟味して、一八九〇年代には同様の、そしてさらに悲惨でさえある不幸が多くの同国人を見舞ったことに気づいた。改革者たちは何年ものあいだ、都市の教育ある階級の欲求を公然と述べることに集中し、よい覚えを保つために政府批判を抑えてきたが、「公式の」植民とそれに伴うもろもろの恐るべく広範な効果を、もはや無視しえなくなった。

こうした現実は、改革者たちにより攻撃的で政治的な立場、より幅広い視野をもつ立場をとるよう促した。社会的変化の鼓吹から政治活動への関与への移行においては、ハブース地の販売を巡ってすでにフランス人と刃を交えていたバシール・スファルが先陣を切った。彼は、一九〇六年の演説でチュニジア人社会の貧困化に注意を向け、フランスによる支配の二五年間に事実上全チュニジア人の生活の質が悪化したと指摘した。この傾向を逆転させるために、政府が農村の土地を入植者の手から守る措置を導入し、職人の生産を復活させるとともに新産業も発展させ、チュニジア人のための学術的・職業的・農業用の学校数を増やすことを、スファルは要求した。

同年中に、スファルのハルドゥニーヤでの同僚ムハンマド・ラスラムは、マルセイユでの植民地議会で演説し、改革者たちの見解をより広範な聴衆に宣伝するための三度にわたる努力の、最初のものに着手した。彼はフランス人に、チュニジア人を従属者でなく同格者として扱うよう訴え、単に「警官の通訳とか行政の下級職員」[32]として働くだけでなく、可能な最大範囲の雇用に備えさせる教育体系を建設する責務を強調した。ラスラムは聴衆に、彼も彼の仲間も保護国の終焉を要求してはいないと安心させ、ただその行政官が恩恵のある改革を実施するという元来の責任に、その関心を向け直すよう求めた。彼はそれを念頭に、フランスとチュニジアの国民が、双方の天才を同国の発展のために働かせる真のパートナーシップによって協同することを唱道したが、見地や関心の重要な相違が両民族を分かつことを認めた。ラスラムの見解によれば、諮問会議にチュニジア人メンバーの出席を許可することが、彼らを公的生活に関与させるもっとも論理的な第一歩をなした。

　改革者たちは二回目の努力として、一九〇八年のパリでの北アフリカ議会《コングレ・ド・ラフリク・デュ・ノール》を利用して、フランスとその従属領から来た聴衆に話しかけた。今や広く「青年チュニジア党」と言及されたこの運動における著名な人物が、六人も同議会で演説した。彼らは、通常の主題を非難して新しい発議を公表したが、その一つはマジュバを、支払い能力の評価に基づいて普遍的に適用される税へと置き換えることだった。しかし今回は、ド・カニエールや他のコロンが出席しており、彼らがチュニジア人を公然とあざ笑ったので口頭のけんかに火が着いた。入植者による「公式の」植民の擁護にうんざりした一チュニジア人の次の反応は、全代表団を包み込んだ恨みと不毛さの感情を縮図的に示している――「あなた方は疑いもなく、ほとんど雨の降らない圏内に私たちを追いやりたいと願っています。そこに行ってあなた方自身、植民してください――あなた方は、その水利体系を修正する財政的手段と技術的知識をもっているのですから。[33]」

　青年チュニジア党が、その思想を新しい聴衆に届けようとした三回目の例は、一九〇七年に始まった『チュニジア人《ル・チュニジアン》』の発行だった。しかしこの場合には、新型の活動家がメッセージを提示した。同新聞の編集者である三一歳のアリ・バシュ＝ハムバは、完全に西洋的教育の産物でありフランスで法律の学位まで取っていた。彼は、年長の仲間たちに影響を及ぼしていたサラフィーヤの規範にほとんど関心を見せず、汎イスラムのイデオロギーや、青年トルコ党（その知的背景は、彼自身のそれと非常によく似ていた）のオスマン帝国（その瀕死の状態は、自国と非常によく似ていた）に新しい命を吹き込もうというキャンペーンから霊感を引き出していた。バシュ＝ハムバは、青年チュニジア党の目的をフランスの中間派と左派に直接に、彼ら自身の言語で説明して（右派のコロンは同新聞を直ちに「教条的だ……フランス人に対する戦争準備を隠すスクリーンだ[34]」と退けた)、運動に対する誤解を正し、懸念を静め、おそらくは味方を獲得しさえしたかった。この戦略はごく限られた成功をしか収めなかったが、『チュニジア人』は運動のシンパだったバイリンガルのチュニジア人に、『アル＝ハディラ』よりもはるかに世俗的でコスモポリタンな味方によって提示されたニュースや情報を与えることで、重要な隙間をたしかに満たした。同一の見地を文字の読める全チュニジア人にとって閲覧可能とするため、バシュ＝ハムバは一九〇九年に『チュニジア人』をアラビア語版の『アル＝トゥニシー』によって補完した。その編集者、アブド・アル＝アジーズ・サアルビは、ザイトゥーナ・モスク＝大学の典型的ならざる卒業生で、その近代主義的・論争的見解ゆえに体制派ウラマーたちと何度か衝突を引き起こした。

バシュ＝ハムバと『アル＝ハディラ』グループとの見解の相違は、第一世代の改革派へのハイル・アル＝ディンの影響と、第二世代への保護国における教育の衝撃を反映していた。バシュ＝ハムバが、一九〇五年にサディキ大学で結成を助けた同窓会の活動は、この差異をいっそう明らかにする。そのサディキ大学卒業生協会《アソシアシオン・デザンシアンゼレーブ・デュ・コレージュ・サディキ》の一主要目的は、同校をフランス・モデルに従った本物のリセへと変革しようと主張することだった。彼らの努力は五年後、大きなカリキュラム改革を政府が承認する結果をもたらし、サディキの学生は自由な専門職でのキャリアへと導く高等教育をはるかに求めやすくなった。同機関はまた、ハルドゥニーヤで行われているのと同様の公開授業を開講した。しかし、伝統的イスラム的教育と近代的教育の共存を進めようという先人の哲学とは対照的に、同窓会は同校の学習内容の進化に合わせて、前者を後者に従属させる教育に力点をおいた。バシュ＝ハムバが目立った結果、政府が一九〇八年にバシール・スファルをスースのある職に任命した(主として、首都での青年チュニジア党の活動の軸から彼を外すために)あと、この『チュニジア人』編集者が運動の指導権を事実上担うことになった。

青年チュニジア党のほとんどすべての活動家は、チュニスのバルディーヤ諸家族か地方都市の同類の出身だった。この共通の社会的背景にもかかわらず、サラフィーヤの諸原則は彼らの目的にとって中心的地位を占めるか否かについて評価が異なったが、それを説明するうえで教育の経験の違いが重要だった。青年チュニジア党党員は、ブルジョワ的出自ゆえ住民の大部分から距離をおくことは不可避だった。彼らは一九〇六年以降、その溝をある程度埋めようとし始めたが、大衆的聴衆に直接訴えようとか彼らの要求を支持する民衆のデモを動員しようとかいう概念は、その活動の終わる頃まで無縁なままだった。また彼らのほとんどは、自分たちが属すると見なしている階級に害をなしうるような措置を支持することは、ついにできなかった。その一例は、青年チュニジア党自身が税制改革を要求しながら、財務庁の解決案が同国民の最貧層の窮状を緩和するけれども、より豊かな層には犠牲を払わせると気がつくや、それを支持しなくなったことである。

バシュ＝ハムバは、その世俗的教育や近代的な見方にもかかわらず、青年チュニジア党をほとんどの同国人の生活の核を形成し続けている伝統的なムスリムの社会的・文化的価値の擁護者として位置づけることの重要性を、けっして見失わなかった。このイメージは、チュニジア人の公衆にとって納得できたが、それはまた非ムスリムの保護国当局や保守的なウラマーが同運動を批判するのを難しくするという利点があった。一九一一年にバシュ＝ハムバは、イタリアの侵略に対する隣接するトリポリタニアの民衆抵抗を支援するためにカネを調達し物資を集めようとして、現代的な汎イスラムの政治的レトリックとムスリム・アイデンティティーの伝統的概念を組み合わせた呼びかけを行った。この連帯キャンペーンによって生み出された熱狂のさなかに、チュニスにおけるある事件、ジェッラズのムスリム墓地でのそれが、急所にはるかに近いイスラムへの脅威を明らかにしたようだった。

その墓地の調査を、市の評議会は一九一一年秋に計画していたが、評議会メンバーで著名な青年チュニジア党党員だったアブド・アル＝ジャリル・ザウシュが、そうした冒瀆へのムスリムの反発を警告したため計画が破棄された。調査が近いという情報は市中に広がっていたが、撤回のニュースは広がらなかったので、指定日には群衆がジェッラズに集まった。抗議者と警官が衝突したあと、支援部隊として送り込まれたフランス人兵士がデモ隊を銃撃し、近くのイタリア人地区に追い込んだ。そこの家々からの銃撃が暴動を引き起こし、その結果数十人のヨーロッパ人とチュニジア人が死亡した[35]。フランス人官吏は、青年チュニジア党がこの都市群衆の暴力激発を仕組んだのではないかと強く疑った——それはこの種のものの最初で、コロンにも保護国の役人にも同様に恐ろしい出来事だった。バシュ＝ハムバが、イスラム的感受性へのヨーロッパ人による侵害をジャーナリスティックにまた雄弁に取り上げたことは、疑いもなく一定の抗議者を刺激したが、彼はまだ自己の課題を大衆動員によって進めようとは決断していなかった。フランス人調査団が、ジェッラズ事件を青年チュニジア党と結びつけようと根気強く試みたが、暴動参加で有罪とされた三五名中の誰一人、同運動で指導的地位に就いてはいなかった。

チュニジア人のイタリア人への反感は、仕事を巡る両者の競争ゆえに以前からたいへん強かったが、ジェッラズ事件後エスカレートし、さらに数カ月後、イタリア人の市電運転手がチュニジア人の子供を引き倒したために悪化した。バシュ＝ハムバは、公衆の激怒を利用して市営輸送体系のボイコットを組織することにより、ついに広範な政治的動員へと突き進んだ。ボイコット中止の二条件——市電乗務員の雇用をフランス人とチュニジア人の職員に限ることと、同一労働同一賃金規則の採用——は、同機関の労働者に直接関わることだったが、諮問会議のチュニジア人メンバーを任命でなく選挙せよという第三の条件は、はるかに広い政治的推力をもった。初期のサラフィーヤの改革者たちや、ついで青年チュニジア党を支持した保護国の幹部は、このストライキを裏切りと見なした。もっと心配なことに、バシュ＝ハムバがそれまで無気力だった大衆を活気づけるのに成功したことは、その内に全面的反乱の萌芽を宿しており、政府はただちにボイコットをやめるよう命令した。青年チュニジア党は要求が満たされるまで譲歩を拒否したが、ボイコットを組織し維持するのに貢献していたバシュ＝ハムバ、サアルビ、ハサン・ゲッラティーはみな逮捕され、国から追放された。他の幾人かの主な組織者は、メデニンという南部の町での国内流刑に送られた。

青年チュニジア党は、基盤を拡大しようという遅まきながらの努力で、こうした損失にも生き残れるほど強い政治団体となる前に指導者を奪われ、この打撃からついに回復しなかった。神経質な政府が非常事態令を発し、一九二〇年まで実施したため、いかなる新しい指導部の幹部が現れることも妨げられた。ジェッラズ事件と市電ストライキのあと、フランス人高官は、チュニジア人に保護国を受け入れさせるためにエリートを近代的教育によって協力させようとした努力が無駄だったとして、一八〇度の転回を行った。彼らは、保守的で彼らの目には退行的なウラマーにほとんど用はなかったのだが、青年チュニジア党への公衆の同情が宗教指導者たちを保護国反対に押しやらないよう、素早く近づき始めた。ウラマーは当然この媚態を歓迎し、また彼らの強敵である改革者たちの明らかな失敗を歓迎した。第一次世界大戦が勃発し、オスマンのスルタンが連合国へのジハードを促した際、チュニジアのウラマーはフランスへの忠誠を表明し、遠方のイスタンブールからの訴えを無効にした。多くのフランス人兵士が前線に送られたにもかかわらず、残った兵力は戦争中の唯一の深刻な反政府事件である南部の部族蜂起を鎮圧することができた。青年チュニジア党が戦場に変えると脅かしたチュニスは静かなままだったが、それは嵐の前の静けさだった。戦争が終わる頃にはスファルもハムバも亡くなっていたが、サアルビやゲッラティーと亡命仲間はチュニスに再結集しつつあり、シンパの古いネットワークを再活性化し、政治の舞台に復帰するための好機を待っていた。

第三章
身構え　一九一二―一九四〇年

第一次世界大戦

青年チュニジア党の亡命者の多くは、汎イスラム的感情や青年トルコ党への親近感をもっていたからイスタンブールは当然の避難所だったが、このオスマンの首都を単に一時的停泊地と見なした。彼らは保護国の改革運動を続けるべく、できるだけ早い機会にチュニジアに帰りたかった。第一次世界大戦勃発時にまだイスタンブールに住んでいた者は、しばしば反フランスの宣伝を書くことでオスマンやドイツの戦争努力に貢献した。彼らは、同盟諸国が勝利してフランスから北アフリカ所領を奪い、チュニジアがオスマン帝国の自治領としての以前の政治的アイデンティティーを再主張できるようになることを希望した。チュニジア人のもう一つの集団で、アリ・バシュ＝ハムバの兄弟ムハンマドが率いたものは戦争をスイスで過ごし、そこで彼らは一九一六年から一九一八年まで『マグレブ評論《ラ・ルビュ・デュ・マグレブ》』という政治雑誌を刊行した。バシュ＝ハムバは、フランスは一九一二年に青年チュニジア党の運動をつぶしたことで、ムスリムとヨーロッパ人の実りある連携のいかなる展望をも破壊したのだと警告した。こうした協同なしには、将来の安定性は保護国の力とチュニジア国民の権利を明白に定義する憲法の制定次第となることだろう。連合国の勝利の可能性が高まるにつれて、『マグレブ評論』はウッドロー・ウィルソン〔米大統領〕の一四カ条に含まれた民族自決の概念に依拠して、チュニジアの政治的将来を定めるための戦後の国民投票を要求した。同時に同誌はまた、青年チュニジア党に、近づく講和会議を彼らの不満を述べるためのフォーラムとして利用するよう促した。

ドイツの敗北とオスマン帝国の解体によって、同盟諸国に自己の命運を託したか、戦争を利用して政治的課題を保護国の改革から廃止へと移そうとしたチュニジア人たちは、財政的支援も政治的選択肢も失った。国外在住者の活動は、講和会議への代表たちに宛てた二つの正式な訴えが反応を得られなかったあと、一九一九年初期に停止した。実際には、彼らの戦時の努力はチュニジアではほとんど何の影響ももたなかった――保護国当局が非常事態下の例外的権力を行使して、扇動的と判断した『マグレブ評論』その他の刊行物の輸入を防いだからである。しかしおそらくより重要だったのは、戦争の間は繁栄の波がチュニジアを覆い、反植民地レトリックの訴求力を著しく弱めたことだった。

フランスの公民が兵役のために出国したことは、国の全地域、経済の全部門でチュニジア人を助けた。政府は戦争中、「公式の」植民のための所有地をほとんどまったく奪わなかったので、農民や部族が土地をなくす恐れは一八九〇年代以来初めて弱まった。さらに既存のコロン農地の約八万ヘクタールが、その所有者が徴兵され耕作できないかローンの返済ができないかで売りに出された。この土地のほとんど四分の三を、チュニジア人――その多くは中産階級の都市の商人で、フランス人競争者が徴兵されたおかげで繁栄した――が購入した。彼らは事業の増大した利益を、農場を機械化し生産性を高める他の近代技術を導入するのに投資した。イタリア人は、取り上げられた土地の他の一万五〇〇〇ヘクタールを購入し、そのほとんどにブドウの木を植え、ブドウ栽培に対する彼らの支配を強化した[1]。保護国の農民は、ヨーロッパでの物資欠乏に帰せられる農産物の高価格と、戦争の間非常な好収穫が続いたことの組合わせによって相当な利益を得、それは生活費の高騰を補って余りあった。

都市では、法律家や他の専門職業人が、その多くは元青年チュニジア党の活動家だったが、フランス人の相方が戦線へと去ったので自己の仕事を拡大した。戦争中彼らが味わった未曾有の水準の個人的成功は、彼らの注意を政治問題からそらし、反保護国の感情表現をすっかり湿らせるのに貢献した。ヨーロッパからの輸入の中断は、職人が大いに必要としていた後押しを提供したし、彼らが供給者兼顧客として依存していた農村地域の景気拡大もそうであった。未熟練・半熟練のチュニジア人労働者は、長いこと失業に苦しめられていたが、徴兵された労働者階級の入植者が残した仕事や、以前は輸入されていた商品を製造するために創出された新産業の仕事に就くことができた。労働力不足で、彼らは過去に稼いだよりも高い賃金を保障された。

自国に残って戦争の結果繁栄した同国人とは対照的に、八万人のチュニジア人がフランス軍に奉公した。教育水準や家族の地位によっていくらか例外はあったが、チュニジア人の若い男性は兵役を課され、こうしたチュニジア部隊の八五%以上を占めた。そのほとんどは西部戦線に行き、そこで二万人が命をなくしたか負傷した。モロッコとシリアに配置されたチュニジア部隊から、さらに五〇〇〇人が死亡した。戦闘や補給部隊にいた者に加えて、一万五〇〇〇人の徴集兵と同数の志願者がフランスで、陸軍で奉公しているフランス人労働者のかわりに、農場・鉱山・工場で働いた[2]。チュニジア人は、ジョルジュ・クレマンソー首相が一九一七年に、フランスは戦争に勝利したら属領の人々が払った犠牲を思い出し、それに報いるであろうと約束したのを歓迎した。

この誓約から見て、一九一九年と一九二〇年の劇的な経済悪化は多くのチュニジア人を怒らせた。フランスの産業が、戦前の市場を取り戻そうと攻撃的に売り込んだので、輸入品が急増し地元の生産者や事業家を大いに困らせた。この輸入品の盛返しは、インフレによって悪化させられ、消費者物価の上昇傾向を長引かせたが、それは戦時の繁栄のさなかにはほとんど影響なかったけれども、経済が弱まるにつれて大きな苦難を引き起こした。ダムや道路や新鉄道路線を含む産業基盤開発の野心的計画を支援するため、様々な新税が課されて同様の重荷を押しつけた。これらの課税は、あらゆる身分のチュニジア人に重くのしかかったが、それによって融資された計画からもっとも利益を受けたのは入植者だった。税収のおそらくもっとも不当な使用法は、「植民地用三分の一」という、フランス人官吏に一九一九年に初めて与えられた給与補給だった。それは、保護国の行政における雇用をフランス人にいっそう魅力的にすることで、チュニジア人に利用可能なポストの数を減らしたが、保護国のフランス人被雇用者とチュニジア人被雇用者の報酬の間にあった、もともと大きな格差をさらに大きくした。

動員解除されたコロンの復帰は、チュニジア人商人の商業における特権的地位とチュニジア人労働者の仕事を失わせたが、まさに両集団がそうした打撃をもっとも吸収しがたい時期にそれが起きた。チュニジア人の除隊者には、帰国時に彼らを迎えた状況はとりわけ非難すべきものと思えた。彼らの不満はその家族・隣人・仲間の労働者の政治化に貢献し、彼らはすべて、保護国の戦後の状態はフランスのために同国人が耐えた悲惨さに対する弁償に値しないと見なした。一九一九年と一九二〇年には、チュニスといくつかの地方都市で何度かストライキや大衆デモが勃発した。同国の災難をさらに悪化させたのは、この二年に恐るべき不作が飢餓や疾病を伴ったことだった。

農地は、戦後の困難な日々に、保護国のもっとも価値ある資源として不和の種となった。フランスは、自国の農場の多くが荒廃したので、アルジェリア・チュニジア・モロッコ（一九一二年に保護国となっていた）がそれまで以上に必要な食料を供給してくれることを期待した。一九二〇年に、離任の準備をしていた統監のエチエンヌ・フランダン（一九一八―二〇年）は、植え付けされていないすべての可耕地を耕作せよと要求する命令を発した。チュニジア人は、フランスに慈善を施す気はまったくなく、フランダンの発議はなお保護国の手の届かないハブース地を支配し、「公式の」植民を復活させる意図を進めようとする策略以外の何物でもないと判断した。政府が、一九二〇年に契約した二億五五〇〇万フランの借款の約一〇%を土地購入に配分し、残りのほとんどを農村のインフラ改善のために充てたことは[3]、彼らの見方を後押しした。

ドゥストゥール党

誰もが経済状況について不満を抱くなか、植民地化された人々にとっての新時代の予兆と目された出来事——パリ講和会議、一四カ条、エジプト人によるイギリスからの独立運動、イタリアがトリポリタニアとキレナイカで自由で代表的な政治体制を導入すると約束したこと（実際にはついに実行しなかったが）——に鼓舞されて、青年チュニジア党が再組織された。統監ガブリエル・アラプチト（一九〇六—一八年）は、戦争が始まる前にすでにアブド・アル＝アジーズ・サアルビがチュニジアに再入国するのを許可していた。同盟諸国から距離をおいていた他の亡命者も、一九一八年末と一九一九年初に帰国を許され、チュニジア内部で拘束されていた者は同時期に自由を得た。一九一九年三月、『ル・チュニジアン』で働いていたハイラッラハ・ベン・ムスタファは、戦前の行動性を戦後の状況に適応させようと考えるための会合を招集した。数十人が出席したのに勇気づけられ、彼とサアルビ、ハサン・ゲッラティー、アハマド・アル＝サフィは、チュニジア党《パルティ・チュニジアン》を結成した。同党は、若い男性で西洋的教育を受けたのでチュニジアの将来を形成するための場所を得たいし、その資格があると信じる者を引きつけたが、かつては社会の精髄の目印だった伝統的訓練を受けたために、今やその過程で目立つことが難しいのではないかと恐れる者にも訴えた。サアルビは、『マグレブ評論』で表明されていた要求を思い出してどちらの集団にも共感される態度を打ち出し、同党をその主要目標、すなわち憲法制定に集中させた。戦後の経済崩壊におけるフランスの役割は、チュニジア人の戦争への奉仕に対する負債に照らして巨大な不正義をなすという広範に抱かれた確信と、抗議伝達の他の手段がなかったことから、同党の潜在的聴衆はその創設に参加したチュニスのブルジョワジーをはるかに超えて広がった。

講和会議代表との面談申請に回答が得られなかったので、党指導者たちは彼らの抗議を提起する代替的環境としてフランス左翼を選んだ。彼らの要請を受け、左翼的諸団体と親しい弁護士のアハマド・サッカが四月にパリに移った。サアルビは、夏に彼に加わる前に、一九〇八年の北アフリカ会議にまで遡る日付の青年チュニジア党の文書を精査した。そして一九一二年以降の諸事件は、以前の時期の穏健な立場を無効にしたと結論し、仲間に彼とサッカの使節団がとるべきいっそう強硬な立場を打ち出すよう頼んだ。理論武装を得て、二人のチュニジア人は秋にパリの自由主義的人士に働きかけたが、同情には出会ったけれども政治的にはほとんど前進しなかった。彼らの滞在の一大成果は、一九一九年末の『殉教者チュニジア《ラ・チュニジー・マルティール》』の匿名による出版だったが、これはチュニスで作成された材料を多用しながらいっそう非妥協的な非難攻撃だった。その後サアルビは、同書を単独で書いたと主張したが、それはチュニスの協同者の貴重な仕事や、ザイトゥーナで教育されたサアルビよりフランス語をはるかによくしたサッカの決定的貢献を無視していた[4]。

『殉教者チュニジア』は、保護国行政に手厳しい告発を下した。保護国発足の前と後の特定の社会的・経済的・政治的状態の一群を比較し、同書は、アハド・アル＝アマンと一八六一年の憲法によって可能になった「黄金時代」を経験しつつあった、繁栄し進歩的な社会が故意に破壊されたことを示すものと称した。保護国が導入した悪弊を終わらせるには、一九世紀に最初に採択された基本法を復活させることが必要だとされた。同書は、保護国の廃止という政治的に実現不可能な要求をなす手前で踏みとどまったが、行政との協力は利敵行為だと非難しさえし、連携という戦前の哲学を決定的に破棄した。その毒舌は痛烈だったが、『殉教者チュニジア』はフラ

図版3・1 アブド・アル＝アジーズ・サアルビ。このドゥストゥール党指導者は、1934年に同党を飛び出しネオ＝ドゥストゥール党を結成した青年たちの優越を受け入れることを拒否したため、数十年にわたってタブー視されていた。1999年にサアルビを称えるこの郵便切手が発行されたことは、彼の名誉回復を示した。

ンスもフランス人も攻撃せず、悪事への非難を注意深く入植者と保護国の役人に向けた。過去を高度に理想化したその解釈は、植民地化以前の時期の現実を知る者すべてや、フランス人の存在の諸側面、とりわけ教育の機会によって利益を受けたチュニジア人の目には信頼を失わせた。そうした者の一人で、チュニジア党創設以来の党員でもあったハサン・ゲッラティーは、サアルビの論文を「不当であり不手際だ[5]」と評した。彼や他の穏健派党員はまた、フランスとの協力拒否を深刻な誤りだと見なした。

『殉教者チュニジア』は公式に禁書とされたが、数百部が保護国に密輸されて、まもなく同国の不満の典型的言明という地位を獲得した。同書の主な対象だったフランス人読者の間では、左翼主義者の間でのみ積極的に受け入れられた。この人たちから得られる支持の限定的価値は、一九一九年の議会選挙で決定的右傾化が起きたためさらに低下した。フランスでも、講和会議が北アフリカに何も触れずに閉会したことが示すように、国際社会の他のどこでも効果的同盟者がほとんど得られなかったので、チュニジア人は自国での活動を倍増させ、それが決定的重要性をもつに至った。サッカとサアルビの使節団を派遣したほかほとんど何もしなかったチュニジア党にかえて、一九二〇年二月にチュニジア自由党《パルティ・リベラル・チュニジアン》が結成された。新党創設の知らせがパリのサアルビに届くや、彼は党名に一語追加するよう促し、それはチュニジア自由立憲党《パルティ・リベラル・コンスティチュショネル・チュニジアン》（アラビア語ではアル＝ヒズブ・アル＝ドゥストゥーリ・アル＝フッル・アル＝トゥニシー）、あるいは単にドゥストゥール（憲法）党となった。

しかし、新党は旧党と単なる名前以上の違いがあった。アハマド・アル＝サフィ書記長が率いた執行委員会は、主として政府職員・職人・進歩的ウラマー・実業家と地主（両者は戦後しばしば同一人物）からなっていた。幾人かの執行委員はフランスの学校体系にある程度さらされ、一握りの人はフランスの大学から学位を得ていたが、青年チュニジア党運動であれほど目立った西洋的教育を受けた人物は、ドゥストゥール党の指導的幹部にはそれほど見られなかった。しかし同委員会に代表されたキャリア・パターンの多くに、たしかにある共通性が見られた――彼らは伝統的には非常に尊敬されていたのだが、保護国の政策によってとりわけ悪影響を受け、在職者は権力・所得・威信の劇的な低下を被っていたのだ。当然、彼らは青年チュニジア党員が同時期に台頭したのを小馬鹿にし、彼らを社会的成上り者でフランス人のペット犬だと毛嫌いしていた。そして、その地位をこれ以上浸食されないよう食い止めることができるような政治的措置を、ドゥストゥール党を通じて推進しようと意図した。首都の住民が執行委員会を支配したが、ドゥストゥール党はチュニスの外でも党員を募って重要な新生面を開いた。サアルビが一九二二年に一〇万人の党員がいると主張したのは疑いもなく党の力を誇張していたが、その地理的拡大は明らかに当局を警戒させた。

早くも一九二一年に、保護国の事務総長ガブリエル・ピュオーは、「この一年に内陸部で民族主義者がなした前進に恐怖を覚えた」ことを認め、「このプロパガンダを止めるべき」時が来たと、不吉にも付け加えていた。[6]ピュオーの言う「プロパガンダ」とは、ドゥストゥール党の役員が『殉教者チュニジア』から発展させた、非常に人気のある（彼は、フランス人官吏の間でそれを認めた最初の者の一人だったが）民族主義的な綱領からなっていた。その目的は「チュニジア国を奴隷の絆から解放すること」[7]であり、中核的要求は憲法の公布と、普通選挙によって選出され、チュニジア人とフランス人の双方の代表からなり、政府がそれに対して責任を負う議会の開設を含んでいた。党の綱領はまた、資格あるチュニジア人が行政的地位に全面的に就けること、同一労働同一賃金、地方評議会の大衆による選出、新聞や結社の自由、国家が売却する土地をチュニジア人が購入する権利、初等義務教育をアラビア語で行い、フランス語を上級学校で教える制度を要求していた。

この諸要求がほとんどのチュニジア人の支持を得ていることを証明するために、ドゥストゥール党は、それらの立法を求める嘆願書への署名集めに相当な努力を注いだ。党指導者たちはこれらの訴えを、ドゥストゥール党の目標のコピーとともに、ベイやチュニスの統監、政府の諸機関、フランスの政治家や一般国民に対して正式に提示したいと思った。アル＝サフィは、一九二〇年六月にパリへの代表団を率いたが、サアルビが逮捕され、チュニジアに移送され投獄されたので、この訪問はまったく気まずい調子で終わった。いずれにせよアル＝サフィとその仲間は、憲法は保護国と両立しないというフランスで広くかつ強く抱かれている確信をひっくり返すための、いかなる前進も実現できなかった。次の年に、別のチュニジア人使節がパリ大学の二人の著名な法学者に十分な証拠を並べて、憲法と保護国は本来的に矛盾するものではないという公的声明を発するよう説得したときでさえ、外務省はまったく彼らの結論を無視したが、幾人かのフランス人社会主義者や他の自由主義者の意見を変えるのには役立った。

ドゥストゥール党穏健派のタハル・ベン・アンマルが第二の代表団を率い、一九二〇年一二月に外務省高官との会合に成功したが、そこには最近任命された統監のルシアン・サン（一九二一―九年）も出席していた。この会合は、なされたこと自体が相当な実績と思われた――とりわけ、コロンが執拗にドゥストゥール党を国際共産主義と一緒くたにし、押さえこむようますます主張を強めていただけに。しかし、わずか数週間のちにはサンが、民族主義者との関係を改善するために他の措置をとると約束したけれども、議会の設置は最終的に拒否すると表明した。その後まもなく、一九一二年以来施行されていた非常事態令が撤廃され、サアルビは刑務所から釈放された。同党がいかにこれらの行動を歓迎したとしても、それらは主要な要求に応えるものではなかった。

　ベイにせがもうとするドゥストゥール党の努力は、フランス人への彼らの申入れよりはるかに成功を収めた。党指導者たちは、一九二〇年六月にナシル・ベイ（一九〇六―二二年）による謁見を得て、その立場を概説し彼に忠誠を誓った。ナシルは、ドゥストゥール党の構想する政治体制での君主の役割は、現在の無力な地位よりも実質的だと判断して対話相手を励ました。保護国の行政官は民族主義者とベイの連携を怪しみ、とりわけ懸念したピュオーはサンにナシルへの厳しい対処を勧めた。しかしサンは、ベイがやり過ぎない限りドゥストゥール党を弱めるのに集中する方を好んだ。

　したがって彼は、ハサン・ゲッラティーが一九二一年初めにドゥストゥール党の主流派と別れて、改革党《パルティ・レフォルミスト》を設立したのを歓迎した。ゲッラティーは、サアルビの挑発的論争がフランス人と穏健なチュニジア人――彼自身のように、提携と協同という戦前の観念にしがみついていた――の間に溝を掘ったことに、本能的に反発した。政治戦術を巡るこの不一致の背景には、高度に西洋化されたゲッラティーがサアルビの類いに対する優越性を、傲慢に確信――彼らはより低い社会的背景とより伝統的な教育的背景のために、（彼の見るところ）現代世界の複雑さを把握するための素養を欠いていると――していたことがあった。ゲッラティーは、保護国の政治環境を根本的に変えるような憲法や議会の追求を放棄し、少数の西洋化されたエリートを植民者と同等水準に引き上げる個別の譲歩を求めることに、何ら良心の呵責を覚えなかった。ドゥストゥール党は、改革党の党員を裏切り者と辛辣に切って捨てたが、同党のへつらいはますます急進化する大衆の間でほとんど支持を得られなかったから、とくに深刻な脅威とはけっして見なさなかった。サンは、ドゥストゥール党の政治的独占に対するゲッラティーの挑戦に満足だったけれども、「［同党の］価値については何の幻想も[8]」もたなかった。必要が生じれば、サンはチュニジア人が保護国の政策を受け入れている証拠としてそれを指摘したが、ゲッラティーの信頼性を高めたかも知れないような仕方で彼と働くことには、何の興味も示さなかった。

フランス大統領アレクサンドル・ミルランが一九二二年春に訪問したことは、統監が改革党を披露する理想的な機会を提供した――とりわけ、彼はドゥストゥール党の指導者たちがナシル・ベイに、ミルランとの会見を党の綱領を知らせる好機として利用するよう促していると疑っていたから。サンは、ナシルがドゥストゥール党のために動くのを困難にさせるために、ミルラン到着前に一フランス人ジャーナリストにベイをインタビューさせ、彼を民族主義者の批判者として描かせた。ナシルはフランス語を話さず、インタビューの内容を出版前に確認しなかったので、何が起きたか知って退位すると脅した。ドゥストゥール党は、ベイを支持してチュニスとラ・マルサのベイの宮殿でデモを組織した。彼の臣下の支持表明で元気づき、ナシルは統監と対決する用意をした。サンと会った際にベイは、ドゥストゥール党の公表された立場に基づきながらいっそう広範囲に及ぶ彼の要求リストに応じれば、王位にとどまると申し出た。さらに彼は、独断的な事務総長のピュオーや、最近の行動でベイよりもフランス当局に強い忠誠心を抱いていることを示唆したチュニジア人官吏の幾人かを、首にすることも主張した。サンは、ナシルが最後通牒を提出したことへの遺憾の意を表明したが、提案・不満を熟慮することに同意した。ラ・マルサにまた戻って会見した際、サンはナシルが求めた官吏罷免には同意したが、他の条件を満たすことは拒否した。これらは検討課題として残してもよいと彼はほのめかしたが、ナシルに退位の脅迫を撤回するよう命じた。宮殿の敷地にフランス軍の分遣隊を配置して、サンは否定的回答を受け入れる気がないことをはっきりさせた。ナシルとドゥストゥール党はこうして出し抜かれ、ミルランの訪問はスムーズに行われ、その後サンはベイの要求をいっさい再検討しようとしなかった。このエピソードはドゥストゥール党を意気阻喪させたし、数カ月後にはナシルが死去して、価値ある同盟者でかつフランスの二枚舌を象徴する人物を同党は失った。

彼のいとこで後継者のムハンマド・アル＝ハビブ（一九二二―二九年）は、ドゥストゥール党に用はなく、保護国行政官が同党に対して適切とみなすいかなる措置をとろうと、何らかまわないと明らかに大まじめに述べて、フランス人を安心させた。

退位を巡る危機が静まるや、多くのとくに声高なドゥストゥール党員が逮捕され、ベイとの関係で棍棒を使うことを厭わない統監は、それを民族主義者にも適用するのを、とりわけゲッラティーの脱党によりドゥストゥール党の党員が保護国へのもっとも頑固な反対者のみに狭まったあとでは、躊躇しないと警告した。そうとしても、サンはニンジンを与えることにも利点を認め、一九二二年七月、地方自治委員会をもたないキヤダおよび民事統制区で、チュニジア人のための選挙される評議会を創設すると発表した。これらの機関は、予算や他の経済問題で非拘束的な勧告を行ったが、いかなる分野でもいかなる立法権も行使しなかった。それらはまた、諮問会議の後継たる大評議会にチュニジア人の代表を選出したが、これは前身同様別々のフランス人院とチュニジア人院からなっていた。注意深く定められた有権者資格は、主として地元の名望家や政府に関与する他の者に投票権を与えた。大評議会のフランス人代表は、「原住民部門」のメンバーと違って直接選挙された。彼らは四四人で保護国の五万四〇〇〇人のフランス公民を代表し（およそ入植者一二〇〇人に一人）、一八人のチュニジア人は一八六万五〇〇〇人のムスリムと五万人のユダヤ教徒を代表した（およそ一〇万六三〇〇人に一人）。審議した問題について両部門が合意したら、政府はその助言を受け入れる義務があったが、ただしフランス外務相は統監の勧告に基づき、評議会の決定を断固拒否することができた。よりありそうな不一致の場合は、相違の解決方法でフランス人の見解の勝利が確実とされた。

保護国当局は、こうした改革を大きなファンファーレとともに導入したが、それらは単に代表制への要求に応じる見せかけをなし、フランス人支配を危うくしようがない無力な集会を生み出しただけだった。改革党はそれらを受け入れたが、ドゥストゥール党はそうせず、チュニジア人有権者に投票ボイコットを呼びかけた。評議会の開設は、党指導者の不承認とその明らかな欠陥にもかかわらず、もしフランス人がますますありそうに思われたように忍耐心をなくしたなら、何が起こるかを心配した臆病なドゥストゥール党員に、隊列を乱す口実を与えた。評議会が提供するフォーラムを渇望した者たちは、選挙に立候補した。保護国官吏は、重要な党員に脱党を促すために大評議会での議席を約束した。彼らの脱走は、恐怖・貪欲・野心・あるいは確信のいずれに突き動かされたにせよドゥストゥール党を荒廃させたが、それは同党のわずかなフランス人の友人でさえも、ナシル・ベイがドゥストゥール党員にせかされて遠くへ行きすぎたと信じて、支持を見直していた時期に起こった。もっとも熱心なドゥストゥール党員を除くすべての人を、無気力が覆った。一九二三年にハビブ・ベイと統監サンの両者は、サアルビに対して、もし改革の拒否を主張し続けるつもりならチュニジアを離れる方が賢明だろうと辛辣に告げた。一九一二年を思い起こさせるような弾圧を恐れて、彼は中東へと去った。サンがサアルビをドゥストゥール党の中心人物と特定したのは正しかったが、サアルビの存在が退位を巡る危機後に同党を活性化できなかったように、彼の不在もほとんど効果をもたなかった。アル＝サフィと書記局次長のサラハ・ファルハトが、ドゥストゥール党を国内で存続させ、フランスでの支持を回復しようと試みた。

モリノー法（一九二三年）とチュニジアの労働組合、チュニジア労働総連合《コンフェデラシオン・ジェネラル・デ・トラバユール・チュニジアン》（一九二四年）が、ドゥストゥール党に保護国に対する新たな弾薬を与え、パリで左翼連合政権が出現した（一九二四年）ことがフランスで同情的聴き手を得る希望をもたせた。モリノー法は、一九二〇年代に保護国でフランス人を二対一で上回っていたイタリア人住民を暗黙の対象として、チュニジアの非フランス人居住民への国籍付与を容易にした。一九二一年以降、チュニジアで非フランス人のヨーロッパ人の両親に生まれた子供は自動的にフランス国籍を得たし、この立法はいかなる外国人も三年居住後はフランス国籍を要求できるようにした。それはまた、チュニジア人の帰化に対する制限のいくつかを緩和し、教育面の要件を低めたが、いずれにせよチュニジア人ムスリムが、シャリーア法の司法権から除かれることになるこの措置に興味を示すことは、ほとんどなかった。一九二〇年代に、約一万人のイタリア人（その共同体の一〇％）と五〇〇〇人のチュニジア人ユダヤ教徒（同様に一〇％）がフランス国籍を選んだが、チュニジア人ムスリムはわずか一〇〇〇人（彼らの総数の〇・五％以下）が同じ選択をした(9)。そうした者の大部分は、政府の被雇用者で「植民地用三分の一」で所得を増やしたいか、フランス公民にのみ開かれている地位に就きたい人々だった。モリノー法がチュニジア人に与えた影響は小さかったにもかかわらず、よろめいていたドゥストゥール党はそれに飛びつき、保護国をフランスに同化させ、フランス人が享受しチュニジア人には許されない特権を外国人に与えてチュニジア人をさらに不利にし、イスラムを弱体化させる意図があると非難した。

このキャンペーンを賄うことは、一九二二年の改革を拒否したあと政府が科した資金集めの禁止と党員数の減少のため、難しい課題となった。しかし指導部は、それをドゥストゥール党の再活性化にとって不可欠と見なし、資金を集め、同時に彼らのメッセージを広げる新奇なやり方を発展させた。たいていのチュニジア人の俳優や劇作家は、戦争の五～六年前に仕事を始めていたが、当時劇場に引きつけられた少数のチュニジア人のなかに青年チュニジア党運動のメンバーがいた。ハサン・ゲッラティーとアブド・アル＝アジーズ・サアルビは、その頃活躍した劇団アル＝アダブ・アル＝アラビーヤ（アラブ文化）の理事会のメンバーを務めていた。両者ともに、舞台を娯楽のためだけでなく政治的見解の表明や公衆の啓発のための手段としてとらえており、政治活動をフルタイムで追求するようになる前は二人とも劇場に関わっていたのである。アル＝アダブ・アル＝アラビーヤの戦後のレパートリー中もっとも成功した劇の一つは『フワ・アム！（何という年！）』で、戦争でチュニジアが被った苦しみを観客に思い出させた。一九二二年に同劇団は、チュニスの別の確立された一団アル＝シャハマ・アル＝

アラビーヤ（アラブの誇り）と合併したが、そのヨーロッパ人の理事会メンバーは政治的含蓄のある演目に合意せずに辞任しており、別にアル＝タムシル・アル＝アラビ（アラブ劇場）を結成した[10]。ドゥストゥール党の執行委員会は一九二三年に、これらや他のより小さな劇団に関与しているシンパや党員に、同党のために役立つ演目を上演するよう、とりわけチュニジアのアラブ・イスラム的アイデンティティーと歴史を強調する作品をと呼びかけたが、この概念は同党の哲学を反映し、政府との対決を避ける間接的な仕方で帰化批判を明示したものだった。

高位のドゥストゥール党指導者たちが、劇場というはっきりブルジョワ的な媒体を利用したのに対して、一部の党員は労働者階級のチュニジア人とつながりをもち始めた。そうした活動家の一人ムハンメド・アリは、貧困と闘い下層階級地区――ドゥストゥール党員はほとんど労働者と交流がなく彼らの問題を理解しなかったから、それはたいていの者にとって神秘なままだった――で同党に対する支持を獲得するための道具として、消費者協同組合を組織するのに一九二四年の大半を費やした。同年夏、ヨーロッパ人の港湾労働者がチュニジア人の仲間の同一賃金要求を、双方ともフランスの労働総同盟《コンフェデラシオン・ジェネラル・デュ・トラバーユ》（CGT）に加盟しているにもかかわらず支持するのを拒否し、社会主義的組合においてさえチュニジア人労働者がいかなる差別に直面しているかを例示した。モリノー法は、まさにこうした状況を悪化させた。イタリア人とマルタ人の労働者の帰化を、そしてその結果彼らが他のフランス公民と比肩しうる賃金や労働条件を獲得することを容易にし、今や二層体制の唯一の犠牲者となったチュニジア人作業員から、労働部隊における潜在的同盟者を奪った。

ドゥストゥール党もそれ以前の青年チュニジア党も、同一労働同一賃金を主張していたから、孤立した港湾労働者は同党に助けを求めた。ムハンメド・アリは彼らの訴えを、労働者と民族主義運動との間に彼が築き始めた絆を強化する好機と見なした。ドゥストゥール党指導者たちは、彼らの大義への何らかの連帯感からと言うよりは、保護国に圧力をかける上で労働者の数の大きさが役立つため、罷業中の港湾労働者を新しいチュニジア人の組合チュニジア労働総連合（ＣＧＴＴ）の中核にするというムハンメド・アリの決定を支持した。ムハンメド・アリとともに、一握りのドゥストゥール党急進派とチュニジア共産党《パルティ・コミュニスト・チュニジアン》（ＰＴＣ）で著名な幾人かのチュニジア人が、新組合の組織において指導的役割を果たし、それはあっという間にほとんどすべてのチュニジア人労働者をＣＧＴから引き抜いた。ＣＧＴＴは一九二四年末から一九二五年初にかけて、チュニスやビゼルテとスファックスで一連のストライキをお膳立てしたが、当局は二月に組合をつぶすことで騒擾をやめさせようと決意した。ＣＧＴＴの指導者たちは逮捕され、生まれたばかりの労働運動は崩壊した。

　ドゥストゥール党は、ＣＧＴＴが弾圧されるよりだいぶ前から様々な理由で距離を取り始めたので、それを支える努力を何もしなかった。党指導者たちは、代表を派遣したり嘆願書を提出したりといった、一般に御しやすく用心深い自己のやり方を政治活動の最適な形態とみなし、組合の対決的な戦術――騒々しい街頭デモやストライキで、どちらもしばしば警察との暴力的衝突に終わった――を粗野で危険なほど挑発的だと考えた。投獄の刑期が名誉の勲章となったＣＧＴＴの活動家と違い、ほとんどのドゥストゥール党員は下獄の見通しを避けるべき恥辱的・屈辱的経験としてのみとらえ、恐れをなした。ムハンメド・アリは、ＣＧＴＴを育てるためにＰＴＣと協力したことで、ドゥストゥール党の批判者が同党の創設以来、共産主義運動とのつながりを示すことで信用を貶めようと試みていたのに対して、弾薬を提供した。ドゥストゥール党は、一九二四年までＰＴＣから距離を保ったし、共産主義者の方でも指導的ドゥストゥール党員を役立たずで傲慢、普通のチュニジア人の真の感情と無縁な連中と見なし軽蔑していた。ＣＧＴＴの出現に際してのドゥストゥール党とＰＴＣとの協同の証拠は、統監のサンの手にかかると、同党にとって致命的でなかったとしてもきわめて不利となりえた。

　これらの大きな懸念のほかにも、フランスで味方を増やしたいというドゥストゥール党の希望が、同党を組合から追いやった。一九二四年のフランス議会選挙で左翼連合が勝利し、同党の綱領を好意的に考慮する気になると期待できるかも知れない信条や価値観をもつ政治家たちが、政権に就いた。しかしチュニジアにおけるドゥストゥール党の敵たちは、コミュニケーションのラインを開こうとするその試みを妨げた。ハビブ・ベイ、サンと他の保護国高官、入植者の代弁者は、みな急いでパリの新政府に対して、ドゥストゥール党が穏健さを主張し、一九二二年の改革を彼らの目的に到達するための第一歩として最近受け入れたのは目くらましで、保護国に対する同党の断固たる敵意を隠すものだと警告した。そのように一致してドゥストゥール党を中傷するキャンペーンに直面し、同党は対話と協力を受け入れる用意があることを示す一方法として、共産主義者やCGTTのような過激派と自己を切り離そうとした――前者とは実際明確にそうしたし、後者には直接非難せずに背を向けた。こうして同党が組合を見捨てたことは、組合破壊の際に一掃されることから身を守る立場を採用する必要性を逆手にとって、フランスの潜在的支持者に急進主義を避ける組織として自分を売り込む機会となった。ドゥストゥール党は、抑制のさらなる証拠として、チュニジアに住むフランス人社会党員や、改革党および大評議会のチュニジア人メンバー――以前は両集団をともに裏切り者と非難したのだったが――とともに、保護国の構造改革を推進する穏健派政治ブロックを結成した。しかし、この急場しのぎは結局何にもならなかった。

フランス首相エドゥアール・エリオは、チュニジアの改革を検討するための諮問委員会を招集したが、重要な小委員会の議長に統監のサンを任命したので、委員会の仕事は何の実質的変化も生まないことが確実になった。委員会が一九二五年三月にその提案を発表したとき、ドゥストゥール党・改革党・社会党はいずれもそれが表面的であり、保護国のもっとも緊要な政治問題と無縁であると批判した。幻滅したドゥストゥール党員たちは、同党の力を大きく強化する潜在力をもったCGTTを窮地に見捨てて、その対価としてパリから顔をひっぱたかれたのだと気づいた。ドゥストゥール党指導者たちは、怒りと恥ずかしさから予想通りの反応をしたが、同党にムハンメド・アリやその創造物（ＣＧＴＴ）、彼の支持者（労働者階級）が与えた影響により、それに続いた抗議行動はそれまでよりはるかに緊張した雰囲気を見せることになった。

一九二五年の春と夏、民族主義者の群衆がＣＧＴＴの好戦的な戦術をまねして頻繁にチュニスの街頭に出た。秋には組合組織者への有罪判決と、宣教努力でチュニジア人から徹底的に軽蔑されたラビジェリー枢機卿の生誕百周年記念像の除幕式とが、とりわけ暴力的な光景の舞台をしつらえた。モリノー法の提案者が同年早くチュニスを訪れ、ユダヤ教徒にフランス国籍をとるよう促したために同法への激怒が再燃していたので、ムスリムをキリスト教に改宗させようと努めた植民地化推進者への敬意表明は、不可避的に世論を怒らせた。古風なドゥストゥール党指導者たちも、こうしたデモの隊列を膨らませた下層階級のチュニジア人を財産と認め始めていたが、彼らと交流するのはやはり不快だった。その結果、デモの頻度・規模・激しさが増大するなか、彼らは抗議活動をますます支配できなくなった。

ドゥストゥール党の戦略の他の側面も、一九二五年中に変化した。フランス人にその主張の長所を説得することに、もはや集中しなくなったのだ。そのかわりに敵を激しく攻撃し、ドゥストゥール党の要求を満たすのを拒否するならば代償を支払わせると決意していた。党指導者たちは、演説や新聞記事で他のアラブ世界における反フランス運動、なかでもモロッコのアブド・アル＝クリムやシリアの民族主義者のそれに対する支持を表明した。これは、フランス当局を非常にいらだたせた。著名な知識人で、ドゥストゥール党執行委員会の一員だったアハマド・タウフィーク・アル＝マダニが、彼が関与していた劇団アル＝サアダ（幸運）に、七世紀のアラブ人による北アフリカ征服の英雄タリク・イブン・ジヤドに関する劇——実際には、明らかにアブド・アル＝クリムを賛美するものだった——を制作させるように計らうと、当局はその劇の上演を禁じアル＝マダニを逮捕した。ドゥストゥール党が、反植民地主義者であればどんな人物であれ公然と熱狂的に支持したため、海外領という主題に関してそうとう陰影ある見解をもっていた社会党員や改革党は、同党を支持しなくなった。ドゥストゥール党の急進化に対して、フランスは党指導者たちやデモ参加者の逮捕や、同党が見解を広めるのに発行していたアラビア語新聞を閉刊させる等の弾圧キャンペーンをもって応えた。一九二五年中は、チュニジア共産党だけがドゥストゥール党の味方をしたが、この連帯は二組織のつながりという認識を強めさせただけで、それはフランス当局がかねてから言い立て、ドゥストゥール党も同様にかねてから否定していたのだった。

民族主義者が完全な混乱に陥ろうとしていたので、サンは決定的行動をとった。一九二六年一月、彼は基本的自由を厳しく制限する一連の命令を発した。布告によって、公開の場であれ内輪の場であれフランス人やチュニジア人の政府官吏を批判することを禁じ、既存の刑法では合法の広範な政治活動を犯罪とし、保護国の治安に影響すると見なされた問題に関わるすべての裁判を、被告の国籍に関係なくフランスの法廷に移し、アラビア語新聞に課された制約をそれまで逃れてきたフランス語新聞も、政府による密接な監視下においた。統監は、将来の改革の可能性を閉ざしはしなかったが、静穏が回復されるまで一切考慮しないと明言した。ほとんどのコロンはサンの行為を賞賛したが、彼らの間の自由主義的な少数派は、チュニジア人の自由に劣らず彼らの自由を束縛する「極悪な命令」《レ・デクレ・セレラ》を非難した。ドゥストゥール党は、これらの命令に先立つ弾圧でよろめいていたから、それらに対しいかなる反応も奮い起こすことがほとんどできなかった。サンはこうして同党の活動を妨げ、それはなお新しい支持者を募り続けはしたが、彼の任期中は控えめな態度を維持した。

ドゥストゥール党指導者たちは、統監の敵意に加えて、一九二六年以降党内部の新しい問題に直面した。ザイトゥーナ・モスク＝大学教授で著名なドゥストゥール党活動家のタハル・ハッダドは、一九二七年に『アル＝ウンマル・アル＝トゥニシッユーン・ワ・ズフル・アル＝ハラカト・アル＝ニカビーヤ（チュニジア人労働者と労働組合運動の出現）』を書いた。この多方面にわたるエッセイは、チュニジアの職人に大きな被害を及ぼしてきたヨーロッパの商品への嗜好増大を攻撃するとともに、ドゥストゥール党がCGTTを支援しなかったこと、そして一般に労働者階級に対する関心を欠いていることを批判した。ハッダドは、翌年チュニスの雑誌に一連の論文を載せ、それらはついで『イムラァトゥナ・フィル＝シャリーア・ワル＝ムジュタマア（イスラムの法と社会における我々の婦人）』として出版された。彼はこのエッセイで、コーランの教えの大胆で革新的な解釈に基づき、チュニジアの婦人のためにより大きな権利を求め、彼女たちに公共の問題でより積極的な役割を果たすよう促したが、それはドゥストゥール党がこれや他の問題で、単に自己のために伝統的慣習にしがみつく傾向を暗に批判していた。ハッダドの著作は党指導者たちをいらだたせたが、彼らの怒りはザイトゥーナの幹部の激怒にくらべればたいしたものではなく、後者はハッダドを異端と決めつけ大学から追放した。にもかかわらず、若き社会批評家の思想は――彼はこれらの本を書いたとき、三〇歳にも達していなかった――、サンによる弾圧のあと党が大人しくしていたことに不満を抱いた、より若いドゥストゥール党員の間で共感を呼んだ。

近代的教育を受け、しばしばフランスの大学の学位をもった地方の若者の多くが、一九二〇年代にドゥストゥール党に加わっていたが、それは同党が政治活動にとって唯一の有効なはけ口だったからだ。しかしその成功の欠如は彼らを動揺させ、一九二六年以降の活動削減は降伏と見なされ、彼らはそれに参加したくなかった。こうした若者たちの個人として、また専門職業人としての業績は、西洋文化に親しみと快適さを覚え、そうした環境で自己の生来の場と同様に効果的に活動できる能力によるものだった。ドゥストゥール党の支配層は、理想化された過去の復活を切望し、チュニジアで西洋によってもたらされた変貌を唾棄したが、この若い世代のメンバーはそうした反感を一切抱かず――なんと言っても西洋との連携が今日の彼らを作ったのだ――、ただフランスの政策の多くに反対なだけだった。彼らは、同時代の政治過程の理解――しばしばフランスでの個人的経験から得られたもの――に基づき、党が最終的に成功するか否かは、より活発な活動と運動をチュニジアの国民の端から端までを含むように拡大することにかかっていると信じた。

ドゥストゥール党の隊列の分裂と新党の出現

全国の人口学的傾向が、このより若い世代の見方にいっそう大きな重みを与えた。一九三〇年に、チュニジア人口の四分の一以上が年齢二五歳未満だった（第一次大戦終結以来、この集団の規模は五〇％増加した）[11]。人口中のこの急速に成長する部分が、ドゥストゥール党指導部の原則や戦略に対する支持保留を表明したのは、政治舞台に限らず日常生活の事実上あらゆる側面で古い規範への疑問視が広がっていたことの一端をなしていた。より高年齢のドゥストゥール党員の硬直性と、党の隊列内でますます増えている若い世代の考えを受け入れることへの抵抗によって、後者は自己およびその考えを前面に押し出すよう突き動かされた。一九三〇年代初めの経済下降とフランスのいくつかの思慮不足な決定が、彼らに役立った。

カトリック教会が、フランスおよびチュニジア政府の承認を得て一九三〇年五月にカルタゴで国際聖さん会議を開く決定をし、それはドゥストゥール党の異端派が自己主張する機会を与えた。一九二七年にフランスでの勉学から帰国した二七歳の弁護士であるハビブ・ブルギバのような男性たちが、党の新聞『チュニジア人の声《ラ・ブワ・ドュ・チュニジアン》』への寄稿で、チュニジアの土地で彼らやその同国人が十字軍や植民地主義と結びつけている宗教を祝うことは、チュニジアのムスリム的人格への侮辱であると非難した。カトリックの若者が十字軍兵士に扮したパレードや、改宗を促すアラビア語パンフレットの配布、教皇の特使が北アフリカのイスラム時代を「一四世紀にわたる荒廃と死」[12]と特徴づけたレトリックは、大会組織者がチュニジア人のアイデンティティーのまさに核心についていかに無知で鈍感であったかを暴露し、民族主義者に過剰な弾薬を提供した。戦闘的なドゥストゥール党員は、そのほとんどはまったく世俗的だったが、民族の防衛をイスラムの防衛と合成することで広い動員可能性をもつ概念を打ち出した。大会参加者がチュニスに到着するや、港湾労働者が山猫ストを開始し、ザイトゥーナ・モスク＝大学とエリート的世俗学校の両方の学生が抗議集会をもち――こうした学生の政治的同盟は初めてだった――、政府反対派が一九二五年以来初めて街頭に出た。

『チュニジア人の声』はまた、大会で提起された経済的・政治的問題に注目した。その行事を明らかにムスリムが嫌ったにもかかわらず、チュニジア政府は二〇〇万フランの資金援助を行い、それは主として税金から出された。これは、保護国当局が予算問題で大評議会をいかに容易に無視できるかを例示し、憲法と、国家支出を統制する選挙された議会を求める民族主義者の要求を後押しした。同新聞はまた、アハマド二世ベイ（一九二九－四二年）に大会の名誉会長を辞するよう、そして協力した他のチュニジア人官吏にそれから距離をおくよう促した。民族主義キャンペーンの指導者たちは、この呼びかけを無視したベイを含む人たちは、フランスへの隷従を暴露しチュニジアの利益の擁護者の役割をドゥストゥール党員に譲り渡したと主張した。

聖さん大会への激怒が静まろうとしていた一九三一年に、フランスの存在の五〇周年の記念式が行われ、ドゥストゥール党員に、前年彼らが獲得した勢いを維持するための新たな大義を与えた。チュニジア政府は、最近の判断ミスを驚くほど繰り返して、チュニジア人が拍手喝采するとはまず予想されない行事に相当な額を配分し、また一高官が、今回はフランス大統領ガストン・ドゥメルグだが、保護国は最高の人道的諸原則のみを体現していたと述べ、不快感を与えずにはおかない言葉でチュニジア史の一時期を描写したのだった。『チュニジア人の声』はふたたび民族主義的怒りの表明媒体の役割を果たしたが、フランス人は今回の抗議を、もっとも声高な寄稿者の幾人かを逮捕して回避しようとした。公衆のデモに直面して彼らの裁判が延期されたことは、若い闘士たちの好むこの戦術の有効性を確認したように思われたが、年長者たちはなお不安だった。事実ドゥストゥール党指導者たちは、活動家が運動を危険にさらしたと言って非難した。ブルギバとその仲間は、保守派にうんざりしたのと当局を批判する自分の能力を維持したかったため、自分たちの新聞『チュニジア人の行動《ラクションン・チュニジエンヌ》』を一九三二年に発行した。

『行動』グループは、チュニジア人大衆を糾合できそうな論争を見極めようとし、モリノー法のある結果に保護国行政批判に利用できそうな問題を認めた。フランス公民権を選んだ少数のチュニジア人ムスリムは、シャリーア法を放棄したことが背教にあたるという理由で一般に社会的のけ者として扱われてきた。それゆえに、彼らは習慣的にムスリム墓地での埋葬を拒否されていた。この慣習を破ろうとする一九三二年のビゼルテでの試みは、自然発生的な抗議を惹起して埋葬は挫折したが、別の同様の土葬が警察の介入をえて進められた。統監ジョゼフ・マンシロン（一九二九—三三年）は、事態の悪化を防ごうと希望して、首都の主要なムスリム法学者であるマリキ学派とハナフィー学派のムフティー〔宗教指導者〕に、この主題に関する裁定（ファトワ）を公表するよう指示したが、それらの慎重な理屈づけは誰も満足させなかった。

ブルギバとその仲間は、フランス人がふたたびイスラムに介入しているとし、『行動』の紙面を通じてチュニジア人に、彼らのアイデンティティーの中心に存する信仰を守るよう呼びかけ、保護国の官吏や協力的なウラマーを責め立てた。同様に、他の記事や論説は読者に、フランス人が婦人のベールを含めて衣装の伝統的形態を放棄するよう促しているのを無視し、むしろそうした服装をチュニジアのアラブおよびイスラム的文化遺産の一側面であり、植民地化による破壊から守るべきものと見なすよう懇請した。こうして、世俗的で近代教育を受けた若きドゥストゥール党急進派は、宗教と伝統の擁護者として自己を位置づけた——彼らのほとんどは、ベール着用のようないくつかの伝統を後進的と見なしていたが、いかなる方角からの攻撃によっても難攻不落だと知っていたし、彼らよりはるかに伝統的だが臆病な党指導者たちは、公然と大胆な立場をとることに伴う反響を恐れて、背後で役にも立たずためらっていた。『行動』グループは、埋葬という論争的問題について自分のと言うより、公衆の気分をより忠実に反映した立場を鮮明にし、協調主義的な宗教指導者たちを敵に回した。他方、多くの前向き思考のザイトゥーナの教員や学生は、著名だが狭量な年長者たちが批判されるのを見ても少しも不快を覚えず、彼らを同モスク＝大学に招待した。

『行動』は、この頃には国のほとんどの部分に存在したドゥストゥール党支部[13]を通じて配布されており、そのレトリックに煽られて抗議がチュニスに始まり、帰化したフランス公民をムスリム墓地で埋葬しようという新たな試みがなされるたびに炎がかき立てられて、一九三三年中に津々浦々へと広がった。マンシロンは、ムフティーのファトワに体現された解決策を押しつけることは、とりわけドゥストゥール党のキャンペーンがエジプトやパレスチナのムスリム指導者たちの支持を得てからは――民族主義者が、他のアラブ世界で後援を得たのは初めてだった――不可能だと知った。統監は、闘士たちがドゥストゥール党を危険な方向へと押しやっていることに気づき、運動の全般的急進化に対処する前に目前の危機を静めようと試みた。そのために、ムスリム墓地内に帰化人用の飛び地を設けるよう命令し、この妥協を『行動』は受け入れた。この提案はフランス人ムスリム連盟《ラ・リグ・デ・ミュジュルマン・フランセ》を満足させるには至らなかったが、マンシロンは問題の再検討を拒否した。これらの事件のあと、いわゆるミュジュルフラン（フランス人ムスリム）の多くは見捨てられ攻撃されやすくなったと感じ、フランス公民権を返上しムスリム共同体への再統合を訴え始めた。しかし彼らの地位は、保護国の期間を通じ論争の的であり続けた。

マンシロンの懸念には十分な根拠があった。一九三三年五月、ブルギバと『行動』の三人の同僚、バハリ・ギガ、マハムード・マタリ、アリ・ブーハジブが、ドゥストゥール党執行委員会の選挙で当選した。闘士たちは、帰化に反対する彼らの扇動が成功したのに元気づき、ドゥストゥール党の政治綱領のやや修正した版をとりまとめつつあった。憲法と、選挙された議会に責任をもつ政府を求める要求はその中核にとどまっていたが、いくつか新しい工夫があった。憲法が、国民の性格を守る機能をもつべきだと強調すること——この概念は、動員のテクニックとして彼らにとても役立った——や、議会はチュニジア人のみからなり、統監を含むすべての官吏はそれに責任を負うことという主張などである。この二つの規定は、チュニジア人とフランス人の平等に基づく政治的取決め（それは必然的に、保護国の延長を含意した）をドゥストゥール党が受け入れているのを拒否し、単にチュニジア人の諸権利として表現される要求を打ち出していた。『行動』グループが詳説した綱領は独立の要求を掲げ、それはより大きな影響を与えた。

保護国の終焉への明瞭な言及は、マンシロンから厳しい反応を引き起こし、彼は統監としての最後の行為の一つとして、ベイがフランスや保護国に害を与えると見なされた政治的行為の責任を問われたチュニジア人臣下を、拘留するのを認める命令を承認した。ベイに見かけの権力を与えたのは、これらの「まったく無茶な《シュペール・セレラ》」布告を本国の国会議員の介入から守るためだった。同規則はまた、フランス語新聞の自由を制限し『行動』の発行停止を導いた。最後に、マンシロンはドゥストゥール党の解散を命じた。党指導者たちは、一九二六年のサンによる弾圧措置に対してせざるを得なかったように、身を潜め嵐の過ぎるのを待つことで対応した。彼らは、自分に注目を集めないようにしようとする努力の一環として、ブルギバが八月に故郷のモナスティルからチュニスへ抗議者の代表団を率い、ベイに面接を求めたことを非難し、彼を執行委員辞任へと追い込んだ。統監のマルセル・ペイルートン（一九三三—三六年）は、もし急進派を抑えられるなら党を復活させても良いと示唆して、党内の不和を大きくしようと試みた。ギガが、執行委員会が取り込まれようとしていると仲間に警告したので、『行動』グループの残るメンバーもドゥストゥール党を離れた。

ドゥストゥール党の闘士たちの、チュニジア人公衆から本能的反応を呼び覚ます問題を見極める技量、フランス当局に反抗する意欲、『行動』という効果的な情報媒体に対する支配のすべてが、自己の課題を前進させ、主流派から独立した支持基盤を建設し始めるのに役立った。彼らのそれと分かる集団としての登場が、経済構造の弱さに光を当てた経済危機と同時だったこと、チュニジア人の諸問題に対して保護国当局が関心をもたないこと、ドゥストゥール党の親分たちが効果的リーダーシップを発揮できないこと──『行動』がきわめて熱心に取り組んだこれらの話題すべてが、不満をもった同国人の多くを彼らの陣営に引きつけるのに疑いもなく貢献した。バッタの跳梁と深刻な干害、それを止めた同様に破滅的な洪水が、一九三〇年と一九三一年にとりわけ中部・南部チュニジアで農業と牧畜業に大損害をもたらした。こうした恐るべき状況がようやく緩和したと思うと、大恐慌の影響がチュニジアに広がり、過少生産の危機を過剰生産のそれに転換した。フランスや他のヨーロッパ諸国がチュニジアの農業輸出品にドアを閉める一方で、フランスの製造物が保護国に流れ込んで地元職人の生産を脅かした。経済の他の支柱である鉱業も、厳しい打撃を被った。ガフサ周辺の儲かるリン酸塩鉱床を含む国中の鉱山で、生産の水準・利益・労働者数がすべて、一九三〇年代初期に急減した。

チュニジア人およびヨーロッパ人の小農民はとりわけ大打撃を受け、多くが土地を失ったり、嵐をよりうまくしのぐことができた大規模のコロン農場に仕事を求めなければならなかった。チュニジア人農民は、群れをなして荒廃した田舎を捨てた。都市で宿泊所や職を見つけられず──一九三〇年代半ばの推定失業者数はチュニスで三万人、全国では一〇万人に達した[14]──、彼らは空き地・墓地・ゴミ捨て場に自発的に建設されたスラム（ビドンビル）の掘っ立て小屋やテントで、低所得の都市住民に合流した。こうした地区は衛生施設・医療サービス・その他の形態の社会的支援をほとんど完全に欠いており、身体的疾病や社会的害毒の温床となり、伝染病と革命という双子の妖怪を育てた。農村住民が自分の地域外へと旅するのを防ぐための規制実施、ビドンビル居住民を田舎に追い帰そうとするキャンペーン、ホームレスや失業者のための政府のキャンプの設営はすべて、この絶望的問題を解消できなかった。

農業部門における政府の救済努力は、小麦の値段の下支え、チュニジア産ワインのフランスへの輸出許可、ワイン商人がブドウの木を果物の木にかえるためのインセンティブ提供に焦点を当てたが、それらはいずれも農村の入植者経済の中心である輸出作物にとって有利な措置だった。反対にオリーブ生産者は、その収穫が直接間接にチュニジア人口の三分の一を支えていたのだが、いかなる類似の支援も受けなかった。このヨーロッパ人農民救済の強調は、農業税が生産高よりも播種面積によって計算され、チュニジア人は不均等に高い比率を支払っていたから、彼らをとりわけいらだたせた。債務を整理し資金を貸すための農場信用局の創設も、銀行はローンの受領者に土地の権利証書提示を求めたが、すべてのチュニジア人が提示できたわけではなかったから、チュニジア人よりコロンを助けた。

小農民は保護国当局に対するてこを欠いていたが、悪化する経済に大打撃を受けたチュニジア人の若干名は当局に圧力をかけられる立場にあった。そうした者の一人が、豊かな実業家で弁護士のムハンメド・シェニクだった。シェニクは、一九二〇年代にフランス人に自己の運命を託し、彼らの金融支援を受けて唯一の真にチュニジアの銀行であるチュニジア信用組合《コオペラチブ・チュニジエンヌ・ド・クレディ》を一九二二年に創設した。ドゥストゥール党が大評議会をボイコットせよと呼びかけたのを無視して、彼はそのチュニジア人部門の長へと上りつめた。シェニクが、一九三一年と一九三二年にフランスに代表団を送って本国の官吏に状況の深刻さを警告し、保護国当局にもっと効果的な対応を求めたことはマンシロンの敵意を買い、後者はこの大事業家が、銀行との関連で不正金融行為をしたと告発する中傷キャンペーンを指揮した。

ハビブ・ブルギバとムハンメド・シェニクはほとんど共通点をもたなかったが、二人はドゥストゥール党指導部と統監の両者に対する軽蔑を共有し、有用な同盟を生み出すにはそれで十分だった。ブルギバがシェニクを誘い、後者が相当な献金をしたので『行動』の登場が可能になった。同紙はシェニクを擁護したが、より重要なこととして、彼の例を「政府との真剣で忠実な協同は不可能であることが示された」[15]証拠としてあげたのである。大評議会のチュニジア人部門は、一九三三年に政府と協力しないという決議を行った。恐慌の試練のなかで、植民地政権と、保護国の下で繁栄したチュニジア人少数派の関係は再定義されつつあった。人種が階級に勝ろうとしていた。

一九三三年末には、ドゥストゥール党はふらふらだった。その公式指導者たちとより戦闘的な『行動』グループは互いに非難し合い、戦術や政治・経済戦線における長期的目標に関する両者の溝はあまりに広く、架橋がなされたり調整された政策が生まれるいかなる見込みもありえなかった。ブルギバとくに意見の明確な同盟者のタハル・スファルは、一九三四年初めにサヒルを駆け回り、地元のドゥストゥール党支部で彼らの考えを説明し、党大会を開いて代議員が将来の活動路線を決めるよう呼びかけた。そこはオリーブ栽培者の多い地域で、彼らの多くが恐慌で押しつぶされつつあり、地元の息子ブルギバは大変人気があったし、ムハンメド・シェニクが多数の事業仲間を擁していたから、彼らは広範な支持を得た。ドゥストゥール党の執行委員会は、そのような会議を開けばライバルたちに正統性を与えるのではと恐れてきっぱり拒否したが、党の規律を下部まで守らせることは結局できなかった。闘士たちが、一九三四年三月二日にサヒルの町クサル・ヘッラルで大会を開こうと招集すると、四九のドゥストゥール党支部が、そのほとんどはサヒルとチュニス地域のものだが呼びかけに応じ、さらに一一支部が激励のメッセージを送った。彼らは、執行委員会を解散して政治局と呼ぶ新たな委員会を設置することを決め、そのメンバーにはブルギバ、その弟ムハンマド、ギガ、スファル（いずれも西洋で訓練を受けた弁護士）、そして議長として医者のマハムード・マタリを選出した。アル＝サフィ、ファルハトやその仲間たちが、自分の追放に協力するのを断ったため分裂が決定し、ネオ＝ドゥストゥール党が元のドゥストゥール党と併存することになった。

政治局は、不満をもったドゥストゥール党員や、国民のなかで旧党がほとんど関心を示さなかった層を引きつけるために、大会出席者に対して、労働者階級地区を含めた都市や地方の町にネオ＝ドゥストゥール党の細胞を作るように指示した。小商人や職人・近代的実業家・土地所有者はドゥストゥール党を捨てて、彼らの利益をより図ってくれそうと見なした運動を選んだので、元の党は中核である上層中間階級の都市住民とザイトゥーナのウラマーだけに縮小してしまった――ザイトゥーナ・モスク＝大学の若い教員の多くや学生は、新党に傾いていたが。ネオ＝ドゥストゥール党はまた、ドゥストゥール党が放置していたが恐慌のさなかで反フランス運動への取込みに機が熟していた農村地域で、急速に細胞を形成した。細胞構造は党内コミュニケーションを容易にし、党指導者たちが彼らの最強の兵器と見なしていた大衆の急速な動員を可能にした。各細胞は自足的政治体をなし、他の細胞や党の位階制には特定の、しかし限定的なつながりしかもたなかった。こうすることで、政府が党に対して抑圧的措置をとった場合――ネオ＝ドゥストゥール党が、チュニジアの完全な主権の回復を実現するために攻撃的戦術を用いる意図をもつ以上、それは事実上不可避のシナリオだった――に、党が崩壊する可能性は低下した。

党指導部は、先制行動として一般党員を街頭抗議に送り出し、フランス産品をボイコットして税金支払いを拒否することで保護国に反抗せよと、チュニジア人に呼びかけさせた。デモの夏が過ぎると、九月初めにペイルートンは、ブルギバや他のネオ＝ドゥストゥール党指導者、および停滞する経済に対応してやはり活動を増加させていた、チュニジア共産党の著名人物を逮捕して反撃した。ネオ＝ドゥストゥール党は、頭を摘もうとすることの試みにも生き残ったが、その後同党が公衆キャンペーンを行おうとするたびごとに、さらなる逮捕が続いた。政治局は、それが作られてからの最初の二〇カ月に、一組の指導者が拘束されるや次の組を構成し、合計四代、四六人で交替して務めた。「太守」ペイルートンは独裁に近い権限をもち、囚人釈放の対価としてネオ＝ドゥス

図版３・２　ネオ＝ドゥストゥール党政治局の指導者たち。ネオ＝ドゥストゥール党が1934年に創設されてから第二次大戦前夜に弾圧されるまで、同党の推進力となったもっとも著名な四人は、左から右へ、ハビブ・ブルギバ、マハムード・マタリ、バハリ・ギガ、タハル・スファルであった。

トゥール党のまさしく全面降伏を要求したから、彼がモロッコの統監となるために一九三六年三月に去ったときは拘留が続いていた。

その三カ月後、フランス議会選挙で左翼の人民戦線連合が勝利し、彼らは釈放された。外務省の高官は、少なくとも植民地化された者の不満を聴く気があり、統監のアルマン・ギヨン（一九三六―三八年）にネオ＝ドゥストゥール党員の釈放を許し、ブルギバを会談のためパリに招いた。ブルギバは、パリでの学生時代からフランスの左翼と非常に親しく仲が良かったので、レオン・ブルム政府には保護国の政治・経済状況を改善する本物の見込みがあると見た。彼は、ネオ＝ドゥストゥール党の主張をなすにあたって、優先事項としてチュニジアでフランス公民を優遇する取決め――「公式の」植民地化や「植民地用三分の一」等――の廃止と立憲政府の樹立を要求した。同時に、明瞭な独立要求を省き、フランス人の正当な利益を守る漸進的政治進化の概念を支持した。ドゥストゥール党は、分派した闘士たちが自由を得るために国を売ったと非難した。この攻撃と、経済が引き続き下降曲線を描いていたことが相まって、ネオ＝ドゥストゥール党指導部は、さもなければ採用したかも知れないものより非妥協的な立場をとらざるを得なかった。人民戦線はネオ＝ドゥストゥール党との対話を続けたが、コロンの利益やフランス軍――ヨーロッパで戦争が起きそうななかで北アフリカの植民地支配を緩和することは、否定的結果しかもたらしえないと恐れた――からの強い抵抗に直面した。一九三七年初めにまた行われた会談は、民族主義者と政府がなお大きく対立したままで終わり、同年末までに戦線政府は崩壊した。

　人民戦線が一五カ月権力に就いたことがネオ＝ドゥストゥール党に与えた大きな利益は、一九三三年以来科されていた拘束をギヨンが撤廃したあと、党が弾圧を恐れずに公然と党員を募り活動する能力を得たことだ。『行動』は再刊し、党員数は四五〇以上の細胞に組織されたおよそ七万人へと急増した。党指導部は、一九三六年と一九三七年に国の新しい地域へ拡大し、青年組織・文化団体・スポーツクラブ・その他の主要利益集団と意識的に結びつくことによって、「全国民の党であり、その願望と意志の委託団体[16]」としてのネオ＝ドゥストゥール党のイメージを作り出した。エトワール偵察兵《スカウト》とネオ＝ドゥストゥール党自由青年部《ジュネス・リベラル・ネオ－ドゥストゥリエンヌ》は党の集会の付属物となり、不正規軍隊組織の役割を担ったスカウトは、党指導者たちがチュニス外へ旅するときに同行した。ネオ＝ドゥストゥール党の影響は、指導者たちを生み出した近代的学校に容易に浸透し、それらの機関はハルドゥーニーヤやサディキ大学同窓会とともに、多くの若い男性と若干の女性を党へと送り込んだ。

　公共空間は婦人に限られた機会しか提供しなかったが、ある人たちはネオ＝ドゥストゥール党の活動に実際に参加した。サヒルにおける党活動の温床であるモナスティルを故郷とするシェドリア・ブーズガルーは、一九三五年にネオ＝ドゥストゥール党の囚人たちのために統監にとりなすようベイに訴える抗議活動に、婦人の集団をまとめて参加させたし、その後の党のデモでも同様な役割を果たした。もう一人の女性パイオニアのブシラ・ベン・ムラドは、一九三六年にチュニジア・ムスリム婦人協会《アソシアシオン・デ・ファム・チュニジエンヌ・ミュジュルマンヌ》を結成した。同年ネオ＝ドゥストゥール党は、フランスでではあるが、『レイラ』という婦人雑誌の刊行を支援し、同誌はジェンダー関連の問題について伝統的見方と近代的見方を折り合わさせようとした。[17] たいていの男性のネオ＝ドゥストゥール党指導者は、党に女性を加えたり彼女たちにとくに関係する問題を議論するフォーラムを提供することに少しも反対ではなかったが、民族解放の闘いに勝利するまでは社会的現状を揺さぶらない方を好んだ。

同党はまた、一九三〇年代に悪化していたムスリムとユダヤ教徒の関係を改善しようと努力した。シオニズム、とりわけその急進的な修正主義運動の成長は、そのイデオロギーに詳しい少数のチュニジア人ムスリムを嘆かせた。しかしほとんどのムスリムにとっては、多くのムスリムに負債を残させたユダヤ教徒の商業・金融取引の方がもっと直接的な刺激の種だったし、経済危機が深化するなかではさらにそうだった。一九三二年夏にスファックスでムスリムとユダヤ教徒の暴力的衝突が起こり、その後サヒルのいくつかの町とチュニス郊外で同様の騒動が勃発した。『行動』グループは、ドゥストゥール党指導部に負けないほど熱心にシオニズムを非難したが、より洗練された若者は、チュニジア国民の間に居場所のあるユダヤ教の宗教と、居場所のないシオニズムの政治的概念とを区別した。一九三四年に、同党で大きな役割を果たす運命にあった若きネオ＝ドゥストゥール党闘士のサラハ・ベン・ユスフは、両集団のチュニジア人としてのアイデンティティーとフランス人に対する不満の共有を強調するため、デモ隊の一群を率いて「ユダヤ教徒は兄弟だ」というかけ声をあげさせた。[18] 一九三六年のネオ＝ドゥストゥール党復活は、パレスチナでの混沌の勃発と時を同じくし、それに対して党指導部は、チュニジア人の反セム主義もチュニジア人のシオニズムもともに断固非難する反応を見せた。

チュニジアの芸術家共同体は、数は少なかったが、ネオ＝ドゥストゥール党の目的を進めるのを助けた――その目的とは、自国のアラブ・イスラム的アイデンティティーと、植民地支配に先駆け、それと独立に存在した文化的伝承物を強調する劇的・文学的・音楽的・視覚的形態の表現を目指すものだった。アル＝アラビ劇団は、ヨーロッパ人がチュニジアの劇場のレパートリーを支配するのに抵抗するために旗揚げされたものだが、一九三〇年代前半にはアラブの歴史上の出来事に基づくか、外国の影響の衝撃とそれによって起きた文化的衝突を探求する劇を上演するのを常とした。一九三四年に結成された団体アル＝マスラハ（劇場）は、チュニジア人によって書かれたか翻訳された作品に賞や公演機会を与えて、とくにチュニジア的な劇場の成長を促した。もっとも公然と政治化していた劇団アル＝サアダの団長ムハンマド・ラハビブは、一九三一年から一九三六年の間にアラブ史上の主題による六つの劇を書いたが、うち二つは古典時代のチュニジアの人物に関わるものだった。チュニス市長で芸術の後援者だったムスタファ・スファルの示唆により、同市のいくつかの劇団は一九三六年に合併してアル＝イッティハド・アル＝マスラヒ（劇場組合）を作った。強化された同団体は、チュニジア人の劇作家を励ますのに加えて、社会問題に焦点を当てた作品を開発し上演するのを専門とする部門を設けた。

これらの劇作家とともに、ザイトゥーナで訓練された二人の作家タハル・ハッダドとアブール・カシム・アル＝シャッビの散文と詩が、民族主義的な大義を支持する主題を提示し、ネオ＝ドゥストゥール党の思考に取り入れられた。ハッダドの革新的エッセイについては、すでに触れた。アル＝シャッビの詩は、普通の人々の威厳や伝統の価値を強調した。皮肉なことに、二人ともネオ＝ドゥストゥール党が一人前になるより前に、ハッダドは一九三五年に三六歳で、アル＝シャッビはその前年に弱冠二五歳で、それぞれ亡くなった。保護国の近代的教育制度で学んだ作家は、両大戦間は誰も名をなさなかったが、のちに文学界で自己の居場所を見出した幾人かは——もっとも著名なのはマハムード・アル＝マスアディ（一九五五年の実存主義的劇『アル＝スッド』でもっともよく知られている）とアリ・アル＝ドゥアジ（その短編小説は、一九四九年の死後にようやく編纂された）だった—

—、ジャマア・タハト・アル＝スル（「城壁の下集団」、彼らがよく集まっていたカフェの名前をとった）として知られたボヘミアン同人に属していた。その参加者にはまた、歌手で女優のファシア・ハイリがいて、多くの劇団で演じたり、ラシディーヤ専門学校のオーケストラと歌ったりしていた。同校は、才能ある音楽家で作曲家のフマイス・タルナンが、市長のスファルとアラブの古典音楽に関する指導的ヨーロッパ人専門家だったルドルフ・デルランジェ男爵が、チュニジアのアラブ・アンダルシア的音楽遺産（マアルフ）を守り振興させるべきだと扇動したので、一九三四年に設立したものだ。ヨーロッパの画家はずっと前から同国に群がっていたが、チュニジア人はほとんど誰も、このだいたいは異国のものである芸術形態を学ぼうとしなかった。最初に頭角を現した画家はヤヒヤ・トゥルキで、その作品は一九二〇年代末に現れ始めた。彼はヨーロッパの流行にほとんど興味を示さず、その絵のほとんどは日常生活の情景を描いた。ラハビブの劇、アル＝シャッビの詩、タルナンの楽譜同様、トゥルキの油絵は、ネオ＝ドゥストゥール党が擁護したのと同じチュニジアの遺産への尊敬と評価を喚起した。この共通の目的により、民族主義的政治家と芸術家共同体の間には、一般に温かい関係が保たれた。

アブド・アル＝アジーズ・サアルビは、一九三七年七月に亡命から帰国し、自分の威信をもってすれば民族主義運動の統一回復は容易だろうと考えた。ドゥストゥール党は不和を修復し、彼の指導のもとで今やチュニジアの独立を含む彼の綱領に従い、新たな活力をもって保護国に対する闘争を再開するだろう

図版３・３　アブール・カシム・アル＝シャッビとフマイス・タルナン。チュニジア文化の伝統の保存は、両大戦間期の重要な関心事だった。アル＝シャッビの詩とタルナンの音楽は、ともにこの運動に貢献した。

と。しかしそれが起こるには、サアルビの留守中に政治文化が根底的に変化しすぎていた。ネオ＝ドゥストゥール党指導者たちは彼を歓迎したが、彼らの権威を彼に譲る気は毛頭なかった。実際、サアルビが八月に国内を回って集会を開いた際、彼らはライバルに対する自党の八対一の数的優勢を用いて妨害し、彼は演説をするために警官の配備を必要とするという不面目な立場に追い込まれた。

翌月〔フランスで〕人民戦線が倒れた際、ブルギバは、サアルビがなおいっそう急進的な態度をとることでネオ＝ドゥストゥール党の裏をかこうと試みるのを妨げても、何ら損はしないと結論した。人民戦線から譲歩を獲得するのに失敗した以上、ずっと自由主義的でないパリの政府からは何も得られないだろうし、それはいずれにせよヨーロッパでの出来事に気をとられていると主張した。彼は一九三七年秋の党大会で、最近のモロッコやアルジェリアでの民族主義活動の弾圧はチュニジアにも及ぶだろうと警告し、フランス人との直接対決に備えよと支持者を促した。ブルギバの状況評価は支持を得たが、相当な犠牲を払ってのことだった。マタリ・スファル・ギガを含むネオ＝ドゥストゥール党の高位の党員が、危険で非生産的と見なしたこの行動方針に抗議して辞任した。にもかかわらず、彼らはドゥストゥール党に戻るよりは、少なくともしばらくは政治から引退することを選んだ。

ネオ＝ドゥストゥール党がいっそう攻撃的な戦略を実施し始めてからでさえ、その指導者たちの幾人かは、フランスは事態が完全に手に負えなくなる前に譲歩するだろうと希望し続けた。ヨーロッパが戦争に向かうなか、政治局員のスリマン・ベン・スリマンは、一九三八年三月のドイツによるオーストリア併合を機に保護国の高官に対して、チュニジア人は正当な不満があるにもかかわらず、もしフランスが彼らに基本的権利を与えるならフランスへの忠誠を保つだろうと保証した。彼は、フランスがネオ＝ドゥストゥール党を遠ざけることで、同党だけでなく自分をも傷つけたのだと嘆いた。こうした宣言は、イタリアがドゥストゥール党とネオ＝ドゥストゥール党の双方に周知の誘いを行ったことから見て現実的価値があったが、それは何の反応も引き出さず、デモや市民的不服従行為が継続するのと同様に闘士や党指導者たちの逮捕も継続した。四月九日には、チュニスで一万人以上のネオ＝ドゥストゥール党支持者がデモに参加し、囚人の釈放を要求した。その前日激烈な演説をしたサディキ大学講師の逮捕を群衆が知ったため、恐るべき破壊的な暴動が起きた。

人民戦線終焉以来の数カ月間のネオ＝ドゥストゥール党の行動方針が、こうした暴力の激発に道を開いた。ブルギバは、かならずしもそれを悔やまなかった。同党は、警察が故意に群衆を挑発したと非難したが、ブルギバと戦術を巡って対立したにもかかわらず密接な関係を保ったマハムード・マタリは、ブルギバが騒擾の直前に、党の目的を達成するには「血が流れることが必要だ」と彼に言ったと、メモワールのなかで書いている。デモ隊のなかのネオ＝ドゥストゥール党闘士たちが、政治状況を沸騰状態に保つために彼らが活用できる状況を求めていたのは疑いない。[19] 多数の死傷者（それについてチュニジア人とフランス人は大きく異なる推定値を出した）以外にも、暴動の犠牲は大きかった――ネオ＝ドゥストゥール党の解散、主要人物すべてを含む

図版３・４　1938年４月の民族主義的抗議を記念するポスター。両大戦間期でもっとも激しいものだったこの反フランス・デモは、警察が群衆に発砲し（上の絵はそれを描いた）、事実上すべてのネオ＝ドゥストゥール党指導者を逮捕して終わった。このポスターは、同事件の50周年を画した。

七〇〇人以上の党員の逮捕と、チュニジア人の政治活動を事実上不可能にした非常事態令の公布等。政府陣営では、統監のギヨンも騒動の犠牲となった。儲かる公共事業の利権における腐敗や管理失敗を批判して強力な実業家たちを敵に回していたので、彼はネオ＝ドゥストゥール党が見せた危険へのより時宜をえた対処を怠ったという非難のコーラスに、彼らの声も加わったのだ。同年末までにエリク・ラボンヌ（一九三八—四〇年）が彼と交代し、保護国がヨーロッパ戦争の嵐をしのぐ準備をすることを任務とした。

ラボンヌは、ネオ＝ドゥストゥール党の一般党員への寛大な措置と暴力に責任ありとされた者への厳しい立場を組み合わせ、非常事態令を解除して多くの囚人を釈放した。しかし同党の禁止は継続し、最上位層の拘留も継続して、彼らの裁判はチュニジアでの新たなデモを避けようとの希望からフランスで行われることとされた。相対的に小粒な党幹部ハビブ・サムールが政治局の支配権を握り、彼の下で弱体化したネオ＝ドゥストゥール党は、残る囚人の釈放を求めるキャンペーン以外ほとんど何もできなかった。ヨーロッパ戦争が近づくなかで、サムールや彼の仲間の幾人かが表明した親枢軸国感情は、自国民の間に広く抱かれた見解を反映していた。しかしブルギバと若干の党役員は異を唱え、ドイツやイタリアとの便宜的同盟は、チュニジアからフランスを除くことができても長期的には災難となるだろうと警告した。

ネオ＝ドゥストゥール党が不安定な状況にしがみつく間、ドゥストゥール党は低姿勢を保ってライバルの窮状から利益を得る機会に期待を寄せた。一九三四年から一九三八年の間は、どちらの党も政治的舞台から他方を完全に駆逐することはできなかった。一九三八年から第二次大戦開始まで、どちらもフランスの統治に対して真剣な反対を組織することができなかった。両党とも倒れて、おそらくノックアウトされていて、保護国を終わらせるどころか改革する見通しも立たないように思われた。二〇年にわたる民族主義活動のあとのこの厳しい現実は、予想外の方面から新しい主導権を招き寄せた。

第四章
関係の見直し　一九四〇―一九五六年

戦争の年月

たいていのチュニジア人は、フランスが一九四〇年六月にドイツに敗れたことに満足したが、民族主義諸政党は植民地宗主国がなめた屈辱からそれ以上の実質的配当を引き出せなかった。フランスとドイツの休戦に続き、フィリップ・ペタン陸軍元帥の政府は、チュニスに統監としてジャン・エステバ提督を送ったが、後者はチュニジア人の政治活動復活を許す気は毛頭なかった。ネオ＝ドゥストゥール党政治局の主要人物で、ドイツとの協同の支持者だったハビブ・サムールとタイエブ・スリムが逮捕され、同党は弱まった。ネオ＝ドゥストゥール党が秘密裏に活動する際に慣習となっていたように、彼らの後任は前もって指名されていたが、代替可能な幹部は主として、ほとんど経験がなく、そう長く当局から逃れられる見込みもほとんどない若い闘士たちからなっていた。謎の地下組織黒い手《マン・ヌワール》によって、一九四一年中に実行された散発的な破壊とテロの行為は、民族主義者の絶望を象徴していた。

保護国への新たな反対への刺激は、ありそうもない源から届いた——六月に王位に就いたモンセフ・ベイ（一九四二—四三年）の宮殿からである。六一歳のモンセフは、統監サンと彼の父ナシル・ベイの一九二二年の対決で政治的経験を積んでいたが、父のフランス当局への反抗気分を彼も共有していた。名目上の指導者の役割を拒否し、モンセフはエステバに、自分の臣下とフランス公民が対等の扱いを受けることを期待するとはっきり伝えた。その流れで、彼は「植民地用三分の一」〔手当〕をチュニジア人行政官にも適用せよと命じた。モンセフは一九四二年中国内を巡り、儀礼的しきたりを無視していかなる過去の君主もしたことがないほど、自分を民衆に近づきやすくした。彼の戴冠以前に、〔ペタンの〕ビシー政府の反セム主義のプロパガンダが、チュニジア人のムスリムとユダヤ教徒との間に衝突を引き起こしたことを十分意識し、新しい統治者は、ユダヤ教徒の臣下の福利への気遣いを表明することを忘れなかった。わずか数カ月の間に、モンセフは弱体化した諸政党が空けた政治空間に乗り込み、それらのかわりに国民の糾合点となり、不満をフランス人に明瞭に伝えるというそれらの指導者たちの使命を担った。モンセフは、自分の人気と成功に勇気づけられて、一〇月にエステバの解任を要求した。このように率直な挑戦は、その後すぐに戦争がチュニジアを直接侵害し、政治状況が変化して少なくとも当初はベイに有利に働かなかったら、彼を破滅に導いたかも知れない。

イギリスとアメリカの部隊が一一月にモロッコとアルジェリアに上陸し、北アフリカ方面作戦を開始したが、その究極的目的はチュニジアを確保してシチリア侵攻のための跳躍地点として利用することだった。ビシーの司令官たちが停戦交渉をした際、ドイツはビシーが支配する〔南〕フランスとチュニジアを占領した。ドイツ軍が保護国になだれ込み、国の中央を通る戦線に沿っての連合国の前進を阻んだ。連合国も枢軸国も、チュニジアの支持を得ようと争ったが、モンセフは賢明にも旗幟を明らかにしなかった。とはいえ、エステバはベイがイギリスとアメリカの政府に中立を誓う内容の手紙を横取りした。モンセフは、ドイツ人に対しては注意深く適正な関係を維持し、彼らの戦争目的を支持もしなければ彼の追放の口実を与えもしなかった。

ドイツは、南フランスを占領してまもなく、そこで投獄されていたブルギバや他のネオ＝ドゥストゥール党員たちをイタリアのパートナーに送還し、イタリア人はこのチュニジア人たちがファシスト国家の「ゲスト」でいる間、反フランスのプロパガンダを放送してくれることを希望した。エステバも、ドイツが保護国でも政治囚を反フランス的にすることを狙って釈放するだろうと確信し、一二月に彼らの釈放を命じた。彼らの多くはドイツとの同盟を唱道していて、占領をフランスによる統治の崩壊の前兆と見なした。親ドイツ的なハビブ・サムールは、一九三八―四一年の政治局議長の地位を取り戻していたが、ブルギバほかの小言にもかかわらず第三帝国の官吏と働く気が大いにあった。しかし一般のチュニジア人は、軍事遠征が一九四三年春まで続く間に、ドイツによる食料徴発や労働者動員にますます反発を強めた。チュニジアのユダヤ教徒に課せられた、例外的財政賦課金ほかの差別的慣行に対してはそれほどの反対はなかったが、ベイは不快感を隠そうともしなかった。

ネオ＝ドゥストゥール党はいくらか過去の力を取り戻したが、モンセフは政治舞台で並ぶ者のない影響力をもっていた。彼はドイツ人と一蓮托生になる気はなかったが、占領がもたらした好機を利用して大胆な政治的措置を実際にとった――強敵エステバがそれを許したのは、ドイツ人がこの統治者を積極的敵としてより消極的友人にしておきたかったから怒らせないようにするため、彼にそう強制したからにほかならない。このてこを用いて、モンセフは保護国の発足以来初の真にチュニジア人の政府を任命した。広範な政治勢力から人を募り、もっとも著名な人物としては首相のムハンメド・シェニク（ネオ＝ドゥストゥール党の親連合国派より）、マハムード・マタリ（無所属だが、ネオ＝ドゥストゥール党と同盟していると広く思われていた）、サラハ・ファルハト（ドゥストゥール党）がいた。

モンセフがこの大胆な措置をとる前にさえ、「自由フランス」が上陸後ビシー当局に入れ替わったアルジェリアでは、入植者と官吏の甲高いコーラスが彼をドイツ人への協力者だと告発し始めていた。連合国の春の強力な攻勢が、チュニジアにおける枢軸国の敗北を予示すると、当地のコロンや行政官は同様の非難を行った。五月初め、英米・自由フランス軍が、カプ・ボン半島でほとんど二五万人におよぶドイツ人・イタリア人兵士を包囲した。数千人が海上を逃れたが、ほとんどは降伏し、北アフリカ遠征は終わった。保護国の責任者となるや、自由フランスは素早く動き、モンセフをアルジェリアに亡命させ、退位していとこのアミン（一九四三―五七年）に譲位するよう強制した。解放後のチュニジアの軍事司令官アルフォンス・ジュワン将軍は、ベイが枢軸国に迎合したとは思わず、彼の追放を阻止しようとした。しかし、フランス人共同体は肉の分け前を要求し、ジュワンは復讐心に燃えた入植者が、モンセフ失脚による満足を与えられないと王政廃止運動を起こすことを恐れた。対敵協力が口実を与えたが、ベイが王座を失ったのはフランス人に抵抗したからだった。統監シャルル・マスト（一九四三―四七年）は、「民族主義者の首領でなければ、少なくとも旗手となった主権者[1]」が、チュニスに戻るのを論じることさえ執拗に拒否し続けた。しかし亡命していても、そして他の勢力が自己主張しても、前ベイはチュニジアの政治に影響を及ぼし続けた。

ブルギバは、イタリア滞在中ホストに対して、協力の対価としてチュニジア独立の約束を要求したので、ほとんど価値ある働きをしなかった。いずれにせよ、北アフリカにおける枢軸国の差し迫った敗北は、そこでのイタリアの野心を無効にした。こうして彼は、一九四三年に帰国を許された。マストは、ネオ＝ドゥストゥール党の再登場がドイツによる占領と同時期になり、サムールやスリムに率いられたため、また著名なネオ＝ドゥストゥール党員のシェニクが（連合国への同情を知られていたが）モンセフのチュニジア人政府に参加していたため、さらにフランス当局がブルギバへの対敵協力告発を控え目にしていたために、かつての党指導者がなお非合法である組織への支配を回復しようと試みているネオ＝ドゥストゥール党を、冷ややかに眺めていた。ジュワンは、

図版４・１　シャルル・ドゴール将軍、アミン・ベイ、シャルル・マスト統監、1943年。アミンは、モンセフ・ベイの廃位後に後継者とされ、治世をフランス当局と民族主義者の間を揺れ動いて過ごした。チュニジアが1957年に共和国と宣言されたとき退位して、二世紀半にわたって君臨したフサイン王朝を終わらせた。

ブルギバを枢軸国の道具だとけなしたが、アメリカの外交官たちは、ブルギバがなおビシーの囚人であったときに（妻と息子を通じて）接触を開始していたので、彼の忠誠の証拠を提供しフランスによる報復から守った。しかし同党の他の高位の闘士たちは、ドイツ人と協力したか、フランスの復讐は民族主義運動内部の多様な要素を区別するだろうかと疑って、解放前後にチュニジアを逃れていた。マストが戦前の状態を回復しようと欲したことも、彼らの懸念を正当化した。五月から一二月にかけて、四〇〇〇人のチュニジア人が収容所に拘留された[2]。

この一掃は主にネオ＝ドゥストゥール党員を狙っていたが、前ベイの兄弟ハシンと他の側近が彼の退位直後に結成した「モンセフ派委員会」の主要メンバーをも逮捕した。この委員会は、ドゥストゥール党や改革党（ほとんど力が尽きていて、その運勢は人気ある統治者との連携によってのみ改善しえた）、またザイトゥーナ・モスク＝大学の活動的学生や教員、チュニジア共産党員からモンセフ復位への支持を引き出したが、ネオ＝ドゥストゥール党からの支持はなかった。ブルギバは、ネオ＝ドゥストゥール党自身の再生を邪魔したり、その目標を自分のそれに従属させかねないチュニジア人政治家を見舞った不運を緩和することに、何の利益も見出さなかった。統監の抑圧的戦術は、このモンセフ派ブロックの直接的影響を制限したが、その存在はフランス人官吏を懸念させたし、彼らはまたブルギバや、今やブルギバの代理でネオ＝ドゥストゥール党書記長のサラハ・ベン・ユスフに対して警戒の目を向けた。

この二人は、粉砕されたネオ＝ドゥストゥール党を一九四三年から一九四四年に再建し始めた際、戦争によりフランスが二級の大国としてイギリスやアメリカに依存するようになり、民族主義者の要求、とりわけ連合国との関係を築いたブルギバのような指導者が練り上げた要求を押さえつけることは、過去よりもずっとできなくなるという見解を表明した。彼らは、同党が低姿勢を保ち保護国当局を挑発することを避けつつ、フランスの弱さが明らかになったらそれを政治的資本にする用意をしておくよう勧めた。チュニジア人の政府の下での自己統治、そこでネオ＝ドゥストゥール党員が顕著な役割を果たすという彼らのビジョンは、暫定フランス政府の代表シャルル・ドゴールが一九四三年一二月に述べた、「我々は、チュニジアの施政をチュニジア人による施政にする方向に進むべきだ……直接的施政は時代遅れである」[3]という発言と呼応していた。同様に、それは大評議会のチュニジア人部門のメンバー間に同調者を得たが、その一人タハル・ベン・アンマルはドゥストゥール党創立者の一人だったのが、一九二〇年代末以降独自の政治路線を追求していた人物だ。同党はゆっくりと、しかし体系的に損失の埋め合せをし始め、統監は一九四四年末にその力を一〇万人と推測した[4]。

この印象的な数字にもかかわらず、ネオ＝ドゥストゥール党は不確かな基盤の上で活動していた。いまだ禁止されていたし、メンバーの献身の度合いは様々で試練を受けていなかったし、政治的に高い地位を占めるモンセフ忠誠派を考慮に入れなければならなかった。ブルギバとベン・ユスフは、ネオ＝ドゥストゥール党を前ベイ支持の連合に導くことで党の資産をライバルの自由にさせるのは拒否したが、モンセフがチュニジア人のフランスへの反対の象徴にとどまっている限り、その運動を批判することのリスクをわきまえていたし、ましてや押しのけようと試みることはなかった。彼らは退位させられた統治者への敬意を公然と示したが、彼の権威を認めることは根気強く避けた。こうした状況下に一九四五年二月、彼らや他のネオ＝ドゥストゥール党員は、フランスによる統治への著名な反対者の多様な集団と「チュニジア戦線マニフェスト」を作成するために働く機会を歓迎した。

再生したネオ＝ドゥストゥール党

マニフェストの中核的要求である自治と、マストが同月に導入した鎮痛剤的改革パッケージの間の溝は、民族主義者へのほとんど一〇年ぶりの申入れの失敗を運命づけた。チュニジア共産党のみがその計画を支持し、フランスおよびその従属領との連帯のみが、戦後世界におけるイギリスとアメリカの支配力から両者を守りうると論じたが、これはネオ＝ドゥストゥール党指導者たちの忠誠概念と決定的に食い違う見方だった。浮かび上がった東西の闘争の文脈に民族主義運動を位置づけることは、共産主義者とネオ＝ドゥストゥール党員の間に亀裂を生み出し、それは植民地時代を超えてずっと続いた。ブルギバは、政治ジャーナリスト時代からの戦術を用いて、共産主義者の輸入イデオロギーと伝統的なチュニジアの諸価値の間の不一致をけなすことでＰＣＴの魅力を減らそうと試みた。

ブルギバは、つまらない譲歩によって民族主義者を懐柔しようという試みに対して、チュニジア人の反対とフランスへの国際的圧力の組合わせのみが、フランスによる統治の終焉をもたらしうる政治情勢を創り出すことを確信していた。彼は、一九四五年三月にエジプトに行き、最近創設されたアラブ連盟の助力を懇請した。カイロで彼とサムール、スリムや他の政治難民は、ネオ＝ドゥストゥール党の情報局を作った。このチュニジア人たちは、一九四七年にアルジェリア人・モロッコ人の民族主義者と力を合わせてアラブ・マグレブ局《ビュロー・デュ・マグレブ・アラブ》を作り、最近フランスの拘置所から逃れたモロッコの抵抗運動指導者アブド・アル＝クリムを議長として一九四八年に設置された、北アフリカ解放委員会《コミテ・ド・リベラシオン・ダフリク・デュ・ノール》に参加した。こうした組織の努力にもかかわらず、アラブ連盟加盟国はほとんど支援をしてくれなかった。エジプトやイラクのような影響力ある国々は、イギリスとの関係が悪く、同時にフランスを怒らせることを思い直した。しかしもっと大きかったのは、中東により密接な諸問題、とりわけパレスチナ問題が、北アフリカの争点を棚上げにさせたことだ。ブルギバは、彼の宣伝活動キャンペーンをアラブ世界からヨーロッパや北アメリカに移した。

　チュニジア内部では、フランスが意味のある改革をしようとしないことへの怒りと敵意が生じていた。保護国での緊張の高まりに加えて、ヨーロッパ戦勝記念日にアルジェリアの民族主義者とコロンがセティフで激しく衝突したことが、フランス領北アフリカ全土に衝撃波を送った。フランス当局は、数カ月後に民族主義的熱気を冷まそうとしてモンセフをフランスに移し、ブルギバからネオ＝ドゥストゥール党の指導権を担う役割を引き継いでいたベン・ユスフを、短期間拘留した。モンセフと彼の徒党を引き離すことは、彼の影響力を減らすよりも殉教者というイメージを強めた。フランスへの反対派のあらゆる要素を代表する者たちが一九四六年八月に会合し、最近結成されたフランス連合へのチュニジアの加盟を断固拒絶した。彼らは、それにかえて亡命させられたベイの即時復位と完全かつ無制限の独立の承認を求めると宣言した。ベン・ユスフは、この綱領にネオ＝ドゥストゥール党の支持を与えたのみならず、そのために力強い演説をした。書記長がモンセフ派のライバルたちと同盟したのは、一致団結したいという真の欲求によるというより戦術的な動きであったことは、新しい統監が任命され、その社会主義者としての背景がフランスによる統制の緩和を思わせたときに明らかとなった。

ジャン・モンス（一九四七―五〇年）は、到着後まもなくあらゆる民族主義諸派の著名人物と会合して、「共同主権」政権についての彼らの見解を聞いたが、それはチュニジア人の首相が（事務総長が引き続き監督をする下で）チュニジア人とフランス人の閣僚からなる、ただし前者が以前より増える混合内閣を主宰するというものだった。統監との議論は、諸政党間の重要な相違を明らかにした。サラハ・ファルハトは、サアルビが一九四四年に亡くなったあとふたたびドゥストゥール党を率いていたが、モンスの計画は前年夏に掲げた諸要求に遠く及ばないと片付けた。他方ベン・ユスフは、より関心を示した。彼は独立を求めてはいたが、段階を踏みつつモンセフの復位なしに進めることに賛意を表明した。

同提案のもとではフランスの支配が続くのが確実であるにもかかわらず、一三万人のフランス人入植者・実業家・官吏の多くは、それを彼らの利益にとって有害であると非難した。右翼のチュニジア・フランス人連合《ラサンブルマン・フランセ・ド・チュニジー》が、フランスの第四共和政を確立した一九四六年の制憲国民投票で票の六〇％を獲得し、大評議会の五四議席中三五議席をとったので、フランス人（チュニジア人口の四％未満）は多数派チュニジア人への従属をけっして受け入れないというその主張を、モンスは軽視できなかった。連合の創立者アントワーヌ・コロンナは、フランス人の北アフリカへの執着とムスリムのイベリア半島への執着を比較した辛辣なあざけりを発し、グラナダの最後のムスリム王アブ・アブダッラーが君臨を終えた際とまったく同様に、統監は施政を終えるだろう――男らしく守れなかったものに対して女のようにすすり泣いて[5]――と示唆して、軽蔑を表した。

改革の実施として、フランスと協力する用意のある弁護士ムスタファ・カアクが首相に任命されたが、ドゥストゥール党もネオ＝ドゥストゥール党も内閣から排除されたので誰も満足しなかった。民族主義者にとってそれは少なすぎたが、優勢者《プレポンデラン》にとっては、保護国の管理にチュニジア人の声を反映させる方向へのこの本質的には無意味な合図でさえ、くさびの薄いへりであって遅かれ早かれ自治への扉をこじ開けるものに見えた。カアクへの最小限の支持も、一九四七年八月に、最近結成されたチュニジア労働総同盟《ユニオン・ジェネラル・デ・トラバユール・チュニジアン》（ＵＧＴＴ）が呼びかけた全国的ゼネストの際スファックスで警察が参加労働者を銃撃し、二九名を殺し一五〇名を負傷させたため、いっそう減ってしまった。

チュニジア労働総連合が一九二五年に儀式もなく解散し、一九三六年にその復活の試みが失敗したあと、チュニジア人労働者の組織化はフランスの労働総同盟《コンフェデラシオン・ジェネラル・デ・トラバユール》（ＣＧＴ）とそのチュニジア支部チュニジア・シンジケート部門組合《ユニオン・デパルトマンタル・デ・サンディカ・ド・チュニジー》（ＵＤＳＴ）の手によった。スファックスにおけるＵＤＳＴのベテラン活動家だったファルハト・ハシェドは、両組合を支配した共産主義者を嫌って一九四六年にＵＧＴＴを設立した。彼も、彼に従って新組合に加入した一万二〇〇〇人の労働者の大部分も、公然たる民族主義者だった。実際、幾人かの強力な労働運動指導者は、たとえばスファックス支部長としてハシェドのあとを継いだハビブ・アシュールのように、ネオ＝ドゥストゥール党ですでにかなりの地位を得ていた。にもかかわらずＵＧＴＴは、チュニジア人労働者の社会的・経済的解放はチュニジア国家の植民地主義からの解放を必要とするという信念に基づく、独自のアイデンティティーを育てていた。同組合は、ネオ＝ドゥストゥール党を再建しようとするベン・ユスフの努力を賞賛し、組合員に同党に加入するよう促したので、それは史上初めて相当な労働者の支持層をもつに至った。しかし、ネオ＝ドゥストゥール党の将来の見込みがなお疑問とされ、民族主義運動がひどく分裂していたので、ＵＧＴＴは、一九四七年のゼネストの大胆さによってフランスによる統治への反対の前衛に躍り出た。

しかし、ＵＧＴＴはチュニジア人労働者の組織化を独占してはいなかった。その設立の数カ月後、ＵＤＳＴが

図版４・２　労働運動指導者のファルハト・ハシェドとムハンメド・アリ。ムハンメド・アリが1920年代に創設した短命のCGTTの政治綱領は、ハシェドがUGTTを組織して第二次大戦後ネオ＝ドゥストゥール党に緊密に結びつけた際、モデルを提供した。

ＣＧＴから分離しチュニジア労働シンジケート同盟《ユニオン・デ・サンディカ・デ・トラバユール・チュニジアン》（ＵＳＴＴ）となって、ＵＧＴＴの代案として階級闘争を柱として築かれたイデオロギーをもつ、共産主義的フランス人・チュニジア人組合を、労働者に提供した。両者は、チュニジア人労働者の忠誠を争う二つの組合として、チュニジア共産党とネオ＝ドゥストゥール党間の敵意と類似した敵意を生み出した。ハシェドとＵＳＴＴの彼のライバルたちは、世界の労働運動内部での正統性をも争った。影響力のある包括組織である世界労働組合連合（ＷＦＴＵ）は、ＵＧＴＴがその加入資格をチュニジア人に限っているのは人種差別だという理由で加盟申請を拒否したが、この評価はＷＦＴＵが植民地主義の状況を理解しえなかったことを暴露しており、ハシェドは激しく反論した。他方、ＵＳＴＴは設立後数週間で加入を認められた。ハシェドは、ＷＦＴＵが共産主義に傾いているとの疑念をもったが、国際的承認や連合に所属することで得られる接触先がＵＧＴＴに是非必要だと信じて、目をつぶった。

　ＷＦＴＵは共産主義組織を好んだので、ＵＧＴＴがＵ

STTに付き従うか、前者が解散して後者に統合することを勧めた。ハシェドとその仲間は、そのような結果は「共同主権」の主題の変種に過ぎないと見なし、労働戦線でも政治戦線でも受入れを拒否した。スファックスの悲劇のあと、USTTは、UGTTの政策決定者が政府の術中に陥って全労働者に損害を与えたと非難した。ハシェドは同年末、WFTUがUGTTを受け入れるときまではUSTTと接触しないことにした。UGTTは一九四九年に受け入れられたが、ハシェドはその後も、両集団を統合するいかなる試みにも抵抗した。両者のイデオロギー的溝は大きすぎたし、USTTがいかなる国籍のメンバーも包摂する結果同組織でフランス人が多数派になっているのを、UGTTはとうてい受け入れることができなかった。いずれにせよ、UGTTはライバルより数的に優勢だったので、妥協する必要はなかった。UGTTは、階級意識より民族意識を発展させることに熱心で、給与生活労働者だけでなく教師・官吏・他の第三セクターの被雇用者を代表する諸協会を加えて、組合員を急増させた。四〇年代が終わる頃には力量が五万人近くに増大したが、USTTの組合員数は停滞したままだった。UGTTは一九五〇年にWFTUから脱退し、最近できた自由労働組合連合（ICFTU）に加わったが、その反共産主義とアングロ・サクソンの指導部がハシェドにはいっそう好ましかったのだ。

統監モンスも、UGTTを破壊しようとした。一九四七年のゼネストに対して、国の諸委員会から組合代表を排除して反撃し、UGTTが組合員の福利に関わる決定に影響を与える能力を大きく損なった。アミン・ベイは、組合を解散せよというモンスの要求を断固拒絶した。反対に、彼は犠牲者にお悔やみを述べ、その支援基金に多額の寄付をした。彼はまた、UGTT代表団との会見に応じ、普通のチュニジア人が、戦後のインフレとフランスの（そしてチュニジアの）フラン切下げで購買力を激減させ、同時に厳しい干ばつが国中に食料不足と、いくつかのとくに被害の大きな地域では飢餓状態をもたらしているため、苦境にあることに強い印象を受けた。(6)ベン・ユスフや、王家とつながりをもつ他の若干のネオ＝ドゥストゥール党員は、しばらく前からアミンを彼らの陣営に引き込もうと試みていたが、ベイは保護国当局に挑戦する意向をほとんど示さずにいた。彼の当局への憤慨と、スファックスで暴力に巻き込まれた臣下への同情はともに、彼の王位継承は簒奪行為だとみなすチュニジア人の間で自己のイメージを改善しようと計算した行為というよりは、真の確信の表明であったと思われる。

芸術は、戦後時代の政治的・社会的混乱のなかでさえ、チュニジア人のアイデンティティーの賞賛を通じて民族主義的大義を強化し続けた。舞台は戦争中閉ざされていたが、一九四五年にはチュニス市評議会がチュニジア劇場防衛委員会《コミテ・ド・デファンス・デュ・テアトル・チュニジアン》を支援することで保護を再開したので、生き返った。その野心的なプログラムには、チュニジアを舞台とした外国の劇をアラビア語に翻訳するのを補助したり、チュニジアに関するヨーロッパの小説をアラブの舞台用に翻案したり、チュニジア史に基づいた独自の劇を上演すること、そして演劇学校《エコール・ダール・ドラマティク》の樹立――一九五一年に開校した――等が含まれた。ラジオ放送は、劇作品や他の形態の娯楽をニュース同様に普及させる、新しい媒体を提供した。一九三〇年代半ば以来の民間放送局や、政府が経営するラジオ・チュニスが一九三九年に放送を始めたが、すべて戦争中は閉鎖された。ラジオ・チュニスが一九四八年に放送独占権を得たとき、その番組の四五％はアラビア語によるものだった。

チュニジア人の画家の戦後の新世代は、伝統的なチュニジアの生活や価値を強調する点ですでに名をなした芸術家たちの指導に従った。彼らは、ときには様式や技術で目立った違いを見せても、自国の象徴を称え、それを現代的形態で表現する真のチュニジア人の芸術的人格を発展させたいという欲求で結びつき、一九四八年にエコール・ド・チュニスを結成した。その参加者は、ほとんどすべて当時二〇代だったが、続く数十年間チュニジアの芸術に強力な影響を及ぼした。

モンセフ・ベイが一九四八年九月に死去し、それは保護国の政治的諸勢力の均衡を変化させた。モンセフ派連合は、存在理由を失って崩壊した。ベン・ユスフは、その瞬間を利用できる立場にネオ＝ドゥストゥール党をおこうと懸命に働いていて、その時が来て同党が民族主義運動のかつての支配を取り戻すのを、ライバル勢力のいずれも妨げることはできなかった。彼のアミンへの申入れは、君主とネオ＝ドゥストゥール党の間の好意的関係へと発展し、それは同党の地位を高めた。社会経済的領域の他の端では、同党はUGTTと関係を強め、それによりネオ＝ドゥストゥール党はチュニジア人大衆に入り込んだ――引き続き非合法だったため、大規模な公的集会は不可能だったが。党指導者たちはフランス当局を怒らせることを避けたし、とりわけ改革政府に参加する意志があるとモンスに伝えてからはそうした。ベン・ユスフと副官たちは、一九四八年の二つの潜在的に激しやすい出来事――一九三八年四月九日〔暴動〕の一〇周年とモンセフの死去――に際して、体制側勢力に挑戦しないようにと支持者を説得した。

ベン・ユスフは、ネオ＝ドゥストゥール党に入った当初からそうしてきたように、党は全チュニジア人を代表すべきだと主張した。彼の指導下に、同党はサヒルとチュニスの伝統的基盤を越えて国の諸地域に深く浸透し、党員数が一九五〇年には二六〇細胞で二一万人へと増加した。[7] ブルギバが去ると、書記長はネオ＝ドゥストゥール党に多くの公務員やブルジョワ的資本家を歓迎したが、彼らはフランスが最近の歴史によって揺さぶられ、保護国において彼らの威信や権力にとって不吉な変化を目論んでいるので、それから距離をおくことに長所を認めたのである。党が強いられた無活動から一九四八年に抜け出すや、政府の雇用する者――職員・教員からカイド・ハリファまで――や企業家、すなわちその指導者たちがかつては軽蔑した二集団から、相当な新加入者を受け入れた。新党員のある者たちは大評議会の席を占めさえしたが、戦前は彼らの代表がネオ＝ドゥストゥール党員と意見が合うことは滅多になかった。こうした新加入者の教育的・財政的資源は、党内で影響力ある地位に彼らが就くことを助けた。一九四〇年代末には、〔全レベルの〕指導者たちの四二％が政府の職をもっていたが、それに対して戦前はわずか六％だった。[8]

サラハ・ベン・ユスフはジェルバ島の出身で、そこの住民は慣習的に都市中心に出て小売業に従事したから、彼はネオ＝ドゥストゥール党で新たな重要性を獲得しつつあった実業家の間を心地よく動いていた。一九四八年に、実業家連合であるチュニジア手工業・商業同盟《ユニオン・チュニジアン・デ・ラルティザナ・エ・デュ・コメルス》（UTAC）の結成に、UGTTとともに党を関与させた。UTACは、実業家共同体におけるネオ＝ドゥストゥール党の支持の源の変化を反映した。党内に長く地位を占めていた多くの商人は、コメルス（商業）という言葉に反対し、彼らの大部分にとっていっそう正確な語句プティ・コメルサン（店主）を好んだ。彼らが恐れたように、より豊かでより強力な企業家たちがUTACを支配し、ネオ＝ドゥストゥール党が自分で歩けるようになるにつれ、彼らの財政的支援は党内での零細商人の影響力を減らした。

戦争前に、ネオ＝ドゥストゥール党はザイトゥーナ・モスク＝大学のカリキュラムを刷新しようという努力を鼓舞していて、それは一九三〇年代の大部分を通じて繰り返し論じられつつほとんど達成されなかった主題なのだが、多くの学生や進歩的教員から支持を得ていた。ベン・ユスフはザイトゥーナではおなじみの人物で、そのデモに参加していた。(9) しかし、その後ネオ＝ドゥストゥール党の絆を固めるのに貢献していたし、学生の一部は一九三八年四月の政治化や学生組織とネオ＝ドゥストゥール党が衰えたので、ザイトゥーナの活動家は自分たちでやりくりしなければならなかった。解放後同モスク＝大学で政治活動が再開されると、地方的関心と全国的争点とがふたたび混ぜ合わさった。一九四四年の教員大会は、改革の要求とモンセフ・ベイの復位要求を一緒くたにした。

ベン・ユスフは、党のザイトゥーナとの同盟の再活性化を重要と見なしたが、ブルギバは、党のより世俗的な要素に集中することを選んだ。若いネオ＝ドゥストゥール党闘士アハマド・ベン・サラハは、同モスク＝大学の改善を働きかけるためのザイトゥーナ＝サディキ合同学生委員会を立ち上げたが、戦後のザイトゥーナの活動ではモンセフ派が支配的だった。同時に、汎アラブ主義と汎イスラムが同モスク＝大学の多くの学生や教員を魅了し、他のモンセフ派に対してもそうだった。アラブ連盟の結成、パレスチナでの危機、ムスリム国家としてのパキスタンの樹立がすべて、アラブ・イスラムのアイデンティティーの強い感覚をもつチュニジア人に影響を与えた。しかし、モンセフの死後ただちに二つの事実が明らかになった――パレスチナがアラブ連盟を虜にしていて、カイロにいる亡命者の働きにもかかわらず北アフリカの植民地問題にはけっして真剣に取り組まないということと、ネオ＝ドゥストゥール党が保護国で唯一、成長可能なチュニジア人政治組織であったことである。ザイトゥーナの活動家は、同党とふたたび連携しようというベン・ユスフの訴えに積極的に反応し、まもなく彼らはアラブ・イスラム的志向の一翼をなし、多数派である世俗的で多かれ少なかれ西洋化された民族主義者と、ときには不快を感じつつ共存した。

ベン・ユスフ書記長は、ネオ＝ドゥストゥール党の再建や重要な社会・経済勢力との結合（あるいは再結合）の立案責任者として、ネオ＝ドゥストゥール党を保護国におけるフランスとの唯一の有効な対話者に仕立てた。彼はその過程で、同党を自己の選ぶ方向へと導くに十分な個人的威信と影響力を勝ちえた。モンスの施政の開始に当たり、チュニジアの政治的将来の決定に向けて漸進主義的やり方を、それが政府に参加するための代償であるならと彼はあえて受け入れたが、それまではいつも即時無条件の独立を支持していたし、モンセフの死後も強くそうしたのだから、これは当時の状況から生まれた戦術だった。ベン・ユスフは、フランス人に時間が切れつつあると警告した――保護する大国は保護国を終わらせる意志を示さなければならないし、ふたたび活気を取り戻し競争相手もいないネオ＝ドゥストゥール党は、不実な誓約や無意味な譲歩その他の時間稼ぎ戦術をもはや許容しないだろうと。

幕開け

しかしある意味では、ベン・ユスフにとっても時間が切れつつあった。ハビブ・ブルギバは、けっしてネオ＝ドゥストゥール党の代表を降りなかった。カイロから、チュニジアでの出来事を念入りに追っていたが、そのすべてが彼の好む方向に進んでいるわけではなかった。彼はベン・ユスフの決定のいくつかを疑問とし、彼の代理が好んだ集団のいくつかをネオ＝ドゥストゥール党に加えたことは賢明かどうかを疑った。ブルギバはまた、書記長がフランスとの対決を挑発し、それが容易に手に負えなくなるのではと恐れた。より個人的なレベルでは、彼は長期化した不在により党務の日常的運営から離れていたから、ベン・ユスフの人気が高まるのにいらだった。保護国当局はブルギバの懸念を知っており、モンスは党内論争を促すことを目論んで、ブルギバにチュニジア帰還を妨げるものは何もないと請け合った。

ブルギバは、国際的支持を募る試みが少なくとも当面は袋小路に達したことを自覚し、一九四九年九月にエジプトを去った。彼もベン・ユスフも、ともに統監の動機を理解し、その手に乗らないように根気強く努めた。ブルギバは全国を回り、ときおりベン・ユスフを引き連れ、どこへ行っても大勢の群衆を集めて元気づけられた。熟練した政治家として、素早く保護国の状況を把握した。彼がいない間に、ベン・ユスフが集めたブルジョワ分子が党にもたらした資産を認識し、この問題についての書記長の先見の明を暗黙裏に認めた。しかし、両人の間の緊張は本物だった――個人レベルで、戦術に関しても、また世界への志向がますます異なるに至った点でも（ベン・ユスフはアラブ・イスラム世界を志向し、ブルギバは西洋を志向した）――から、彼らはお互いに油断なく見合った。

一九四七年の改革の失敗、翌年のモンセフ・ベイの死去、その後ネオ＝ドゥストゥール党が対処すべき勢力として再登場したことが一緒になって、保護国で不安定な政治的雰囲気が生まれた。一九四九年に、国連が一年後にリビアに独立を許すと決めたことは、チュニジア人自身のもっと鮮明に表明された民族主義的宿願が実現されないままなら、起爆剤になりかねなかった。フランスの外務大臣ロベール・シューマンは同年末を目前に、チュニジア人とフランス人双方の要求を和解させる政策を急ぎ工夫すべきことを認めた。その声明を聞き、アミン・ベイはネオ＝ドゥストゥール党とより公然と同盟することを急いだ。君主は疑いもなく、前任者が保護国に反対することで人気を集め、モロッコのスルタン、ムハンマド五世もフランス人に抵抗することで獲得しつつあったように、人気を得ることを希望したのだ。アミンはまた、いかなる交渉においても不可避的に指導権を握るであろう民族主義指導者たちによって、自分が周辺化されるのを防ごうとした。ベイは、一九五〇年五月にその見解をもっとも明確に述べたが、それはブルギバがネオ＝ドゥストゥール党の詳細な提案を明らかにした一カ月後だった――その提案とは、フランスとチュニジアの関係を見直すために、次の五年間にわたって継続された一連の試みの最初のものだった。

その計画は、チュニジア人の手に意味のある権力を渡すことを強調した――ベイが任命するチュニジア人の政府、民事統制官の廃止、自治体選挙の実施、憲法を起草しチュニジア人の主権とフランス人の利益をともに尊重する国民議会の創設等。ブルギバは協力を呼びかけ、ネオ＝ドゥストゥール党は紛争を避けたいと望むことを強調した。〔すなわち〕チュニジアは、

大国の支援なしにやっていくには軍事的に弱すぎ、戦略的に強すぎる。その大国とは、我々の要求の正統性を認める限りフランスであって欲しいし、我々は両国民の平等という基盤の上で協力する用意が十分にある。(10)

しかし彼は、正当なチュニジアの期待を拒絶すれば、紛争が避けがたくなるかもしれないと警告した。この、ブルギバがネオ＝ドゥストゥール党の支配権を取り戻してから最初の公式声明は、交渉の目的を独立であると明言した。それがただちにか、それとも徐々に達成されるべきか、後者の場合はどれだけの期間にわたって、いかなる中間的取決めによるのかは、党内で異論のある争点であり続けた。

フランスは、チュニジアの提案をさらなる議論の基礎として受け入れたが、〔フランス人〕連合はそれを問題外とし、国の統治におけるコロンの影響力を維持する共同主権は交渉対象たりえないと主張した。共同主権は、民族主義者の見地からも交渉不可能だったので、真正面からの対立が生じた。いずれにせよチュニジア人は、入植者ではなくフランス政府だけが正当な交渉相手だと考えた――それは合理的見方だが、いかなる会話をも複雑にすることが確実だった。すでに改革過程を成功の結果に導くことに失敗していたモンスは、六月に辞任した。シューマンは、彼の後任ルイ・ペリイエ（一九五〇―五二年）の課題を、曖昧さのない明瞭さをもって述べた――「チュニジアを独立に導くこと」と。しかし新統監ペリイエは、チュニスに着くや否や後退し始め、チュニジアを「漸進的制度変更によって国内自治へと[11]」導くことを希望すると宣言した。

統監の言い逃れは、フランス政府が、保護国のコロンという形であれフランスの議員やほかの政治家という形であれ、右翼からの圧力に直面して踏みとどまる意志があるのかを疑わせた。ネオ＝ドゥストゥール党の指導者たちは、ペリイエの第一手を心配しながら待った。彼らにとってうれしいことに、ムハンメド・シェニクが首相になり、その内閣はフランス人とチュニジア人が同数で、チュニジア人にはサラハ・ベン・ユスフ（司法相として）やネオ＝ドゥストゥール党に同情的な無所属者数人が含まれた。連合メンバーの顔を赤らめての非難や、大評議会のフランス人メンバーのほとんどの辞任、民族主義者の一部からの対敵協力という攻撃にもかかわらず、内閣は一九五一年二月に提案を公開したが、それは七〇年来初めての完全にチュニジア人による内閣と、六八年来初めて統監の支配から自由な首相を予定するものだった。ネオ＝ドゥストゥール党はその計画を過小な提案だと言い、入植者は過大な提案だと言ってはねつけた。

ドゥストゥール党の指導者たちは、この行詰りを指して、ネオ＝ドゥストゥール党員が政府に入りたいあまりにフランス人にだまされたか、交渉を妨げるために彼らと謀ったかの証拠だとした。ネオ＝ドゥストゥール党にとって、ほとんど消滅したかつてのライバルからのこのような批判は問題でなかったが、内部に発するものはもっとまじめに受け取った。小さな左翼部隊は、党の増大するブルジョワ的な外見やアミン・ベイとの友好的関係を攻撃したが、最大の潜在的問題をなしたのは、保護国当局との協力を裏切り（ブルギバの帰国と結びついた）だと告発した党員やその同調者だった。ブルギバの同盟者たちは、この課題に対して『ハビブ・ブルギバ――その闘争の記録《パージュ・ド・ソン・コンバ》』と題する賞賛パンフレットを配布した。この刊行物は、「指導者《ザーィム》」を疑問視した党指導者たちについて、過去の重要性がどうであれ否定的言及以外はすべて省略し、ブルギバをネオ＝ドゥストゥール党の唯一の適切な指導者、代弁者、政策決定者だとした(12)。

このかなり粗雑な宣伝になお動かされなかった中傷者は、より強力な手段によって整列させられた。そうした者のなかにはザイトゥーナの学生がいて、彼らはシェニク内閣の発足時から抗議し、しばしば何千人もがデモを行った。過去と同様、政治的懸念と教育上の懸念が融合した。一九五〇年に、三年前の結成以来ネオ＝ドゥストゥール党の保護を受けていた委員会であるサウト・アル＝タリブ・アル＝ザイトゥーニ（ザイトゥーナ学生の声）は「一六条の憲章」を発表したが、それは保護国によって与えられた同モスク＝大学の低い地位を高め、現存の学校制度をザイトゥーナ卒業生を雇用しアラブ・イスラム的着想によるものに改めることを意図していた。シェニク政府は憲章を原則的に受け入れ、学生の敵意をしばらく和らげた。しかしそれは要求を実施する能力を欠き、学生による政府およびネオ＝ドゥストゥール党たたきは続いた。

一一月に、ザイトゥーナの学生を先頭とする政府批判者は、エンフィダビルという町で警察が抗議者を襲い、七人が死に数十名が負傷したのはシェニクとその内閣、さらにその延長でネオ＝ドゥストゥール党の責任だとした。サウト・アル＝タリブ・アル＝ザイトゥーニは、ネオ＝ドゥストゥール党大会を招集し、彼らの推測によればチュニジア人民に背を向けた指導者たちを追放するよう要求した。ブルギバと、政治局を支配した西洋志向の近代主義者たちは、党の青年集団に街頭での衝突でサウト・アル＝タリブ・アル＝ザイトゥーニのメンバーと対決するようけしかけた――それは彼らしからぬ粗暴な反応で、不可避的に問題を悪化させた。ネオ＝ドゥストゥール党の幹部は、学生たちにサウト・アル＝タリブ・アル＝ザイトゥーニを否定して独立組織を作るよう促し、同党はそれを速やかに後見下においた。続く三年間に、ネオ＝ドゥストゥール党は同モスク＝大学の反対派を周辺化し、大学における支持者をザイトゥーナ学生全国委員会《コミテ・ナショナル・デゼチュディアン・ゼイトゥーニアン》へと組織化した。ザイトゥーナの学生団体のこの分裂は、同党内のブルギバの近代主義・親フランス的一翼と、より伝統志向の構成員との間の溝を反映していた。党の再建に際して後者の機嫌をとったベン・ユスフは、この過程を通じて低姿勢を保ったが、非常に当惑させられた。ザイトゥーナでの敵対者を大人しくさせたことは、ネオ＝ドゥストゥール党の目前の必要を満たしたが、将来問題を起こすのが確実な敵意の貯水池を学生にもたせてしまった。

シェニク政府は進撃を続け、一九五一年一〇月に改訂された改革計画を導入した。いつもの通り、選挙された議会に責任を負うチュニジア人の政府がその中核をなしたが、チュニジアの防衛と外交関係は引き続きフランスに委ね、フランスの多くの特定利益を承認した。ネオ＝ドゥストゥール党は、政府の最初の提案のときよりも慎重な反応を示したが、それは部分的にはこの間に獲得した合法化を台無しにしないためだったけれど、指導者たちが海外で支持を求めているなかで頑迷さや反抗癖といったイメージを強めたくなかったからである。ファルハト・ハシェドが、ＷＦＴＵと断絶したことで非共産主義の労働組合運動の寵児となり、一九五一年にアメリカ労働総同盟の招きで訪米した際、ブルギバは彼に付き添った。組合は彼らに、アメリカの公衆に労働組合主義と植民地社会の民族主義とのつながりを理解させるための演壇を提供した。二人とも、彼らの指導する運動の穏健さ、彼らの反共主義やフランスとの交渉意欲を強調した。

　連合は、シェニクが計画を提出したこととペリイエが彼にそれを許したことを、同様にののしった。コロンは統監を拒絶して、フランス政府内のシンパに直接訴え、共同主権の概念を受容しないいかなる取決めも、無条件で拒絶することを主張した。彼らの態度は、保護国における七〇年にわたる植民地主義が生み出したものだったが、ブルギバとハシェドのアメリカ進出のタイミングがコロンの反感を強め、パリにおける彼らの大義をあと押しした。第二次大戦終結以来、アメリカの実業家がチュニジアを発見していた。アメリカの諸会社が、保護国で石油を探索していた北アフリカ石油会社《ソシエテ・ノール・アフリケンヌ・デ・ペトロル》の株式の過半を占め、アメリカの外交官は農業・灌漑事業・小工場・観光産業への投資は利益が上がると称揚していた。フランス入植者は——そして地中海各地の同国人の多くは——北アフリカ各地におけるアメリカの商業的関心に疑念を抱き、アメリカとの絆を強めようとするチュニジア人を不信の目で見た。

　フランス政府のシェニク提案に対する反応は一二月に届き、連合のキャンペーンの有効性を明らかにした。入植者が保護国の使命の達成、とりわけ経済開発に参加することを確認し、チュニジアの政治制度から彼らを排除することをありえなくしたのである。パリは、この原則を将来の議論の土台とすることで国内自治の、ましてや独立の構想を廃棄したし、表向きはチュニジアを独立に導くために派遣された統監を呼び戻すことで、この態度逆転を顕わにした。ペリイエに取って替わったのは、ジャン・ド・オートクロク（一九五二—五三年）という外務官僚で、外交的技量よりもフランスの保守的な政治勢力との絆で知られた人物だった。[13]抗議の嵐がチュニジ

図版４・３ スースの殉教者広場（プラス・デ・マルティール）。この像は、1952年１月に、フランスがチュニジアへの自治権供与を拒否したことに抗議して殺された、９人のデモ参加者を記念している。

アを経巡った。憤慨の強さを示す希な満場一致を見せて、ドゥストゥール党とUSTTがネオ＝ドゥストゥール党とUGTTに加わって、三日間のゼネストが行われた。ブルギバとシェニクは、それぞれこれ以上の交渉は無益だと結論し、次の年が始まるやそれぞれ方針を変えた。ブルギバは、一九三七年にネオ＝ドゥストゥール党の立場を強硬にするために用いたレトリックを反復して、彼の支持者に「大規模な闘争に」備えるよう促した――「反乱が展開し、血が流れるだろう[14]」と。フランスはすべてを失うリスクを選んだと、彼は警告した。シェニクは、ブルギバがしばらく前から彼に促していた戦略を採用することで、不満を表明した。彼の二人の大臣、サラハ・ベン・ユスフとムハンマド・バドラをパリに送り、フランスがチュニジアとの諸条約を破ったという苦情を国連に提出させたのである。

オートクロクは一瞬も無駄にせず、そのために自分が派遣されたことをなしたが、その過程で保護国を混乱に陥れた。ネオ＝ドゥストゥール党指導部の大半を逮捕して暴動を引き起こし、それは数十人の参加者・警官・兵士の命を奪った。カプ・ボン地方でのとりわけ激しい反対運動（ここでは住民の多くが、一〇年前に撤退するドイツ軍が捨てた兵器を所持していた）への報復として、外国人部隊が民族主義者を根こそぎにするために残忍な索敵撃滅作戦を実行した。幾人かの党指導者を殺害し、多数の無実の人の死傷と住居・畑・財産の広範な破壊をもたらした。この掃討は、全国でフランス人への反対を強固にした。

オートクロクは就任後、ベイにシェニクを辞めさせるよう圧力をかけた。七三歳のアミンはできるだけ長く踏みとどまったが、何千人ものネオ＝ドゥストゥール党員やＵＧＴＴのメンバーとともに、シェニクとその内閣の一人を除きチュニジア人全員が逮捕され、モロッコの統監が最近スルタン・ムハンマド五世を侮辱的に扱ったという報道もあったので、恐れをなした。オートクロクは同様にしないだろうと信じる理由もなく、潜在的支持者から孤立したベイは屈服し、やはり七〇歳代でオートクロクの路線に従うことが確実な、元カイドのサラハ・エル＝ディン・バックーシュを三月に首相に指名した。高齢の統治者は自分と家族、そして自己の王朝を守ろうとし、ほかの選択肢が見えなかったが、彼の敗退はネオ＝ドゥストゥール党指導者の一部を怒らせた。バックーシュは、自分の政府に信頼性をもたせるための皮肉な試みとして、ネオ＝ドゥストゥール党の政治局員ながらなぜか自由なままでいたヘディ・ヌイラを閣僚に指名した。ヌイラはその地位の受入れを拒否し、彼も逮捕された。

ネオ＝ドゥストゥール党は、主な指導者が拘留されているか在外の間（ベン・ユスフとバドラは、フランス警察が踏みこむ寸前にパリからカイロに逃れた）、試験済みの生残り法に戻って中間レベルの幹部が党を運営した。しかし、一九五二年の一斉逮捕後に民族主義運動の事実上の指導者として登場したのは、ファルハト・ハシェドだった。フランスによる弾圧というるつぼのなかで、党と組合の間のすでに無数にあったつながりは広範に重なる支持基盤に反映されたし、組合がその社会的・経済的課題を政治行動に従属させたので、両者はほとんど全面的に同一視されるに至った。ＵＧＴＴの組織者たちは、そのネットワークと技量によって反フランス・デモに五万五〇〇〇人のメンバーを動員するのは容易だったから、ネオ＝ドゥストゥール党の声を街頭で引き続き聞かせることができた。ハシェドの支持者がフランスに抵抗しても、彼自身は高い国際的知名度のおかげで公的報復をある程度免れえた。アミン・ベイが、オートクロク版の政府改革を評価させるために召集した広範な代表からなる委員会で、彼は民族主義的立場を強力に弁じた。しかし、その委員会が計画を断固拒否しても、統監がその条項のいくつかをベイに無理矢理承認させるのを妨げることはできなかったし、その一つは地方評議会選挙を、ネオ＝ドゥストゥール党にとって呪われた処方箋であるチュニジア人・フランス人の議席折半方式で行うことだった。同党は投票ボイコットを呼びかけ、それを無意味にすることに成功した。

委員会が九月に解散した際、ハシェドは政治状況の厳しい評価を発表し、「あらゆる交渉が無意味になれば、民衆は武器に頼るだろう」[15]と結論した。彼は、二カ月と経たないうちに赤い手《マン・ルージュ》というコロンのテロ組織に暗殺されて死んだ――彼の国際的つながりは、危害に対する盾としてだけでなく、それへの誘因と見なされたのだ。この殺人からオートクロクがいかなる満足を得たにせよ（ＵＧＴＴやネオ＝ドゥストゥール党、そして統監の同僚の一部でさえ、彼が共犯者だと考えた）、多くのチュニジア人がハシェドの情勢判断に基づいて行動したため、それは速やかに消え去った。フェッラガ（山賊の意）というギャングたちがチュニジア南部と西部をうろつき始め、その集団はしばしばＵＧＴＴで経験を積んだ者に率いられた無職の労働者からなっていた。彼らはフランス人の農場や警察署を攻撃し、通信ラインを破壊した。貧困や欲求不満だけでなく政治的信念によっても動機づけられており、民族主義者の軌道から長く外れたままにしておくにはあまりにも貴重な資源をなした。フランス人共同体に彼らがまき散らした恐怖は緊張を高め、軍隊・警察・赤い手による報復を招いた。オートクロクのやり方は、抑圧の限界だけでなく国際的非難のリスクがあることを明らかにした。国連でアフロ・アジア諸国の一ブロックが、フランスとチュニジアの交渉を同機関が助けることを提案したが、フランスは国内問題であると主張して本件の国際化に断固反対した。しかし、その鉄拳政策が外部による吟味にいつまで耐えられるかは見通せなかった。

オートクロクは一九五三年秋に離任し、チュニジア人は嘲り、入植者はうろたえた。彼が秩序の強制に明らかに失敗したので、フランスは交渉を再開せざるをえなかったが、オートクロクの後任ピエール・ボワザール（一九五三―五四年）は、ネオ＝ドゥストゥール党をその過程から排除し続けようとした。ベイは、オートクロクがけっして示さなかった敬意をボワザールは示したので彼を信頼し、ムハンマド・サラハ・ムザリを「この事態全体を解きほぐす[16]」よう手助けできる人物として、統監に推薦した。ムザリは弁護士で、シェニク内閣を含むいくつかの内閣に参加し、宮殿関係者に強い絆をもつが国民一般にはほとんどそれをもたない男だった。ムザリとボワザールが改革計画を起草し、アミンは一九五四年三月にそれを承認するとともにムザリを首相に任命した。この計画は首相の権限を強めたが、国民議会では予算審議にフランス人代表が対等に関わることになっており、地方評議会でも入植者が参加することを支持した。それは共同主権を維持したためチュニジア人が反対するのは確実だったが、ボワザールがブルギバをつとに政治の舞台から遠ざけただけでなく、フランスの監獄に送って自国から物理的に遠ざけたので反対が強まった。結局、同計画は遅すぎで少なすぎ、また何よりも、民族主義者の要求への同調からあまりに外れていることが明らかになった。

ムザリは在任わずか三カ月で辞任し、改革は死産し国は混乱のなかにおかれた。ネオ＝ドゥストゥール党とUGTTは、フランスが彼らを無傷で出し抜くことはできないと思い知らせるために、フェッラガとの絆を強めてボワザールによる排除戦略に対抗した。同党と組合のメンバーが彼らの訓練を助けたが、それは通常、近代的武器を入手したリビアで行われた。フェッラガは、一九五四年半ばまでに数千人に達し、農村の山賊から有能なゲリラへと変貌して、民族主義者の指導部から愛国的解放軍と称揚されたが、それによって実際に統制されることはまれにしかなかった。フェッラガの作戦は、数万人のフランス人部隊を釘付けにし、チュニジアをもう一つのインドシナに変えかねなかった。フランス首相ピエール・マンデス＝フランスは、行詰りの継続は受け入れがたいリスクを伴うと確信し、打破するためにそれまで受け入れがたかった措置をとる決意をした。最近ネオ＝ドゥストゥール党の頭目と会った相談相手から、「政策をブルギバに向けても良い……あるいは、ブルギバとともに作成しても良い……ブルギバを抜きにしては考えられない[17]」と請け合われて、マンデス＝フランスは静かに彼との会談を開始した。

マンデス＝フランスと、彼が選んだ統監ピエール・ボワイエ・ド・ラ・トゥール（一九五四―五五年）は、アミン・ベイと七月に会見し、フランスが今やチュニジアの国内自治を認めることを華々しく伝達した。彼らは統治者に、移行を管理するためにチュニジア人の幅の広い政治的見解を反映した政府を任命するよう促したが、それはネオ＝ドゥストゥール党以外の者を含めることで入植者の敵対的反応を最小限にしたいという――たとえ無理だとしても――希望によるものだった。タハル・ベン・アンマルの内閣のほとんど半分、そして新しい取決めの詳細な条件を煮詰めるためにそれが選んだ代表三人中二人は、ネオ＝ドゥストゥール党員だった。しかし進めるための交換条件として、フランス人はフェッラガの抑制を要求した。ネオ＝ドゥストゥール党、チュニジア政府、そしてフランスの文民・軍事当局は、ブルギバとの「裏チャンネル」での接触を通じてせかされた前代未聞の協力を見せて、ゲリラを武装解除し恩赦を与えるという計画を起草した。同党とUGTTはフェッラガの説得に全力を投入し、後者はほとんど例外なく一二月初めには秩序だった手順で武器を差し出した。

公式交渉は緩慢に進み、反対がなくはなかった。コロンは、会談が成功裏に終了すれば彼らの生活様式を終わらせるだろうと正しくも見なして、チュニジア人であれフランス人であれそれを支持する者すべてへの容赦ない攻撃を続けた。より不吉なことに、ネオ＝ドゥストゥール党指導者のすべてが対話を支持してはおらず、ブルギバとベン・ユスフの間に長くくすぶっていた反目が脚光を浴びることになった。後者は、たいていの場合、ブルギバと政治局の同盟者が完全独立を提供するに至らない協定を審議しようとすることを攻撃したが、二人の間の世界観の差異は、戦術的不一致をはるかに超える緊張を不可避とした。ベン・ユスフは、ますます汎アラブ陣営に引き寄せられていたが、彼のライバルはチュニジアとフランスの関係を、決定的に変更したとしても強力なままに維持するための土台作りをしていた。交渉におけるブルギバの役割は、新しいフランス首相エドガー・フォールが、交渉が行き詰まりそうだったため彼に積極的参加を懇請したので、舞台裏から舞台中央へと移行した。

国内自治協約の内容について、一九五五年四月末に合意がなされた。その規定により、フランスはチュニジアの外交関係と防衛の支配を維持した（バルド条約に従い）が、歴代の統監が自己にこの国を統治する権利を与えたと解釈した、ラ・マルサ協約の条項を撤廃した。同合意は、チュニジアのフランス人に、宗主国の公民権を維持し財産を所有する権利、文化的・宗教的・経済的・専門的・社会的活動を追求する権利、そして五年間は自分たちの法廷に頼る権利を保障した。他方、彼らは地方評議会レベルを除いて政治的権利を失ったが、多数のコロン人口を有する都市では、フランス人代表のための人口学的公式により全議席の七分の三をも確保した。協約の他の側面は、密接な経済的連携の継続を確認し、二年後に警察権力をフランス人からチュニジア人の手に移すことを取り決め、フランス語に特権的な地位を、とりわけ教育において与えた。チュニスで五月に、一万五〇〇〇から二万人の入植者が合意に反対してデモ行進したが、フランス議会がそれを拒否するという彼らの希望は七月に砕かれた。[18] その後彼らのほとんどは、できるだけのものを救うことに注意を向けたが、連合の失敗を受け入れたくない頑固者は、必要ならいかなる手段を用いてもフランス人による支配を永続させようと決意した、よりいっそう急進的な準軍事集団「フランスの存在《プレザンス・フランセーズ》」に加わった。

ベン・アンマルは、夏の終わりにネオ＝ドゥストゥール党が多数を占める政府を形成したが、六月に帰国して熱狂的歓迎を受けたブルギバは入閣を辞退した。それにかえて彼は合意への支持を募り、国内自治は独立への暫定的地位をなすのであって、マンデス＝フランスの見解とは違って、それ自体が目標ではないことを強調した。(19) ブルギバは、この不完全な取決めを受け入れた理由を説明して、フランスがインドシナで敗北し、アルジェリアで革命が勃発し、脱植民地化への反対に勢いがあるため、フランスはより以上の譲歩を議題にできないからだと弁じた。政治的現実主義は、一歩一歩進むやり方、提示されるものを受け取って、それを土台にしてよりよい状況が生じたときにより有利な協定を確保することを要求した。ベン・ユスフは九月に再入国し、やはり熱狂的歓迎を受け、ただちに彼が「一歩後退」(20)と名づけたものに対して攻勢を開始した。当初、ブルギバとベン・ユスフはときに一緒に行動したが、彼らの個人的・政治的・イデオロギー的相違は和解を不可能にした。一〇月に、政治局は書記長を党から追放した。

除名によりベン・ユスフはキャンペーンを強め、とりわけ幻滅したネオ＝ドゥストゥール党員やベン・ユスフが戦後に結成を助けた全国組織のいくつかから支持を集めた。ＵＧＴＴの舵取りをハシェドから引き継いだアハマド・ベン・サラハは、彼の強力な勢力の大部分をブルギバ陣営にとどめたが、ＵＴＡＣやチュニジア農業者総同盟《ユニオン・ジェネラル・デザグリキュルトゥール・チュニジアン》（ＵＧＡＴ）のメンバーの多くはユスフ陣営に引きつけられた。ネオ＝ドゥストゥール党と片をつけたがっていた二集団、ザイトゥーナの学生とドゥストゥール党の残党もそうだった。ベン・ユスフは、協約や経済（ネオ＝ドゥストゥール党の国民経済相ムハンマド・マスムーディの下で低迷していた）や、ベン・アンマル政府全体（多くのチュニジア人の素朴にも高い期待に応えられずにいた）を攻めたてた。アブド・アル＝アジーズ・サアルビが一九三七年に現れたときのように、集会でネオ＝ドゥストゥール党の闘士は

図版４・４　ハビブ・ブルギバのチュニス帰還、1955年６月１日。ブルギバは、監獄から釈放され、フランス政府と交渉してチュニジアに国内自治を与える合意を取りつけるのに成功したあと、チュニスで熱烈な歓迎を受けた。

ベン・ユスフの演説を邪魔し、シンパに乱暴を働いた。ブルギバによる自由主義的価値観の受容は、反対意見への寛容にまでは及んでいなかった。

対決は、一九五五年一一月の党大会で最高潮となった。ベン・ユスフは、それを阻止するかボイコットを組織しようとしたが、失敗した。ブルギバと同盟者による根回しで、大会の代議員は合意を支持し、また一九五二年初めの最後の党全体会議以来の、政治局の他の決定すべても承認した。大会はまた、進歩的な社会的・経済的課題を掲げたＵＧＴＴの報告を採択し、党は汎アラブの争点に集中すべきだとい

う ベン・ユスフの主張を暗黙裏に拒否した。この後退にもめげず、ベン・ユスフと支持者――二万人が、大会に抗議するためにチュニスの街頭に繰り出した[21]――は、対抗し続けた。ある者は対抗する党細胞を組織し、他の者はネオ＝ドゥストゥール党主流派への暴力に向かい、フェッラガ団の再興に及んだ。国が内戦の瀬戸際に立ったので、ベン・ユスフは一月にカイロに逃れたが、元の同志たちをしかり続けたので、一九六一年にブルギバは彼を暗殺させた。

一九五五年に、フランスとチュニジアの交渉が終わろうとしていたまさにそのとき、フランスはモロッコと議論をし始めて民族主義者の政府を生み出し、二年前に退位させられたスルタン・ムハンマド五世を復位させた。モロッコの独立は今や不可避に見えたので、アルジェリアの反乱を潰さなければならない以上そこに資源を移すため、フランスは三月初めにモロッコの保護国を終わらせた。ブルギバは、ただちにチュニジアにも同じ取扱いを要求し、フランスは三月二〇日に同意した。にもかかわらず、親ユスフ派のフェッラガは南部と西部で闘い続けた。ユスフ派の脅威がもっとも長引いた地域が、国のもっとも経済的に苦しい地域だったのは偶然でない。独立時の不穏な状況は、国家指導者たちが直面した深刻な諸問題に光を当てた――政治的亀裂を埋める必要、社会的・経済的発展を推進する必要、海岸地域と内陸部の格差を縮める必要である。最初の二つへの取組みは、様々な程度の成功を収めたが、三つ目は、彼らの明らかに決意不足の努力では歯が立たないことが分かった。

第五章

独立国家が進路を定める　一九五六―一九六九年

党に奉仕する国家、大統領に奉仕する党

ベン・ユスフへの支持の大きさは、ブルギバをぞっとさせた。彼は、アル＝ザーイム（指導者）やアル＝ムジャーヒド・アル＝アクバル（至高の戦士）といった称号を与えられ、自己のカリスマと民族主義闘争への献身との組合わせにより全チュニジア人の感謝と忠誠を勝ちえたと自認していた。反乱は、一九五五年末の最高潮時には国を内戦に陥れそうだったし、一九五六年三月の保護国終焉を記念する祝典に、なお陰鬱な雰囲気を投げかけていた。それは、チュニジア国民が、ブルギバとは考えの違う他の者たちも独立達成において重要な役割を果たしたと知っていることを彼に思い出させ、反省させた。ネオ＝ドゥストゥール党が大統領を出しているからといって、とりわけ党が内部分裂に苦しんでいるときには、大衆のゆるぎない支持が得られるとは限らなかった。

ブルギバは、フランスによる統治を終わらせるという理解しやすい要求の下に数十万人の普通のチュニジア人を動員するため、民族主義のレトリックを見事に用いていたが、独立とともに火のような反植民地演説はほとん

ど通用性を失った。この業績から進んで、存続可能で繁栄し近代的な国家を建設するためには、同じチュニジア人に、保護国政権に反対するキャンペーンの間は後部座席を占めていた社会的・経済的思想の長所を納得させる必要があったが、彼らはいつもその価値を本来的に明らかと見てはいなかったし、それは民族解放が獲得した幅広い支持を滅多に得なかった。その思想を広範に受け入れさせるには、長期にわたる教育が必要だった。それが前進するにつれ、ブルギバは独立後の課題を進め、将来の挑戦に備えるため、新政府における役割を確保しネオ＝ドゥストゥール党内での地位を強化する用意をした。しばしば傲慢に陥るほどの自信をもって、自分を家父長・教師・訓練至上主義者の役割に当てはめ、現代チュニジアの創設者である彼は、その国民、彼の子供たちが何を必要とするか誰よりもよく知っていることをはっきりさせた。

憲法制定を担う議会の選挙は、フランスが保護国を終わらせると決める前に設定され、独立後一週間にも満たない三月二五日に計画通り実施された。ブルギバは、一月のベイとの秘密の会見で、ある選挙法をアミンが施行しないとユスフ派への彼の同情を公にすると脅したが、その選挙法とは、投票者は政党が作成した候補者名簿に投票し、各選挙区で多数をとった名簿がその議席を獲得するというものだった。それは、政治局が選んだネオ＝ドゥストゥール党候補が立憲議会を支配することを確実にしたが、投票者は党幹部が作成した名簿を全体として受け入れるか拒否するかしなければならないので、民衆が選出した議会をという、民族主義者が繰り返した要求と正面からぶつかるものだった。ブルギバがこの取決めを交渉した秘密裏のやり方とその内容は、どちらもより広範な見解を許容し、ベン・ユスフのような党内反対派が党外で暴力的にやるよりも政治舞台で平和的にライバルと競う機会を提供する、いっそう民主的なやり方を好む多くの高位のネオ＝ドゥストゥール党員を悲しませた。

ネオ＝ドゥストゥール党の名簿は、ＵＧＴＴや政治局が支配する他の全国組織と協議して選んだ候補を含んでいたが、議会の九八議席すべてを獲得した——ただし、棄権率がジェルバで七一％、チュニスで四一％に達し

図版５・１　サラハ・ベン・ユスフ。ユスフとブルギバの対立は、独立直前の数カ月に表面化した。ベン・ユスフに勝ち目がないことが明らかになるや、彼はカイロに逃れ、そこで1961年に暗殺された。

たことは、ベン・ユスフが相当な支持を得続けていることを示した[1]。選挙後首相としてベン・アンマルに取って替わったブルギバは、ユスフ派の蜂起鎮圧に気を配ったが、投票参加によって正統性を与えることを拒否した人の不機嫌な反対は矯正できなかった。チュニジア陸軍はわずか数千人からなり、その多くは元ゲリラで十分な訓練を受けていなかったから、反乱を終わらせるには前植民者の支援が必要だった。フランスの陸軍と警察は、いくらか躊躇したがブルギバ政府とベン・アンマル政府同様に協力し、一九五六年六月までに最後のフェッラガが殺されるか逮捕された。彼らや犯罪行為を告発された他のベン・ユスフ支持者を裁くことを目的に「高等裁判所」が設置され、彼らを裁いた。同法廷は、フランス人との協同によって利益を得たチュニジア人も罰した。一九五七年に、「不正利得」や「国民の尊厳」に関する法律によって、一九五九年まで続く一連の見せしめ裁判が始められ、タハル・ベン・アンマル、サラハ・アル＝ディン・バックーシュ、ムハンマド・ムザリのような著名人物、またより下級の官吏多数の評判やキャリアを破滅させた。

「高等裁判所」の設置は、ブルギバが自己の権力を最大化しそうな政治体制を形成しようとしてとったいくつかの措置の一つでしかなかった。彼は、自由主義的代議士の反対を無視して議会にもっぱら憲法の作成に集中するよう促し、ベイの立法権を行使してそれにだいたい諮問的役割しか与えないようにした。しかし議会は、一九五七年七月に、ベイの地位を廃止して共和国を樹立し、アミンの立法・行政権を大統領に付与することを可決して、その称号をブルギバに与え彼を国家元首兼政府の長とした。憲法の公布は、一九五九年六月にようやくなされた。ブルギバは、それまでに事実上すべての国家権力を手中に収め、基本法によって正当化された「大統領制君主国」を創り出した。ネオ＝ドゥストゥール党は、同年中に行われた議会選挙で大勝し、名簿式投票で権力なき国民議会の全議席を得た。ブルギバは、大統領としての任期五年を対立候補なしに求めて国民の大きな支持を得、このシナリオは一九六四年、そしてまた一九六九年に繰り返された。

　ブルギバは政府の支配を固める一方で、ネオ＝ドゥストゥール党における自己の卓越性をも主張した。党首の地位をけっして手放さず、一九五〇年代末に党・国家・諸全国組織の諸制度を一つに編んだ体制の頂点に立っていた。ネオ＝ドゥストゥール党は、一九五七年に六〇万人という驚くべき党員数を誇示したが、それはほんの二年前の党大会時に謳われた数のほとんど二倍だった。この数字が誇張されていたのは確かだが、それでも以前は無関心だったチュニジア人が、独立への長きにわたる闘争の勝利者と手をつなごうとして党員数が急増したことを反映している。政党への公的忠誠が、史上初めてリスクを伴わなくなったのだ。反対に、絆の欠如は潜在的問題を作り出した——なぜなら独立後のネオ＝ドゥストゥール党は、熱心な支持者に閑職を提供するひいきのネットワークを運営したからである。党員であることは、政府職員にとって礼服《ド・リグール》のようなものだったし、闘士であったという記録はしばしばより重要な職務のために鍵となる資格だった。活動家の数は、一九五六年と一九五七年の人工的急騰に続き、闘士と支持者の区別の導入によりおよそ三五万人に落ち着き、細胞数は一八三〇から一〇〇〇に落ちた。[2] 司令官級では、政治局は今や中央委員会に再編され、独立後の最初の数年間にメンバーが一五人から五〇人に増えた。なお党のエリート要員ではあったが、より少ない人数で密接に結合した前任者たちのような権力をもはや振るわなかった。一五名からなる政治局が一九六四年に設けられ、大統領が選出して政策を作成し党の路線を定めさせるようになって、中央委員会の影響力はさらに低下した。これらの機関は、ブルギバを除いて党の第一世代の指導者を誰も含まなかったが、彼らはすべて彼と悶着を起こしていて、危機のときに裏切りや放棄を行ったという非難をしばしば受けていた。ネオ＝ドゥストゥール党の指導部への梯子を登る男たちがすべて、あらゆる問題で党の路線を疑わずに歩んだわけではないが、そのほとんど誰も、ブルギバや彼を取り巻く忠実な集団に挑戦するための支援者をもたなかった。

アハマド・ベン・サラハは、それをもっていた。UGTTは、一九五六年以降ネオ＝ドゥストゥール党が直面した矛盾を例示した。独立の必要性については、それをいかにして達成するかについての戦術的不一致はあれ普遍的な意見の一致があり、党内の様々な勢力を統一していたが、その目標がひとたび達成されるや、独立国家の性質についての非常に多様な見解が表面化した。組合と党との間のとりわけ先鋭な哲学的相違ゆえに、UGTTに対するネオ＝ドゥストゥール党の支配を強めることが、独立に続いてきわめて高い優先順位を占めることになった。ブルギバは、一九五五年の党大会でベン・サラハが要求した社会主義的綱領は、彼の政府にとって重要な西洋の支持を台無しにするので、一九五六年の組合大会で一五万人の労働者の多数派がそれを支持したあとでさえも、実施する気は全然なかった。ハビブ・アシュールは、UGTTの初期にハシェドの助手だった人物で、それ以前からネオ＝ドゥストゥール党員であったが、ブルギバに内輪で鼓舞され、UGTTのメンバーの三分の一をライバル組織へと誘ってベン・サラハに挑戦し、労働運動の再統一の一条件としてベン・サラハの追放を要求した。ブルギバが公然とアシュールに肩入れすると、UGTTの幹部は整列し新しい書記長アハマド・トリリを任命したが、彼はネオ＝ドゥストゥール党の政治局員でもあった。ベン・サラハは辞任し、続く一五年間組合は、政治の舞台から党の付録として以外消えてしまった。制憲議会のUGTTメンバーが、憲法の最終草案において社会保障に通り一遍の言及しか盛り込めず、それが労働者のスト権さえ認めなかったことは、この消滅を象徴した。

ＵＧＴＴが組織として活躍しなかった一方で、ベン・サラハは個人としていっそう活躍した。ブルギバは、ベン・サラハ失脚後五年未満で彼を復権させ、ネオ＝ドゥストゥール党の政治局に加え、国家計画相に任命して経済の一大改造の監督を担わせた。多くの人は、彼をブルギバが後継者に選んだ人物と見なすに至った。ベン・サラハは、政治局で、ライバルの一人でブルギバが自分を失脚させようと謀ったと信じたムハンマド・マスムーディに取って替わった。マスムーディは、情報相として『行動《ラクション》』（ラクション・チュニジエンヌを改称したもので、一九五五年に復刊していた）を監督していた。同紙は、数年間一九五六年の選挙法、制憲議会の作業、そして「高等裁判所」の裁判や自国の外交政策について痛烈な批判を続けたので、ブルギバはマスムーディを党から追放した。彼はその後、ベン・サラハのように顕官として復帰するが、それは皮肉にも一九六〇年代末にベン・サラハの運勢がふたたび暗転したときだった。ブルギバは、自分の批判者を国家と党の側近から追放し、無力な一時期で十分懲らしめた――チュニジアの政治エリートのメンバーは、ほとんどが成人後の人生を権力追求に捧げていたから、無力であることは厳しい制裁だった――あとに呼び戻すテクニックを好んで用い、反対者への彼の不寛容は一九五六年以降弱まる気配をいっこうに見せなかった。

社会環境の変容

ブルギバは一九五六年の春と夏、独立への国民的熱狂、彼自身の一般に肯定的なイメージや高い公的人物評、そしてすでに蓄積しつつあった相当な権力を利用して、宗教の特定の側面に国家統制を課した。そうすることは、国家におけるイスラムの役割という重要問題についてのブルギバの見解とベン・ユスフのそれとの、きわめて顕著な対照性を反映していた。ブルギバは、こうした改革とそれを進める速度の選択によって、ライバルの

図版５・２　身分法を宣伝する郵便切手、1958年。新法は重婚を禁止し、婚姻に最低年齢を定め、女性にも離婚手続きの開始を認め、身分法に劇的な変化をもたらした。それは、1920年代のトルコにおけるムスタファ・ケマル・アタチュルクの諸改革以来、ムスリム世界でもっとも革命的な同種の立法となった。

解釈でなく彼のそれによるチュニジア統治体の支配を擁護したかったことを明らかにした。モスク・コーラン学校・その他のイスラム諸機関を支援するために取りのけられた土地を管理するハブース評議会は、まっさきに影響を受けた。同管理機関は、保護国時代に植民地化のため土地を喜んで提供した責任を問われて政府により所有地を没収され、その資金の受益者であった宗教・教育・慈善団体は国家管理下に入った。政府は、「公的」ハブース体制を解体して一年後、「私的」ハブース地（その用益権は、基金の創設によって所有権を譲渡した創設者の相続人に帰属した）を、私的所有地として相続者間で分配せよと命じた。

国家の司法制度が、一九五六年八月に二つのシャリーア法廷（一つはマリキ派の慣習の信奉者用、他方はハナフィー派ムスリム用）を吸収し、イスラム法によって認められているが進歩派から女性に不利だと見なされた、ある種の慣行を変更する身分法の導入に道を開いた。同法は、核家族を強化しジェンダー間のより平等な関係を助長した。女性は、離婚や見合い結婚の承諾権を含む新しい権利を得、子供の保護や相続の問題に関する既存の権利保有を拡大した。同法は同時に、女性に収入が許す限り家庭の維持に貢献すること等の義務を明確に課した。他の条項は重婚を禁止し、男性の離縁権を廃止し、婚姻の最低年齢を定めた。

この身分法は、一九二〇年代にトルコがシャリーア法を廃止して以来もっとも革新的な法律改革で、国の指導者の思い描く社会の軌跡をはっきりと明らかにした。しかし彼は、自分をアタチュルクのようにイスラムを押しのけているのではなく、イジュティハド、すなわち独立的推量を通じて再解釈する人として売り込もうとした―その方法は、一九―二〇世紀のイスラム改革者が高く評価したものだが、ブルギバもフランス的教育によってしみこんだ合理主義を人間の資質中もっとも高貴なものの一つと考え、高く評価したのである。首相は、同法施行後間もない頃、ヨーロッパ人とチュニジア人の聴衆を前にして、チュニジアの深く根づいたアラブ・イスラム的伝統は、

現代世界と密接に交流しながら生き、……［そして］現実と取り組むために他文化、とりわけ西洋文化に窓を開きたいという［欲望を少しも減らしませんでした］……こうして、我々の国は、未来のために必要な道具を鍛造しながら、文化的過去に対して忠実でいられるのです。[3]

と述べた。政府は、ザイトゥーナ・モスク＝大学の学長に穏健進歩派の人物を任命し、シャリーア法廷を再編して判事の一部を配置換えするか退任させ、宗教体制の他の著名なメンバーに様々なご機嫌取りを行って、同法への反対を黙らせることに成功した。多くのそれほど高位にいないウラマーは、上級幹部の臆病さとブルギバの向こう見ずさの両方に非難を投げかけたが、彼を止めるには無力であることを知っていた。ベン・ユスフは、ブルギバがムスリムの正しい統治者の伝統的義務をひっくり返して「神が許可したものを禁じ、神が禁じたものを許可する」[4]ことを引き受けたと激しく非難したが、カイロからの発言によってはチュニスの出来事に影響を及ぼせなかった。

身分法を工作した男性 党員たちにとって——一九五五年まで党中枢に女性は加わらなかったし、その後もごく少数だった——、チュニジアの完全な解放は労使関係だけでなく、ジェンダー関係でも時代遅れの社会慣行の除去を必要とした。こうした態度が、よりフェミニスト的な態度よりも同法の誕生につながったのであり、あらゆる形態の伝統的服、とりわけベール着用をやめさせようとするキャンペーンをも生み出した。ブルギバは、古くさい衣装は古くさい思考や行動の様式を促すと信じた——それを着ることを選ぶ者は、少なくとも無意識的に現代世界の拒絶を表明しているのだと。彼は、独立後最初の数年間どの演説でも、ベールは「不愉快なぼろ切れ」で女性を貶め、何の実用的価値もなく、イスラム的規準による節度に従う上で義務ではないと非難した。このネオ＝ドゥストゥール党指導者は、公開の席には常にコートとネクタイで現れ——ベン・ユスフと異なるもう一つの点だった——、伝統的な男性用衣服についても同様の議論をなした。ブルギバは、強い個人的確信にもかかわらず、多くのチュニジア人が子供時代から従ってきた習慣にしがみつく頑固さをよく理解し、教室でのベールを禁じたほかは伝統的衣装を不法とすることを拒否した。

ネオ＝ドゥストゥール党指導者たちの親族の女性多数は、チュニジアの女性に身分法について教育し、習慣的限度を超えて冒険することを促し、日常生活を改善する機会を与えるために、一九五六年にチュニジア全国婦人同盟《ユニオン・ナショナル・デ・ファム・チュニジエンヌ》（UNFT）を結成した。同党は、一九三六年にサラフィーヤ主義の改革モデルに基づいて創設された組織であるチュニジア・ムスリム婦人同盟《ユニオン・ミュジュルマン・デ・ファム・ド・チュニジー》といくらかつながりがあったが、こうした団体を支持する関心は一般にほとんど示さなかった。それらはたいてい、一九三〇年代にネオ＝ドゥストゥール党の嗜好にとってあまりに保守的だったし、戦後初期に一番活動的な集団は共産主義戦線だった。一九五〇年代初期になると、より多くの女性が民族主義キャンペーンにおいてかつてなくより行動的な役割を果たすようになり、男たちが獄中にいるかフェッラガに加わっていた家族を支援するネットワークを立ち上げ始めた。ある女性たちはゲリラ団にも加わり、他は情報を提供したり、偵察兵の役目を果たしたり、フランス人兵士や警官が彼女たちを呼び止めて調べそうになかったから小兵器を運んだりした。三〇〇人の女性が一九五五年に大会を開き、男性との民事・政治上の同権、投票権、選挙職への立候補権、女性教育への配慮拡大を要求したが、ネオ＝ドゥストゥール党は保護国を終わらせることに集中していたので女性に関する議題を除外した。他方、ネオ＝ドゥストゥール党は身分法とUNFTをもって対応した。後者は、一九六〇年までに一一五の支部にほとんど一万四〇〇〇人のメンバーを得た(5)。UNFTは身分法を、とりわけ女性も男性同様その改革に対する態度を保留していた農村部で宣伝し、女性が一九五七年に与えられた投票権を行使するよう促し、女性人口の読み書きできない九六％のために識字教室を開設して、その一部は家族計画に向けられる保健計画を開発することに初期の努力を傾注した。一九五六年から一九六五年の一〇年に、女性の識字率は高まり出生率は下がったが、どちらもきわめて劇的な変化だった。もちろん、UNFTメンバーだけがこうした逆転をもたらしたわけではないが、同組織の教育事業は独立後最初の数年に数万人の女性を助けたから、彼女たちがそれに貢献したのは疑いない。

彼女らの娘たち数十万人は、若い女性のための公教育を支持する党と政府のキャンペーンから利益を受けた。近代的教育が、独立チュニジアの指導者たちのほとんどの人生を形成する上で重要な役割を果たしたので(6)、彼らは国家教育体制を拡大し、それを同時代の国民の必要と結びつけ、より多くの学生をそこに引き入れることの重要性を認めていた。過去には少女はほとんど学校に通わなかったが、ネオ＝ドゥストゥール党幹部は、少女に近代的教育を与えることは、彼女たちが妻や母になったとき家族に伝える社会的価値観に影響を及ぼすと知っていた。一九五〇年代半ばには、自宅や畑以外で働く女性はほとんどいなかったが、効率的経済発展には労働力における女性の数の増加と彼女たちを雇用する新しい部門の開拓が必要だったし、そのこともより多くの女性を教育する動機を付加した。保護国の最後の一〇年間に、小学校生徒数は顕著に増加した――男子は二倍、女子は四倍に――けれども、一九五六年になお初等教育年齢の少女の一三%しか規則的に通学していなかった[7]。男子にとっての同様な数字（三三%）は、教育の不足は女性においてもっとも甚だしかったが、けっして女性に限られたものでないことを顕わにしている。初等レベルを過ぎると、就学率は両性において急減した。

政府は、一九五八年から中等教育機関をも改善しながら一〇年以内に全児童に初等教育を提供することを目的に、新しい学校の建設、より多くの教師の訓練、カリキュラムの改訂のために予算の約五分の一を投入し始めた。初期の重要な決定により、公教育の言語が決められた。政府と党の指導者たちは、アラビア語に公用語としての地位を与えながらフランス語にチュニジアを超える世界への橋、そして経済発展のための本質的道具としての重要性を認めた。いずれにせよ、国は独立時に雇用できた六〇〇〇人のチュニジア人教師を補うフランス人教諭の中核グループに依存しており、実に多様な政治的見解をもつアラブ諸国からの教育者を雇うことを嫌ったので、フランス語による一定の教育は不可避だった。その結果である二言語体制に満足した政府は、最終的にはアラビア語化すると約束したが、その方向に向けての重要な措置は何らとらなかった。初等学校では、最初の二年間はアラビア語で教えたが、残りはフランス語か両言語を組み合わせて教えた。中等教育ではフランス語が標準だったが、アラビア語の使用が歴史・地理・哲学といった科目ではより普通になった。このバイリンガル構造と、カリキュラムにおける宗教教育の削減により、多くが伝統的に教職を追求したザイトゥーナの卒業生は、独立後の教育体制での見込みをほとんどもてなくなった。

第二の重要な決定は、教育推進の手法についてなされた。政府と党の指導者たちは、学校を満たすために教育を義務づけるよりも、自分の相当な説得能力を用いることを好んだ。初等レベルの就学率は着実に向上し、やがて（一九八〇年代に）六歳から一一歳までの男子の約八五%、女子の七〇%でピークに達した。同様の傾向が中等教育でも生じたが、就学は一二歳から一七歳の人口の四〇%をけっして超えず、全学生の約三分の一のみが女子であった[8]。普遍的教育という野心的な目標は、一九九一年に六歳から一六歳までの全児童に就学を義務づけた法律を制定したのち、ようやく達成された。

チュニジアは、独立後最初の数年間に開始された社会革命により国際的脚光を浴びた。この改革は、ネオ＝ドゥストゥール党および政府の上級幹部によって工夫され、広範な支持を得てはいるが民主的慣行をほとんど尊重しない政権によって上から押しつけられ、自国民が何を必要とするかを（彼らよりもよく）知っていると確信し、地球共同体から尊敬される「近代的」社会を築くことを決意した一指導者の目標を体現していた。改革者の傲慢さも、ときに手荒な手法も、アフリカ・アジアの大衆が啓蒙的（西洋化された）指導を必要とするという植民地的思考がなお支配的だった当時は、外国からの批判を受けなかった。それどころかブルギバ政府は、「時代遅れの伝統」への攻撃、教育の拡大と婦人の地位強化によって賞賛を博した。これらの社会政策が、ブルギバの冷戦における西洋との揺るぎない同盟と相まってアメリカからの経済支援獲得を助けたし、アメリカはチュニジアを他の発展途上国のモデルとして、とりわけ革命的政治のために社会進歩を犠牲にしたアラブ諸国家と好意的に比較し、ほめちぎった。独立チュニジアの社会プログラムは、脱植民地化がアフリカ中で最高潮を迎えた一九六〇年代までに根づいて、実を結び始めていた。旧フランス植民地に登場しつつあった指導者たちの一部は、フランスでの学生時代にブルギバを個人的に知っていたし、大陸中で他の指導者は、民族主義者で社会変革の唱道者としての彼の評判を知り、尊敬した。チュニジアの例は、彼らの多くに、自国の独立後の路線を決めるに際して影響を与えた。

国際舞台での尊敬は、国内の断固たる反対派、とりわけ宗教界幹部のそれには何の意味ももたなかった。多くのザイトゥーナの学生・教員・卒業生で、独立闘争の最後の頃かユスフ派の挑戦のさなかにネオ＝ドゥストゥール党の主流派指導部と袂を分かった者は、同モスク＝大学が一九五六年に教育省の監督下におかれたことを、宗教的事項に対するより厳しい公的支配の前兆と見なして反発した。その後、かつてはザイトゥーナのウラマーが権限をもっていたイスラム的教育・司法・その他の機関を政府が支配するようになって、彼らの懸念は裏づけられた。しかし彼らの憤懣の噴出を引き起こしたのは、ラマダン月にブルギバがムスリムによる断食を公然とけなしたことだった。

大統領は一九六〇年の演説で、チュニジアは低開発に対するジハード〔聖戦〕に関わっているので、イスラム防衛のためのジハード中の戦士同様、その国民は断食を免除されると主張した。ブルギバは、この解釈をイジュティハドの産物として承認させるため（彼が身分法の異論ある条項を正当化したように）、チュニスのムフティーから支持するファトワを要求した。後者の声明が明白な支持を与えるに至らなかったため、彼は罷免された。しかし、党の忠誠派の間でさえ、彼らの指導者の助言に従ったチュニジア人はほとんどいなかった。翌年、彼がキャンペーンを再開しようと準備していたとき、ケルアンで暴動が起きた。この尊重されるべき宗教的中心地は、独立のずっと前からユスフ派の一拠点だったが、ブルギバと同盟者への反抗の対価は、国の他地域で生活の質を改善しつつあった事業から除外されることだと知った。その影響力あるウラマーは、ブルギバのイスラム観を公然と中傷し、自分を宗教的権威として打ち出そうとする努力を軽蔑した。政府が、この人気があり率直なイマーム〔導師〕を配置換えする決定をなしたため、ある日デモ隊と警官が街頭で衝突し、政治体制への挑戦としてはユスフ派のフェッラガを鎮圧して以来、もっとも深刻で血みどろの事件となった。

ブルギバはその後、宗教的指導者たちが不満を抱き抗議者を鼓舞した裏には、彼らの宗教的懸念と言うよりハブース地の没収による経済力の損失があったと主張して、彼らを中傷した。彼は、もう一度チュニジア人に断食を無視するよう促して力説したが、その後この問題を取り上げなくなった。チュニジア人の大多数は、新しい学校や新しい法令が彼らの社会をどれほど変えつつあっても、ムスリムとしての彼らを定義する根本的な宗教的慣行を破棄する気はさらさらなかった。ウラマーは、一九五六年から一九六一年にかけてのイスラム的制度や慣行への攻撃で、ネオ＝ドゥストゥール党とその世俗的指導者をいよいよ嫌悪したが、彼らに反抗する力が自分たちにはないことを知っていた。チュニス大学が一九六一年中に開設された際、その現実を強調するようにザイトゥーナ・モスク＝大学はその神学部として吸収されて明らかに国家に従属させられ、その卒業生も西洋的教育を受けた田舎者に従属させられた。ブルギバもウラマーもともに、国家が宗教的支配層を牽制する力をもっていると理解した以上、当面は一方が他方を敵に回し続けることに何の利点もなかった。

フランスの長引く影

ブルギバは、アルジェリアの民族解放戦線《フロン・ド・リベラシオン・ナショナル》（ＦＬＮ）にチュニジア内部にキャンプ地を設けることを許したが――この決定は、部分的にはＦＬＮ創設以来密接な関係を維持していたベン・ユスフを出し抜こうと意図したものだ――、それは独立チュニジアのフランスとの関係を緊張させ、一九五七年から一九六三年にかけて約束された経済援助の停止を導いた。フランスの資金が留保されても、すでに進行中だった改革を破綻させなかったのは、まさにアメリカが相当な援助を投入したおかげだった。チュニジア人は熱狂的にアルジェリア革命を支持し、新独立国の政府は隣国がその独立を達成するのを助けないわけにはまずいかなかった。ブルギバは、アルジェリアの軍事作戦支持を平和的解決の推進措置とバランスさせようと試みたが、フランスの非妥協性と、エジプト大統領ガマル・アブデル＝ナセルに率いられた声高なアラブ民族主義者のＦＬＮ擁護者による、妥協への絶対反対が組み合わさったため、そうしたやり方はうまくいかなかった。ナセルの汎アラブ的レトリック（それはカイロを、一九五六年以来ベン・ユスフにとって快適な政治環境にした）や、エジプトの同指導者がアラブ連盟を支配したことはブルギバの気に入らず、彼は自国を東アラブの荒れ狂う政治から離しておこうと努めた。チュニジアは一九五八年まで連盟に加わらなかったが、その年に加入を決めたのは利害の見直しによるというよりも、フランスとの関係が悪化するなかで孤立を避ける必要があったためだ。

同年二月、フランスの飛行機がアルジェリア国境の村サキエト・シディ・ユスフを攻撃し、多数の民間人を殺した。ブルギバは、反植民地的レトリックの復活をもって反応し、世論を動員して、チュニジアにまだ駐留していた数千人のフランス人兵士の大部分の撤退と、残余をサハラの若干の拠点とビゼルテの巨大な海軍施設に閉じ込めることを要求させた。同年中にチュニスにアルジェリア暫定政府が設けられたことは、さらにフランスをいらだたせたが、一九六一年七月にビゼルテ基地である事件が起きたため武装対決が引き起こされた。ブルギバは、フランスに同基地から撤退せよという彼の要求に応じるよう圧力をかけようと、党の闘士たちに「人民軍」を作って、ビゼルテ近郊中に散在するフランスの拠点を包囲する兵士や警官に加わるよう促した。数日間衝突が続き、こうした志願兵は痛ましくも準備不足であったために数千人が死傷し、フランス軍が同市と周辺地帯の要地を占拠した。チュニジアは国連に訴え、後者はフランスに部隊を海軍基地に引き揚げさせて紛争解決のため交渉するよう促した。フランスは、アルジェリア戦争が一九六二年夏に終わるまで基地の地位についての真剣な討議を遅らせたが、その後翌年に返還することに合意した。ブルギバは、ビゼルテでの甚大な人命喪失に責任があったにもかかわらず、党と国家をしっかり掌握していたので深刻な国内的反発を最小限にしえた。しかしこの冒険の向こう見ずさは、チュニジアの西洋の友人たちにかなりの衝撃を与えたが、この事件が冷戦における同盟関係の再編を示唆するものではないと分かるや彼らの懸念は和らいだ。しかし、もしブルギバが、ビゼルテ基地をチュニジアの主権下に取り戻したことで、スエズ〔運河会社〕からイギリスを追放したことがナセルの地域的威信を高めたように、国外で彼がもてはやされるようになると期待したならば、彼は間違っていた。

最後のフランス人兵士が一九六三年一〇月一五日にチュニジアを去ったが、数千人のフランス人入植者は独立に続いた脱出に加わることをなお拒否していた。一七万人のヨーロッパ人――全体のおよそ三分の二――が、一九五五年から一九五九年の間に同国を去った。そのなかには、最初の一八カ月だけで八〇〇〇人のフランス人官吏がいた。チュニジア人のリセや大学の卒業生が、彼らの空けた高位職の一部を満たしたが、はるかに多くは、しばしば適切な技量を欠いたにもかかわらず党の忠実なメンバーが満たした。ムスリムの公務員の名簿は、独立前の一万二〇〇〇人から五年後には八万人に増えた。一九五六年にチュニジアに六万七〇〇〇人いたイタリア人は、フランス人同様に在住外国人の範疇に入れられて、その後一〇年が経つ頃には三分の一が出国した。[9] ある入植者たちは、独立によって必要となった調整に応じられなかったか、応じたくなかったために出国した。他の者は、従事していた職場が閉鎖されたか、政府による規制で生計を立てるのが困難になったからだった。

これらの年月にチュニジアから移民したのは、外国人ばかりではなかった。一九四八年にイスラエルが独立したのは、およそ八万五〇〇〇人のユダヤ教徒にとって自分たちの祖国の将来が不確かなときだったから、その後四年の間に一五％近くが移住へと駆り立てられた。[10] 保護国の終焉は、彼らの恐れた不幸を共同体に何らもたらさなかったので、続く数年間には移民はそうとう減った。それどころか、ある著名なユダヤ教徒の弁護士が最初の政府で入閣したし、自由専門職のユダヤ教徒たちが他の公職に就いた。新政府は、チュニジアのユダヤ教徒がイスラエルに移住するのを阻止しようとは何ら試みなかったし、ブルギバは、当時は公けに知らされなかったが、世界ユダヤ人会議の幹部と目立たない接触を維持し、共通の関心事を討議して、早くも一九五七年にアラブ諸国はイスラエルの存在の受容とパレスチナ人の大義の尊重とを折り合わせる必要があるとの見解を伝えていた。[11] 彼は八年後、新設されたパレスチナ解放機構がイスラエルとの交渉のための出発点として、一九四七年の国連によるパレスチナ分割を受け入れるべきだという提案を明らかにした。ナセルは、それへの返答として嘲笑と敵意の集中砲火を組織し、そのあまりの激しさにチュニジアは一九六六年にエジプトと断交した。しかし翌年、イスラエルとそのアラブ隣国との間に戦争が勃発すると、パレスチナという感情のこもった争点について大統領の見解を共有するチュニジア人はほとんどいなかったことが明らかになった。反シオニスト・デモが国中で発生し、そのいくつかはユダヤ教徒の共同体員への攻撃やシナゴーグその他のユダヤ教徒所有資産への加害を煽った。ブルギバはそうした事件を非難したが、戦争に続いてユダヤ教徒移住の波が持続し、同共同体は急速に一九五六年の規模の半分へと減少した。

自由主義経済から「ネオ＝ドゥストゥール党の社会主義」へ

独立後最初の数年間にヨーロッパ人が流出したことは、新政府にとって多くの経済的困難を生み出したが、いくらかの好機をも提供した。一方で、国は多数の保健専門家・法律家・技術者・公務員・企業家・中間管理職員・熟練労働者の損失を打ち消す十分な資源を欠いていた。おそらくなかでももっとも重大だったのは、多くの商業的農民を失ったことで、彼らは土地のとりわけ豊かな部分を機械と近代的技術により耕していたから、その数や所有地の規模には非常に不釣り合いな生産比率を生み出していたのだ。彼らの離脱は、農業の生産性にきわめて否定的な影響を及ぼした。経済の他の部門では、資本の大量逃避によって作り出された真空を埋める立場にいるチュニジア人はほとんどいなかったし、いたとしても行動を躊躇した。政府は、地元の投資家を一九五六年に国有化した公益事業の運営に当たらせようと試みたが、うまくいかず、選択によるよりもむしろ必要に迫られて国家自身がそうしたサービスを運用せざるを得なかった。もっと積極的な傾向としては、ヨーロッパ人が去ると決めたおかげで、多くの仕事がチュニジア人に開かれた（主として都市部に住む教育を受けた者にだが）し、フランスやイタリアに帰る入植者の放棄した土地を政府が接収して、農村の価値ある不動産を何千ヘクタールも支配下におくことができた。

経済の運営責任は、チュニジア中央銀行を一九五八年の設置から一九七〇年まで頭取として率いたヘディ・ヌイラに負わされた。ネオ＝ドゥストゥール党政治局員で、ブルギバとサヒルの町モナスティルで同時期に育った仲間として個人的友人だったことが、ヌイラに影響力と自由裁量権を与えた。ヌイラは、ボス同様、保護国時代の自由主義経済を維持することが、独立への移行期間に経済の均衡を保ちながら繁栄を創り出す鍵を握ると信じていた。この考え方に従って、国家は土地をほとんど、あるいはまったくもたない農民に土地を提供したが、私的所有権を侵害しない形でそうした。すなわち、かつてのコロンが放棄した農地や、ハブース評議会から取り戻した資産、まだ同国に住んでいたヨーロッパ人で売りたがっていた人たちから買い取った所領を、分配したのである。新所有者たちは協同組合を作るよう促され、それによって個人の所有権を維持しつつ、有利な融資条件を確保し農業機械を入手することができた。チュニジアは、社会的進歩と政治的信頼性の証拠とともにこの穏健経済路線によって、独立後最初の五年間でアメリカから五〇〇〇万ドルの援助を受け取った。[12] しかし残念ながら、外国投資も国内投資も望まれた水準には遠く及ばなかった。

人口増加は、政府の抑制しようとする努力に反応し始めていなかったから経済成長率を上回り、後者は停滞して一部のチュニジア人には不快を、はるかに多くの人には深刻な苦難を与えた。国家と党の指導者たちは、この状況に対処するために、それまでの経済問題にほとんど関心を払わない民族主義の支配的イデオロギーを超えて動く必要があったが、独立闘争時には団結していた多様な階級や利益団体が、互いに対立し始めるのを防ごうと試みた。そのため彼らは、低開発への体系的闘いに関心を集中させようとした。早くも一九五八年に、あまり効率的でない国家計画評議会が主要な国家的組織——ＵＧＴＴ、ＵＮＡＴ（ユスフ派のＵＧＡＴを一九五五年におきかえたチュニジア全国農民同盟《ユニオン・ナショナル・デザグリキュルトゥール・チュニジアン》）やＵＴＩＣ（ＵＴＡＣが独立後改称したチュニジア商工業者同盟《ユニオン・チュニジアン・デザンドゥストリエル・エ・コメルサン》）——の代表を、適切な政府幹部と結びつけた。翌年のネオ＝ドゥストゥール党大会は、経済の諸問題に対処する国家計画の作成を要求したが、サキエト・シディ・ユスフの砲撃に続く数カ月は、チュニジアにおけるフランスの軍事的存在を制限しようとするキャンペーンが他のすべてに優先した。ブルギバは、一九六一年初めに新たに設置された計画省の長としてアハマド・ベン・サラハを指名し、経済戦線での重要な決定が近いという噂を確認したが、これによりベン・サラハが一九五六年に求めて失敗した国民経済に対する影響力を、彼に授けた。大統領が、ベン・サラハは今や彼の完全な信認を得ていることを明確にしたので、両者は計画だけでなく「ネオ＝ドゥストゥール党の社会主義」を語り始めた。

　ネオ＝ドゥストゥール党は、一九六四年に「解放された」ビゼルテで開かれた党大会で社会主義ドゥストゥール党《パルティ・ソシアリスト・デュスチュリアン》（ＰＳＤ）と改称され、このイデオロギーが公式に受容されたことを伝えた。大会で採択された他の決定は、党を再構成し国家的組織や政府と党との関係を再定義したが、それらの目的は、党が一部の指導者たちが起きていると恐れたような官僚的無気力に陥るのを許すよりも、国民の前衛としての独立前の地位を回復することだった。ＰＳＤは、国家的諸組織を、今やメンバーの利益への注目を呼びかける党のパートナーというより、党の見解を支持し推進することだけを期待される従属機関と見なし、それらへの支配を強めた。同党は、国家的諸組織のメンバーも個人としてＰＳＤに入党するべきだ（過去にそうだったように組織加入を通じて自動的に党員になるのではなく）と主張した。この措置は、一組織が党との関係を絶ちメンバーを脱退させると脅かすことで、党に圧力をかける可能性を除去した。一九五五年と一九五九年の党大会は、党と国家の関係という問題を避けて通ったが、一九六四年の大会は明示的に両者を結びつけ、党を推進力機関、国家を執行機関と位置づけた。同党の地域・地方の支部は、一九五八年以来政府の構造と並列していたが、今や地域の知事は国家と

ＰＳＤを同時に代表した。さらに、相当数の高い教育を受けたテクノクラートが、政府とＰＳＤの両機関で、とりわけ経済と計画に関わる部門の重要な執行職において、忠実だが未熟練の党員に取って替わった。チュニジア共産党が、反政府陰謀に関与したあと一九六三年に禁止され、社会主義ドゥストゥール党は同国で公式に唯一の政党となり、一九六四年の大会後国家と市民を未だかつてないほどしっかり把握するようになったが、ブルギバは党関係の会合を同様にしっかり支配し続けた。

図版５・３　机に向かうハビブ・ブルギバ大統領、1965年頃。ブルギバは、首相・大統領・党指導者として、独立チュニジアの政治的・経済的・社会的路線を定めた。大胆な取組みにより、多くのアフリカ・アジアの指導者のみならず、西洋の著名な政治家たちからも友情を勝ちえた。

ベン・サラハが計画大臣に任命されてから、ビゼルテの党大会までの三年間に、「ネオ＝ドゥストゥール党の社会主義」が形成された。第一次一〇カ年計画（一九六二―七一年）は、六％の年間成長率を想定し、それが自給自足度を高め生活水準を上げ、所得の公平な分配を達成し始めるはずだった。制限された構造改革により、国家が、工業のような重要だがこれまで放置された経済部門に対して介入し、外国所有の企業をチュニジアの支配下におくこと（脱植民地化の最終段階）や、農業協同組合のネットワーク樹立にも国家が介入するとされた。そのように野心的な課題を実行するには、経済にそれまで実現されたよりも大きな投資を行う必要があった。国内総生産（ＧＤＰ）に占める投資の比率は、一九六〇年代初めからその末期までに一〇％から二三％に上昇したが、同期間に開発計画の資金調達の三分の一以上を外部からの借款と贈与に頼ったことは、大きな困難を作り出した。一部の援助機関が社会主義への転換に不満を感じて、外国援助は計画省の幹部が最適水準と見なした目標を達成できなかったが、海外からの公的・私的資金は一九六九年に一人当たり三一ドルに達し、これは世界のほとんどの国よりも多かった。大部分の資金は借款という形で来たので、それは政府の債務が一九六〇年から一九七二年の間に四倍増するのに貢献し、債務の対ＧＤＰ比もまた世界のほとんどの国よりも高くなった。[13]

工業部門

工業化計画は、主として輸入への依存を減らすために企画されたが、他の経済的・政治的目的にも役立った。国内の開発の遅れた地域――中央部、南部、西部――に食品加工工場や繊維工場を設けたことは、消費者に輸入代替品を提供しただけでなく、植民地時代に近代的工業が集中していた首都を超えてそれが広がることで経済成長を均衡させ、経済的苦境ゆえに保護国の末期にユスフ派の陣営へと駆り立てられた地域をてこ入れした。この型の中小規模の努力のいくつかは成功したが、他の多くは失敗した。低賃金と高失業率ゆえに製品への需要は制限され、それらが必要とした資本輸入は収支の赤字を悪化させ、経済を刺激するのに十分な職を生み出さなかった。

重工業計画については、二つのもっとも成功した事業は下層土資源に関わるものだった。チュニジアのリン酸塩採掘は比較的コストが高く、その鉱物原料が世界の他地域の鉱床と競争するのを妨げていたが、政府がリン酸塩の二次製品を製造する工場を建てたことで、第二次大戦以来不況にあった鉱山が復活した。肥料やリン酸への国際契約が相当な所得を生み出したが、輸出収益へのその貢献は、石油販売による収入の前では目立たなかった。イタリアの会社が、一九六四年にアル＝ボルマで商業化可能量の油を発見して以来、政府と外国の特許権所有会社と合弁事業が、サハラ地域の多くの油田で生産を行うに至った。石油は一〇年間輸出を着実に増やしたあと、一九七三年のアラブ・イスラエル戦争に続いて原油価格が高騰し、一九七四年には同国のもっとも価値ある輸出商品となった。最初の発見後まもなくビゼルテに製油所が建設され、控えめな量の原油が加工されるようになって、輸入石油やその派生物への依存を減らしたが、原油の国際的収益力が高かったので、通常国内市場用に残されるよりも多くが輸出された。

他の多くの大規模で資本集約的な陳列用計画は、計画者の期待に応えることができなかったが、それは建設費が高かったり、それらが〔利益を〕享受していた独占か半独占に由来することが多かった非効率的経営や、それらの産品を必要とする川下の工業が少ないことゆえだった。工業化は、海岸の諸都市や地域の中心都市を、仕事を見つけ生活の質を改善したい農村住民にとっての磁石とした。諸工場はダイナミックな発展のイメージを強めたが、それらは実はこうした移住者のごく一部しか吸収しえなかったので、彼らの大部分は都市の失業者の隊列を膨張させた。何とか仕事を見つけた者も、一九六〇年代を通じて生活費の着実な上昇に直面したし、最低賃金の調整は一度わずかになされただけだった。かつては強力だったが今や完全に去勢されたＵＧＴＴは、労働者の利益を守ることができず、組合はわずかに保持していた影響力を失い、指導者たちも一般組合員の尊敬を失った。

農業部門

農業部門は、一〇カ年計画が開始された頃GDPのおよそ四分の一、全輸出の半分、労働力の半分を占めていた。計画省の幹部は、中央から統制された国営協同組合体制を通じて農業生産を合理化できると信じていた。農村のブルジョワジーは、多くがネオ＝ドゥストゥール党と長期にわたるつながりをもっており、その彼らの所有権に対する脅威を悲観的に観ていたが、協同組合の実験の最初の数年間は彼らの土地は何ら触れられなかった。政府は、ビゼルテ危機の余波のなか一九六四年に、強い反フランス感情に乗じてなおヨーロッパ人が保有していた不動産を没収した。この決定は、国家に五〇万ヘクタールほどの同国最良の耕地をもたらしたが、同時にフランスの経済援助を終わらせ、残っていた外国人人口の大部分の離国を引き起こし、彼らはまもなく約七〇〇〇人に激減した。没収地が協同組合体制の中核となり、それに多くの小農民の集約された所有地が付加された。協同組合は、一九六八年までに全農村地の三分の一以上、農村人口の四分の一（七五万人）を抱えるに至った[14]。豊かな土地所有者は、その所有地が協同組合に吸い込まれるのを見はしなかったが、彼らの多くは将来国家によるもっと攻撃的な資産獲得がなされる可能性へのヘッジとして投資を多様化し始め、計画開始後に花開いた公共事業や他の建設事業にカネを投じた。

計画者たちは、農場が輸出用余剰を生産することで他の経済部門の開発を賄うだろうし、農村人口に有利な雇用を提供して彼らが都市や、ますます海外へと脱出するのを食い止めるだろうという高い期待を抱いたが、それは多くの理由で実現しなかった。協同組合に加入させられた耕作農民は、彼らの土地の喪失に反発したうえ、農場の経営者がしばしば農村社会についての実践的知識をまったく欠くテクノクラートであったからほとんど敬意を払わなかったし、このやり方が彼らの生活を改善するとはまず考えなかった。政府は、彼らの産品を低価格で購入したので、その稼ぎは一九六八年には計画が予想したものの三分の一にしかならなかったし、しばしば実質所得の低下をもたらした。慣習的に穀物を植えていた土地を転換して、オリーブや柑橘類のようなもっと利益のある輸出志向作物を生産させるには長い熟成期間が必要で、短期的には生産に否定的影響があった。これらの要因と、一九六四年から一九六八年の間に気候条件ゆえに連続して破滅的収穫がもたらされたことが組み合わさって、一九六〇年代には農業生産の全般的低下がもたらされた。同年代末に、二五〇以上の協同組合中わずか一五％のみが黒字で経営されていた(15)。

ベン・サラハは、劇的な行動だけが彼の農業政策を救いうると信じて、一九六九年冒頭に残っていた全農地を協同組合体制に編入する意図を発表した。この提案はすさまじい反応を解き放った。何千人もの大土地所有者が、ネオ＝ドゥストゥール党社会主義の諸原則を彼らの所有地に適用することに抗議して、ＰＳＤの最高レベルへの相当な影響力を行使した。ベン・サラハは、反対者の手強い力や、党内のますます多くの著名人物たちからの強い警告にもかかわらず断固として進めようとし、ＰＳＤを迂回しようと企て地方政府の官吏を自分の省の支配下におく計画を立てさえした。ブルギバは、ベン・サラハの反抗と、協同組合をあまりにも熱狂的に盛り立てようとして不遜にも党の重要な要員を疎外したことに激怒し、この被後見人に襲いかかった。ベン・サラハは、大臣の職とともに政治局での地位を再度剥奪された。より不吉なことに、彼は大統領から、農業政策の実施や目的について故意に誤解させたと非難された。ブルギバの転向後、他のベン・サラハ批判者は、彼が気に入られていた間は明言するのを恐れた懸念を声に出した。ある者は彼の経済観に反対し、他の者は彼の包括的な権限に危険な先例を認め、さらには単に彼のブルギバとの親しさを嫉妬する者もいた。計画省における、広範な腐敗の噂が流出した。ベン・サラハは、反逆のとがを受けて裁かれ、有罪とされ投獄された。彼は、一九七三年に脱獄し海外に逃れ、ブルギバが死ぬまでそこにとどまった。

政府は、失脚した前大臣から距離をとり、私有の農業資産をなくそうとした彼の計画を破棄した。すでに協同組合体制下にあった農民は脱退を許され、一斉にそうしたので、組合は実質的に前コロン所有地のみになった。その土地への政府の直接的投資は、一九六九年以降融資や補助金の提供に、すなわち事実上残る協同組合の民営化に、道を譲った。このような状況で、所有地や資本を失った元組合員《コオペラン》は、大土地所有者の所領で職を得るか、登場しつつある工業部門での仕事を求めて都市に行くしか選択肢がなかった。前者の選択をした者は、まもなく雇用者への負債を負い、後者の場合は滅多に求めた機会を得られなかった。一九三〇年代が再現されるなか、悪化した農業経済は絶望した農村住民をすでに人口過剰な都市のバラック住宅地《ビドンビル》へと追いやった。

観光産業

経済のサービス部門では、一〇カ年計画のもとで農業や工業よりも継続的成長が見られた。拡大する観光産業ほど、第三次部門で印象的な実績を上げた構成要素はほとんどない。チュニジア観光ホテル会社《ソシエテ・デゾテル・チュニジアン・トゥリスティク》（ＳＨＴＴ）は、長期的に見て、一九六〇年代に創設された約一六〇の国営企業すべてのなかで最高の記録をあげたかも知れない。ＳＨＴＴの事業への投資は、一九六五年から一九六七年の間だけで六五〇万ディナール（一九五八年にフランに取って替わった通貨の単位で、その価値はおよそ二USドルに当たった）から一三八〇万ディナールへと二倍以上になり、その後の年月に成長速度はさらに速まった。[16] ＳＨＴＴは、その最初の豪華ホテルの場所としてジェルバ島や、東部海岸ではスース－モナスティル地域、そしてカプ・ボン半島の付け根のハンマメット周辺の汚れのない地中海岸ビーチを選んだ。同社は六〇年代末までに、国内のより遅れた地域、北岸のタバルカやトズールとガフ

図版５・４　モナスティルのビーチ、1985年頃。観光産業は、独立後のチュニジアで一主要産業となった。多くの訪問者は、主として同国の素晴らしいビーチを楽しみに来たが、歴史的・文化的名所もまた、しばしば旅程の一部をなした。

サのような南部のオアシスにも施設を建てていた。計画者たちは、ヨーロッパ人旅行者は良質のリゾートに群がるだろうし、その高収益性は観光産業への相当な民間投資を刺激するだろうと計算したが、それは正しかった。ホテルの建設やそれらを運営する会社の樹立は、海外や、一九六〇年代中ベン・サラハの農業部門への究極的計画を心配していた農村の地主から、実際にかなりの資本を引きつけた。

ＳＨＴＴと民間部門の競争相手は、チュニジアにヨーロッパ人客を引きつけようと働くことで新奇な企てに乗り出したわけではなく、フランスの保護国化よりさえも以前に始まって、その後眠っていたビジネスを復活させたのだ。しかし、同産業が一九六〇年代に入念な宣伝キャンペーンの標的としたヨーロッパの中流および労働者階級の人口とは異なり、チュニジアでの最初期の外国人観光客は上流階級の男女で、彼らだけが一九世紀の旅行が要求した余暇と富を享受した。実際、一九三〇年代末の国際的危機のさなかに観光産業が干上がるまでは、同国への訪問者ほとんどすべてが平均以上の所得で特徴づけられていた。その冬の気候は、フランスやイタリアのリビエラよりもっと異国情緒のある場所を、あるいはアルジェでのよりよく知られた冬の季節の主題変奏を、求める人たちを引きつけた。チュニジアは、旅行者の初期の世代にとってその階級や背景からしてとりわけ魅力ある娯楽追求の機会を提供した。保護国を、一八八三年と再度一八八五年に旅した二人のイギリス人は、将来の訪問者に、内陸部へと冒険するならかならず銃を携行するようにと促した――安全のためではなく、素晴らしい狩猟のために。田舎は「獲物がたくさんいる……シカやイノシシが平野に頻出するし、ヒョウやハイエナもまだ撲滅にはほど遠い」[17]と――ただし、少なからざる部分はヨーロッパ人の狩猟者のおかげで、それらはまもなく消え去った。こうした富める旅行者の多くが受けた古典的教育は、チュニジア中に散在する古代遺跡への興味を誘い、ほとんど学者のように徹底して廃墟を探検するようにさせた――彼らの見ているものの理解を増すために、ときにはラテン語の著者の、さらにはもっと希にだが中世のアラブ作家の作品を参照するなどして。一九〇二年には、当時のヨーロッパでもっとも流行した旅行計画への編入の究極的象徴、すなわちトマス・クック・アンド・サンズの支店がチュニスに開設された。首都に新しく到着した者は、もはや一八八二年のある訪問者のように、「クック氏と彼が『個人的に引き連れていた』集団の枠を越えた」[18]とは感じられなかった。

こうした訪問者がほとんど誰も、一九三〇年代になってさえも、そのために来たと公言しなかったものは、日光浴や水泳、他の水のスポーツを楽しむことだが、これらはまさに一九六〇年代の「レクリエーションのための」旅行者が好んだ活動だった。植民地時代の記憶は過去へと遠ざかり、彼らのほとんどはチュニジアについて歴史も文化もほとんど知らず、同国やその住民についてはステレオタイプに頼るしかなかった。この新しい波の旅行者のほとんどを同国に連れてきた休暇パッケージは、通常メディナへの進入と考古学遺跡へのツアーを含んでいたが、前者のきわめて新奇な雰囲気と後者の荘厳な遺物、そして両者で安い擬似工芸品の土産物を押しつけようとする売り子たちは、ステレオタイプを否定するより強化するのに貢献しがちだった。多くの旅行者が個人的楽しみを快楽主義的に求め、騒々しく行動し、男女が公然と接触するのは問題ないと考えたこと、また街頭での適切な服装の観念がチュニジア人の基準とあまりに対照的だったので、彼らは意図せずに、あるいはそうとは知りもせずに、ホストを怒らせた。しかし観光産業の目標は、異文化理解を推進すること――それはいずれにせよ、おそらく一九九〇年にも一九七〇年同様にまだまだだった――ではなく、外貨を稼ぐことであり、その点ではきわめてうまくやった。観光産業は、一九六〇年代半ばから一九七三年の石油価格高騰まで他のいかなる源泉よりそうした収入を生み出し、それはしばしば年間総収入の実に五分の一に達した。

観光産業の相当な経済的利益に対して様々な費用やリスクもあり、それらのほとんどは訪問者が同国をわずかしか理解しないことより大きな問題だった。同産業は、チュニジア人がまったく統制できない要因の変化にきわめてもろかったのである。ヨーロッパ人の旅行や休暇計画は、彼ら自身の国の経済状況や北アフリカもしくは中東のどこかでの政治的不安定によって、一九六七年六月のアラブ・イスラエル戦争が明らかにしたように制約された。戦闘の脅威、そして勃発は、旅行者の流れをしずくにまで細らせ、諸ホテルは最初の大危機に直面した。政府は、趨勢を逆転させるためにただちに行動した。ブルギバは、期待されるヨーロッパ人旅行者に安全を公的に保障し、観光産業収入は一九六七年にはたしかに低下したけれど、翌年は力強く回復した。他方、チュニジアの幹部は新しいホテルの位置に関する決定を行った――ホテルが当初地中海に沿って集中されたことは、海岸地帯と内陸部の発展の異なる速度を深刻化させたからだ。

新しいホテルが提供した職や、ホテルが関連ビジネス・産業に生み出した他の多くの職は、失業率が規則的に一五％前後にとどまっていた当時、切望された救済をもたらした。しかしホテルの仕事の多くは、チュニジア人がヨーロッパ人に服従していた植民地の状況を再現する低賃金の肉体労働（メイド・ポーター・給仕・掃除夫・庭師等）からなっていた。SHTTの施設では、たしかにチュニジア人がより報酬の良い責任ある管理運営の職に就いていたが、多国籍企業が経営する多くの民営ホテルでは、一般に外国人がそうした役割を果たした。もっとも集中的な開発の的となった地域では、ホテルや他の観光用施設が何千ヘクタールもの農地を生産から排除し、水への需要を作り出してその価格を灌漑地で働く地元農民の手が届かないほどに押し上げ、すでに苦しんでいた農業部門にとって悩みを増やした。経済計画者や投資家、そして政府の役人はいずれも、観光産業ブームの初期には生態系の問題にはほとんど注意を払わず、もし払ったとしても同産業が生み出した利益と比べて取るに足りないと片付けてしまった。しかし、新たな建設の大規模なことと観光産業の新たな中心に大変な数の訪問者が流れ込んだことは、つねにただちに明らかになったわけではないが、海岸および砂漠の両地域の脆弱な環境条件にたしかに脅威を与えた。

経済全般の成長率は、一九六八年初めに年三・三％で、発展途上国としては立派な数字だったが、期待された率の約半分でしかなかった。成長の元来の想定は、一〇カ年計画が経済の青写真としては自然に消滅するよりずっと前に、他の多くの目標や政策同様に非現実的なほど野心的であるか、既存の経済的・社会的現実とまったくかみ合っていないことが明らかになっていた。批判者は、こうした技術的誤算に対して計画省を酷評した。彼らは、ベン・サラハが振るった広範な権力や、彼が多年にわたりブルギバから熱烈な支持を得ていたこと、あるいは彼の計画が失敗したとき大統領が彼の信用を大急ぎで傷つけたことを疑問として、はるかに敏感な領域に踏み込んだ。党の異論派は、ほとんどが中年初期の、すなわち保護国が衰えた頃に政治に関わり始めた世代だが、一九五五年の大会でのベン・ユスフの挑戦以来見られなかった規模で、「至高の闘士」と顧問の狭いサークルの政治的手腕や判断についての疑念を表明していた。一〇カ年計画が目標のあまりにも多くを達成できなかったことは、国の経済政策の再検討を不可避にし、方向転換をほぼ確実にした。この状況下にそのような見直しをすれば、政治権力の配分と行使に関する不満に取り組むことはまず避けようがなかった。

第六章
政権の確立と反政府活動の激化　一九六九―一九八七年

社会主義の実験の損害修復

社会主義ドゥストゥール党は、経済計画の実験のあと政治的道の岐路に立っていた。党指導部の少人数の仲間たちが国家政策を決めて、それを党と国家機関の連結した組織を通じて押しつけていた。党＝国家の大統領と、その延長をなす取巻きが、生まれつきチュニジア人の必要や宿願を理解しているという家父長的確信のために、情報の逆の流れは無用であるか、少なくとも受け手にとってほとんど興味のないものとされた。一九六四年の大会後の党と国家組織の関係見直しは、この主題の単なる変奏でしかなかった。党と民衆の間の対話の見せかけは、大衆の反対の高揚にもかかわらず協同組合へのPSDの支持が頑固に続いたことが示すように、まったく消え去った。党がチュニジア国民の集合的意志を体現しているという主張は、保護国に対抗し独立国家を確立するのには大いに役立ったが、一九六〇年代末に経済政策への広範な反発が国家と社会の間に溝を掘った頃にはうつろに響いた。同時に、ますます孤立する指導部の権威と手法に挑戦するほど大胆な反対派がPSDの上層部に具現したのは、党エリート内部で同様の亀裂が生じたことを顕わにした。

党の高度に集権化され、権威主義的な権力構造は、過去と同様に内部の批判者を容易に沈黙させることができた。この重大時点で党指導部が直面した選択は、党内の不満が社会全体に広がった不安定さと並行している時点においてそのやり方を貫くのか、それとも批判者が促すようにより開かれた手順を採用し、重要な政策決定者の枠を広げ、個人の権力を制度的制約によって制限する――それらをすべて、より多様な意見の持ち主に発言を許すことで、党ができるだけ多くの国民と強い絆を打ち立てることを目的として――か、であった。異論派は、変化への抵抗は党を萎縮させると論じたが、既成の指導者たちは、こうした要求を呑めば結局は彼らが交替させられ、権力をそがれ、象徴的役割へと降格させられると恐れた。

一九七〇年に、ＰＳＤ内の自由主義的見解のもっとも影響力ある発言者はアハマド・メスティリだった。四五歳のメスティリの同時代人のほとんど誰も、党員資格においてもムハンメド・シェニクの義理の息子として家族的コネにおいても、彼に対抗しえなかった。一九五七年にネオ＝ドゥストゥール党政治局員に任命され、国民議会にもその設立以来席を占め、法務省（一九五六―五八年）や財務・商務省（一九五九年）を率い、モスクワ・カイロ・アルジェで大使として海外勤務も行った（一九六〇―六六年）。ネオ＝ドゥストゥール党社会主義の導入後、初めてチュニジアに戻って国防相になった。メスティリは、ベン・サラハの経済学を嫌悪し、破滅的だと公然非難した。ベン・サラハが権力にとどまっているのは、ひとえに何らの抑制を受けない大統領の個人的愛顧のおかげだと確信し、彼の批判はまもなくブルギバにも及んだ。自己の地位を維持しがたくなり、メスティリは一九六八年に辞任した。

ベン・サラハ自身の失脚がメスティリの疑念を裏づけたように思われ、ブルギバは彼を政治集団に再加入するよう招待し、一九七〇年に内務相に指名した。彼と他の党内自由主義派は、党務の処理を民主化し恣意的権力の執行を制限するための改革案を書き上げ、一九七一年のPSD大会で提案したが、この集会は、それに先立つ七大会のいずれにおいても考えられなかった仕方で、大統領について相当な疑念を表明したことで知られるようになった。それらは主として彼のベン・サラハとの関係から生じていたが、六八歳の指導者の増大する医学的問題からも派生していた。ブルギバの健康不良は、近年海外での長期にわたる治療を必要とさせ、一九六九年に首相を降りてPSD書記長のバディ・ラドガムに譲るという決定にも影響していた。批判者は、長期の不在は大統領が重要な国家問題を把握するのを妨げていると論じ、健康状態ゆえに職責を果たすのに不適当とされるかもしれないとほのめかした。こうした雰囲気のもと、大会の代議員はブルギバの望みを無視し、政治局を選出する中央委員会に自由主義派の諸候補を選び、また最高責任者が自分の後継者を指名するのを妨げる大統領継承手続きを支持した。

反対派は戦術的勝利を得たが、党機関はそれを実施する仕組みを何ら提供しなかった。ブルギバは、メスティリと他の声高な批判者の追放を命じた。党内で彼らの声が黙らされたので、その考えは無視され改革は忌避された。三五年以上にわたりPSDと、それ以前はネオ＝ドゥストゥール党を主宰した男たちは、党を彼らの批判者の手に渡す気が毛頭なかった。三年後に次のPSD大会が開かれると、ずっと健康でより攻撃的になったブルギバは党に対する支配権を行使し、その内部作業の民主化を目指すいかなる残存傾向をも排除した。一九七四年の大会代議員は、中央委員会が政治局を選出するという慣行を放棄し、党首に局員を任命させることにし、その党首の地位にはブルギバを終身任命として就任させた。同年、PSD党員のみからなる国民議会は、彼に「終身［共和国］大統領」という称号を授けた。党と国家のもっとも強力な人物たちは、彼らが辿るべき政治的道の岐路での選択をけっして迷わなかった。権威主義の道を進み続けるだけでなく、彼らの権力を強化し、意見を喚起するより統制するという決定は、対立する政治思想の表明に対して扉を閉ざした。七〇年代の大半において支配的だった雰囲気を象徴したのは、憲法第四条の一九七六年の修正で、共和国のモットーを「自由、秩序、公正」から「秩序、自由、公正」に変更したのである。

改革志向の党員で一九七一年の粛清を免れた者は、その後賢明にも姿勢を低くした。そのとき一掃された者の多くは、メスティリとともにチュニジア国民の間に政治参加や透明性の観念を植えつけようとしたが、PSDの絶対主義の前に知識人の狭い枠の外ではほとんど成功を収めなかった。ベン・サラハは支持基盤を維持しようと努めたが、それはさらに効果が乏しかった。彼は、フランスに逃亡後の一九七三年に人民団結運動《ムブマン・ド・リュニテ・ポピュレール》（MUP）を組織し、それは社会主義原則を採用したが、ほとんど排他的に亡命者仲間からなっていた。ほぼこの時期に共生していた、もう一つの集団に触れておく価値がある。ザイトゥーナ・モスク＝大学の学生たちは、一九七〇年にコーラン護持協会《アソシアシオン・プール・ラ・ソブガルド・デュ・コラン》を結成して、チュニジアにおけるムスリムのアイデンティティーの弱化と並行する道徳水準の低下への苦悶を表明し、それらを政府の世俗化・西洋化政策のためだとした。同協会は、メッセージを主として文化的・宗教的言葉に乗せながら、これらの害悪を克復するための本質的な第一歩として、チュニジア人にイスラムを個人生活の中心にするよう促した。国の政治指導者たちは、宗教的支配層に対する以前の態度とは対照的に、同協会に干渉しようとは一切しなかったが、それはたぶん、同党がそれ自身の自由主義派からの強い批判に対処しているさなかに宗教的権威との緊張を減らしたいと希望したのと、おそらくは同協会が政権への世俗的反対派への便利な拮抗力を提供するかもしれないと考えたからでもあろう。

PSDは、政治的変化に抵抗する際と同様の熱心さで、ベン・サラハ失脚後の国民経済の緊急総点検を手配した。前の一〇年間のしばしば下手に設計された社会主義政策によってもたらされた損害からの回復を、ブルギバが一九七〇年に首相に選んだヘディ・ヌイラが監督することになった。ヌイラは、経済面ではベン・サラハに始めから懐疑的だった自由主義派だが、政治的には断然非自由主義的思想をもち、異議を鎮圧したいという党の最高レベルで支配的な衝動に共感していた。ヌイラの経済救済作戦の決定的要素は、工業の拡大に民間資本を投入することだったが、その多くは外国から得るしかなかった。政府は、国家経済の最近の状況に懸念をもつ投資家たちを安心させるため、外国企業を狙った魅力的な土地使用権パッケージを工夫したが、その外国企業としては、輸出志向の産業を発展させ絶望的に足りない職を提供するが、チュニジア製品に競争をもたらさないものが望まれた。ヌイラ指導下の第一次計画期間（一九七三—七七年）に、五〇〇以上の外国所有工場が開設された。しかし、中央集権化された計画過程を維持したことが示唆するように、国家は全経済活動を民間部門に任せたわけではないし、若干の大失敗したベンチャー——もっとも顕著な例は協同組合——を除けば、既存の公共部門の事業への参加を撤回しもしなかった。新たな国営会社が一九七〇年代に一〇〇近く誕生し、その大部分は重工業で重要製品を生産した。公共部門への政府支出の比率は、一九七二年から一九八四年の間に二倍以上になり、総投資額に占める国家の比率はけっして五〇％を下回らなかった(1)。

工業化の進展は数千の新しい職を創出したが、ほとんどは最低限の技術を要し、低賃金を払い、高度の技術知識の前進や獲得には限られた機会をしか提供しなかった。それは失業を目に見えて改善しなかったし、相当な輸出収入を生み出しもしなかった。公式の全国の失業率は、一九七〇年代を通じて一三％から一六％を上下したが、都市と若者では目立っていっそう高い比率に達した。その一〇年代の半ばには、田舎から続く脱出が都市人口と農村人口を初めて均衡させ、その過程で都市の失業率を大きく押し上げた。一五歳から二五歳の若い男性は五〇％に近い失業率に苦しみ、仕事のない人たちのほとんど四分の三を占めた(2)。一九五六年から一九七六年の間におよそ二〇〇万人のチュニジア人が生まれ、まったく政府の雇用創出能力をはるかに上回った。

失業への新産業の影響が乏しかった理由の、さらなる説明を提供する要因が他に二つある。一九七〇年代に、女性が以前よりずっと大勢自宅や畑の外で働くようになり、しばしばかつては男性が占めていた職を得た。女性

図版６・１「私はチュニジア生まれだ」 この自動車の後部窓の掲示は、左記の言明をフランス語とアラビア語で行っている。ルノーは、1970年代と1980年代にチュニジアで製造工場を立ち上げた、多くのヨーロッパ企業の一つだった。

は、一九七五年に経済的に活動的な人口の四分の一余りを占め、そのうち三分の一以上が工業部門で雇用されていた(3)。この状況は、独立以来の女性の地位の向上、多くのチュニジアの家族の経済的困窮、外国企業が（チュニジアの同種企業と比較して）女性の雇用にいっそう意欲的だった――ただし通常、男性より低賃金でだが――ことを反映していた。この労働力の増加は、失業全般の数字を引き下げるには、計画者たちが予想したか達成しえたよりももっと狂熱的なピッチで新しい職を創出しなければならなかったことを意味している。第二の説明要因は、政府が地域的不均衡の問題と取り組むことに一貫して不熱心だった点にある。政府は、ヌイラの第一次五カ年計画（一九七三―七七年）の間に新産業を海岸を越えて、とりわけチュニス地域を越えて分散させることに、先行者たちより大きな努力を払うことはなかった。その結果、それがもたらした救済は、伝統的に失業がもっとも厳しい水準をなす地域である南部・中央部・西部には何の影響も与えなかった。

民間投資家によって建てられた工場の多くは、繊維か衣類を製造した。政府による適用免除や低賃金のおかげで製造コストが抑えられたので、これらの製品は当初地中海の向こうに利益のあがる市場を見出した。しかし、ヨーロッパ経済共同体（ＥＥＣ）が一九七七年に、自己の産業が廉価な輸入品の洪水によって沈没するのを防ぐため、この種の製品に高い関税を課した。チュニジアへの影響は非常に深刻で、多くの工場が五カ年計画の最終年度に閉鎖され、工業部門に当初想定された一〇％の拡大は達成されなかった。それでも工業部門は、計画が終結したとき総雇用の二〇％（ほとんど二五万の職）を引き受け、製造物が全輸出の三分の一以上を占めた(4)。

ＥＥＣの輸入制限は、チュニジアの農業をも傷つけた。協同組合の崩壊後、大土地所有者はより小規模の農民を情け容赦なく押しのけ、自分たちの作業をより徹底的に機械化して、国内消費より儲かる海外市場向け作物を育てることに集中した。大規模農法を追求する立場にある者が、様々な政府の補助事業、その重要な一つは植民地時代から考慮されていたいくつかのダムの建設を伴ったが、それらによって潤った。しかし、相当量の基本的食料を輸入する必要により、農業輸出から得られた利益は相殺された。農業部門の成長率は、一九六九年から一九七七年の間に二倍になったが（ベン・サラハ時代の計算違いによって引き下げられた出発点から見て）、この時期の農業輸出はめったに輸入食料のコストの半分も賄えなかった。チュニジアのもっとも価値ある農産物であるオリーブ・オイルと柑橘類は、ギリシャ・スペイン・ポルトガルのそれらとよく似ていた。ＥＥＣは、これらの諸国を共同体に受け入れる前触れとして、一九七七年に競争力ある農業製品に対する障壁を高くし、ヨーロッパ市場をチュニジアの栽培者に対し効果的に閉ざしてしまった。

ヌイラ政府は、経済を安定させ、社会主義時代の機能しない、もしくは害のある戦略を脇にやり、投資家の信頼を回復して復活路線を設計したが、それは不完全だったとはいえ一九七三年から一九七七年にかけて、年に五・六％の成長率を達成した。このような逆転は、外国からの収入を稼ぐ観光産業の目を見はらせる能力や、国際的金融業者たちの信頼、そして二つの自国の源泉からの予想外の規模の偶発的財政支援がなければ、それほど急速には起こりえなかっただろう。相当な外国借款の契約を取るチュニジアの能力により、ヌイラの当初の計画実行は助けられたが、計画が効果をあげる頃に世界的な原油価格の高騰が起こり、いっそうの恵みをもたらした。政府の金庫はまもなくオイル・ダラーで膨れあがったが、それはその一〇年を通じて原油輸出は同水準だったのに、その価値が一〇倍に増えたからだ。原油販売による所得は、計画の最終年までに政府歳入の六分の一に達した。政府は、この棚ぼたを使って工業・サービス部門の投資に充てたり、資本家の農業ベンチャーに支出したり、外国投資を誘うために提供した免除の穴埋めをしたり、人口中の最貧（そしてしばしば失業者の）層における不穏さを抑制すべく生活必需品や公益事業・住宅の価格を補助したり、教育・社会サービスの提供を拡大・加速して生活の質全般を改善したり、貿易収支を赤字ながらも許容できる水準に保ったりした。

一九七〇年代のもう一つの予見されざる源泉は、海外出稼ぎ労働者からの送金だった。フランスへの限定的労働移動は独立に先立っており、一九五六年以降はいくらかのチュニジア人がイタリア・ドイツ・その他のヨーロッパ諸国へも行くようになったが、彼らが送り返した程度の金では国民経済にほとんど影響を及ぼさなかった。彼らの大部分は工場・建設・土木工事等、しばしば地元の労働者が嫌う種類の未熟練職に就いた。しかし一九七〇年代の石油ブームは、人口の乏しいアラブ産油国に大きな労働需要を創り出した。無業の、あるいは低雇用の、または雇用されているが低賃金のチュニジア人は、この状況から利益を受けるには国境を越えてリビアに行きさえすれば良かったから、何万人もが、ほとんどは自国の貧困で放置された地域からそうした。中等学校や大学は、経済が吸収できるより多くの卒業生を生み出していたから、海外に経済的機会を求めるチュニジア人のプロフィールは、一九七〇年代にはより多様性と洗練度を加えた。肉体労働者だけでなく、教師・職員・技能工・半熟練労働者がアラブ世界中、とりわけアラビア半島と、ヨーロッパに広がった。七〇年代の終わりまでには、自国の外で働いている二五万人以上のチュニジア人からの送金が、国内総生産のほとんど四分の一に達した。[5] 労働移動の増加は、きわめて好都合な時機に多額のカネを国内にもたらしたが、安全弁としてのその有用性には金銭的重要性を超えるものがあった。移民は、国内の失業と、それに伴う怒りや不安感を抑制したのに加えて、すでに過密だった都市のスラムがさらに悪化するのを防いだからだ。

一九七三―七七年の五カ年計画が経済を拡大したのは、だいたいにおいて構造の修正と言うよりは状況に応じた修正によるものだった。チュニジア人で相当な投資をし、外国の企業家と提携するか、同国で事業をする外部者が必要とする仲介サービスを提供しえた一握りの人たちは、好景気の経済で巨額の利益をあげた。こうした富める資本家の多くは、その繁栄を農村での資産所有に負っており、誰もがPSDでかなりの影響力を有していた。賃金稼得者はそううまくいかなかった。平均所得は着実に増加したが、国民所得中の給与に割り当てられた比率は低下した。さらに、地元産品の高い生産費と今や容易に入手可能となった輸入品の経費は、消費者物価を給与の二倍の速度で上昇させた。貧富の格差は未知のこととはとても言えなかったが、自由主義経済の仕組みは階級間の溝を劇的に深めた。人口中もっとも富裕な二〇％の支出は、一九七〇年代に他のすべてのチュニジア人のそれを合わせたものを上回り、もっとも貧しい二〇％は支出のわずか五％しか占めなかった。[6]

UGTTは、労働者の利益があまりにも損なわれたので、党への長年の無気力な従属から目覚めた。社会主義経済から自由主義経済への移行のなかで、一連の山猫ストが起きてPSDの組合支配の失敗を暴露した。この活動の再活性化は、ハビブ・アシュールのUGTT書記長復帰と時を同じくしたが、彼はこの地位を一九六三年から一九六五年まで占めていて、組合の独立を主張しようと試みたためPSDから追放されたのだった。一九七一年に再任用され、組合の指導権を再度握り党の強力な政治局に加わったのは、彼が両方に四半世紀にわたり関与してきたおかげだった。しかしアシュールは、事実上不可能な課題に直面した――自律的な組合が、労働者階級の福利にとって重要な諸問題に効果的に取り組むのを助けつつ、労働者の不穏さがＰＳＤの全体的目標の実現を妨げないようにすることで、しかもその目標設定からＵＧＴＴは除外されたままだった。政府は、一九七三年に制度化された交渉体制を導入し、それは政府・組合・雇用者に賃金・労働条件・その他の関係事項を議論する仕組みを与えたが、同時に労働罷業を禁止した。組合員は、ほかに武器をもたない以上禁止を無視してストを行うことを躊躇しなかったが、当局は警察や軍隊を使ってストを規制したので、政府が彼らの要求をどう考えているのかは彼らにとって疑問の余地がなかった。アシュールは心から労働者に同情し、彼の指導下にＵＧＴＴはＰＳＤに対抗しうるほど強力な唯一の全国的存在となった。

ヌイラの第二次五カ年計画が一九七七年に実施され、ＵＧＴＴと政府の間の緊張が表面化した。ＰＳＤの指導者たちは、労働者の不穏さが続く現状は、新計画が先行諸計画よりも大きく依存する国際金融機関からの信頼を損なったと信じ、アシュールに組合を協力させるようにと圧力をかけた。彼らは、誘因として最低賃金の引き上げを提案し、計画期間中インフレに結びつけた追加の引上げを約束した。ＵＧＴＴがこの「社会契約」を受け入れたにもかかわらず、政府は労働者の不満に応えられずストが継続した。アシュールは失望して同年末に政治局を辞し、組合は独立以後初めてゼネストを呼びかけて、一九七八年一月二六日に設定した。このゼネストは、保護国の黄昏時代の先行例に似て、強い政治的含蓄をもっていた。なぜならＵＧＴＴの指導者たちは、政治的多元主義の要求をもっと純粋に経済的性質の要求と組み合わせたからである。国中の諸都市で、デモ隊はその不満を警官や兵士を含む体制の象徴を攻撃することではき出したので、抗議は暴力的衝突に終わった。報じられた死亡者数は、四七人からその四倍以上に及ぶ数まで幅があったが、さらにアシュールを含め数百人が、関与のとがで禁固刑を受けた。ＰＳＤは、ただちにより従順なＵＧＴＴの執行委員会を立ち上げたが、それは明らかな追従のため怒り狂った一般組合員を統制することができなかった。チュニジア人で、政府が重大な反対派を粉砕する能力あるいは意志をもたないかもと思う人はほとんどいなかったが、「暗黒の木曜日」におけるその行動は予想外に無慈悲な次元を顕わにし、多くの人はそれを恐れかつ嫌悪した。

政治的自由主義者は、政府の行動への懸念によってもたらされた好機に、彼ら自身の思想をより多くのチュニジア人に知らしめようとした。メスティリと仲間は、PSDを離れて以来より開かれた社会を要求し、アラブ世界で初めての人権機関であるチュニジア人権連盟《リグ・チュニジエンヌ・デ・ドロワ・ド・ロム》（LTDH）の一九七七年創立に貢献した。そして、より公正な社会を求める労働者の要求を一貫して支持した。メスティリは、一九七八年六月、社会民主運動《ムブマン・デ・デモクラト・ソシアル》（MDS）の結成を発表した。政府は、MDSの政党としての承認要求を拒否したが、同組織は速やかに左翼異論派の集合点となり、そのフランス語およびアラビア語の新聞は彼らの批判を概説するフォーラムとして役立った。

ほぼ同じ頃に、ほとんど二〇年来初めて宗教的確信に中心をおく反対派の政治運動が表面化した。UGTTの影響力増大は、コーラン護持協会や類似のイスラム集団の指導者たちを狼狽させた。彼らは、政治的舞台を組合や登場しつつある世俗的組織に放り投げると、国民に自分たちのメッセージを伝える能力を大きく損なうのではないかと恐れて、ハラカト・アル＝イッティジャハ・アル＝イスラミ、すなわちイスラム潮流運動《ムブマン・ド・ラ・タンダンス・イスラミク》（MTI）を結成した。MTIは、イランのイスラム革命の例によって鼓舞され（ただしそのイデオロギーに全面的に結びついてはいない）、元中等学校教員だったラシード・ガンヌーシとサディキ大学および神学部（元ザイトゥーナ・モスク＝大学）の両方を卒業したアブド・アル＝ファッタハ・ムールーに率いられた諸個人が、宗教の道徳的・倫理的価値を奉じるようにという以前のイスラム諸組織の呼びかけを繰り返しながらも、政府は破滅的な経済政策を逆転させてより代表的な政治構造を作り出せという要求に及んだ。それはいくつかの、しばしば重複する筋に支持者を得た。すなわち、自由奔放な経済――七〇年代の終わりまでに人口の三分の一を貧困に陥れた――の犠牲者となった貧しく恵まれないチュニジア人や、PSDに独立を勝ちえた党としての尊敬を何ら払わず（彼らの大部分にとって、独立は生まれる前だった）、むしろ彼らにほとんど何も提供しないアナクロニズムと見なした若者たち、また多くの年配の中産階級の男女で、社会主義と資本主義のどちらも彼らがつり上げた繁栄と安全への期待を実現し損なったときに、自己のイスラム的遺産に目を向けた人たちである。(7)

PSDの最高司令部は、ある西洋の社会科学者から「豊かになるためのスミスの道と、統治のためのホッブズの道の(8)」混合物と描写された体制を、改革せよという圧力が高まったにもかかわらず、無意味な譲歩しかなさなかった。同党は、一九七九年の国民議会選挙に議席の二倍の候補者名簿を提出したが、すべて優良な党員でなければならなかった。批判者は、選挙参加を拒否するか自分の票を無効にし、かくも無益な修正は党がいかに完璧に多くの国民との触れ合いを失い、彼らへの懸念を軽蔑におきかえたかを示していると指摘した。一九八〇年一月二六日、「暗黒の木曜日」の二周年に、ゲリラの一団が南部のリン酸塩鉱業中心地のガフサで、全国蜂起の口火を切ろうと願って警察と軍隊の施設を占拠した。リン酸塩価格の継続的下落が、この地域の元から貧困な経済を停滞させ、きわめて高い失業率ときわめて激しい憤りを生んでいた。少なくとも三七名（公式の推定）、しかしまず間違いなくはるかに多くが、同市の支配を回復するための戦闘で亡くなった。チュニジアは、ムアンマル・カダフィが攻撃者を訓練し武装したと非難したが、彼とブルギバは、一九七四年にリビアが両国を統合しようと誘ったのを拒絶して以来、互いに反目を続けていたのである。外国の共謀はさておき、チュニジア当局は、この襲撃を生み出した雰囲気に対して責任がないとは言えなかった。〔ゲリラ〕派遣隊の一上級司令官は、サラハ・ベン・ユスフへの賞賛を表明しており、これは政府が、二五年前にあれほど多くの南部人や他の不当に傷つけられた国民をユスフ派の隊列へと押しやった不満に、何ら対処しなかったと言外に非難したものだ。新しい一〇年が始まるのに、チュニジア社会のもっとも恵まれない部分の間で不安感が広がりつつあり、「暗黒の木曜日」やガフサへの攻撃は政権のもろさを暴露し、大きな政治・経済改革の先延ばしをもはや不可能にした。強力でコネも強いヌイラは、一九七〇年代の政策形成と非常に密接に関わっていたと知られていたから、ガフサ攻撃の数カ月後に発作を起こして倒れた際、PSD上層部の多くは安堵のため息を漏らしたに違いない。

操縦不能になる

チュニジアの憲法は、大統領が死亡するか執務不能になった際には首相が後を継ぐと定めていた。ブルギバが、引き続き反復される健康問題を抱えていたので、この但し書きは政府の長の威信と権力を相当に高めた。ブルギバは首相の任命を事実上支配したが、大統領府が発する政策は最高責任者の承認印を押されていた。ヌイラの発作後、党首への忠誠の履歴をもつ政治家ムハンマド・ムザリが首相兼PSD書記長になった。大統領は、彼に困難な課題を与えた――かつては一枚岩の政治・経済体制だったが今や個別利害によって分裂し崩壊の瀬戸際にあるものを支え、しかも支配権がつねに存した党の中核において最大限の支配権を維持しながらそうすることだ。ムザリは、植民地時代の改革志向の統監たちの就任直後の第一手をやや想起させる仕方で、ハビブ・アシュールや「暗黒の木曜日」以後に投獄された他の労働活動家を釈放することで彼の施政を開始した。ついでいくつかの閣僚ポストに党に所属しない個人を充て、メスティリに彼のMDS仲間とともに帰国し、体制内野党運動としてPSD傘下に入るよう説得した。

これらのジェスチャーは、ブルギバによる、彼を怒らせた党幹部を失脚させ、ついで復活させるという仕掛けを思わせた。いっそう革新的で、潜在的に重要だったのは、政治的多元主義を追求したことだ。政府は、一九八一年に新たな選挙を予定し、政治諸組織に候補者名簿を提出するよう呼びかけたが、その条件は国外から支援を得ないこと、階級闘争や宗派主義を主張しないこと、「終身大統領」への批判を避けると約束することだけだった。ムザリは、票の少なくとも五％以上をとった組織を政党として公式に承認すると誓約した。PSDとUGTTは、前向きの政治的雰囲気を強調する意図から調和を示そうと、勢力を合体させて「国民戦線」名簿を提出した。駆け出しの諸集団は、いずれも効果的な選挙運動を展開する資源をもたなかったのですべて閾値を超えられず、全部合わせても票の五％を獲得できなかった。政府は、この選挙結果にもかかわらず一九八二年にチュニジア共産党（党員はわずかに約二〇〇〇名）を合法化して、ある種の多党制を開始した。その理由は、他の政治組織と違ってPCTは、野党活動の禁止が発効した一九六三年にすでに活動していたからということだった。ブルギバは、こうした改革をせいぜいやむを得ない悪と見なしていることを明言し、「彼らに多元主義をくれてやった……ファシストのブルギバが死ぬまで待たねばならなかったと、彼らは言えないだろう(9)」と不平をもらした。

MTIに対する民衆の強い熱狂は、一九八一年の選挙の前段階で世俗的なPSD指導部をとりわけ心配させた特徴で、これは共産党以外でPSDに根源を有しない唯一の政治集団だった。ガンヌーシは、イスラム的政府の土台を築くという熱意をもって政権の寛容さの限界を試し、チュニジアの公的生活から事実上イスラム的次元のいかなる痕跡をもぬぐい去った、ネオ＝ドゥストゥール党とPSDの二五年にわたる政策を批判する場として、しばしばモスクを使った。ガンヌーシ、ムールーや多数のMTI支持者は、「終身大統領」への誹謗のとがで逮捕され、同運動は選挙直前に混乱に陥った。にもかかわらず、MTIにつながる候補者は投票において、世俗派の対立候補同様の、しばしばむしろより多くの、票を得た。後者の大部分は、イスラム主義者がその後統一戦線を組もうと提案した際、MTIは主として、世俗派が苦労して築いたネットワークと組織構造を利用したいのだと確信し、提案を冷笑的かつ機会主義的と見なした。しかしムザリは、いかにありそうもなくともMTIとあれこれの世俗的野党との同盟という妖怪が政府を十分警戒させたので、一九八三年にMDSと人民統一党《パルティ・デュニテ・ポピュレール》（PUP）――ベン・サラハのMUPから分裂した集団――を政党として認め、同盟の機先を制しようと試みた。首相は、宗派主義の禁止を根拠に、MTIが繰り返し同じ地位を望んだ要求を拒否した。

ムザリは、三年も経たないうちにPSDの反対者による同党の政治舞台独占批判を掘り崩したが、登場した多元主義は限界があり、まだ真の選挙での競争にさらされていなかった。彼はまた、反対派の重要な要素を互いに対立させることにも成功した。しかし彼は、同党のすべての影響力ある人物を自分のもとに団結させえておらず、その中枢部分に不承認集団が形成された。PSD保守派の古参党員だけでなく、より若い高位の党員で首相が彼らの政治的野心にとって障碍をなすと考えた者からも、非難が寄せられた。彼らではなく彼こそが、その地位のおかげで大統領職を継ぐはずだった――彼がブルギバの死去以前に権力から転落しない限り、他の者は国の最高の地位に至る希望がなかったのだ。さらに多元主義は、政府の顕職への同党の保証された回路を潜在的に断ち切った。PSD内部で、ムザリの政策の賢明さに関して展開された辛辣な討論の一部は、本物の実質的疑念を反映していたが、大統領の後継問題において彼らの擁護者を、うまく有利な立場に立たせるための仕掛けとして役立つものもあった。こうした公然たる対決に加えて、首相の敵はまた、大統領に彼への信頼をなくさせるための当てこすりキャンペーンを行った。熟練した政治家であるムザリは、ブルギバの信任を保持し、政敵を押しのけた。しかし彼はその過程で、それほど戦闘的でない状況でなら改革の前進を助けたかも知れない男女を、遠ざけてしまった。

ムザリは、経済事情が危機的レベルの状況を生み出した際、政治的内紛ゆえに脆弱な立場にあった。彼の指導下に作成された最初の計画（一九八二―八六年）は、失業を減らし、輸出を伸ばし、輸入を減らす目的で、石油化学部門以外の工業に投資を集中させた。しかし、これらの目標達成に向けた相当な進歩が具体化するまでは、安定維持のために生活必需品への国家補助を、それが作り出す予算の緊迫にもかかわらず継続する必要があった。ヌイラが、一九七三年に社会主義後の最初の五カ年計画を実施したとき、政府は年におよそ一〇〇〇万ディナールを補助金に支出したが、一〇年後、年間の重荷は八〇〇〇万ディナールに近づいた。[10]一九八二―八六年の計画の実施の、まさに初期段階で深刻な問題が生じた――補助金を賄っていた収入、とりわけ原油販売による収益が予想外に頭打ちになり、また天候不順が数年間きわめて低い収穫をもたらしたのだ。政府は、悪化する財政赤字に対処するため緊縮措置を講じて、自己の支出を減らし、輸入を制限し、相当な動揺を伴いつついくつかの補助金を少しばかり減らした。海外での借入れを増やしたことは、健全な経済原則を犠牲にしても政治的静穏を確保する方が優先されたことを反映していた。

国際通貨基金（ＩＭＦ）と世界銀行は、一九八三年末、支援継続の条件としてパンとセモリーナ、すなわち国民の食事の主役であるクスクスの基本成分への補助金を撤廃せよと要求した。これら商品価格の倍増は、一九八四年一月に国中で二週間にわたる反政府デモを引き起こした。抗議者は、ある場合にはブルギバの乗っている乗用車に投石するまでに至った――かつては想像もできなかったこの振舞いは、もっとも貧しく苦しめられているチュニジア人の間で、不満と怒りがいかに強いかを示していた。「暗黒の木曜日」と同様に警察と陸軍が秩序を回復したが、何千人もの民間人の犠牲を払った上でのことだった。ムザリのＰＳＤ内の政敵たちは、補助金撤廃とそれに続く騒動の鎮圧手段の両方を非難したが、最近合法化された諸政党はまだ活動限度が不確かだったから、積極的にデモを煽ることを避けた。

ブルギバは、国民の激怒から距離をおき、彼のいくらか汚れたイメージをきれいにするため、補助金を復活させ、チュニジア人に首相が彼の承認を得ずに行動したと信じるのを許した。しかし、彼はムザリを罷免しなかった。この現在の被後見人が、至高の権力は首相にではなく大統領に存するという現実を、今やより強く認識し頭にしみこませてその職を務めてくれることを好んだからだ。皮肉にも、ブルギバは数カ月後に強い心臓麻痺に襲われ、懲らしめられたムザリはその立場を強めた。彼は、将来の経済的調整が不可避であり、しかしそれは補助金の打止めと同様の敵意に迎えられるだろうと認識して、反対派の効果を最小限にする措置をとった。そうした措置の一環として、ザイン・アル＝アビディン・ベン・アリ将軍をヨーロッパでの大使職から呼び戻して国家保安庁長官の地位に復帰させたが、彼は一九七八年の騒動の際、その職にあって強力に鎮圧し名をあげたのである。UGTTは、まさにその経歴のゆえにベン・アリの再任を疑問とした。政府は、報復として組合を脇に追いやり、ライバル団体のチュニジア全国労働組合《ユニオン・ナショナル・チュニジエンヌ・デュ・トラバーユ》（UNTT）をひいきにしたが、その組合員は前年、UGTTの政府に対する戦闘的・対決的な態度に反対して脱退していた。この分裂は、アシュールのレトリックをますます強硬にしただけで、この声高なUGTT書記長は一九八五年に再度投獄された。

ベン・アリとムザリ（首相と内相を兼ねていた）は、政党の指導者たちやその新聞を密かに監視して野党が政府に挑戦しないようにさせた。しかし、もっとも厳重に監視されたのはMTIであった。政府は、同組織が一九八四年の暴動を背後で操ったと非難して、多くの同調者を逮捕した。MTIの指導者たちは、世俗派のライバルたちとは対照的に、支持者に抗議に参加するよう促していたが、当局は彼らが抗議を企画したという証拠を何ら提示できなかった。一月に投獄されたイスラム主義者たちは、一九八一年以来拘禁されていたガンヌーシやムールーとともに数カ月後に釈放されたが、政府はMTIの政党組織を許可することを拒否し続けた。同運動は、多くのチュニジア人が政府による弾圧と認識したことで名声をあげ、国の諸問題に公正で文化的に適切な解決を与えることに献身する独立組織としての評判を高めた。

一九八四年一月の痛ましい出来事は、諸事情の予見不能な合流がもたらした経済的苦難の一時期の序奏でしかなく、その苦難は経済の最高度に利益の上がる諸側面にとりわけ厳しい損害を与えた。国際市場における原油価格の下落は、長年経済の命綱であった石油輸出による収益を、一九八四年の七億七八〇〇万ディナールから一九八六年の三億二二〇〇万ディナールへと激減させた。石油産業の不振の結果、リビアその他から何万人もの労働者がチュニジアに戻ったことは、国民経済から彼らによる送金を奪うとともに、すでに高水準だった失業をさらに悪化させるという二重の災難となった。同じ二年間に、持続的干ばつが穀物の収穫を半減させた。[11]一九八二年のイスラエルによるレバノン侵攻後、チュニジアはアメリカに促されて、嫌々ながらパレスチナ解放機構がチュニスに本部をおくことを許す決定を行ったが、それは同国をパレスチナ・イスラエル紛争に関わらせるという、過去には避けてきた不利な事柄によって観光産業を危険にさらした。一九八二年以降の地中海盆地周辺およびヨーロッパにおける連続的テロ攻撃、一九八五年にイスラエルがチュニス郊外のハンマム・リフにあるパレスチナ人集落を爆撃して、六八人のパレスチナ人とチュニジア人を殺し一〇〇人以上を負傷させたこと、そして一九八六年のアメリカによるリビアの標的への空爆によって、観光産業はさらに逼迫し、経済全体に悪影響を及ぼした。石油収益が急減し他の収入源もそうとう下落するなかで、政府はもはや以前の支出水準を維持できなくなった。石油収益が生み出していた投資や職は干上がり、経常収支の赤字は増加し、外貨準備は食いつぶされ、国際借款は増大し、一九八二—八六年の計画期間を平均して経済成長率は二・九％という独立後最低の水準に急落した。不運に見舞われた計画が終結へとよろめき歩むにつれて、対外債務は約五〇億ドル、すなわちＧＮＰの六〇％近くに達し、それへの利払いが政府歳入の四分の一以上を費消した。[12]

すべてのチュニジア人が悪化する経済状況による難儀を感じたが、それは当然、貧者をもっともひどく苦しめた。ＭＴＩは、国民を横断した幅広い支持を得ていたが、より困窮した支持基盤の大勢が激しい窮乏を経験し、しばしば家族を最低限度に食べさせる手段さえ欠くという不名誉を被った——それは、イスラム主義運動が国民生活の哲学的基礎として主張した、共同体・正義・尊厳という諸概念にまったく相反する状態だった。したがってＭＴＩは、熱心かつ執拗に政府を痛烈に批判した。その提案のいくつかは、ＰＳＤの経済政策の根本的欠陥を正すことに焦点を合わせ、何ら宗教や文化との直接的関係をもたなかった。ＭＴＩ指導者たちは、国際観光や「西洋のために安い労働で我々の必要としないものを」[13]製造するのに依存する経済を築くより、むしろ農業の近代化により食料生産を増やし、国内市場の必要を満たす産業を発展させることで、より大きな自給自足を達成せよと主張した。経済危機に対処するための他の勧告は、より明白にイスラム的文脈から発しており、しばしば性の役割に関する昔ながらの見解を反映していた。同運動は、一九八五年に身分法についての国民投票を求め、それは女性が公共圏に参加するのを助けることで、かつては伝統的な大黒柱である男性に限られていた職に女性が就くのを促していると論じた。そうすることで、女性は（男性の）失業問題を悪化させるだけでなく、イスラム主義者が男性と女性のはっきり異なる責任を指示する、社会と家庭の基本的な規範と見なすものを掘り崩していると。ＭＴＩはまた、経済的関心を超えた関連問題では両性間の接触の制限と、外国の影響の拒絶を表明するために衣服の伝統的形態の復活を唱道した。ＰＳＤ・野党・女権擁護団体はすべて同法の弁護に集い、ただちに廃止するいかなる見通しもなくさせたが、ＭＴＩは廃止を支持し続けた。

ＭＴＩは、政党としての正当性を一貫して拒否され、それによってムザリが始動した対話から公式には除外され、政府を批判してもＭＤＳやＰＵＰほど危険ではなかったが、それらの主として中産階級に属する支持者は、いずれにせよ国民が味わいつつある経済的ショックを、生き延びるための用意がいっそうできていた。しかし現実には、多元主義の概念自体が崩壊しつつあった。ＰＳＤ以外の全政党は、現在の政治的・経済的雰囲気は政府への反対派を強化するかもしれない自由選挙にとって不利に働くと確信し、一九八五年の自治評議会選挙をボイコットしたので、ムザリの政治的開放は無意味になった。しかし多党制の実験の崩壊でさえ、最強硬の党内保守派を大人しくさせなかった。なぜなら彼らは、大統領に取って替わる候補の先頭に立つ男の本能や野心を深く疑っていたからである。ブルギバが心臓麻痺から回復して、より活動的な政治的役割をまた果たすようになると、彼に近い影響力ある仲間たちは、首相だけでなく妻のワシラ・ベン・アンマルと息子のハビブ二世を含む党中枢部の判断・能力・そして忠誠についての疑念の種をまいた。

老いつつある指導者は、半世紀にわたって振るってきた権力にしがみつこうと、一九八六年に彼の権威を脅かすと信じた者たちに対処した。自由主義的反対派をその発端から代表してきたメスティリは、リビアの都市トリポリとベンガジに対するアメリカの攻撃を政府が非難しなかったことに抗議するデモを率いていて、四月に逮捕された。同時に、ブルギバは幾人かの鼻っ柱の強い党保守派を重要閣僚の地位に就け、ムザリから内務相の兼務を解いてベン・アリをその職に指名し、〔自らは〕妻・息子との関係を絶った。不可避の斧が七月にムザリに振り下ろされたとき、彼はさらなる報復を恐れて国を逃れたが、それは実際、在任時に起きたとされる財政的・政治的不正行為に対する欠席裁判で、彼が禁固刑を宣告されるという形で実行された。

大統領は、ラシード・スファルをムザリのかわりに選んだが、彼の直面したもっとも緊急の課題は経済の後退に終止符を打つことだった。IMFと世界銀行は、一九八二―八六年の計画期間が終結に近づくなかチュニジアの幹部に、同国は赤字を減らし対外債務からの強まる圧力を緩和するよう経済構造の総点検を実行しなければ、融資を受けられなくなる恐れがあると警告し始めた。ムザリの最後の、一九八六年用の予算は、前の財政年度より一五％政府支出を削減し、基本食料への補助金を大幅に削減していたが[14]、国際機関が想定した構造調整計画は経済のまさに根本に及ぶ政策変更を含んでいた。課題とされたものは、世界経済への統合を容易にするための貿易自由化とディナール切下げ、市場の影響力を強めるための広範な民営化と規制緩和、失業を減らすための健全な投資の促進、公的支出の削減、とりわけ補助金の撤廃等であった。スファルの経済顧問たちが策定した一九八七―九一年の計画は、この包括的な計画の詳細にわたる実施をはっきり説明し、それに対してIMFと世界銀行はおよそ八億ドルを利用に供した[15]。

構造調整計画の経済的長所が何であれ、その成功の可能性は、相当な経済的・政治的不確実性がある時期に、チュニジアの民衆にその必要性を説得し、必要な緊縮財政を支持させるPSDの能力にかかっていたが、それはかなりの規模の挑戦だった。同党は四四〇〇の細胞と一〇〇万人の党員（全人口の一五％）を数えたが[16]、その戦闘的熱気は独立後冷めてしまい、形式的な忠誠以上の献身をなす党員はほとんどおらず、指導者たちは目的達成のために動員よりも弾圧に頼るようになっていた。ブルギバは権力の維持に執着し、党内の保守的ムザリ反対派が広めた当てこすりに少なからず影響され政敵がたくさんいると確信して、反復される身体的、そしてときには精神的な虚弱さの発作により効果的な公的指導の役割を果たすことを妨げられたにもかかわらず、党と国家に対する支配を譲ることを断固拒否した。政府は、一九八三年の価格値上げに伴う騒乱を避けようと望み、パンへの補助金撤廃を価格を上げるより標準的パンの目方を減らすことでごまかそうとしたが、それは構造調整に少なくとも短期的には付随する苦難を隠すことはおろか、目に見えて和らげることもできなかった。批判者たちは、計画の経済的結果に対する苦悩に加えて、IMFと世界銀行に国の経済・財政政策の形成を許したことに表わされる主権放棄に対する嫌悪を表明した。しかしスファルは、始めから彼の政府は自己の権威に対する挑戦を寛恕しないことを明らかにしていた。かくも不快な雰囲気のなかで、諸野党は一九八六年一一月、今度は国民議会選挙へも参加を拒否した。

翌年の多くのデモのあと、当局はガンヌーシや他の著名なMTI幹部を逮捕し、政府を転覆しイスラム国家を樹立しようという陰謀を助長したと告発した。多元主義的と自称する体制において、正当な政治組織としての承認をあくまで拒まれたMTIは、権力を握るために有利な態勢をとろうとして政府との衝突コースを進んでいるように見えた。ブルギバとそのもっとも近い仲間たちは、ムスリムの活動家を、公的生活をイスラムに基づかせようという彼らの宿願は、党と国家が根気よく推進してきた近代的で西洋志向の世俗的見方の対極にあると考え、徹底的に軽蔑した。反対にＭＴＩのメンバーは、彼らの運動が政治過程から排除されているのは、独立前から始まったチュニジアのイスラムを脇に追いやろうとする体系的キャンペーンの最新の表れでしかないと信じた。彼らの見方では、イスラム的価値を拒否して、いずれも公正な社会を創り出すことに失敗してきた輸入イデオロギーを採用するのは重大な誤りだった。チュニジアの民衆に希望を取り戻させるには、その深い、しかし長く無視されてきたイスラム的根源を耕すよう、彼らを鼓舞し助けることに関与する国家が必要だった。

ベン・アリは、大統領の命令に基づき内務省の広範な資源を同運動粉砕のために投入した。それに続く暴力のらせんは、一九八七年八月、爆弾がスースとモナスティルの観光ホテルで爆発したとき危機に陥った。ブルギバと他の著名なＰＳＤ幹部はモナスティル出身で、同市と密接な関係を維持していたし、事件は大統領の誕生日を祝う国の祝日の前夜に起きたから、それは個人的復讐の意味をもった。さらに、このような目に余る暴力が、国際的訪問者に人気のある海辺のリゾートへと成長していた都市で見られたことは、肝心の観光産業での経済的に破滅的な不況を確実にし、政府を弱らせた。同時に、それによって実行犯たちは、多くの西洋人訪問者の非礼な行動に対する彼らの不快感を強烈に思い知らせることができた。ＭＴＩはこの爆発事件への責任を否定したが、同年初めに逮捕されたイスラム主義者たちのために数週間後に開かれた裁判は、非常に緊張した雰囲気を作りだした。それらの訴訟は、ガンヌーシを含む数人の主要幹部に死刑を、多くのより下級の同党闘士に長期刑を科した。

ブルギバは判決を称えたが、警察・治安の専門家であるベン・アリは、極刑は囚人たちに殉教のオーラを授け、すでに燃えさかっている火事を煽る危険があるという彼と他の大臣たちの理論的根拠に、大統領を納得させた。ブルギバは、ベン・アリの判断への尊重を、一九八七年一〇月に彼を首相職に昇格させることによって表明したが、その後ふたたびイスラム主義指導者たちの処刑を主張した。ベン・アリは、老いた最高責任者の身体的悪化と気まぐれな行動から彼はもはや統治能力を有しないと確信し、医者の一団が大統領の健康状態を評価するよう求めた。彼らは同様の判断に達し、憲法の規定に従って彼は職にとどまるに適さないと宣言した。ザイン・アル＝アビディン・ベン・アリは、一九八七年一一月七日に大統領に就任し、ハビブ・ブルギバはモナスティルに引退して、そこで一三年後に九七歳で亡くなった。

ベン・アリは、国家元首、政府の長、唯一の有効な政党の長（ヌイラの時から、ＰＳＤ書記長の地位は首相によって占められてきた）として、そして平和的な移行を工作して国をさらなる緊張から救った男として、巨大な権力を自己の手中に集めたが、善意の膨大な備蓄――それは、彼が国民のあらゆる部分に喜んで手を差し伸べていると見えたこと、ブルギバの六〇年に及ぶ公的生活が終わったことを悼むチュニジア人がほとんどいなかったことによっていや増した――からも利益を得た。前大統領のもっとも強固な支持者たちでさえほとんど誰も公的に認めはしなかったが、近年身体的・精神的悪化の兆候が彼を味方にも敵にも同様に危険にさせ、国民にとっての厄介者にしていることに気づいていた。ベン・アリは、相続した家の政治的・経済的・社会的混乱を収めるために、自分のもつあらゆる強みを必要とした。

ブルギバのチュニジアにおける芸術と文学

ハビブ・ブルギバがチュニジアを統轄した三一年間は、抑圧的政治環境や経済を虚弱にする変動とはしばしば対照的に、豊かで多様な、そして表情に富む国民文化の発展を目撃した。第二次大戦後、一九三〇年代のネオ＝ドゥストゥール党指導部と劇場関係者の協同のよく知られた歴史ゆえに、劇場の真の復活は一九五四年にチュニス市評議会がアル＝フィクラ・アル＝バラディーヤ（チュニス市営劇団）を創設するまで妨げられた。文化省が、独立とともに一座の財政的後援者となって毎年かなりの補助金を提供し、そのおかげで才能ある若き俳優アリ・ベン・アヤドは一九六三年から一九七二年まで監督を務め、アル＝フィクラ・アル＝バラディーヤを同国でもっとも専門的で成功した劇団に仕立て、アラブ世界中やヨーロッパでの公演で国際的賞賛を得させることができた。劇団は、同指導者の突然の死去後衰え、その後マスラハ・アル＝マディーナ（市の劇場）の名の下で何年か上演を成功させ続けたが、ベン・アヤド時代の活気を取り戻すことは滅多になかった。

政府のチュニスの劇団支援は、ブルギバが一九六二年に明言した政策を反映していたが、その兄ムハンマドは、一九三〇年代に多くの一座で監督や俳優を務めていた。大統領は、劇の制作を娯楽としてだけでなく、民衆の教育や国民の誇りの涵養のための媒体と位置づけていた。その後、文化省は彼の構想を実現するために多くの措置をとった。まず二つの機関を作ったが、劇場部《セルビス・デュ・テアートル》は既存の劇団の仕事を推進し新しい劇団の創設を助けたし、劇の方向づけ国家委員会《コミシオン・ナショナル・ドリアンタシオン・テアトラル》は素材を検討し「不適切な」作品の上演を妨げた。同省はまた、チュニジアのアマチュアおよびプロの劇団を披露させる年次演劇祭を組織し、その後二つの祭り、北アフリカのアマチュア劇団のためのマグレブ演劇祭《フェスティバル・デュ・テアートル・マグレバン》と、アラブ世界中のプロの一座のためのアラブ演劇祭《フェスティバル・デュ・テアートル・アラブ》が付け加えられた。これらの行事は一般に質が高く、国際的観客を引きつけ、国内および海外でチュニジアの演劇の評判を高めた。最後に、同省は劇場のエリート主義的オーラを克服しようとして、一九七〇年代初めに地元や地域の劇団に広範な補助金を提供した。しかし、ときにはこの計画は裏目に出た。たとえばガフサで創られた非常に成功した一座は、同市のたいていは労働者階級の住民に制作を合わせて、地域の方言・発音で同時代の政治・社会問題の風刺劇を上演したが、これは挑発的な芸術的哲学をもち、経済が悪化するにつれとりわけ南部で広がった不満を煽った。

地域の演劇運動を監督していた俳優兼監督のファデル・ジャイビは、一九七四年に、フランスが一九五一年に演劇企業の経営訓練を提供するために設置した学校であるチュニスの演劇センター《サントル・ダール・ドラマティク》の校長になった。彼はセンターのカリキュラムを見直し、演技・監督・劇場の技術的側面に関する授業を導入し、チュニジア人が初めて自国でこれらの分野の専門的訓練を受けられるようにした。先駆的なジャイビは一九七五年、演劇センターの同僚幾人かとともに、チュニジアで初の民間商業劇場である新劇場《テアートル・ヌーボー》を開設した。新劇場は、センターの教員や学生の才能を大いに活用し――彼らは、異論ある社会的・政治的問題を取り上げた作品で演じ、またしばしばそれらを書いたり脚色したりした――、同国で卓越した劇団として速やかに認められるに至った。ムハンマド・ムザリが一九八〇年に首相になったあと、よりよく組織され、より声高な政治的反対派に直面した政府は、劇場環境を潜在的批判者に奪われるのを厭った。文化省は、一九八三年にチュニジア国民劇場《テアートル・ナショナル・チュニジアン》を発足させたが、その努力は数年後に、劇作家・監督で新劇場の校長だったムハンマド・ドリスが監督の地位を受け入れたときにようやく実を結んだ。ドリスは、国民の劇団が拡大し適切な施設を得られるよう気を配った。彼はまた、演劇社会における自己の名声を利用して彼の劇団や新劇場、そして国中に生まれつつあった多くの民間劇場との間で制作契約を結ばせた。

新劇場の革新のうちには、舞台作品を撮影して映画として公開する二つの実験があったが、ジャイビとその協力者はシネマ技術の訓練を欠いていた。その結果、チュニジア人の映画制作が一九二〇年代にさかのぼるため、この比較的洗練された業界では彼らの作品はほとんど反響を得なかった。チュニジア人ユダヤ教徒で芸名をシクリーというアルベール・サママは、一九二二年に最初のチュニジアの短編映画『ゾフラ』を、二年後に長編映画『アイール・アル＝ガズワ（「フランス語の題は」カルタゴの娘）』を制作した。どちらも、パラマウント・ピクチャーズの一九二一年のヒット作『シェイク』によって人気を得たジャンルである「神秘的東洋」を例示していた。俳優のアブド・アル＝アジーズ・ハシンが、一九三五年に二番目の長編映画『タルギ』を監督したが、その後三〇年間これらのパイオニアが先鞭をつけた小道を辿ったチュニジア人は一人もいなかった。しかし一九二〇年代と一九三〇年代には、南カリフォルニアと似ていなくもない温暖で好天の気候が西洋の映画制作者を引きつけ、その大部分はヨーロッパ人だったが、そこにはアメリカ人の俳優で監督だったレックス・イングラムも含まれ、彼は一九二四年にチュニジアで『アラブ人』を撮った。(17)

独立後、国営企業のチュニジア映画制作・発展有限会社《ソシエテ・アノニム・チュニジエンヌ・ド・プロデュクシオン・エ・デクスパンシオン・シネマトグラフィク》（ＳＡＴＰＥＣ）が外国映画の輸入・配給・上映の規制に責任を負ったが、外国映画こそ全国の劇場でもっとも人気がありもっとも容易に見物できる出し物となったし、今もそうである。チュニジアの業界が産んだのは、ＳＡＴＰＥＣが映画制作の発展推進を追加任務とされて、その実現のため一九六六年にチュニス郊外のガンマルスにスタジオを設けて以来、長編映画が年に平均わずか二本であった。その年、文化省は最初のカルタゴ映画祭《ジュルネ・シネマトグラフィク・ド・カルタジュ》を組織し、それはアラブ・アフリカ映画の間の競争で最高の出品作にタニ・ドール賞を授けた。隔年の同映画祭は、非西洋の映画業界ではただちに重要な行事となった。しかしその創立大会では、タニ・ドール賞を争うチュニジア映画は一本もなかった。一九三〇年代以来初めてのチュニジアの長編映画『アル＝ファジュル（夜明け）』は、独学のアマチュア映画作者のオマル・フリフィの監督により一九六六年に公開されたが、審査に間に合わなかった。独立闘争で死ぬ三人の若者についての愛国映画で、三部作の第一作となったが、他は『アル＝ムタマッリド（叛徒）』（一九六八年）と『アル＝ファッラカ（フェッラガ）』（一九七〇年）で、いずれも外部による支配に対するチュニジア人の抵抗の歴史的事例を物語るものだった。第四の映画『アル＝スラハ（遠吠え）』（一九七二年）は、伝統的アラブ社会によって女性に課される制約に焦点を当てた。他にもアマチュア映画作者が一九六〇年代と一九七〇年代に現れたが、一本の成功した長編映画以外に作品を作った者、チュニジアにおける映画思想に何らかの重要な影響を与えた者はほとんどいなかった。リダ・ベヒの『シャムス・アル＝ディバ（ハイエナの太陽）』（一九七七年）は、その頃にはチュニジア経済の本質的要素となっていた国際観光産業の破壊的効果を力強く非難した。論争的な長編映画で、ベヒはモロッコでの撮影を選んだのだが、ヨーロッパでは批評家に賞賛された――しかし、ＳＡＴＰＥＣが配給を拒否したので、チュニジア国内では同映画の衝撃は皆無となった。

同国の誕生期の映画産業に、若い男性の四人組と二人の若い女性で、すべて有名なフランスの（一人の場合はベルギーの）映画学校で学び、たいていは一九六〇年代末にチュニジアに戻る前にヨーロッパで専門的技量を洗練させた人たちが、大きな影響を与えた。ブラヒム・ババイやアブド・アル＝ラティフ・ベン・アンマルの映画作品目録には、フリフィの場合同様に歴史的主題が登場したが、彼らや仲間のサドク・ベン・アイシャとナスール・クタリは、ベン・サラハの社会主義的実験が崩壊し、一九七〇年代の自由奔放な経済が下層および中間階級に犠牲を負わせ始めてチュニジアをとらえた不安に、より大きな注目を注いだ。ベン・アイシャの『ムフタル』（一九六八年）は、若いチュニジア人の幻滅と葛藤を扱い、ババイの『ワ・ガダン？（で明日は？）』（一九七二年）は、ある若者が干ばつに襲われた村から仕事を求めてチュニスに旅する、当時すでに悲劇的にもよくあった話を語り、ベン・アンマルの『アジーザ』（一九八〇年）は、都市生活を虚弱にする諸問題を探求してタニ・ドール賞を獲得した。ベン・アンマルの『ヒカヤ・バシータ・カハディヒ（とても単純な物語）』（一九七〇年）の核心には、チュニジアとヨーロッパの両文化間の紛争――両陣営に足をおく映画作者なら容易に理解できるものだ――があり、クタリの『アル＝スファラー（大使たち）』（一九七五年）は、一九七六年にタニ・ドール賞を初めて受賞したチュニジア映画だが、フランスに移住したチュニジア人労働者の直面した諸困難を描いた。同様の社会的関心が、チュニジアの最初の女性監督たちの作品を特徴づけた。セルマ・バッカルの『ファトマ七五』（一九七八年）は、カルタゴ時代から二〇世紀までのチュニジア女性の映画による一連の肖像スケッチだった。ネイジャ・

ベン・マブルークは、『アル＝サマ（痕跡）』という南部の村の若い女性の物語において、ジェンダー・貧困・移民に関わる諸問題を合わせ編んだ。ベン・マブルークは撮影を一九八二年に終えたが、SATPECとの紛争で公開が一九八八年まで遅れた。

SATPECは、一九七〇年代にチュニジアの名作映画のいくつかの制作に関わり、ヨーロッパの監督との多数の、しばしばあまり成功とは言えない共同制作にも関わって、その成果はよしあしだった。ムザリ政府は一九八一年に、SATPECの輸入と配給の独占を撤廃し、同時に独立的映画事業を推進する基金に充てるため入場料に六％の税を課した。この措置から利益を得た新会社のなかにシネテレフィルムがあり、同社は制作会社の間で急速に名誉ある地位を占めた。その所有者アハマド・アッティアは、一九七〇年にローマで監督学を修了してからチュニジアの映画産業で働き、その相当な知識を用いて有望な若い監督を見つけ出し、彼らに半自伝的な映画を作り出すよう促した。彼の最初の被後見人ヌーリ・ブージドは、『リフ・アル＝サッド（灰の男）』（一九八六年）において、アラブ世界でそれまでに作られた映画では滅多に取り上げられなかった主題である、性欲や同性愛の問題と大胆に対決した。その論争的性格にもかかわらず、あるいはおそらくそれゆえに、『リフ・アル＝サッド』は一九八六年のカルタゴ映画祭でタニ・ドール賞を受け、その栄誉を授かった三本目のチュニジア長編映画となった。アッティアはまた、著名な映画批評家で歴史家のフェリド・ブーゲディルに、アフリカおよびアラブの映画に関する三本の高く評価されたドキュメンタリー映画、すなわち『アフリカのカメラ』（一九八三年）、『カルタゴの映画』（一九八四年）、『アラブのカメラ』（一九八七年）を完成させたあと、そのジャンルを探求するよう鼓舞した。一九八〇年代には社会的・経済的問題が継続し、その時代に長編映画デビュー作を作った多くの監督は、国民の不安を反映した主題に引きつけられ続けた。たとえば、タイエブ・ルーヒシの『ジッル・アル＝アルド（土地の影）』（一九八二年）は、自然災害で荒廃した孤立的農村共同体と近代性の侵入について物語る。しかし、社会的批評を行う重厚な映画のどれよりも入場者数で成功したのは、『ファルダ・ワ・リカト・ウフタハ（気の狂った二人の盗賊）』というアリ・マンスール監督による一九八〇年の喜劇だったが、それですら田舎からチュニスへの移住という主題を中心としていた。

マンスールは、映画産業に自己の刻印を残した他の人たち（ベン・アイシャ、ベヒ、バッカル等）同様、チュニジア・テレビ・ラジオ放送局《ラディオディフュジオン・テレビジオン・チュニジエンヌ》（RTT）のテレビ部門で職歴を開始したが、同局は一九六六年に北チュニジアで限定された番組を放送し始め、一九七一年に全国に及ぼした。政府の幹部はテレビを、劇場の場合のように、娯楽の媒体としての役割に加えて教育的・公民的道具として活用しようと望み、実験放送でビゼルテでの一九六四年の党大会を流したが、そこでネオ＝ドゥストゥール党は自己を社会主義ドゥストゥール党として再編したのだった。ブルギバは、放送局開設を告げる演説で、全家庭がテレビ受像器を買うよう促した。平均的チュニジア人がそれを買えるようにするために、政府は何千もの受像器を輸入して価格を引き下げたが、ラジオに対するのと同様に各受像器に少額の年間使用料を課すというやり方を採用し、それは一九八〇年まで続けられた。

当初電波を独占したのは、政府の要望に従って、ニュース報道・宗教的講話・ドキュメンタリー・教育番組・文化公演だった。しかし、一日の放送が最初の三時間から徐々に長くなるにつれて、独自番組の制作能力が限られていることが問題となった。RTTは、一〇年間の運営のあとでさえ、テレビ番組の半分以上を外国の源泉（西洋とアラブの両方）に依存していた。少なくとも人口稠密な北チュニジアでは、フランスやイタリアからの放送を受信することが容易なため、RTTに対して西洋の番組編成に合わせよという圧力が強まった。しかしそうすれば、MTIや他の保守派が輸入番組の多くの内容に対する不快を表明し、それらは自国が固有の遺産を放棄した証拠だとも批判した。

絵画の分野でも、一九六〇年代と一九七〇年代に同様の変化が起こったが、保守的ムスリムはエコール・ド・

チュニスの芸術に共通の人物描写を好まなかったので、同様の批判を呼ぶには至らなかった。独立は、チュニジアの画家にとって自国の遺産の視覚的記録を確立することの――彼らの多くは、それを愛国的義務と見なすようになっていた――緊急性を弱め、また世界の芸術家共同体への接近を容易にした。それに続いたのは、表現の新しい、主として抽象的な形態の実験の波だった。ヨーロッパと北アメリカを広範に旅した、成功した芸術家のヘディ・トゥルキとハティム・アル＝メッキは、チュニジアの画家に視野を広げるよう促すことでチュニジアの芸術に、それまで未知であったコスモポリタンなオーラを与えるのを助けた。二人のうちトゥルキはより自覚的で、同時代人の田舎くささと見たものを毛嫌いしたが、アル＝メッキの折衷技法と好奇心は、自分を一つのジャンルに限定する見込みをまったくありえなくした。

トゥルキとアル＝メッキに影響された多くのより若い芸術家は、新しい形態を躊躇なく受け入れたが、他にも進歩的な創造的雰囲気を利用して彫刻や版画など、チュニジアではそれまでほとんど知られていなかった媒体に手を染める者がいた。しかし、独立後最初の世代でもっとも成功した新参者は、作品に土着の文化的特徴を吹き込むことによって目立たせる方法を発見した芸術家たちだった。ナジブ・ベルホッジャとヌジャ・マハダウィは、一九六〇年代に抽象絵画をデザインするのにアラビア語の書道を利用したが、そこではテキストの意味は作品の視覚的衝撃にまったく従属させられ、ときにはアラビア語の文字に似ているがそうではない筆法を用いるまでに至った。より年長ですでに確立された画家であったアリ・ベッラガは、キュービズムの手法と伝統的なアラブの幾何学紋様を組み合わせて同様のブレンドに影響を与えた。若干の芸術家は支配的傾向に頑固に抵抗し、伝統的生活の土着的描写を生み出し続けた。アリ・ゲルマシや他の素朴派絵画の支持者のキャンバスは、独立後最初の二〇年間を特徴づけた革新への熱狂のさなかにはだいたい無視されたが、一九八〇年代にふたたび流行となった。彼らの絵は、国民がほとんど個人的に経験したことのないようなチュニジアを物思いに沈んだように賛美して、自分が生きている時代の不安定な性質によって疲労した男女に対し、気持ちを落ち着かせる芳香の役割を果たしたのだ。

政治的独立から生じた社会的・経済的変容は、その職歴がブルギバの大統領在任時代と多かれ少なかれ重なった世代の詩人・短編作家・小説家・随筆家に、大量の多面的主題や喚起装置を提供した。しかし同国のもっとも有望な二人の文学者、ハシェミ・バックーシュとアルベール・メンミは、保護国の終焉を彼らの芸術的自由を制約する可能性が高い事件と見なし、二人とも永久にフランスへ、メンミは一九五六年、バックーシュは翌年に移住した。フランス的教育を受けたブルジョワのバックーシュの処女小説、『我が信仰は残れり《マ・フワ・ドゥムール》』（一九五八年）は、フランス人とチュニジア人の国際結婚の複雑性を探究したものだが、それは植民地時代の多くの文化横断的連携の隠喩としての役割を果たしており、著者はそうした連携が民族主義の勝利で生き残れないのではないかと考えた。メンミもまた、パリ大学の学位を含めフランス的教育を受けたが、都市の中産階級からではなくチュニジアのユダヤ教徒の共同体の出身だった。彼は独立前に、だいたいは自伝的な小説を二冊、『塩 の 柱《ル・スタチュ・ド・セル》』（一九五三年）と『寒天《アガル》』（一九五五年）を出版しており、それらはまずチュニジア人として、ついでユダヤ教徒として、二重に周縁に追いやられた個人に対する植民地主義の影響を扱っていた。抑圧に関する説得力ある論文『植民地化した者の肖像に先立たれた植民地化された者の肖像』（一九五七年）は、社会分析者としてのメンミの評判を確立し、アイデンティティー（とりわけユダヤ教徒のアイデンティティー）・従属性・人種主義に関する他のエッセイが続いた。その後のフィクションの作品において、メンミはバックーシュのようにチュニジア的主題や環境を利用したが、両人がその人生の半分以上を自らに課した亡命の地で過ごしたことは、彼らを「チュニジア人」の範疇に入れるのを疑問とさせる。

一九五六年以降チュニジアで出版した何人かの著者はフランス語を用いたが、大半はより容易に使えてその作品がもっとも広範な地元聴衆にとって読解可能である言語、すなわちアラビア語を選んだ。文芸評論誌『アル＝フィクル』は、一九五五年にあのムハンマド・ムザリ、のちの首相によって創刊され、次の三〇年にわたって作家志願者に貴重な表現手段を提供した。『アル＝フィクル』で初めて世に出た作家の一人にバシール・フライイフがいるが、彼は変遷する人物で、初期のフィクションを支配した民族主義的・愛国的トピックから、より直接的に同時代のチュニジア社会から得た主題へと移行した。しばしばチュニジア初の現代小説家と賞賛されるフライイフは、そのフィクションをチュニジアの生活の率直な描写を中心にして組み立てた。『イフラス・アウ・フッブカ・ダルバニ』（一九五九年）は同国の若者の生活を、近代化の圧力が彼らの環境を再編成するなかで描く一方、『アル＝ダガル・フィ・アラジニハ』（一九六九年）は低開発の南部のとりわけ厳しい経済的・社会的状態に焦点を当てた。

独立後、女性が以前よりはるかにたくさん出版し始めた。一九六〇年代末に、疑いもなくヨーロッパや北アメリカの潮流に影響されて、フェミニストの著作の波が起きた。ヒンド・アッズーズの短編小説は、『フィル＝ダルブ・アル＝タウィル』（一九六九年）にまとめられ、中産階級の女性の状況を探求し産児制限や堕胎といった微妙なトピックを扱った。ライラ・ベン・マミの小説『サウマア・タハタリク』（一九六八年）は、高度の性的自由を獲得した女性の生活を描き、ズバイダハ・バシールの詩集『ハニン』（一九六八年）は、女性に課された社会的制約に対する彼女の幻滅と反抗気分を具体化した。著名な男性作家がこれらの女性パイオニアに加勢して、チュニジアの女性が直面する諸問題に国民の関心を向けさせるため、彼らの文学的才能を発揮した。農村の衰退や協同組合運動の崩壊、そして都市への移住の増加を背景とした二つの小説、アブド・アル＝カディル・ベン・アル＝シャイフの『ワ・ナシビ・ミン・アル＝ウフーク』（一九七〇年）とウマル・ベン・サリムの『ワハ・ビ＝ラ・ジッル』（一九七九年）は、解放や伝統的制限の緩和を主張しつつ、女性の恐怖や懸念を鋭敏にスケッチした小品を提示した。ムハンマド・サラハ・アル＝ジャビリの歴史小説三部作――植民地時代末期を描いた『ヤウム・ミン・アッヤン・ザムラ』（一九六八年）、新たに独立した国家の政治的・社会的課題を列挙する『アル＝バハル・ヤンシュール・アル＝ワハフー』（一九七五年）、および一九七八年の「暗黒の木曜日」の暴動を引き起こした多くの問題を探求した『ライラト・アル＝サナワト・アル＝アシュル』（一九八二年）――は、とくに女性の地位に焦点を当てた書物ではないが、その進展は繰り返し出てくる一主題となっている。

ブルギバが、初期に教育の重要性を主張していたことは、無数のエッセイやフィクションの作品に反響を見出した。後者でもっとも人気のあるのが、アブド・アル＝マジード・アティヤーの半自伝的小説『アル＝ムンバット』（一九六七年）で、政府の一職員がその運命を改善しようと努力する話だった。しかし、一九七〇年代と一九八〇年代に政治的・経済的困難が積み重なるにつれて、国の指導的作家の多くは当局の計画に熱狂的であるより、ずっと頻繁に当局と対立する自分を見出した。こうした男女は、その想像力を社会主義ドゥストゥール党と政府を批判する作品を生み出すことに向け、その批判はフィクションの文脈にカムフラージュされていたにもかかわらず相当な力をもった。ムハンマド・アル＝ハディ・ベン・サリフの処女小説『フィ・バイト・アル＝アンカブート』（一九七六年）は、大衆の搾取を主題とした。第二作の『アル＝ハラカ・ワ・インテイカス・アル＝シャムス』（一九八一年）において、ベン・サリフは、詩人で批評家のサラハ・ガルマディや劇作家で随筆家のサミル・アル＝アッヤディのような文学者の指導に従い、社会的・政治的不安定のさなかにおける知識人の義務を理解し闡明しようともがいた。ブルギバ政権が瓦解し始めた頃、ウマル・ベン・サリムはもう二冊、同時代の問題に取り組む小説を生み出した。『ダーイラト・アル＝イフティナク』（一九八二年）は困難な状況にある組合運動を扱い、『アブー・ジャハル・アル＝ダッハス』（一九八四年）は移民・人種主義・民族主義の諸問題に取り組んだ。同時に、アルシヤハ・ナルーティは、その短編小説がいくつかラジオで読み上げられてかなりの人気を得ていたが、『マラティジュ』（一九八五年）という小説を発表し、自国がブルギバ時代末期の政治的混乱にもてあそばれている時にフランスにいたチュニジア人学生たちの感情を描いた。二年後に、ベン・アリ首相が老いた大統領を引退させたとき、文学界は政権の打倒に果たした自己の役割に満足を得られたし、他のチュニジア人同様、前途によりよい日々を期待できた。

第七章
「新しい」チュニジアにおける継続性と革新　一九八七―二〇〇三年

新政権の成立

ザイン・アル＝アビディン・ベン・アリの巧みなブルギバ排除は、スポーツの世界のたとえによってうまく描写される国民の反応を生んだ。ちょうど知識豊かな観客が、かつては偉大だった選手たちが頂点をずっと過ぎても現役を引き延ばし、好プレーをする才能をなくし、チームにとって財産と言うより負担になり、自分にとってはたぶん違うが彼らの絶頂期の実績を憶えている競技のファンにとってはたしかに困惑の種になっていたのが、ついに引退するのに安堵するように、国民はブルギバが職を降りたとき安堵した。指導部変更を実現する立場にあった者たちは、最高責任者の健康についての民衆の懸念に気づき、ブルギバの執念深く気まぐれな行動が遅かれ早かれ国家に修復しがたい損害を与えると恐れ、チュニジア国民が彼らを支持するだろうと正しくも判断していた。権力の移行は、復権を求める抗議を何ら引き起こさなかったが、歓喜の祝福もなかった。むしろ支配的だったのは、移行が合憲的に、平和的に、途切れなく起きたことへの感謝の雰囲気だった。ベン・アリは、国家元首としてだけでなくＰＳＤの党首としてもブルギバの役割をただちに引き継ぎ、この「歴史的変化」からいかなる変容が生じようとも、国家と党がすっかり縫い合わされた線を解きほぐすことは含まないと示唆した。しかし新指導部の出現を象徴させるため、ＰＳＤは民主立憲連合《ラサンブルマン・コンスティチュショネル・デモクラティク》（ＲＣＤ）と改称された。憲法への言及を維持したことは同党を前身と結びつけたが、名称の他の部分はドゥストゥール党、ネオ＝ドゥストゥール党、社会主義ドゥストゥール党がかつてなりえたよりも、さらに広範でより平等主義的な機関となることを期待していた。

　にもかかわらず一九八八年の第一回ＲＣＤ大会は、ベン・アリに同党の、したがって国家の、完全な支配権を授けた。政治局員は二二名から七名に減少し、すべて新大統領の自他ともに認める支持者であり、ベン・アリがブルギバを引退に追い込むのを助けた古参党員へディ・バックーシュが、ＲＣＤの副代表で首相となった。頑強なブルギバ忠誠派は、まもなく党と政府の両方において脇に追いやられたことを知った。前大統領の密接な仲間で地位の不正利用がよく知られていた者が若干名逮捕されたが、より厳しい措置をとらなかったことはなだらかな移行の確保に貢献した。反対に、ベン・アリはガンヌーシや他のＭＴＩ拘置者を

図版７・１　ザイン・アル＝アビディン・ベン・アリ。ベン・アリは、1987年に首相として、大統領の能力に関する憲法の規定を援用してハビブ・ブルギバを職務から追い、最高責任者として取って替わり、その地位を2011年まで守った。

含む政治犯を何千人も釈放し、ブルギバへの反対者で亡命していた人たちにチュニジア帰国を促して、彼の政府はRCDとその世俗的および宗教的ライバルを包摂できる多元的政治環境を育てるつもりだと約束した。帰国者のなかでも著名なのは、一九六九年にブルギバと衝突した計画相のアハマド・ベン・サラハだった。

一九八七年の「歴史的変化」により、制約のより少ない環境を求めてチュニジアを逃れていた知識人や、海外で高等教育や専門的訓練期間の修了後とどまっていた若い男女は、祖国に戻ることを考慮できた。ある者は帰国したが、国際的仲間うちで良い評判の獲得に成功した亡命者——たとえば作家のタハル・ベクリ、アブデルワッハブ・メッデブ、ムスタファ・トリリ等——などはそうしなかった。ベクリは、一九七〇年代の学生時代に政治活動の結果一時投獄されたあとチュニジアを離れていたが、初期の詩や散文はしばしば移住の情緒的苦痛を反映していた。彼は、一九八七年以降もフランスに残った自分の決定を政治的と言うより芸術的なものと見なしたが、彼の著作は引き続きチュニジアの文化的・歴史的影響を特徴とした。ベクリは、他の多くの亡命者と違ってフランス語およびアラビア語で出版し続けたので、作品は地中海の両岸で読者に受け入れられえた。彼の同時代人メッデブはフランス語のみで出版したが、その小説『護符《タリスマノ》』（一九七九年）と『ファンタジア』（一九八九年）、詩集の『イブン・アラビの墓《ル・トンボー・ディブン・アラビ》』（一九八八年）、そしてエッセイの『スフラワルディ・シハブ・アル＝ディン・ヤフヤ（フランス語では」西洋亡命物語《レシ・ド・レグジル・オクシダンタル》）』（一九九三年）はすべて、彼の古典的アラブ・イスラム文明に関する深い知識を顕わにしており、彼はそれによってチュニジアおよび他のアラブ諸国の知識人間に聴衆を確保できた。この三人組の最年長者トリリは、ソルボンヌで哲学の学位を取得し、国連で一〇年以上働き、ついで一九八〇年にフランスに住居を得た。彼の諸小説はエリート間の腐敗を非難したが、チュニジアを舞台とする『ライオンの山《ラ・モンターニュ・デュ・リオン》』（一九八八年）が現れるまでは、彼の北アフリカの遺産との関係を示すものは皆無だった。前の世代のハシェミ・バックーシュとアルベール・メンミ同様、多かれ少なかれ恒久的亡命をしている作家の精神・主題・影響はすべて、チュニジア国内で活動している仲間と彼らを区別させている。

一九七〇年代と一九八〇年代に人気のあった小説家や詩人が、全般的にベン・アリの大統領時代にも文学界を支配し続けた。ムハンマド・アル＝ハディ・ベン・サリフの一九七八年暴動を描いた小説『サファラ・アル＝ヌクラ・ワル＝タサッウル』（一九八八年）は、前政権の批判を具体化したが、ベン・アリ下の政治的雰囲気がベン・サリフや他の作家がそうなると期待したような仕方に変化し損なうと、彼らは新政府に対する不満をただちに明らかにした。ベン・サリフは、『ミン・ハッキヒ・アン・ヤハルーム』（一九九一年）で知識人の役割という問題を再度取り上げ、彼も仲間のほとんども自分の義務を果たしていないと悲しげに結論した。ウマル・ベン・サリムの小説『アル＝アサド・ワル＝ティムサル』（一九八九年）には、意味のある変化の欠如に対する欲求不満が浸透しており、そこでは登場者の動物がチュニジア現代史の軌跡を表わした。フェミニストのハヤト・ベン・アル＝シャイフによる小説『ワ・カナ・ウルス・アル＝ハジマ』（一九九一年）は、腐敗と権力濫用というなお重要な問題を再度取り上げた。詩人で、通常フランス語で出版する少数派チュニジア人作家の一人アミナ・サイドは、『鳥の灯《フー・ドワゾー》』（一九八九年）において過去の現在に対する影響を理解する手段としての、個人的・集団的記憶に光を当てようとした。この主題は、詩人で文芸評論家のムハンマド・アジーザ（シェムス・ナディルという筆名で書いている）が一〇年前に関心をもち、二冊の詩集『腕木信号機の沈黙《シランス・デ・セマフォール》』（一九七八年）と『海の天体観測器《ラストロラブ・ド・ラ・メール》』（一九八〇年）を支えたものだった。

チュニジアの映画は、二〇世紀が最後の一〇年に入った頃、政治的・社会的関心事を国民に提示する媒体としていっそう勇敢さを見せた。ＳＡＴＰＥＣは、民営化政策に沿って一九八〇年代から影響力が着実に低下していたが、その仕事はアハマド・アッティアのシネテレフィルム社などの制作会社によってほぼ無用のものとされ、一九九二年に活動をまったく停止した。アッティアは、「チュニジアのヌーボー・シネマの父」として賞賛されたフェリド・ブーゲディルやヌーリ・ブージドの職歴を助けたほか、もう一人の有望な監督ムーフィダ・トラトリも傘下においた。ブージドは、一九八六年に監督として華々しくデビューしてから数年以内に、二作の長編映画をスクリーンにかけた。『サファーイブ・ミン・ダハブ（金の木靴《サボ・ドール》）』（一九八九年）は、長期投獄により破壊され、ついには自殺に追い込まれる男の話を物語り、『ベズネス（ビジネス）』（一九九二年）は、男娼の個人的行動を女の親類や友人に対する彼の扱い方と比較した映画で、チュニジアの生活における深い不統一性や矛盾が隠れた主題をなした。二人の卓越した監督が、数年休んだあと二〇〇〇年代に映画制作に復帰した。ナスール・クタリは、二〇〇〇年のカルタゴ映画祭で心理的ドラマ『私の友達になって《スワ・モナミ》』で第三位の賞を、ヌーリ・ブージドは、二〇〇二年の映画祭で最近上映された『粘土の人形《プペ・ダルジル》』により次賞を獲得した。

ブーゲディルの初のフルサイズ長編映画『アスフール・スタハ（（フランス語では）ハルファウィン――テラスの子供《ランファン・デ・テラス》）』（一九九〇年）は、一九五〇年代にチュニスのハルファウィン周辺で育った一人の子供の半自伝的肖像映画だった。それはチュニジア人の観客から温かく迎えられただけでなく、一九九〇年のタニ・ドール賞を含むより高度な批評家の賞賛を集め、海外でそれまでのいかなるチュニジア映画よりも高い人気を博した。次の、それほど批評家の賞賛を得なかった長編映画『サリファン・フィ・ハルク・アル＝ワディ（（フランス語では）ラ・グーレットの夏《アンネテ・ア・ラ・グーレット》）』は、かつてのチュニジアでより一般的に認められていた多様性のある一面を称えた。同映画は、一九六〇年代のチュニス郊外ラ・グーレットを舞台に、三人の一〇代の娘、それぞれムスリム、ユダヤ教徒、そしてイタリア人を先祖とするカトリック教徒に焦点を当て、排外主義が広がるなかでの宗教的寛容の美徳を強調したが、同時に少女たちの父親たちを通して、地中海世界のあらゆる人々に共通の文化的親近性を明らかにした。

ムーフィダ・トラトリは、一九六〇年代にフランスでシネマを学び、監督としてデビューする前に一〇年以上映画編集者として働いていた。一九五〇年代の女性抑圧の物語である『サムト・アル＝カスル（宮殿の沈黙《レ・シランス・デュ・パレ》）』（一九九四年）は、前世代のチュニジアの女性を同情的に描いたもので、イスラム主義者による身分法非難に直面して同法に保障された諸権利を守ろうとするフェミニスト（や他の人）の最近の努力を支援した。トラトリの映画は、『ハルファウィン』のようにチュニジアでも海外でも人気を博し、一九九四年のカルタゴ映画祭で優秀賞を得た。彼女の二番目の長編映画『男たちの季節《ラ・セゾン・デゾム》』（二〇〇一年）は、ジェルバ島の同時代の女性たちの物語であり、夫たちが一年のほとんどを国内の他所や海外で働いていて、彼女たちに個人や地域社会の諸問題への対処を任せているのだが、その社会はもっぱら女性からなっているにもかかわらず、伝統的に制限的な慣習の枠内で認めるよりも大きな自由を彼女らに与えていない。

『ハルファウィン』や『宮殿の沈黙』に加えて、一九九〇年代に上映された第三の重要な映画は一九五〇年代を舞台としていた。アリ・アビディの『レダイェフ五四』（一九九七年）は、保護国時代末期の南部の鉱山町におけるブルギバ支持者とユスフ派との対決を描いたもので、一九八七年以降段階的に起きたベン・ユスフの名誉回復以前には話題にできない主題だった。（ベン・アリの招待で、このブルギバの主要ライバルの未亡人は一九八八年にチュニジアに戻った。ベン・ユスフの遺骸は三年後に持ち帰られ、彼の故郷に埋め直された。）これらの映画のそれぞれにおいて、ブーゲディル、トラトリ、そしてアビディは、彼らの世代――保護国時代に生まれ、独立時やその直後の時期には周囲に渦巻く出来事を理解するに若すぎ、今や影響力ある立場にいる――が、積極的・消極的特徴の両方で満ちた、自己の帰属する文化の正確な記憶を保持しようとするのに貢献していた。(1)

ベン・アリは、一九八七年に大統領職に就いたとき、たいていの著名な作家や映画界のメンバー、そして知識人一般と同様に、イスラム主義運動のビジョンにほとんど同情をもたなかったが、ただそれは政治的傘の外では内部にいるより大きな潜在的脅威をなすと信じていた。ＭＴＩとまじめにつきあう用意があると示すため、比較

図版７・２　チュニジアの映画。チュニジアで主要な映画の最初の女性監督となったムーフィダ・トラトリは、何人かの男性監督同様、『男たちの季節（ラ・セゾン・デゾム）』（2001年）を含む自己の映画によって国際的評価を得た。

的象徴的な要求のいくつかを受け入れ、イスラムを国家宗教と公式に認め、チュニジアのラジオ・テレビ局が祈禱の呼びかけを放送することを許可し、中等教育より上の学生を動員するMTIの学生組織を合法化した。さらに、大統領はメッカへの巡礼を行ってそれを大いに報道させた。MTIは、一九八八年秋、翌年初めに予定されたブルギバ後初の選挙に先んじて、みなが合意できる政治哲学と目的の声明をまとめる協議に、政府の幹部、市民社会の指導者、世俗的政党の代表その他の著名な国家的人物等とともに参加する代表を送るよう招かれた。

　ベン・アリは、大統領就任一周年に際して「国民協約」を発表した。それは、多くの国民がブルギバ政府は故意に見くびったと信じたチュニジアのアラブ・イスラム的遺産の中心性を認め、チュニジアと他のアラブ世界、とりわけマグレブの他国とのより密接な絆を求めた。同文書は、一九～二〇世紀のチュニジアにおけるイスラム改革と近代主義の運動の重要性に言及したが、同時に身分法への評価を表明してそれを否定不能としておくことを主張した。ＭＴＩは、国民協約に署名してこの評価に合意したことで大きな譲歩をした。政府もまた、過去の政治的欠点を多元主義・人権尊重・基本的自由の明白な保障によって正そうという協約の提案を受け入れることで、とくにイスラム主義者にというわけでなく全範囲の野党に対して相当な譲歩を申し出た。

国民協約は、ＭＴＩに政治的舞台に加わる初の機会を提供するように見えた。政党の名前に宗教的術語を禁止する選挙法に合わせるために、同組織はヒズブ・アル＝ナハダ（再生党）となって政党の地位を申請した。政府は、協約のレトリックにもかかわらず、イスラム主義者の究極的目標は世俗国家の解体のままだろうという疑いのため回答を遅らせた。ガンヌーシは、自己破壊的な反動を招かずに当局に圧力をかける仕組みを希求して、ＵＧＴＴ内部にアル＝ナハダ党の新メンバーを募る運動を開始し、やがては組合内のイスラム主義者の影響力と政党としての公的承認を交換しようと望んだ。しかし政府は、ブルギバの大統領在任の最後の頃にＵＧＴＴがほとんど崩壊しかけたのを再建（し支配）しようと熱心で、アル＝ナハダ党をことあるたびに邪魔した。同党は、一九八九年四月の立法機関選挙キャンペーンが始まっても、候補者名簿を出す資格がないままだった。ガンヌーシと他のアル＝ナハダ党のメンバーは、選挙過程から自分たちが排除されるのを受け入れまいと決意して、自国の二五の選挙区中二二で無所属として議席を求め、立候補した。彼らは、政府が多元主義の概念化からイスラム主義の諸集団を除外することで、チュニジアで真の民主主義が出現するのを妨げていると批判し、八〇年代の初期にイスラム主義者の圧力が政治改革を促すのに――それが非常に不十分な改革と分かったにせよ――主要な功績があったことを、有権者に想起させた。彼らは、イスラム主義者の運動がなければブルギバがなお権力にとどまったろうと、ときにははっきり主張した。

チュニジアにおける一九八九年から新千年紀初めまでの政治的進展、あるいはその欠如は、同時期に行われた三回の全国選挙にはっきり見て取れる。一九八九年の選挙に参加した五つの世俗的野党のうち、メスティリのMDSだけが、RCD（と無所属候補）に有効な全国的挑戦を仕掛けうる組織をもっていた。人民統一党も、一九八八年に合法化された三新党——組合主義民主同盟《ユニオン・デモクラティク・ユニオニスト》（UDU）、進歩社会党《パルティ・ソシアル・デュ・プログレ》（PSP）、社会主義進歩連合《ラサンブルマン・ソシアリスト・プログレシスト》（RSP）——も、選挙区の四分の一以上に候補を立てることができなかった。RCDが地滑り的勝利をおさめ、国民投票のほとんど八〇％を獲得し、議会の全議席をさらった。全得票の一五％強がアル＝ナハダ党の「無所属候補」に行ったが、彼らがとくに強い支持を得ているチュニス郊外と南部のいくつかの地区では、票の三〇％以上を得た。世俗的野党は、合わせてわずか五％の票を集めた。MDSだけが一％の敷居を超えたが、この弱々しい党勢はブルギバの引退後、多数が同党からRCDに移ったことに帰しうる。大統領選挙では、ベン・アリが単独立候補して九九％の票を確保した。一九八九年の選挙は、新政府の基盤を、保護国後初の一九五六年の選挙を思い起こさせる仕方で作り出した。どちらの場合も政権への重大な競争相手——一九五六年のユスフ派と一九八九年のイスラム主義者——は、チュニジアの政治的将来を形成する役割を要求するには十分な国民的支持を欠くと見えたが、実はどちらの場合も、支配的政党が競技場を自分に有利にしつらえたおかげだった。(2)

　にもかかわらず、選挙はイスラム主義者を、世俗諸党より大きな意義をもつ政治的要素で、重要度ではRCDにのみ次ぐ存在として確立した。アル＝ナハダ党の指導者たちが、この結果を政党としての承認要求を迫るのに用いたとき、その要求はふたたび拒否された。失望したガンヌーシは、チュニジアを捨ててフランスに亡命した（同様に幻滅したアハマド・ベン・サラハがそうしたように）。アル＝ナハダ党の日常業務の運営は、書記長のアブド・アル＝ファッタハ・ムールーに任されたが、彼はガンヌーシと違って、同組織の目標達成手段として民主的手続きへの信頼を失っていないと主張した。しかしガンヌーシは、アル＝ナハダ党の精神的・政治的指導者としての地位を保持し、政治支配層に対決姿勢を見せ、不吉な警告を発した——「我々は、今までは店を一つ欲しただけだが得られなかった。今や、我々が欲するのはスーク（市場）全体だ」[3]と。戦闘的イスラム主義者は、もはや多党的議会に議席を獲得するだけでは満足せず——たとえそのような機関が実現するとしてもだが、彼らは今やそれを疑う理由があった——、むしろ政治領域を支配しようとしていた。こうした発言のおかげで、ベン・アリは自分を、宗教的排外主義に脅かされている進歩的・世俗的共和国の擁護者と思わせ、彼の制約された政治的多元主義の構想を、前任者の権威主義の修正版と混ぜ合わせることができた。彼はこうした役割を務めることで、ブルギバの専制を欲しないのと同様にイスラム主義の政府を欲しない、多くのチュニジア人の支持を得た。それはまた彼に、イラン革命以来イスラムの政治的復興を悲観的な目で見ていた、チュニジアの西洋の同盟国からの同情を得さしめた。

ベン・アリの大統領職一年目には、経済政策も外交政策もあまり関心を集めなかったが、ＲＣＤが一九八九年選挙で圧倒的勝利を得たあと、政府はブルギバ時代末期に工夫された構造調整計画の適用を強化した。チュニジア経済を再生させるための国際通貨基金の処方箋は、中産および労働者階級のチュニジア人に有害な影響を与え、すでに苦しんでいたアル＝ナハダ党から怒りの反応を、そして世俗的野党のぼろぼろになり志気阻喪した隊列の間からはより穏健な批判を招き続けた。バックーシュが、一九七八年と一九八四年の暴動の再発を恐れて経済戦線での自制を促すと、ベン・アリは一九八九年末にこの慎重な首相を更迭し、ブルギバのいくつかの内閣で閣僚を務めたハミド・カルイを後任にした。経済的下降は、一九八七—九一年の計画が終了する頃には停止され、健康的な年成長率が達成された。

政府はまた、国民協約の重要な目的を推進しつつ、経済政策と外交政策を組み合わせた企画に相当な関心を払った。ヨーロッパ共同体（ＥＣ）内部でより大きな統合を目指し、最終的には単一の大陸市場を創設しようとする運動が強まり、チュニジアとマグレブの隣接諸国は、この挑戦によりよく対処し、地中海の向こうで進展する経済状況が提示する潜在的好機をつかむことができるよう、協力の取決めを検討するよう迫られた。一九八九年二月、チュニジア・リビア・アルジェリア・モロッコ・そしてモーリタニアは、アラブ・マグレブ連合《ユニオン・デュ・マグレブ・アラブ》（UMA）を結成し、一九五〇年代と一九六〇年代に独立を得て以来、多くを共有しながら互いに協力するのと同じくらいしばしば対立あるいは無視し合ってきた諸国家間で、ヨーロッパの状況にも目を向けながら提携を進めようとした。「連合」は、地域協力の水準を、とりわけ文化的・教育的・科学的分野で高めたが、加盟国は旧スペイン領サハラの運命に関する政治的対立を、脇におくことができなかった。土着の解放運動であるPOLISARIOは、モロッコが一九七六年以来占拠する領土を吸収しようと努力するのに反対し、それをアルジェリアが支持したので、「連合」は分裂した。UMAの事業の承認は五カ国すべての同意を必要としたので、重要な発議は一九九五年に停止されるに至った。

　チュニジア政府は、北アフリカを超えたアラブ世界で、とりわけアラビア半島の石油国家を標的に、強い関係を築こうと過去よりも多くの努力を注いだが、それは自国の開発計画に石油ダラーの投資を引きつけたいと希望したからだ。にもかかわらず、一九九〇年の夏にイラクがクウェートに侵攻した――この出来事は、一九五六年以来東アラブで起きた他のどの事件よりもチュニジアに深刻な影響を与えた――あと、サウジアラビアがヨーロッパ・アメリカの部隊を含む多国籍軍を創設するよう訴えたのを支持することを、ベン・アリは拒否した。チュニジアは、イラクのクウェート占拠に制裁を加えず、アラブ間の問題はアラブ間での解決を要すると主張したが、この立場は自国民からは政治傾向を問わず賞賛されたけれど、サウジアラビアとクウェートがいらだったのは言うまでもなく、アメリカやフランスなどの伝統的友好国からも不信を買った。ベン・アリは、秋に閣僚レベルの代表団をイラクに送り、対立する派閥間の交渉を促そうと試みたが失敗した。同様に、今やアルジェリアに住んでいたラシード・ガンヌーシは、他の二人の著名なイスラム主義指導者であるアルジェリア人のアッバス・マダニとスーダン人のハサン・トゥラビとともに、バグダードとリヤド間の対話を開かせ、サウジアラビアに非ムスリム兵士を駐留させるのを避けさせようとしたが、やはり不毛な努力となった。国内戦線では、UGTTが他のいくつかの野党とともに、「アラブ世界への侵略に抵抗しイラクを支持する国民委員会」を立ち上げたし、「歴史的変化」以来初の合法的大衆デモが、アラビア半島への西洋部隊の到着の日と重なった。一九九一年一月の湾岸戦争勃発は、新たな大規模抗議を生み出したが、政府はそれを密接に監視し、野党がそれを支配したり、政府を自分の望むよりもさらに親イラク的立場に追いやるために利用しないよう気をつけた。

チュニジアは、少なくともしばらくの間は、湾岸での危機の間自己の政策のために大きな犠牲を払った。西洋諸国民は、アラブ世界、とりわけアメリカ主導の連合軍に反対した国に旅行するのをためらい、一九九一年にチュニジアを訪れたヨーロッパ人観光客は前年より六〇万人、率にして三六％減少した。他のマグレブ諸国からの観光客数がほとんど同じくらい増えてヨーロッパ人の減少を部分的に埋め合わせたが、北アフリカ人はヨーロッパ人より滞在中かなり支出が少なかった。一九九二年の観光客統計は、戦争前の数年のそれとよく釣り合っており――年に三〇〇万人以上の訪問者（半分以上がヨーロッパから）がほとんど一〇億ドルを経済に注入――、その後同産業は九〇年代の末まで着実な成長を経験し、世紀転換点では年に五〇〇万人の訪問者を引きつけていた[4]。アメリカは、チュニジアに報復して経済援助を一九九〇年のおよそ三〇〇〇万ドルから一九九一年の八〇〇万ドル、そして一九九二年のわずか一〇〇万ドルに大幅削減し、軍事援助はすべてやめてしまった。しかし一九九三年には、支払いが以前の水準に立ち戻った。湾岸諸国からの寄付は、一九九〇年の一億ドルから一九九一年の三〇〇万ドル以下へと激減して、より緩慢に再開されたが、クウェートは一九九四年までチュニジアとの国交を回復することすら拒否していた[5]。

野党を屈服させる

湾岸紛争は、ただちにアル＝ナハダ党内部の亀裂を生んだ。党員の大部分はガンヌーシの立場につき従ったが、西洋の部隊が同地域に流入するなかで彼はイラク陣営に身を投じたため、チュニジアの公的立場と対立した。他方ムールーは、サウジアラビアで学んでおり同国と多くのつながりを維持したから、それが国際的軍事支援を求めたのを支持し、その結果同組織内での彼の影響力は事実上無に帰した。急進派が支配したイスラム主義運動は、ブルギバ政権の最後の日々以来見られなかったどう猛さで政府に立ち向かった。一九九〇年末、多くの闘士がベン・アリ暗殺計画を含むテロ攻撃企画のとがで逮捕された。一九九一年二月、チュニスのバーブ・スイカ付近にあるRCD事務所への放火で死者が出、過激派が無辜の民を危険にさらす無差別的暴力行為に及んだことに、国民の憤激の波が起きた。ベン・アリは、状況が手に負えなくなる瀬戸際にあると判断して、治安部隊にアル＝ナハダ党とその同情者への厳しい弾圧を命じた。

ほぼ同時期に隣国アルジェリアで展開していた出来事は、多くのチュニジア人を深く憂慮させ、不可避的に自国での問題評価に影響を与えた。一九九〇年六月の地方選挙は、イスラム主義政党のイスラム救済戦線《フロン・イスラミク・デュ・サリュー》（FIS）に国中の多数の自治体評議会を支配させた。自己の政治・社会改革計画と、一九六二年の独立後同国を統治した民族解放戦線《フロン・ド・リベラシオン・ナショナル》（FLN）への広範に広がった幻滅とが組み合わさって、FISは一九九一年一二月の立法議会選挙で強力な参戦者の立場にあった。イスラム主義者が二段階投票の第一回で大きな成功を収めたことが、破局的な事件の連鎖を引き起こした――陸軍の将校団が大統領に辞任を強要し、政府を支配し、選挙を撤回し、まもなくイスラム主義者が投票箱でひったくられた彼らの勝利を武器の力で奪おうと試みたため、悪しき内戦に直面することになったのだ。アルジェリアのイスラム主義者と密接な絆を育てていたガンヌーシは、のちに悲しげに述べた――アルジェリアでの事件の成行きは、

我々の敵対者に、脅かされているように見える好機を与えた。西洋が、……アルジェリアからヨーロッパに広がりつつある……危険に対抗するには、彼らが必要だという印象を創り出した(6)。

点で、チュニジアの運動に「大きな損失」を与えたと。実際、数百万人のチュニジア人が西部国境の向こうを恐れをなして眺め、アル＝ナハダ党と政府の衝突がアルジェリアの悲劇を再現するという悪夢のシナリオを解き放たないよう、それを押さえ込むための厳しい措置を支持するか、少なくとも公然と反対しはしなかった。

ブルギバのチュニジアでは、政権反対派――とりわけ宗教に鼓舞された反対派――に向けられた同様のキャンペーンがしばしば法律の制約を無視したが、ベン・アリは大統領就任後まもなく、こうした尊大な行動を否定するように見える選択を行った。彼は、国民の和解の必要を指摘して、国連人権宣言の諸原則を遵守することがその目的を達成するもっともたしかな手段をなす、という信念を表明した。彼の最初の内閣において、大統領は厚生大臣に「チュニジア人権連盟（ＬＴＤＨ）の創設者の一人である医者の」サアデッディン・ズメルリを任命した。同連盟は、一九七七年以来、政府が批判者、とりわけ組合運動家・学生・イスラム主義者に対処する際の法律とその適用の間の相違を大胆に追跡し、公表し、非難してきた。当初、ベン・アリを動機づけたものが誠実さとご都合主義のいずれであったにせよ、アルジェリアで一九八九年の選挙後に勃発した暴力とそれに続く同国の混沌への転落は、彼に攻撃的な対抗措置が必要だし、国民の支持もあると確信させた。ＬＴＤＨは、治安部隊とイスラム主義者の双方の活動を監視しようと最善を尽くしたが、加熱した雰囲気のなかで濫用が不可避的に起こっ

た。アル＝ナハダ党の二七九人のメンバーが、一九九二年に様々な嫌疑で裁かれたが、そのなかでもっとも重大なのは、イスラム国家創設に道を開くクーデタの準備に関与したとされるものだった。同運動のもっとも著名な人物たちは、（欠席裁判を受けたガンヌーシを含め）終身刑の判決を受けた。被告弁護人たちは、治安部隊に対して拷問の実施を含む広範な人権侵害の告発を行い、法律違反が裁判そのものを汚したと主張した。人権連盟がこうした主張を調査しようと努めたことは、一九八九年の選挙以来進行していた政府の敵への変容を完成させた。

イスラム主義陣営以外のチュニジア人で、国家によるアル＝ナハダ党の取扱い方にLTDHとともに疑問を呈する者はほとんどいなかった。世俗的チュニジア人の多数派は、イスラム急進主義の「緑の脅威」から守ってもらうかわりに当局が冒すやり過ぎに目をつぶった。野党の指導者たちは、アル＝ナハダ党のような恐るべきライバルが崩壊するのに満足し、自分自身の組織を同様の運命から守るために、いかなる疑念をいだいたにせよそれを抑圧した。彼らの「うまくやるためについていく」態度をさらに促したのは、何年も人集めと組織化をやったあとでさえ、いかなる野党も、そのいかなる組合わせも、政府と真っ向から対決して生き延びること、あるいは今や一六〇万人強〔の党員をもつ〕と推定されるRCDと[7]、選挙で闘って勝つと希望することはできないという認識だった。その結果彼らは、一九九四年の議会選挙を前にして通された法律が、比較的低い敷居の票数を超えた野党に代議員院の別枠一九議席を比例的に配分することを保障したのに対して、いっさい反対しなかった。ベン・アリは、こうして多元主義の見せかけを、その概念に実体をもたせることなく作り出した。体制は、野党をRCDに対するよりもむしろ互いに対立させ、価値の怪しい褒美――立法府のわずか一二％の議席は、彼らに存続を保障したがいかなる影響力をもつことも否定した――を争わせた。大統領選挙では、多元主義のそぶりさえ打ち出されなかった。政府は、LTDHの指導的人物で現職に挑戦しようとした唯一の人モンセフ・マルズーキの立候補を拒否した。ベン・アリは、単独で第二期に立候補した。

ＭＤＳは、一九八九年の選挙以来大きな変動を経験したにもかかわらず――一九九〇年にアハマド・メスティリが公的生活を去り、一九九二年に異論派が党を脱退し、新しい書記長ムハンマド・ムワダはベン・アリの政策のいくつかを賞賛した――、一九九四年の選挙で競争相手より好成績を収め、野党議席中の一〇を獲得した。（しかし、それが三万一〇〇〇票、すなわち全得票の一％にも満たないものに基づいていたことは、[8]最古でもっともよく組織された野党でさえ活力がなかったことを暴露している。）ＰＵＰは二議席、ＵＤＵは三議席、革新運動《ムブマン・ド・ラ・レノバシオン》（旧チュニジア共産党）が残る四議席を獲得した。左翼的なＲＳＰだけが、政府の政策に対して攻撃的に批判的な立場をとったが、議会で代表されるための閾値を超えるには遠く及ばなかった。ＲＣＤは、治安を確保する能力は証明済みと指摘し、経済的自由主義が個人の繁栄と国民の発展をもたらしつつあると主張して、国の全選挙区で全得票の九〇％以上を獲得した。

こうした偏った結果は、以前の全選挙のパターンに沿っていた。一九九四年には、一九八九年と同じく、有権者に他の選択肢があってさえ、古典的に単一政党の舞台で前身のネオ＝ドゥストゥール党やＰＳＤがやったのに劣らず、ＲＣＤが圧倒的に政治領域を支配した。野党の政治家たちは、両選挙でＲＣＤが様々な不正行為を働いたと非難したが、一九八九年の「無所属候補」を除けば、彼らの政党は長年合法的に活動したあとでさえ非常に効果が乏しく、票数の操作や選挙民を脅かすことは、どちらも疑いなくある程度起こったが、大規模には不必要であり潜在的には逆効果だった。ＲＣＤは、ＰＳＤが「歴史的変化」のずっと前に失っていた（もし実際にもっていたことがあるとして）、一定の本物の人気を享受していた。

一九八九年に有権者は、ブルギバを祭り上げ、経済強化と社会発展計画の支援を約束し、政治的イスラムに対抗した指導者たちに熱狂した。五年後は、イスラム主義者に対するキャンペーンの成功、年に四％以上の率を維持して成長する経済、国民連帯基金《フォン・ド・ソリダリテ・ナショナル》（ＦＳＮ）のような企画によって示された、国の社会的不公平のいくつかを緩和する方向での進展が、ＲＣＤの名声をさらに高め同党の選挙での大勝利に貢献した。

プリュ・サ・シャンジュ……〔プリュ・セ・ラ・メム・ショーズ、変われば変わるほど同じこと、という決まり文句〕

ＦＳＮは一九九二年に創設され、ＲＣＤの政府への支持を獲得するとともに、イスラム主義者を弱める潜在能力を秘めていた。ＦＳＮは当初、基盤となる公的資金を補充するための民間からの貢献を募り（それは最終的に資源の三分の一をなした）、国内のもっとも開発の遅れた地域（日陰地区《ゾーン・ドンブル》と呼ばれた）一一〇〇か所を、電気、清潔な飲料水、適切な住居、基本的衛生設備、教育を確保する計画の受益者に指定した。この試みは、貧困を石油輸出国以外のアラブ世界で最低水準に減らすのを助けたのに加えて、イスラム主義者の社会機関から、それまで政府によって無視されてきた恵まれない地域で基本的サービスを提供することで支持者を引きつける機会を奪った。しかし、普通のチュニジア人の生活水準を高めるというＦＳＮの強く求められた必要性に対して、腐敗と身びいきの記録も見なければならない——それは、ＦＳＮだけでなく国家の多くの機関・党・そして政府の最高位を含むあらゆるレベルでますます顕著となるように思われ、インサイダー情報を操作したり、ゆすりに従事したり、賄賂や報酬を受け取ったり、あるいは公的資金を粗略に（そしてときには犯罪的に）乱用できる立場にある幹部は、相当な財産を蓄積し始めた。じきに、大統領とその家族のメンバーや側近たちさえも、同様の不正行為に関わっているという噂が立った。

一九九四年の投票は、不満の控えめで大方は未発達の兆候をいくらか示しはしたが、ＲＣＤの印象的な力を明白にし、チュニジアの政治的伝統である党と国家の相互連携がそれをいっそう強めた。その両者を率いた男、ザイン・アル＝アビディン・ベン・アリは、少なくとも絶頂期のハビブ・ブルギバと同じほど強力になった。彼を取り巻くエリートの構成が、ベン・アリの権力を強化した。彼は、旧政権のかつては勢威を振るった人物たちを押しのけて、自分に従う若い世代のテクノクラートのための席を空けた。多くは現代的で高学歴の女性であり、自由専門職・学界・実業界でキャリアを積んだ人だった。彼女たちは進歩的社会計画を唱道し、イスラム主義者の掲げる目標をチュニジア女性にとっては逆行と見なして軽蔑した理想的なRCD党員であり、しばしば党の効果的なスポークスパーソンともなった。新幹部で閣僚の列に加わった者は、頻繁な政府再編に遇い――ベン・アリの大統領在任の最初の一〇年間に、一〇〇人以上の男女がその地位を占めた――、現実の力を発揮することを妨げられた。ある観察者の記したところでは、「省や名前は変わるが、大統領の政策は残り、国家の長がすべてのカードを握っている。[9]」より下級の列では、ベン・アリは、より高い資格でRCDに貢献する準備をしている若い男女の訓練の場となっていた都市地域の細胞に、新しい血を注ぐよう促した。一九九四年の選挙の結果は、こうした動きの刻印を見せた。新議員の四分の三以上が年齢五〇歳未満であり、半分以上がそれまで国家レベルで選挙される職に就いたことがなく、一九八七年以前に代議員院に席を占めた者はわずか五名だった。

ベン・アリとRCDは、一九九四年の選挙後二つの重要で相関連した問題に直面した。党は、不自然な多元主義の体制をより真に参加可能な方式に転換することなしに、民衆の支持を、とりわけ人口の八〇％以上を構成する中産階級の間で無期限に維持しうるのか？　そして彼らは、RCDを、政治舞台の主人から互いに影響力を競う多くの政党の単なる一つに変容させる行動方針を追求する気があるのか？　選挙後まもなく、モンセフ・マルズーキは、より大きな政治的自由とアル＝ナハダ党の合法化を要求して国家の名誉を傷つけたとして逮捕され、高官のこうした問題への考えが見て取れた。一九九五年に、かつては従順だったMDSの書記長ムハンマド・ムワダと、LTDHでの長い活動歴があるへマイス・シャンマリが、制約ある政治環境を非難する公開書簡を大統領に送った。二人とも投獄された。アル＝ナハダ党に属する批判者が排除されたので、政府は声高な世俗的野党と人権活動家に矛先を向け、彼らは今や政治犯としてアル＝ナハダ党の闘士たちと一緒になった。

政治的分野での権威主義は、経済の再構築への国家の関与と共存し、しばしばそれを促していたが、国際通貨基金と世界銀行はその再構築を倦まずたゆまず推進しており、世銀総裁はチュニジアを同機関の「地域における……最良の生徒[10]」と呼んだ。チュニジアは、一九九五年に成立二年後のヨーロッパ連合（EU）と合意に達し、二〇〇七年までに自由貿易圏を樹立する過程を開始した。一九六九年にヨーロッパ経済共同体の準加盟国の地位を得て以来、チュニジアはヨーロッパとの貿易の一定の側面で特別扱いを受けていた。一九九〇年代半ばまでに、最近統合されたヨーロッパ経済が自国の輸入の七〇％を供給し、輸出の八〇％を購入して、EUはチュニジアの最重要な商売相手となっていた。チュニジアは、国際金融機関にせかされて一九九〇年に関税貿易一般協定に加入したため、それまで利益を得ていた種類の差別的貿易慣行が禁止されたので、自由貿易協定がEU市場に殴り込むための唯一の現実的手段をなしていた。

しかし、その代償は高くついた。まず、ヨーロッパからの輸入品に対する関税から得られる国家歳入の二〇％がただちに無くなり、安定の維持に不可欠の社会計画を縮小させせかねなかった。政府は、そうした結果を避けるべく一九九六年に不人気な付加価値税を課した。チュニジアの輸出者は激しい競争に直面し、新しいほかの市場を探しながらも、彼らの産品をヨーロッパでいっそう魅力的にしようとした。計画担当者は、チュニジアの全事業者のなんと三分の二、とりわけ伝統的技術に依存する小さな会社や商店は、合意が実施されれば破産するか深刻な経済的困難を経験するだろうと計算した。こうした短期的逆境を乗り切った企業は、より現代的でより活力があり、より世界的に競争力のある経済の中核として浮上するだろう。権威主義的政権は、この困難で不穏なグローバリゼーションの過程を同国がうまく乗り切るために最大の可能性を提供したとはいえ、自由貿易の拡大から相当な経済的利益を得ようと準備していた資本主義諸国の政府は、RCDの専制的傾向をだいたいは見のがすか、しばしば静かに認めていた。国内では、政府の経済政策に反対する者は、その多元主義理解を批判する者同様、もし彼らの見解をあまり強力に表明すると迫害かそれ以上の危険にさらされた。RCDは、政党と言うより治安機関によく似たものへと変貌し、ベン・アリのチュニジアは「一九三四年のマルセル・ペイルートンや一九五二年のジャン・ド・オートクロクのような、強硬なフランス人住民が管理するコルシカ的警察国家[11]」とそっくりになり始めた。

ベン・ユスフの名誉回復のようないかにも明らかに懐柔的な決定や、選挙の実行（いかに形式的とはいえ）でさえ単一政党支配への節操ある反対を黙示的に許可するものと解釈しようとするいかなる傾向も、政権への敵対者がRCDに対する有効な選択肢を何とかより合わせようと努力しても、ほとんど成功しない状態が続くなかでは幻想であることが暴露された。LTDHの活動家でMDSの元党員――メスティリの後継者たちが政府と協力する意志を示した際、同党から飛び出した――のムスタファ・ベン・ジャーファルは、一九九四年の選挙に続いて、民主化への圧力を維持する努力として労働と自由のための民主フォーラム《フォロム・デモクラティク・プール・ル・トラバーユ・エ・レ・リベルテ》（FDTL）を結成したが、当局は八年以上も同党に合法的地位を与えなかった。ベン・ジャーファルは、同じ目的を胸に、他の自由主義者たちと一緒にチュニジアの自由国民評議会《コンセイユ・ナショナル・デ・リベルテ・アン・チュニジー》（CNLT）を一九九八年に創設したが、この雨傘組織も政治的舞台に上がれなかった。進歩民主党《パルティ・デモクラティク・プログレシスト》（PDP）――元RSPで、政府批判の緩和を断固拒否した――の指導者ナジブ・シェッビは、一九九九年の選挙前夜、「チュニジアは五〇年代の選挙制度で二一世紀に入るだろう[12]」と苦々しく述べた。

政府は、一九九〇年代後半に、ともかく合法的に活動していた限定的野党に対する手綱を強めさえしながらも、多元主義を推進するという見せかけを根気強く維持した。たとえば、代議員院に代表を有する各政党は、一九九七年以降その議員数に応じて毎年助成金を受け取った。にもかかわらず一九九九年の立法府選挙は、べン・アリ時代の前の二回の競争と実質的に何も変わらない結果を生みだした。野党の通常の集団――社会民主運動、人民統一党、組合主義民主同盟、革新運動――と新入りの自由社会党《パルティ・ソシアル・リベラル》（ＰＳＬ）が、それらの間で三〇余りの無意味な議席数を分け合った。これらの「成功した」政党でさえ、翌年度に行われた全国の自治体選挙で一握りの選挙区、そのほとんどはより大きな都市のものにしか、候補者を立てられないことを示した。

一九九九年の大統領選挙では、ベン・アリは権力に就いて以後初めて反対派――と言ってももっともおざなりな性質の――に対峙した。選挙法の改正により、会期を終える議会に代表を有する政党の党首で、年齢や党指導者としての勤務年数に基づく資格を満たす人は、大統領に立候補できた。ＰＵＰのムハンマド・ベル・ハッジ・アモルとＵＤＵの書記長アブデルラハマン・トリリは、二人ともこれらの要件を満たし、ベン・アリに対する活気のないキャンペーンを行った。結局、ほとんどの野党の投票者は、ライバル党の指導者に投票するよりベン・アリの不可避の勝利を支持することを選んだ――それは、野党が彼らの誰も単独で倒すことを期待しえない堅固な権力に対して、自分の乏しい資源を結集することに抵抗するのを明らかに示した。その結果、ベン・アリは有効投票の九九・四四％を受け取った。チュニジア人は、二〇〇二年にふたたび投票に行ったが、今回はベン・アリが二〇〇四年に三度目の任期を終えるときまた選挙に立てるよう、憲法の改正を承認するためだった。参加した者のうち、九九・五二％が同意を与えた。この国民投票の結果はまったく予想可能だったが、ほんの一五年前に同国最初の「終身大統領」の排除を、それほど重要な職にそのような終身任期を与えるのは愚行だという、事実上普遍的な合意が当時はあって、大いに必要とされた政治的開放の第一歩として歓迎した者たちの口には、とりわけ苦い味を残した。

九〇歳代の前大統領が二〇〇〇年四月六日に亡くなったとき、政府は一週間に及ぶ公的服喪を命じたが、ブルギバの死去は、エジプトのガマル・アブデル＝ナセル、ヨルダンのフセイン王、モロッコのハサン王のような二〇世紀の他のアラブの政治的有名人で、ブルギバが自国を支配したように各自の国家を支配した者の逝去を特徴づけた感情のほとばしりを、ほとんど引き起こさなかった。ナセルと二人の君主がそれぞれの死亡時に権力に就いていたのに対して、ブルギバは職を去って一三年近く（一九九〇年に民主立憲連合の大会の前夜にモナスティルでベン・アリと会った際に、国民の前への最後の政治的登場をしてからは一一年）経っていて、これは年齢の中央値が二五歳未満で、民族主義キャンペーンを遠い記憶としてしか憶えている人がほとんどいない国民にとって、かなりの長期間を意味した。実際、多くのより若いチュニジア人は保護国時代を「古代」として片づけ、ブルギバや彼の同時代人を、自分の生活に関連するとは思わない時代の化石化した遺物と見なしていた。彼らはまた、その時代からの生残りで政府での地位を維持している者が、より若いチュニジア人が毎日のように対決している、気を萎えさせるような社会的・経済的諸問題を理解している、あるいは気にかけているとさえ、考えなかった。ブルギバが身体的・精神的に統治できるのかという推測であふれた雰囲気のなかで育った彼らは、彼の死を驚きも悲しみもしなかった。問題をさらに悪化させたのは、西洋の新聞の死亡記事が、疑いもなく何年も前に書かれ最後に一九八七年に補筆されたもので、ブルギバが伝説の巨人のようにチュニジアにまたがっていた五三年間の、党と政府の最高レベルで強化された国家的神話を反映する傾向があったことだ。この物語は、国民の近現代史をもっぱらブルギバとネオ＝ドゥストゥール党の観点から表現し、その構成者たちに党派的解釈を修正するよう要求したであろう出来事や人物を過小評価し、周辺化し、ときにはまったく無視していた。過去のこうした読み方は、ブルギバが大統領宮殿から誘導される前にさえ訴求力を失い始めていたし、その小さくない理由は、当時の鮮明で個人的な記憶をもつチュニジア人の数が減少していたことだ。しかしすべてのチュニジア人は、彼ら自身が生きている歴史と、ブルギバを排除した政権の性質をよく認識していたし、その政権は同国が過去に知ったいかなる権威主義とも少なくとも同等のそれを身にまとっていると、ますます多くのチュニジア人が信じるようになっていた。悲しむ者が旧政権への郷愁を感じたとしても、それは新政権の穏やかならざる特徴への後悔と混じり合った郷愁だったし、亡き指導者に授けられた惜別はその後継者への批判という解釈に適合した。

ブルギバの遺産

過去のブルギバ派的構築のもっとも影響力ある建築家は、ムハンマド・サヤハという、一九六四年から一九八七年までPSD政治局の著名なメンバーで、その時期の後半にしばしば閣僚職に就いた者だった。サヤハは一九六九年に、数年前に開始された、ネオ＝ドゥストゥール党に体現された民族主義運動の公式の歴史を生み出そうという計画の編集権を握った。彼の監督下に、一九七九年に最後の第一五巻が現れた『チュニジア民族運動史《イストワール・デュ・ムブマン・ナショナル・チュニジアン》』は、（高度に主観的な）党史であるのと少なくとも同程度に、ブルギバの聖人伝のコレクションとなっていった。サヤハは、独立後の記述を追加の二冊『新国家はユスフ派の陰謀と闘っていた　一九五六―一九五八年』（一九八三年）および『外国による占領から解放された共和国　一九五九―一九六四年』（一九八六年）で行った。この働き者の編者による最後の貢献は、一九八六年から一九八七年にかけて刊行されたブルギバの手紙と文書の四巻本の要約『私の人生、私の作品《マ・ビ、モンヌーブル》』で、一九三四年から一九五六年を対象とした。学校の歴史教科書も、当然ブルギバを特別扱いし、慣習的に彼の名を「国民《ネイション》」の抽象概念と結びつけた(13)。植民地の政治構造を転覆させることでのブルギバの成功は、それに替わるものを作り出すことでも同様に勝利して釣り合いをとることにならなかったので、サヤハ（および大統領のイメージを高める仕事に従事した他の人たち）は努力の多くをチュニジアの反植民地の、そして新たに独立した頃の過去に集中した。

多くの普通のチュニジア人は、ブルギバが死去する頃には、このかつては聖像的だった人物を完全に忘れてはいなかったとしても、ほとんど心にとめていなかった。新政府は、旧政権のより目につく表面的痕跡のいくつか——町の広場にありふれていたブルギバの像、郵便切手、硬貨、彼の像を載せた銀行券、彼を称える無数の通りの名前——を除去したり変更することで、この過程を速めた。彼が職を解かれてから短時間で、前大統領のもっとも目立つ——病的だとしても——公的記念物は、彼が最後の安息地としてモナスティルに何年も前に建てるよう命令してあった壮大な廟となった。この過程に不可避的に伴う国民的神話の書換えにおいて、チュニジア史の新たな中心的焦点となったのがベン・アリの権力到達だった。一一月七日は、国の祝日のなかで誇らしい地位を占め、「一九八七年一一月七日通り」が以前は「ハビブ・ブルギバ通り」だった道路の望ましい名称とされた。

ベン・アリは、大統領就任直後はチュニジア人に、ブルギバは国民への貢献ゆえに彼らに尊敬される資格があることをしばしば想起させた。にもかかわらず、新政権は旧政権の批判者の口を封じなかった。ブルギバの欠陥の指摘や彼の指導下に追求された政策の失敗は、結局、彼を追いやった人たちの正統性を強調するのに役立った。前大統領の敵の幾人かは、懲罰を恐れずに攻撃できる機会を利用して、主として現実の、あるいは想像した侮辱に対する報復を行った。しかし他の者は、出来事の正確な記述の確立を可能にする情報公開に関心を寄せた。ブルギバ時代についてのすっぱ抜きは一九九〇年代までぼちぼち継続し、彼の死は、彼の人生と時代を理解しようとする新たな努力を刺激した。この精神浄化作用のある過程は、彼が権力にあった時期にブルギバとチュニジア人との間に広がった疎外と孤立化に脚光を当てた。このように複雑な現象は、明らかに単なる個人的特性への言及によって説明されうるものではないが、ブルギバのナルシスティックな傲慢さや自己中心癖——ギリシャの悲劇作家の言うヒュブリス——は、自国の民衆は彼に感謝の大きな負債を負っていると信じる指導者と、彼らが見たところ自分の日々の生活の諸問題のほとんどに対して責任のある、よそよそしく人情味のない権威主義者との間の分裂に、たしかに効果的な光を当てる。

若い頃のブルギバは、フランス第三共和政の学校で長年勉強したことで世俗主義・合理主義・近代主義といった諸概念――それらはすべて、彼の信仰体系における中核的要素となった――への評価を身につけた。この異国の教育体制をうまく乗り越えたことで、すでに健全な程度にあった自信を強め、自己の思想・判断、出来事の解釈は他者――彼のに匹敵する資格をもち、彼と協調して働いた人たちでさえ――のそれらよりも、本来的に大きな価値があるという確信を深めた。その結果、彼はその政治的経歴の端緒から、自分の見解に反する助言には形式的検討以上の扱いをすることが滅多になく、たとえ異議を容赦したとしても不承不承だった。歴史家のＬ・カール・ブラウンは、ブルギバの死後まもなく書いた熟慮されたエッセイにおいて、彼は部下とだけ交流でき、対等の仲間とはけっしてそうできなかったと主張した。ブラウンの示唆によれば、この欠点を引き起こした一要因は、ブルギバがもっとも密接な仲間でさえも路線を守る、あるいは揺るぎなく忠誠を尽くすとは信頼できず、何度も何度も「彼を失望させる」だろうと確信していたことだった。[14] 平凡な連中は、複雑な問題の分析に彼がもつのと同様の洞察力を働かせることはできず、同様の明晰さでそれらを理解することはできないと。この心的態度が、民族主義の闘争の間、ブルギバと他のネオ＝ドゥストゥール党創立者たちの間に溝を掘った。のちにそれは、ベン・ユスフとのより劇的で破壊的な破局をもたらした。これらの対立を巡る状況のブルギバによる評価は、（ブラウンが主張するように）彼の同僚のそれよりも正確だったかも知れないが、自分のと異なる見解を彼が体系的に中傷したことは、独立後の政治環境を毒した。

ブルギバは、独立後一カ月に異議の問題について代議員院で行った演説において、次の三〇年間の基調を定めた。彼は議員たちに語った――「我々の仕事に対抗しようとする無政府主義・破壊分子の活動に、終止符を打つことが不可欠です」[15]と。聴衆は、この発言をなおくすぶっていたユスフ派の運動と正しくも関連づけたが、現実にはそれははるかに広い含意を有していた。「我々の仕事」と「［それに］対抗しようとする」分子との間のマニ教的な二分法は、ほとんど他の見方に対する余地を残さなかった。それが招かれざることは、明らかだった。ブルギバは優越感ゆえに、自分がチュニジアの将来のために敷いた路線の完全さ、そしてそれゆえの不可欠さを絶対たしかだと信じたが、この確信によって自己の権威主義的傾向を正当化し、異議を謀反と同一視したのである。

　その後、チュニジア共和国の最高責任者としての資格において、ブルギバのうぬぼれは多くの破壊的な仕方で現出した――政策を一方的に、あるいは友人集団とのみ相談して決め、政府の省や党の幹部を軽んじる傾向や、この流動的な側近たちの貢献や意見さえも認めたり謝意を表明するのを彼が嫌がったこと、彼自身の健康状態の悪さにもかかわらず継承手続きを制度化したり後継候補を指名するのにさえ抵抗したこと、反対意見を初期には弾圧し、ついでＰＳＤのきつく統制した枠組のなかでのみ発表を許して（単一政党の多元主義《プリュラリテ・モノパルティザンヌ》）[16]無効にし、その戦略でさえも失敗すると、うわべだけ多元的な体制を作り、政府はそこで断固として野党に不利な工作を行い窒息させようと決意していたこと等。こうしたやり方ゆえに、エリートの多くのメンバーが反ブルギバになった。彼らは、政治問題に意味のある関与をすることを阻まれて、しばしば自分の野心を実現することを妨げられたし、そのためによく孤立もしたが、他の者は単に、ブルギバが自国を危険に満ちた道に引きずりこんでいるのではないかと恐れた。にもかかわらず、幻滅したエリートやその支持者は人口中のごく少数派だった。チュニジア人大衆の疎外は、主として、大統領が自分の欠点を受け入れるか、認めることさえできないことから発した諸結果によって生まれた。彼の大統領時代の末期に社会的・経済的諸問題が悪化したとき、彼らの政権嫌いも悪化したのだった。

　こうした状態は、政府によるチュニジア的民主主義の採用をますます空虚なものとした。「チュニジア式の民主主義《デモクラシー・ア・ラ・チュニジエンヌ》」というスローガンが、しばしば「自由・平等・友愛」の基本原則――それらはブルギバの受けた教育を特徴づけ、保護国時代に彼はそれをもってフランス当局を威嚇したのだった――を体裁良くごまかした。それは、見かけを保つのに民主的政府の虚飾、すなわち規則的な（かならずしも自由かつ公正ではないとしても）選挙と代表的な（かならずしも権限はなくとも）立法府とに十分頼ったが、民衆主権の方向へのこうした象徴的同意の上に、そして必要と見なせばそれらを乗り越える権威主義的統治者がいて、その意思への介入も無視も許さない用意をしていた。「チュニジア式の民主主義」は市民に政府の仕事を支持する機会を与えたが、その議題を設定する機会は与えなかった。ブルギバはこの体制を形成し、そのどまんなかに地位を占め、彼だけがその円滑な機能を保障できるのだと指摘する機会を滅多に逃さなかった。君主制は独立後まもなく廃止されたが、名称以外のあらゆる点でブルギバはベイになり、その権威を行使し、宮殿に住んで働き、かつてはフサイン朝の統治者だけに認められた華麗な式典や儀式を楽しんだ。彼を職に就かせた選挙は、ベイに対して家臣たちが忠誠を誓った誓約「バイア」にまるでそっくりだった。

ブルギバは、自分の見方の英知や決定の正しさを他の人が面倒なく受け入れることを期待した人物としてはやや逆説的だが、教育に過大な評価を与えた。彼自身の学校教育が、先祖以来の社会の原則や慣行と大きく異なるものに基づく文化に彼をさらし、そのなかでいかに働き、その資産を利用し、自分に有利になるよう用いるかを教え、伝統的束縛から彼を解放したと信じたのである。彼の見方によれば、同様の教育をチュニジアの住民一般に受けさせることが、持続的な国の発展にとって必須条件だった。独立後の政府による教育重視は、たしかに、チュニジアを近代性のあらゆる装具を身につけた国へと当時変容させつつあった社会的・経済的諸計画を、評価できる市民の数を大きく増やすことに成功した。共和国の初期に生み出されたこれらの計画が、生活の質を明白に改善したことで、チュニジア人の大多数は彼らの大統領への支持を固めた。ブルギバの政策をあえて批判した者は、「無政府・破壊分子」という危険な範疇に入れられた。

保守的なムスリムの指導者たちは、深く根づいた社会的・教育的・法的・宗教的慣行に国家が無遠慮に介入するのに当惑して、最初に組織的抗議を開始した。ブルギバは、彼らの不承認を主として彼が高く評価する世俗主義への挑戦ととらえ、その反対をまったく問題とせず、自分は知的卓越性ゆえにいかなる宗教学者とも同等の権威をもってイスラムを解釈することができる、とまで主張した。この軽蔑の仕草とムスリムの感受性への無遠慮な無視――ラマダン期間中に公然とオレンジ・ジュースを飲んだことや、「たとえ預言者が生きていても、私が皆さんにあげたものをあげることはできないだろう[17]」という悪意ある発言を好例とする――が一緒になって、宗教的指導者たちは恐れをなし、彼らの側からいかなる和解を求めることもまず不可能になった。保守的ムスリムは、その後政権から完全に疎外され、不機嫌に政権を軽蔑し、伝統的価値や慣行を放棄したことがのちのすべての政治的・社会的・経済的諸問題の根にあると確信した。ブルギバ時代の最後の一〇年に宗教に基づく反対運動が再登場したとき、彼の嫌悪は従前より辛辣にさえなり、彼はムスリムの活動家を怒り狂って非難した。しかしその頃には、彼の政治的経歴に幕が下ろされつつあった。反対派に対する彼の本能的な不寛容は、単一政党政府のパロディーへと堕落していた。彼が、健康悪化とますます気まぐれな行動にもかかわらず一方的な統治を鉄拳によって継続しようとしたことは、自分を広範な嘲笑の対象へと貶めた。傲慢さ《ヒュブリス》が哀感《ペーソス》へと道を譲った。ブルギバの身体的・精神的衰退は、国を覆いつつあった経済的・社会的不安と同程度に確実に、ムスリムの活動家にとって有利に働いた。

二千年紀におけるチュニジア

一九九九年の選挙後、国家のしばしば恣意的な行為への弾劾の頻度や強度が高まり続けたので、政治指導部は外部世界から、そして可能な限りは自国民からさえも、不満を隠そうと非常に努力した。そして西洋風の消費主義の訴求力は、より広範な公民権や自由を要求するという困難でときには危険な課題より、国民にいっそう魅力的だと分かるだろうと希望した。こうしたシナリオが成功するためには、強い経済が不可欠だった。実際、ベン・アリ時代の大部分を特徴づけた繁栄は、限られた政治的反対派が何とか生き残ったのを中立化するために大いに役立った。千年紀の転換点は、経済指標が示すように持続的成長の一時期だった――一九九〇年代半ば以来、経済全体は年に五％を超える率で拡大し、輸出はグローバリゼーションの諸困難にもかかわらず年に七％以上増加し、外国人投資家は、ほとんどがヨーロッパ人だが、経済に年に一〇億ディナールも投じつつあった。その投資のいくらかは民営化、すなわち弱まった民間部門を強化すべく意図されながら、ＩＭＦと世界銀行が一九九〇年代末にもっと厳格に適用せよと主張するまであまり注目されなかった、元の構造調整計画の重要側面につながっていた。その結果一九九七年から二〇〇一年の間に、それ以前の一〇年間とほとんど同数の（七八件）国営企業が民営化された。インフレ、財政赤字、国内総生産に対する対外債務の比率は、みななお改善の余地があるが管理可能な水準にあった。繁栄する経済は、社会的領域におけるそれまでの進歩をさらに続けさせることを可能にした。教育・保健・その他の同様なサービスが、通常、国家の年間予算の半分以上を費消した。人口増加は年一・一％で安定した。全国で識字率は七五％に達した。そして平均寿命はほとんど七三歳へと高まった。[18]この支配的状況においては、多くの中産階級のチュニジア人にとって個人の財政的成功、消費財の入手、「良い生活」の分け前が政治過程の仕組みより重要性をもった。それゆえ、こうした経済的活力を維持することが、政府とＲＣＤにとってもっとも重要だった。

それゆえに、二〇〇一年九月一一日のアメリカにおけるテロ攻撃によって、チュニジアがあれほど依存していた国際観光産業が受けた脅威は、国中で重大な関心事となった。政府の役人や観光産業で働く民間人――チュニジア人の八人に一人が、生計を直接・間接にこの部門に頼っていた――が、九月の事件とそれに続くアフガニスタンでの戦争の副作用を最小限にしようとする措置をとるなかで、チュニジアの地で起きたテロ行為が問題を極めて複雑にした。二〇〇二年四月、人気あるリゾート地ジェルバ島の歴史的シナゴーグで爆弾が破裂し、二一名を殺したが、そのうち一四名がドイツ人だった。チュニジアは、二〇〇二年中に五〇〇万人の国際訪問者を接待したが、この数は前年より六％の減少をなし、観光客からの収入は一三％低下した。この低下のもっとも明白な理由は安全に対する観光客の懸念だったが、チュニジアの観光客のおよそ五分の一を送り込むドイツでの経済的後退も関わっていた。しかし、二〇〇一年と二〇〇二年のショックからの回復がようやく進んできたと見えたとき、二〇〇三年春にアメリカとイギリス〔他〕がイラクに侵攻し、国際観光産業はふたたび不透明な時期に突入して、チュニジアの発展のこの重要なエンジンを停止させた――少なくとも、グローバルな輸送ネットワークとエネルギー供給の安全に、戦闘が及ぼす脅威が明確になるまで。二〇〇三―四年の観光シーズンまでに、チュニジアの同産業は嵐をやり過ごし、回復の勇気づく兆候を見せていた。

こうした流動性は、その受益者がまったく統制しえない浮沈にさらされる産業に依存することの諸問題をはっきりさせた。チュニジアの観光大臣は、国家安全保障への脅威に対するベン・アリの熱心な行動の記録を言外に認めて、この時期の相対的に穏やかな低下（モロッコやエジプトなど、はるかに大きな打撃を受けた旅行目的地と比較して）を「世界におけるわが国の確実で安定的というイメージ[19]」のおかげだとした。にもかかわらず、観光産業の幹部は、同産業のヨーロッパ人への高度依存を減らし、中東やアラビア半島の新市場を開発しようとするキャンペーンを工夫し始めた。彼らはまた、隣接する北アフリカ諸国を対象としたが、それは二〇〇二年に西洋からの訪問者の減少を相殺した主要要素が、アルジェリアとリビアからのゲストの相当な増加だったからだ。

党＝政府の決定は、最近の過去において見たところ広範に受け入れられていたため、より開かれた参加可能な政治過程を要求する批判者に譲歩する必要はなさそうだった。しかし二〇〇〇年に、チュニジア政治の事情に通じたフランス人観察者は、国民に政治的無関心と物質的繁栄を交換するよう義務づけたことは、「民主的理想や政治的多元主義をだいたいは支持しているが、その適用を妨げられている、沈黙しおそらくは不機嫌な「ベン・アリに敵意をもつ人々の」多数派[20]」を創り出した、と論じた。専門的訓練・雇用大臣のファイザ・ケフィは、二〇〇二年に外国人ジャーナリストとのインタビューで、現状を擁護し次のように自慢した――

チュニジアでは誰も腹を空かせていない。橋の下で寝ている人もいない。チュニジア人は頭上に屋根をもち、基本的出費を賄える相当な収入をもっている。[21]

彼女の発言は、政治家的誇張を脇におくとして、チュニジア人のもっとも緊急の必要を満たし、彼らの長期的宿願の成就に道を開くことでのRCDの満足を反映していたし、それはまた同党の選挙における成功を説明した。党＝政府と人々の間のトップダウンの、本質的に一方通行の関係の下で、前者は後者に事前相談もなくその政策を押しつけていたが、それは一九五六年以降のチュニジアを特徴づけた、国民の最善の利益を直感する権威主義的統治者のうぬぼれだった。

第八章

尊厳・自由・正義のための革命

予測されざるものの前兆

二〇〇四年および二〇〇九年の大統領選挙、議会選挙のいずれも、その結果は一九八九年に戻るパターンを本質的に何の逸脱もなく忠実に再現し、政治的風景を有意に変更するわずかな期待ももたせなかった。弱く分裂した野党は、それがルーティン化していたように、歴史的にネオ＝ドゥストゥール党とその後継者のみが達成したこと――国民の重要部分を活気づけ、現状の変化を一致して求めさせるのに動員すること――を実現しえなかった。市民社会組織は、注意深く作られた見せかけにもかかわらず、ほとんどが当局の許した限定的範囲を超えて少しでも効果的に機能する能力をもたず、ＵＧＴＴのような最大の、もっともよく組織されもっとも強固なものだけが、それも相当な慎重さと用心深さによってのみ、政権の行為に挑戦する現実的可能性をいくらかでももっていた。実際、国家の声高な批判者は、ますます規則的に厳しく恣意的な報復を受けるようになり、それは個人的監視や、当局が不満に思う行動が抑制されない場合の仲間や家族への脅迫から、約一三万人（チュニジア人のおよそ八〇人に一人）を数えるまでに膨らんだ国家保安機関の要員が割り当てる、いっそう深刻な司法的懲罰――逮捕・拘留・拷問の水準に至りうる身体的・精神的虐待――に及んだ。その要員は、ベン・アリを鼓舞した中東の保安機関ムハッバラトと負けず劣らず国民から心より厭われていたが、彼は警官としての訓練および経歴に常にふさわしく、権力を握って以来チュニジアでの彼らの人数を三倍にしたのだった。(1) 彼らは国内の反政府派に注意を集中したが、同じ範疇に属すると知っている、あるいは疑っている国際的ジャーナリストをいじめることに何の良心の呵責も覚えず、たとえば二〇〇五年のＵＮＥＳＣＯ主催「情報社会世界サミット」の際に起きた事件がある。それがチュニスで開催されることは、地元の政府批判者と国際社会の事情通のメンバー――グローバルな相互接続性を推進しようとするこの会合が、その国民にインターネットの無制限利用を日常的に禁じ、「国境なき記者団」に「インターネットの敵」と呼ばれ、『フォーブズ・マガジン』にインターネットに関して世界でもっとも抑圧的な三カ国の一つと見なされた国で行われようとしていることを理解していた――をともにいらだたせた。たぶん驚くべきことではないが、「国境なき記者団」に参加しているオブザーバーは、会合を取材するために入国するのを拒否された。代表団が集まって、ベン・アリ政府の偽善と、異論に対してますます自動的に抑圧で応える傾向に注意を向けようとし、(2) デモ隊が街頭に繰り出した。当局は、国際メディアが記録しようとしたまさにそのこと〔抑圧〕をして、抗議者に得点を与えた。新千年紀の初期のチュニジアは、これらや同様の権威主義的態度をとったがゆえに、現代の政治理論家の一部が「非自由主義的民主主義」あるいは「自由化された独裁政治(3)」と呼び始めたものの好例だった。

経済戦線では、チュニジアを長く特徴づけた入念な国家計画は変わらず続いていた。野心的な五カ年計画が、経済の全体目標を構成諸部門の特定目的とともに定め、それらは少なくとも紙の上ではしばしば達成された。二〇〇三―七年の計画は、製造業部門、とりわけ輸出所得の重要な鍵となる繊維産業を強化することに集中した。

二〇〇七―一一年の計画は六・一％の年間成長率を要求し、それは二〇〇八年のグローバルな金融危機の結果が同国でも感じられるようになるまでは達成されていた。政権は、国際通貨基金や世界銀行その他のグローバルな金融機関の勧告をずっと以前から日常的に取り入れてきたが、それらに勇気づけられて経済的繁栄により政治的不満を緩和する戦略に従おうと、これらの年月を通じ最善を尽くした。しかし、二〇〇八年の劇的な下降以前にさえ、幅広い層の経済的諸階級や社会的背景、国内諸地域から何百万人ものチュニジア人が、最近の発展や傾向を認識し、ある者は本能的に、他の者は個人的経験から、表向き好景気の経済は危険な欠陥を隠しているし、政治的領域ではすべて政府が描こうと望むようではないことを理解し始めていた。

新千年紀の初期に、猛威を振るった消費主義が生活費を押し上げ、インフレ率を当初の緩やかな二・七％から二〇一〇年末の感心できない四・五％へ上昇させ始め[4]、急増する個人負債は世帯当たりで平均二〇〇〇ドル相当以上にさえなった[5]。ほぼこの同期間に、公式統計は一人当たり所得が三七・六％増え、貧困生活を送るチュニジア人は人口の四・二％から三・八％に減ったことを示したが[6]、こうした数字を注意深く検討すると、同国の状況を可能な限り最大限好ましい風に見せようと意図した細工がうかがわれる。たとえば、貧困を定義するのに用いられた基準は敷居を非現実的なほど低く（一人一日当たり四〇〇ディナール）、米ドルでは一人一日当たり一ドル未満に設定した[7]。事実として、より現実的な尺度によってさえ貧困生活を送っていたチュニジア人の比率は、石油に基づく経済の諸国を除きこの地域に住む他のいかなる国民より小さかった。その結果、統計操作の価値が下がっただけでなく、データの吟味によって政府は信用できないという証拠が現れたのだ。同様に、大いに褒めちぎられた中間階級の成長を厳密に分析すると解釈上の問題が顕わになったが、そのうちもっとも目立つのは、政府の基準では安定的な中産階級とされる人たちのかなり多く、実に半分もが、より正確に言えば「漂流する中間階級」、すなわち所得か職の安定、あるいはその両方が常に貧困への転落の縁でぐらついている層をなしていたことだ。チュニジアにあれほど深く関与していた国際金融諸機関が、同国のデータの報告や解釈における深刻な問題を警告するこうした赤旗を、どうして見のがしえたのかは、「皇帝の新しいお召し物」の精神、すなわち地域の模範生徒がカンニングをしているとか、仕事の不当な解釈をそうと知りながら提出しているとかを暴露しないよう、チュニジアの状況をあまり注意深く調べないことにしたのを反映していたかも知れない。「それら［諸機関］が、バラ色の国の姿を描いているが、表層の下で進展している不均衡・不平等・そしてゆがみをごまかしている、選ばれたマクロ経済指標に依存していた」ために、それらは、現場の現実を見る限り、既存の環境の劇的変化がなければいつか実現するという希望をほとんどもてない、自己成就的予言を行ったのだ(8)。

チュニジア人はみな、文字通り困窮していようといまいと、自国が世界経済、とりわけ圧倒的に最大・最重要な貿易相手のヨーロッパ連合との統合に向けて、継続する行進によってもたらされる財政的圧力に対処せざるをえなかった。二〇〇八年に、景気後退が地中海を越えて被害を及ぼす波及効果をチュニジアも経験し、EUへの製造品輸出が急減した。同時に（偶然であったが）、収穫が干ばつに襲われて、人口の四分の一を雇用していた農業部門の生産を引き下げた。輸入エネルギー価格も高騰したが、その支出の衝撃は国内の石油・ガス田からの生産増加によって緩和された。全体としてこうした事情の組合せにより、GDPの成長率は世紀転換点以来の年五％に近いかなり着実な平均値から、二〇〇九年初めの一・三％に低下し、この数字が続いたならば最近の進歩を無効にしかねなかった。普通のチュニジア人は、穀物（その半分は輸入されなければならなかった）のような生存に不可欠な商品の価格上昇――二〇〇〇年から二〇一〇年の間にいくつかは二倍、さらには三倍にもなった――により打撃を受けた。こうした値上がりは、もっとも生活の苦しい層にとりわけ破壊的だったが、それほど不安定な状況にはなくても、必需品を欠くことより中産階級の、あるいは同階級に加わろうとしている人物としての、自己イメージにとって重要な産品を欠くことがしばしば問題であるようなチュニジア人にも、大きな被害を及ぼした。政府が、今や政権と国民の両方から従前よりいっそう必要と見なされている、食料・エネルギー・他の高価な需要の大きい産品に補助金を出すという昔ながらの慣行は、苦しんでいるチュニジア人に非常に必要とされた救済を与えたが、国家には高いつけが回ってきた。二〇〇〇年代初め、食品と燃料への補助金は政府支出のわずか四%ほどにしかならなかったが、その一〇年が終わる頃には一二%近くに達し、国の債務削減、社会的サービスの提供、インフラの成長促進のための配分の削減が必要となった。石油とガスの費用は、二〇一〇年にGDPの二%近くを消費したが、二〇〇〇年の初めにはそれは数字の「無視しうる」要素だったのだ[9]。

人口学は、もう一つの恐るべき挑戦を提起した。出生率は数十年にわたり相当に低いままだったが、青年や若い成人人口の比率は、使用した基準によって全体の四分の一から五分の二に及び、教育や雇用の領域で厳しく不利な要素となった。形成途上の公民を教育することへの国家の関与はけっして揺るがなかったが、公教育への相当な資源投入（効果的指導を保障したりインフラの必要を満たすのに適切な資金を出すには、いつも十分ではなかった）にもかかわらず、国家は市場の変化する必要に適応することができず、責任に応えられなかった。国家は、ほぼ普遍的な識字力――植民地後初期のチュニジアにおいては、大きく正当な誇りをもてる点だった――の強調を徹底的に改めて、いっそう洗練された科学的・技術的、そしてビジネス志向の訓練の提供に注力しようとはけっしてしなかった。その結果、学校を出た者は市場でもっとも必要とされる技量を欠いていた。さらに、若いチュニジア人は教育を終えたとき、いかなる種類の職の創設も需要と歩調を合わせていないという現実に直面せざるを得なかった。二〇〇〇年代の半ばにおいて、職の市場に新規参入した者には、その教育や技量にかかわらず極めて限られた機会しか与えられなかった。

失業が公式には全国で一五%あり、より若いチュニジア人では四〇%以上と推測され（国の中央部と南部のもっともひどく困窮している地域ではさらに高い――なぜなら職の創出者は、よりよく準備された人的資源と副次的施設をもつ海岸地方を、昔からそれらよりひいきにしたからだ）、状況が改善する展望は暗かった。[10] 中等教育の卒業証書や大学の学位でさえも、かつてのように特別な信任状ではもはやなくなり、この状況は大学卒業生にさえ影響を及ぼし、彼らが失業者の半分以上をなした。[11] 多くの人が、教育のおかげで得られると信じたよりも威信に乏しく給与も低い地位を受け入れるか、自分が明らかに十分資格のある地位を得るために賄賂を払うという屈辱的選択肢を選ぶかしなければならなかった。さらに他の者は、教育で身につけた技量を利用する唯一の道は、通常西洋か湾岸に移住することだと結論したが、そうした決定にはあらゆる不安定な個人的・家族的問題がつきまとった。しかしチュニジアに残った者も、同様のジレンマと闘うことを免れなかった。多くの者が、労働力のなかに自己をしっかり確立できないで両親と同居し、結婚して新家庭をもつのを延期せざるをえず、それゆえとりわけ若い男性は、職がないためにすでに抱いていた無力感を強めた。教育を中等レベルで終えた者やさらに早くドロップアウトした者は、報酬の良い職のために競うことができず、たとえ何とか仕事を見つけたとしてもしばしば過少雇用だったし、そうでなくとも経済的主流に十分組み込まれずにいた。政府は財政的圧力の増大に直面して、このシナリオがさらに悪化した。伝統的には、公的雇用がしばしば卒業生に職場の空きを用意したのだが、この慣行を続けることが困難となったために、最近の卒業生はただちにピンチを味わった。もちろん民間部門は、同様の雅量をもって行動する必要を何ら感じず、まして利益や、利用可能なもっとも資格のある労働者を雇用することを犠牲にしてそうしようとは思わなかった。国連開発計画の報告書によれば、こうした嘆かわしい状況は、チュニジアの行政が起きている事態に見たところ無関心なことと関連して、「人生の価値を軽蔑し、価値観の欠如と無規制の感覚ゆえに死を容易な選択肢と見なす自殺の文化」の成長にとって、重要な要因をなした。その主たる犠牲者は、陰鬱な状況によって意気消沈させられたチュニジアの若者たちだった。[12]

しかし民間部門は、二〇〇〇年代に国際金融機関の勧告により経済における役割を強めたとは言え、縁故主義・収賄・汚職・強要その他の腐敗行為を含む、根深い文化的問題との困難な闘争に直面した。こうした問題は新しいものではなかったが、民間部門重視の強調がそれらを拡大し、前面に押し出す傾向があった。しかし、こうした周知の欠点にもかかわらず、国際ビジネス社会におけるチュニジアの評判は、とりわけ他の中東・北アフリカ諸国と較べれば、だいたいにおいて肯定的だった。しかし二〇〇〇年から二〇一〇年の間に、同国はトランスペアレンシー・インターナショナル〔ドイツで生まれた国際的NGOで、各国政府の腐敗を調査し世界の腐敗をなくすことを目的としている〕の腐敗認識指標において三三位から六五位に低落し、ビジネス環境に変化が起きていることを示唆した。国内・国際の投資家が、とりわけ国のビジネスや政治のエリートへの「内部の道」を欠いているときは、こうした潜在的にリスクのある状況下で金融資産を投入することに躊躇し始め、それはこうした統計に信用性を付加した。民間部門の内部に大統領の家族――ベン・アリ自身、彼の子供たちとその配偶者たち、二番目の妻レイラ・トラベルシ（その豪勢で公費に支えられた生活様式から「カルタゴの摂政《ラ・レジャント・ド・カルタジュ》」と広くさげすまれた）や彼女の大家族の多数のメンバーを含む――や側近が支配するビジネス・商業利益の一集団が成長し、それは不適切なビジネス慣行の唯一の例ではもちろんないが、もっとも目に余るものの一つで、正当な投資を妨げ、ぐらつく経済のなかで生き残ろうと闘っている多くのチュニジア人を深く悩ませ、政権の貪欲で浅ましい側面を暴露した例であった。この魔法の輪の中心からやや遠くには、仲間に加える必要があるほど重要あるいは事情通と見なされた、党や政府の重要人物がいた。彼らはまさにマフィアの家族そっくりに、特権的地位を利用して極めて多数のビジネス企業や不動産所有物をかき集めたが、それらは経済をいっそう強化しようとして実行された民間部門の近年の成長によって生まれたものと見えた。しかし実際、こうした新興企業の成果は、もっぱらベン・アリ家族とそのお気に入りの手下のものとなり、彼らはこうした資産を縁故の活用により好ましからざる介入から守った。たとえば、大統領の取巻きメンバーは、民営化対象とされた国営企業の購入に際して優遇取引を許されたが、この民営化措置は一九九〇年代半ばにトラベルシが舞台に登場して以来目に見えて加速し、それまでより多くのいっそう魅力的な企業が民間人の購入用に売りに出されるようになった。彼らはまた、外国の製造業者や流通業者から儲けの多い利権を受け取り、交渉者として、また投資家の政府高官や裕福な民間部門ビジネスマンとの接触を促すのに好適な地位にある仲介者としてのサービスへの報酬として、チュニジアに投資する国際企業の価値ある株式を含むリベート・賄賂・払戻しを蓄積した。こうした憎むべき陰謀家たちの権力・影響・貪欲・無慈悲さや、その行為を保護した傘のおかげで、彼らはいかなる規制や監督にも従わなかった。彼らは不正取得した利得により、国民を豊かにすべきカネを使って法外に贅沢な生活様式を賄い、またそのカネを海外の銀行口座に預託して、最終的にはチュニジアの政府と民衆に損をさせた。そうした彼らの行為のおかげで、それほど恵まれない投資家は、チュニジア市場における潜在的にもっとも利益ある機会のいくつかを失った[13]。より下級の党幹部や政府の役人も、利用可能な権限はより限られていたが上を見習わないわけがなく、政治的・経済的権力へのアクセスを自分や友人の便宜を図るのに利用した。こうした環境においてはまもなく、いかなる種類のビジネスをする能力も腐敗を受け入れるか、最低でもそれに目をつぶるかする意志にかかるようになった。

二〇〇八年初め頃には、チュニジア人の間でまさにほとんど普遍的な懸念事項に対して、政府に取り組む能力もしくは意志がないことに誰もがイライラし怒っていたが、ガフサ盆地の鉱業共同体でいくつかの特徴的問題が同時に前面に出てきて、決定的に対決する局面が生じた。同地域で最大の雇用者（地元のサービス提供者もそれと一緒と見なせば、事実上唯一の雇用者）である国営の「ガフサ・リン酸塩会社」が、比較的給与がよいが基本的には未熟練の職への公募の結果を発表した際に、激高が生じた。多くの労働者や幾人かの地元UGTT代表が、会社の雇用決定に抗議した。彼らは、同社が価値ある職を不適切だがよいコネのある候補に授けるために、家族がそこで長く働き鉱山事故で死亡した親類さえもつ何人かを含む、適格の志望者を故意に差別したと攻撃した。雇用された者の一部は、地元組合のボス自身の被保護者で、そのボスは地方政府やＲＣＤ（彼はその古参党員だった）と密接な関係をもっていた。生残りのための必要物としてのけちな腐敗や縁故主義・賄賂にすっかり慣れている人たちにとって、この状況は驚きではありえなかったが、この時点でかくもひどく経済的に荒廃した地域社会において、それはことわざに言う最後のわらの一本となったのだ。労働者と同情的な組合幹部の人民委員会が、交渉によって危機を回避しようと試みたが、同社を彼らの見解の方向に動かすことはまったくできなかった。鉱夫たちはそれにくじけず、様々な戦術を採用した――労働中断、街頭抗議・デモ、ハンガー・スト、会社施設での座りこみ、盆地中で乗物の動きを妨げた路上障害物、リン酸塩鉱石を処理場と輸出基地へ運ぶ鉄道路線を止めたり、ある場合には破壊すること、彼らの不満に注意を向けさせるためテント村を急造すること、全国の労働運動や他の進歩的勢力における仲間に彼らの大義を支持するよう訴えること等。抗議は、発祥の地レダイェフから速やかにムーラレス・ムディラ・メトラウィに広がり、中等学校レベルから現および元鉱夫の老いた親類に及ぶ参加者を動員した。(14)この訴えによって生み出された同盟者の一つに、「無職卒業生組合」があった。これは前年チュニス大学の卒業生によって結成されており、彼らの大部分は国の他地域で反政権抗議をやった経験のある若い男女で、抗議者に有用な組織・戦術面の技量を提供してその抵抗を春まで様々な激しさで、また一鉱山から他へと継続するのを助けた。四月にレダイェフで警察派出所を攻撃したことが、当局に騒動への対応を引き締めようと決意させたか、あるいはおそらく単にそうするための口実を与えた。当局は、以前の経済的・社会的・政治的騒擾においてガフサが目立ったことを強く意識し、同地域の治安要員を増強したが、それにはすでにいくらか軍隊も含まれていたけれども、主体はベン・アリがもっとも信頼し国民がもっとも恐れる子分である「国家憲兵隊」で、そうしたのはおそらく活動家が恐怖を感じて解散すると期待したからだった。続く数週間は、緊張し暴力に満ちていた――警察は、あらゆる鉱山町を席巻した衝突から派生した無数の告発により、数百人を拘留したのである。しかし、六月にレダイェフで治安部隊が非武装のデモ隊に発砲し、一人を殺し多数を負傷させるや、事態は悪化してまったく統制不能になった。最終的に二〇〇人以上の抗議者が、その大部分は鉱夫とその家族だが、他地域から来た組合活動家や人権擁護者も幾人か裁判にかけられた。さらに五〇人が地下に潜り、欠席裁判を受けた。

被告人の多くは、拷問を受けたという主張の信用できる証拠を示したが、政府はその官吏がいかなる不適切行為をしたことも頑固に否定した。ベン・アリは、ダメージコントロールの目的でガフサの知事を更迭し、ガフサ・リン酸塩会社の社長を首にした。政府の状況対処の行き過ぎを謝罪するにはまったく遠かったが、彼はそれでも責任者が「不規則行為」を犯したと認め、リン酸塩輸出による国家収入の一部はもっぱら雇用拡大や鉱山地域のインフラ開発に充当すると約束した。同年末の裁判で、幾人かは一〇年の長期に及ぶ厳しい禁固刑を科された。この弾圧の波のあと、神経質な静寂が同地域を覆った。ベン・アリは一年後、五期目の大統領任期を勝ちえたあとまもなく、なお拘置されていた六八名の囚人を赦免した。しかし事実は、混乱を引き起こした中核的問題は一つも満足に対処されず、ましてや解決されていなかったから、いつでも爆発しそうな不吉な雰囲気が残されていた。

ガフサ暴動の直接的契機は不当な労働慣行と広くみなされたものだが、デモ隊はひとたび街頭に出るや、すべてのチュニジア人を悩ましていた主題の変奏をなすはるかに広範囲の諸不満——雇用機会の不足、教育の利用や基本的サービスの提供に地域差があること、住宅の貧困、腐敗、そしてガフサの人たちには他のチュニジア人よりおそらくもっと痛切に感じられた、国家をあえて問題視したいかなる者にも厳しい処罰が向けられること——への怒りを吐き出した。ガフサ盆地での出来事は、国家にとって、アル＝ナハダ党に同様の残酷さで、かつさらに大規模に対処して以来もっとも深刻な挑戦であったが、他のチュニジア人はそこから鼓舞や教訓を得た。独裁者に反対する者は、そう説得的に勝利を主張できなかったが、比較的少ない死者という犠牲によって（少なくとも、参加者数の大きさを見れば）敵の鎧の、小さいが狙える隙間を教えることで、同国人の多くに勇気を与えたのかもしれない。振り返ってみると、ガフサで起きたことは、二〇一一年初めに同国を揺るがし、チュニジアだけでなく全地域、そして仕舞いにはアラブ世界全体を永遠に変貌させた、ポピュリスト的怒りの波の予兆、あるいはおそらく舞台稽古だったと見ることができよう。

革命

ベン・アリ政権を倒して、同国の政治文化の徹底的分解点検を促したチュニジアの「尊厳のための革命」は、エジプト・リビア・イエメン・シリア・バハレーンの同様に抑圧的な独裁政治の犠牲者に模範と鼓舞を与えたが、その直接的起源は運動のもっとも象徴的事件となったものだった――二〇一〇年一二月一七日に、チュニジアの貧しい内陸部の地方都市であるシディ・ブージドの二六歳の露天商が焼身自殺を試みたことであり、同地域の住民が長年囚われている貧困と絶望の罠から逃れられる見込みは、周囲の荒涼としたステップと同じくらい暗いのだった。ムハンマド・ブーアジージは、警察との繰り返された口論から、当局による自治体条例の過剰適用と賄賂要求は彼が生活費を稼ぐのを妨げていると確信し、絶望的道を辿って焼身行為により重篤なやけどを負い、数週間後チュニスの病院で死を迎えた。彼の行動は、当時のとりわけ国の中央部で支配的だった雰囲気においては、数百万人のチュニジア人の日常生活の困難さによる葛藤と、彼らの苦境を和らげることにほとんど関心を示さないばかりか、むしろしばしば悪化させようとするように見えた政府に対する嫌悪を、要約し象徴するに至った。

ブーアジージの振舞いの知らせが、その密接に結ばれた地域社会内に、最初は主として口伝えで広がるにつれて、反政府の抗議がそこで起こり、カセリンやタラといった他の地域中心地で速やかに繰り返されたが、これらの都市では若者の失業と一般的な不安感はシディ・ブージド同様に激しかったのだ。こうした抗議が起きたこと自体、当局が不意を突かれたことと、反応の強さと範囲が彼らを圧倒したことを示唆している。政権は、前年のガフサ地方における騒動では反対者を残酷に鎮圧する手口を採用した。それ以前は何年も、そうした激烈なやり方が国家の武器庫の道具として常にあり、当局が十分不快感あるいは怒りを覚えたらけっして使わないとは限らないという、国民の恐れにつけこんでいた。しかしこの場合は、抗議者は、おそらく失うものはほとんどないと結論してやり続けた。一月初めに、抗議が困窮している内陸部からより繁栄している海岸地域へと拡大するや、地域の治安部隊を強化することは実施不可能になった。政権への反対の大衆的表現は、大規模な暴動から平和的罷業——その好例は、同年初めに裁判制度を麻痺させた、同国の弁護士の事実上全員による非常に成功したストライキだ——までにわたる、広範囲の激しさの度合いを見せた。

こうした衰弱させる不満へのはけ口はほとんど存在しなかったが、少なくとも若者に対しては、多くのアラブ諸国で大変な人気とファンをもつヒップホップやラップのアーチストたちが、彼らが容易に理解する言葉で、しばしば現状を批判して語りかけた。独裁の喜びなき年月、メディアのこの未来の出演者たちは、フェイスブックその他の形態のソーシャル・メディアを通じて彼らの音楽を流すよう制約されていた——国家が、幻滅した者に声を与えることの危険性をよく知っていて、彼らの作品を国が支配する電波から締め出し、レコーディング施設や公演会場の利用を妨げたのだ。その結果、このジャンルは出演者自身や友人の初歩的な手段を用いて生み出される傾向があった。幾人かのチュニジア人ラッパーは全国でファンを獲得したが、おそらくそのなかで一番人気があるのは「エル・ジェネラル」としてよく知られているハマダ・ベン・アモルで、スファックス出身の二六歳であり、その個人的事情は彼の仲間の深い幻滅を反映していて、その作品は彼らの絶望の縮図となった。ベン・

図版８・１ 革命を記念する郵便切手、2011年。

図版８・２ 革命の象徴的殉教者、ムハンマド・ブーアジージを称える郵便切手、2011年。

アモルは二〇一〇年に、彼の歌『ライス・レブレド（わが国の大統領）』のビデオを録画したが、それは貧困と腐敗に対するむき出しの聴覚的・視覚的攻撃で、ベン・アリを自国民の窮状に無関心であると告発した――「大統領様、あなたの国民が死にかけています」と。

二〇一一年一月一二日、チュニスの繁華街で暴動が起こり、参加者は憤怒を政府や党を象徴する建物にぶちまけたが、とりわけ魅力的な目標となったのは内務省とRCD本部だった。しかし群衆は、はっきりした中央指導部も方向付けもなしに行動を続けた――そういう状況が可能になったのは、技術的に洗練された若い男女が容易にソーシャル・メディアを駆使して抗議を組織し、目的を発表して宣伝し、当局が対応し始めたことによる流動的で不安定な環境の変化を友人に警告したおかげだった。運動の中心には、自分の社会的・経済的状態に困惑した青年が残ったが、より年配の市民も政権への怒りを公然とぶちまける稀な機会をとらえて、まもなく前線に加わった。わずか数週間で、ポピュリスト的で若々しく、技術をもったチュニジア人の蜂起が模範となり、エジプト・リビア・イエメンで反政権の諸集団がそれに倣おうと試みるのを励ました——これが、そのあとを辿って全域に波及していった「アラブの春」への、革命家たちのおそらくもっとも重要な貢献だった。

チュニジアでの事件の、その後の展開速度はめまぐるしかった。一月一二日と一月一七日の間に、同国のいかなる片隅も、一歩も引かないと決意しているように見えた政権に対する、全面的反乱へと動きつつある国民につきまとう大混乱を逃れられなかった。革命家たちは、『ライス・レブレド』とベン・アモルの次の曲『トゥニス・レブレド（チュニジア、わが国）』を賛歌に採用した。抗議が国中を呑み込むなかでエル・ジェネラルは逮捕されたが、抗議者たちが彼らのメディア・ヒーローを釈放せよと要求して、すでに燃え盛る火をかきたてたので、警察はそれに応じた。彼のビデオや話は、「アル＝ジャジーラ」によって流されてアラブ世界中にその悪名を伝え、「アラブの春」の間カイロ・サナア・マナマ〔バハレーンの首都〕の抗議においてそれが聞かれた。少数派的・反体制的抗議音楽のジャンルは、若いチュニジア人や地域の他の抗議者の趣味や必要に理想的に適合したが、ときにはラップやヒップホップは、西洋の非イスラム的な大衆文化にあまりに密接に結びついているとして攻撃する、保守派の批判を受けた——その攻撃は、歌い手の多くが自分を敬虔なムスリムとみなし、そのように振舞っているという事実を無視していたが。[15]

政府は自己の脆弱性を認識し、チュニスの通りや他の都市中心へ軍隊と憲兵隊の部隊を派遣して夜間外出禁止令を発し、三人を超える人の集会を禁じた。しかし蜂起が始まって数日以内に、何千人もの若いチュニジア人が、フェイスブック・ツイッター・ユーチューブ・ブログ・スカイプや携帯電話を使って情報やイメージを世界に伝える「パブリック・ジャーナリスト」の役割を担った。それに加えて、アル＝ジャジーラを先頭に国際ニュース・メディアが大挙してチュニスに降り立ち、革命の間報道の着実な流れを維持し、それによってチュニジアでの出来事が真空のなかで展開することのないよう手助けした。チュニジア人は、政権による検閲を逃れてインターネットへのアクセスの制約をかいくぐる長年の経験のおかげで、当局がサーバーを支配し、抗議者を世界の電子ネットワークから孤立させようと意図する状況においてさえ、「つなが」っていることができた。対決は、不可避的に頻度と厳しさを増し、それに応じて警察が致死的力の行使に頼ることが増えるようになった。警官の大部分は、自分自身の安全に対するこれほど明らかな脅威にかつて取り組んだことがなく、デモ隊の群衆が事実上誰も火器、あるいはナイフやこん棒・火炎瓶より恐るべき武器をもたないのに、多くの場合無差別発砲によって反応した。これはとるに足りないことではないが、規律ある警察隊で、暴動対策の装備や催涙ガス、高圧放水銃を備えたものなら、そうとう少ない生命の犠牲で秩序を回復することが期待できたかもしれない。いずれにせよ、国連のある職員によれば、蜂起においておよそ三〇〇人が亡くなりさらに七〇〇人が負傷した。(16) ベン・アリは、国中の事態を速やかにかつ断固として収拾する責務を認識し、しかしそのために当初考慮した手段が役立たないとよく分かって、今や彼に辞任するよう要求していたデモ隊を懐柔するために工夫された約束によって、治安部隊の鉄拳を和らげようと試みた。彼の敵たちは、革命の原動力を断とうとするこの必死の努力をまったく信用しなかった。皮肉にも、彼の終身権力職が終わりに近づいている時になって、街頭に出ている者の少なくとも一部の苦労や不安定さを取り除きうる、三〇万の新しい職を創り出すという彼の約束は、政府が最近の過去に示したよりも明確な、チュニジアの現実の理解（真面目なものか否かは別として）を明らかにした。彼はまた、若者がとりわけ不満をもった国家による検閲をやめると保証した。もう一つの少なすぎ遅すぎた申し出で、大勢から不誠実と見なされたいかがわしいジェスチャーは、内閣を再編したことであり、これは部下が彼の承認や認識もなしに行動したことが、国を現在の行き止りに追い込んだ決定に責任があると言わんとしたのだ。ベン・アリはまた、非難と責任を他者に向けようとした同様の努力として「イスラム主義者のカードを切った」――すなわち、革命家たちに不適切にも「イスラムのテロリスト」というラベルを貼り、西洋のイスラム嫌いを利用するとともに、近代主義で世俗派のチュニジア人に、再度活性化したアル＝ナハダ党が自己の邪悪な目的のために国を不安定化させようとしている、という懸念をもたせようと煽った。たしかに多くのアル＝ナハダ党支持者が蜂起に参加したが、それは同政権が打倒されるまでは自国の諸問題は解決されえない、という確信を共有する個人としてであった。大統領は、最後のファンファーレとして二〇一四年には次の任期を求めず、自由に選ばれた後継者に道を譲ると発表した。しかし、国民と政権の間の長年の不信と、後者による前者の体系的虐待により、「尊厳のための革命」はもはやレトリックには満足できず、いくら約束をしてもデモ隊にその活動をやめるよう説得することはできなかった。ベン・アリは、混沌を沈静化するための選択肢が尽きたので、チュニスの街頭や他の問題地点にすでに配置されていた軍隊に、デモを最終的に鎮圧する課題にあたるよう命じた。過去には、軍隊はときに、本来は警察の権限に属する義務を課されたことがあった（二〇一〇年のガフサでのように）が、政権へのこれほど猛烈で持続的な脅威の先例はけっしてなかったし、あまりに統制が効かず、もっとも激越な措置によってのみ魔神を壜に戻るよう強制することができると思われる先例もなかった。一九九〇年代のソ連邦崩壊のいくつかの側面や、一九七九年のイランのシャー〔皇帝〕の失脚、そしてまもなくタハリール広場でエジプトの兵士が採用したモデルに似て、陸軍司令官ラシード・ベン・アンマルは、デモ隊に発砲せよという命令を無視してベン・アリに背いた。そしてさらに、いくら保安に努めても、ベン・アリが国民の意思に反して権力にしがみつくなら、そして国民の意思はもはや疑いようがなかったから、大統領の安全を保証できないと警告した。国民の願いは、街頭のときの声で不断に繰り返され、至る所で横断幕やプラカードに書かれていた――「ベン・アリ、出て行け《デガジュ》！」と。陸軍の声明は、政権の下部から最後に残っていた支柱を倒し、(17) 陸軍を独裁の従順な道具へと政治化させるのを司令官が拒否したことは、政治に介入した歴史をもたない、よく訓練された高度に専門的な軍隊としての伝統を明らかにした。これは、ベン・アリが長く依存していた憲兵隊と対照的で、こちらはそうした遠慮を少しもせずに蜂起の間を通じて多くの犠牲者を出させた。一月一四日、ベン・アリ大統領と夫人、そしてその家族は秘密裏にチュニジアを逃げ出した。のちに亡命先のサウジアラビアから、失脚した指導者は、家族を安全な場所に導いたあとチュニスに戻って反乱を鎮圧する闘いを再開するつもりだったが、大統領専用機の乗務員が待機して次の指示を待てという彼の命令を無視し、彼を乗せずにチュニジアに引き返したのだと主張した。[18]

ファースト・ファミリーの逃亡の前にも、より先見の明がある仲間の幾人かは、壁に書かれた文字を見て〔旧約聖書の、王宮の壁に手が現れて王の治世が終わったと書き、すぐその予言の通りになったという物語に例えたもの〕、わずか一カ月前にはまったく考えられなかったが今や非常にありそうな政権崩壊に先立ち、自分の脱出ハッチを開いて、没収されかねない動産をできるだけ多く国外に持ち出そうと急いだ。彼らの心配のいくらかは、抗議者たちが最高位の社会経済的・政治的層は彼らに背を向けたと見て、本能的に憎んでいることによって煽られた。抗議者たちは憎しみを、ベン・アリとトラベルシの両家族およびその仲間に帰属する資産――その多くは、チュニジアの経済的困難が国民に平等に降りかかったわけでないことを、不快にもこれ見よがしに想起させた――を略奪し、放火し、汚すことによって表わした。こうした事例のたぶんもっとも明瞭なものが、ベン・アリの義理の息子サフル・アル＝マテリのハンマメットの贅沢な家で起こった。その所領を襲撃した群衆は、マテリの放蕩や不正直についてずっと以前から伝わっていたたくさんの噂より以上の刺激を必要としなかったが、二〇一〇年のウィキリークスによる漏洩文書に、二〇〇九年六月のアメリカ大使によるチュニジア人の政治指導部に対する考えを詳述した報告が含まれ、それは政権の批判者を煽るのが確実な批判的特徴づけを行っていたので、批判者は漏洩公開から一カ月にもならないうちに街頭に出ることになった。同大使が、二〇〇九年七月にアル＝マテリと彼の屋敷で食事したあとに準備された第二の電報は、「限度を超えた《オーバー・ザ・トップ》」[19]邸宅と動物園（ペットのトラを含む）を描いていた。しかし革命が到来したときには、政権との共謀で汚された人物のものと知られた、より控えめな自宅や会社でさえも、暴動参加者の復讐によって破壊された。

ベン・アリ出発のニュースは、熱狂と懸念の入り交じった反応によって迎えられた。諸都市の街頭は騒然としたままで、実効権力の所在は不確かだった。一部の地区では、市民警備員が法と秩序を守ろうとしたが、数日にわたり外部の者が防衛境界に侵入して散発的発砲とときたまの暴力行為をなし、中心部のビジネス地区は広範な被害と略奪を被った。多くの国民は、何十年も国家による不断の抑圧の存在に慣らされていたので、その権力がかくも速やか、かつ完全に消失するのはありそうもないと思った。彼らは、目撃しているのは単なる中休みにすぎず、その間に当局は再結集し革命に対する新たな攻撃を開始するのでは、と恐れた。とりわけ懸念したのは、保安機関要員間の政権支持者が、もし親分が舞台から消えたなら失うものが多そうで、革命家たちが成功の瀬戸際にある今こそ彼らを妨げようとするだろうことだった。しかし、彼らの恐れは実現しなかった。正反対に、多くの警官は反政権勢力に加わり、自己の生計が依存していた国家と党の機構が崩壊し始めたからこそ、社会経済的な親和性を表明しても安全と感じたことを明らかにした。事態のこの予測されざる展開は、独裁の崩壊がいかに全面的で、それがいかに議論の余地なく、チュニジア人の用語で言えば「ゲーム・オーバー」であったかを示唆している。

ベン・アリの出発後、大統領職に就こうとした首相のムハンマド・ガンヌーシは、「憲法評議会」の裁定を受け入れて、かわりに代議員院議長のフアド・メズバーが最高責任者になることに同意した。メズバーは、ブルギバ時代にさかのぼる公的職務の長い記録を有し、最近の政治的パロディーによって汚されることなく、七八歳の高齢ゆえ将来に政治的野心がないと信じられた。こうして、ガンヌーシが暫定政府の手綱を握り、より恒久的で安定的な政体を確立すべく六カ月以内に選挙を実施すると約束した。彼の最初の行為の一つは、著名な法学者であるヤド・ベン・アシュールを政治改革委員会の長に任命したことだった。首相は、革命家たちを選択的に取り込んで、蜂起において名をなした政治の新米を幾人か政府に加えた。その一人スリム・アマムーはインターネット活動家で、一年以上にわたり反検閲の抗議を指揮していたし、他の読者の多いブロガーで、その電子メールが一二月と一月に国中のひどく悪化する状況を広報した人たちとともに逮捕されていた。チュニジアのブロガーたちは、ポスト・ベン・アリ時代に国内で起きている出来事や市民間の世論動向への鍵となるアクセスを提供した。もっとも影響力あるサイバー活動家が二人いて、一人はリナ・ベン・ムヘンニといい『チュニジアの一少女』というブログを書いて二〇一一年のノーベル平和賞の候補に名が上った人で、他はリアド・ゲルファリといい偽名のアストルバルで知られた男性であり、政権の批判者に機会を提供したウェブ・ポータル集合体のナワートを一〇年近く前に創設した者の一人だった。アマムーを青年・スポーツ相に任命したことは、蜂起における一主要代表団を引きつけ、若い男女に彼らが高く評価し独立性を信頼する代弁者を与えるのを目的とした。女性を閣僚に任命することは、チュニジアではけっして新奇なことではなかったが、暫定政府は気を遣って国際的に知られた学者のリリア・ラビディを婦人・家族・子供相に充て、女性の権利擁護者たちはチュニス中心部で多数を集めた集会を開いた。当初、合法的野党の著名なメンバーも、ムスタファ・ベン・ジャーファルとナジブ・シェッビをはじめ、ガンヌーシの誘いに積極的に応じていた。しかし、事態の展開のテンポや、そのために新政府が遅滞なく自己主張することの緊急性を考えれば驚くべきでないが、ガンヌーシはやむなくベン・アリやＲＣＤとつながりのある人物をも引き入れた。政権打倒に命をかけた抗議者たちは、その名残をこのような形で維持することに大声で反対した。彼らは街頭にとどまり、党を権力に就けておいた装置の解体を要求し、大部分がそれを真の変化の必須条件と見なした。この点での民衆の団結は、何人かの新たな被任命者を急に辞任させたが、彼らはあ

図版８・３ 首相府前の抗議者、2011年2月。

まりにも明らかに国民の信認を欠く政府に加わることを断ったのであり、それゆえガンヌーシは内閣を再編し、もっとも目に余るＲＣＤからの残留者を除かなければならなかった。革命は、その隊列が増加し続けてさえも、なお未完であった。一月の最後の週、抗議の焦点は、当時の権力の所在を反映してカスバ広場の首相官邸へと移動した。同月末までに、数千人の学生、若い専門職業人、組合員、無数の市民社会組織の支持者が広場に間に合わせのキャンプを創り出し、ガンヌーシの執務室を効果的に包囲して、チュニジアの新しい政治的現実を真に映した政府を樹立せよと要求した。ベン・アンマル将軍は、陸軍の抗議者攻撃を阻止したときのように、今回は「皆さんの革命は我々の革命です[20]」と保証することで、ふたたび彼らの精神を高揚させた。

暫定政府は、政党活動への制限を緩和したり、アル＝ナハダ党のラシード・ガンヌーシのような亡命指導者の帰国を許すといった好評の措置をいくつかとったけれども、信頼性を欠きカスバの抗議者やそれほど声高でない一般居住者の間にほとんど熱狂を生み出さなかった。前者は、ベン・アリ追及の緩和に対して、行政地区の植民地化以前の威厳ある建物の壁にスローガン・漫画他の落書きを元気一杯描いて応え、後者は政治のほこりが収まり、彼らの生活が平常に戻ることを不確かさと増大する懸念をもって待ち構えた。彼らの不安は、二月二五日に繁華街での平和的デモが残酷にも過剰な反応を引き起こし、数名の死亡とビジネス地区での略奪と破壊をもたらしたためいや増した。こうして政府が、前任者と同じ軽蔑される戦術を喜んで用いることを示したため、政府に辞任を求める広範な民衆の要求が生まれた。ガンヌーシは二月二七日、自分がなお得ていたわずかな信認も失ったことを認め、辞職した。彼の後任として、メズバーはもう一人の老政治家（当時八四歳だった）カイド・アル＝セブシを選んだが、その政治的資本は三〇年以上前に、ブルギバによる多元主義の実験に参加したことと、一九八七年以降はだいたい無視されていたという事実に存すると思われた。新首相は国の雰囲気に関して幻想をもたず、ただちにRCDを解散させたが、おそらくは二〇〇三年のイラクにおけるアメリカのバース党への処置〔上・中級幹部の一斉追放〕による不幸な影響〔政府や社会組織が機能不全に陥ったこと〕を念頭に、党員の全般的悪魔視を避け、もっとも憎むべき幹部にのみ処罰的措置を講じるにとどめた。抗議者たちはカスバ広場を去るにあたり、壁をきれいに洗い、たまったゴミを取り除き、一般にその辺りを彼らが到着した当時と同じ状態に戻そうとしたが、これは彼らの自尊心と自国への誇りの一表現であった。ほとんどの人は、彼らが何を達成したかの現実的感覚をもっていたが、まだなすべきことがあるのも理解していた。引き揚げる抗議者の一人は言った――「我々はほとんど勝った。八〇％の勝利だ[21]」と。

国の他の地方では、同様の光景が展開し、活発なデモは収まり、国民は新しい事態を評価しようとした。しかし、国内の状況が革命後の政治的コーナーを回ろうとしているように見える一方、深刻な諸問題が地平線上に現れ続けた。いくつかは経済的問題に関わり、それらは革命を刺激するのにあれほど中心的役割を担い、一月以降は棚上げされていたとしても非常に悩ましいままにとどまっていた。他のいくつかは、チュニジアの外部で生じている出来事に根差していて、その少なからざる一部はアラブ世界全体の不安定であり、そのいくらかはまさにチュニジア革命の成功が引き起こしたものだった。ムアンマル・カダフィを倒そうとするリビア人の努力は、チュニジア人の側に大きな同情を呼び覚まし、エジプト人がホスニ・ムバラクの独裁を引き倒そうとしたキャンペーンも同様だったが、どちらもチュニジア人が、少なくとも一部は彼ら自身の成功によって鼓舞されたと信じたのはもっともだった。ただしリビアの場合は、痛ましい否定面があった——政権の崩壊を取り巻く混沌から逃れるためにチュニジアに流れ込んだ、ほとんどが人道的支援を必要とする一五〇万人もの難民である。難民のなかには、多くのチュニジア人を含む全アラブ世界およびアフリカからのゲスト労働者がいた。彼らはすべて出身国に帰りたがったが、資金やしばしば必要な文書をもたず、国境で働いているまばらに広がった国際NGOか、あるいは自身の問題があふれていて、これほど大規模な危機に対処するのはきわめてでたらめな仕方でしかできない、チュニジア国家の保護下におかれた。リビア国籍の難民の一部は、南部のチュニジア人と商売上の、あるいは家族的なつながりをもっていたが、大部分は自分で自分の面倒を見なければならず、リビアから何とか持ち出すことができたなけなしの資金を速やかに使い果たした。より悪いことには、親カダフィと反カダフィの勢力がときにお互いの反目を新しい環境に持ちこみ、しばらくメデニン地方をリビアの戦場の延長にした。

ベン・アリの評価

ザイン・アル＝アビディン・ベン・アリが一九八七年に権力を握ったとき、彼は活動的な人物で、疲れ、恐れ、ますます気まぐれな（ときには不合理なまでに）指導部が作り出した窮地から国を救える立場にあると広く見なされた。多くのチュニジア人が、一九八七年の「歴史的変化」に大きな希望を寄せたが、様々な仕方で、また二〇一一年革命のずっと前に、その希望は裏切られ、チュニジア国民の重要部分は、過去四半世紀の諸悪に責任があると思われてまったく信用を失った政権を解体する用意ができていた。

ベン・アリは、一九八七年に大統領としての任期を開始した際、深刻な紛争を煽るのはたしかだと確信した反イスラム主義の措置をブルギバがとるのをやめさせるため、大統領の能力喪失に関する憲法の規定を援用した。新しい最高責任者は、軍人時代に国家憲兵隊を指揮していたし、その後何度か国家保安省で重要な地位に就き、法と秩序の主唱者になっていたが、実際的で慎重な主唱者であった。彼の考えでは、ブルギバが好んだ戦術は非生産的で、政治的不満をもつ少数派をずっと大きく、ずっと危険な集団に増大させそうだった。そのようなやり方は、いかなる制約もなしに実行できて国家の敵の全面的撲滅をもたらすのでない限り、そしてもたらすまでは国家にとってリスクが多すぎたし、そのような結果は、いかに当局の権力が大きいとは言え、少なくとも当面は達成しがたいものだった。ベン・アリの就任後まもなく、いくらかのイスラム主義者を含む多くの政治犯を釈放した決定は、ある程度は異端的見解を許容する用意があることを示唆し、いくつかの政党を合法化したことはその立場を確認するように見えたし、一九八九年の多党制による選挙がそれをテストした。それは失敗だった。ほとんどのチュニジア人にとって、多様性に対するベン・アリの関与の限界を示した「制限された多元主義《プリュラリスム・コントロレ》」[22]は、政治的過去のもっとも好ましからざる特徴を保持していた。イスラム主義者の排除は政権の政策に祭り上げられ、世俗的野党は、ブルギバのもとでは想像できなかった仕方で組織化を許されたが、与党に対して有効な挑戦を仕掛ける機会はもちえなかった。「歴史的変化」は、現実には全国的政治舞台でほとんど何も変えなかったし、民主化の過程を前進させなかったのは確かだ。党の綱領や積極的キャンペーンが、第二共和国のチュニジアでの一九九四年と一九九九年の選挙に少しは意味をもった限りにおいて、ベン・アリとＲＣＤは自らが旧秩序を追放し、より重要なことに、国をイスラム急進主義から救って多くのチュニジア人の生活の質を改善した記録を誇った。二〇〇四年と二〇〇九年には、経済発展と繁栄に力点がおかれたが、一般にその不平等性は黙殺された。年月が過ぎるに従って、ほとんどあらゆる点で、チュニジアの二代目大統領はますます一代目の再包装版（しかもおそらく戯画でさえある）に似てきた。しかしベン・アリは、ブルギバが権力に就いていた最後の頃の記録が惨めな二つの分野で、たしかに前任者より好成績をあげた。ただし皮肉なことに、これらの勝利のいずれもが、将来の破局の種子をはらんでいたのだ。

最初のものは、経済に関連していた。それは一九九〇年代に活性化して、一人当たり年間所得を二〇〇一年までに二一〇〇ドル相当にまで押し上げ、それは人口希薄で石油に富むリビアを除けば、マグレブのどの国より高かった。上流および中産階級上層のチュニジア人はさらに繁栄し、南および東ヨーロッパ地域の生活水準に近い暮らしを享受できた。下層階級の所得は、平均よりしばしば相当な額で下回ったが、それでも二〇世紀が終わろうとしていた頃に、ほとんどすべてのチュニジア人が生活の質のいくらかの改善を経験したことは事実だった――いつも彼らの感謝を呼び起こすほど大規模ではなかったし、もっとも困窮した人たちの場合はあまり気づかれないことさえあったけれど。チュニジア人が、経済的苦労により群れをなしてブルギバに背いた様子とは対照的に、一九九〇年代の繁栄は、ベン・アリとRCDを優に新しい千年紀まで支えた。しかし、ベン・アリのチュニジアを襲った多量の不正直や収賄、あらゆる種類の不正行為に道を開いたのは、同じ経済的繁栄とそれが引きつけた国内外の投資家だった。腐敗は昔から日常生活の現実であったが、その規模やビジネスマン・政府の役人への誘惑の頻発度、そうした文化を受け入れるよう彼らにかけられた圧力は、大統領以下下級の監査官・取締官に至るまでの大勢を降伏させた。もちろん、だからといって同国はこの繁栄の潮が来なければ、あるいはより貧しくて投資家にとってそう魅力が無ければ良かっただろうにと言うのではないが、チュニジアの統治エリートが受け入れて推進した自由奔放な環境は、疑いもなく問題を悪化させ、人口の広範な層に不利・不信・幻滅の確信を広めることで、政権への信頼の最終的な危機をほとんど不可避にした。普通のチュニジア人は、彼らの不安を行動に変えるよう刺激されたとき、誰からも駆り立てられる必要もなしに、災難の責任を、彼らの生活を長く支配した政治・ビジネス界の連中の肩にしっかりおいたのだ。

第二の功績は、国家の保安に関わっていた。革命前、ベン・アリの統治の決定的瞬間は、一九九〇年代に暴力に訴えていた戦闘的イスラム主義者との対決の時であった。当時の政治エリートにとって、イスラム主義者のプロパガンダに国家の過剰反応から派生する棚ぼたの勝利を提供しないことと、公然たるイデオロギー的敵に隣国アルジェリアの最近の悲劇的歴史を複製させる機会を与えることはまったく別物だった。ブルギバとその後継者が擁護した世俗的国家の庇護のもとで、非伝統的で西洋化された生活様式を養ったチュニジア人は、イスラム主義者のいかなる利得もそれを台無しにすると信じていたから、ベン・アリがイスラム主義者を国家の保安への脅威として扱い、彼らを根こそぎ撲滅する——その頃には、政府にそうする能力が備わった——という決定をしたことに感謝した。もちろん反対に、その決定に続いた弾圧で逮捕されたり、亡命に追い込まれたり、拷問されたり「消えた」男女（とその家族）からは、彼は敵意を買った。無数のチュニジア人が、法の支配を保護するより自分の特権を守ることを選び、国家によるイスラム主義者の抑圧が法的形式をほとんど無視して進められるのに見ないふりをした。彼らは、仲間の国民の公民権・人権が停止されるのをこうして暗黙裏に受け入れたことで、その意図にかかわらず政権に結びつけられ加勢した。政府は、統治体の「社会の常軌を逸《ビヨンド・ザ・ペイル》している」と見なした構成要素に対して怒りをぶつけ、いかなる強い反対にも出会わなかったので、それが危険あるいは侮辱的と指摘するような他の集団や個人に対して向かって行くのを、妨げるものはほとんどなくなった。イスラム主義者に対する扱いは、ベン・アリとＲＣＤの敵対者になりうるあらゆる人たちを警戒させ、しばらく公的な異論を窒息させた。

しかし、二〇〇〇年代の政治的・経済的困難は、不可避的に政権への批判を増やし、かつ激化させたし、とりわけ二〇〇四年と二〇〇九年の無意味な選挙――どちらも、ベン・アリ時代の幕開け時に樹立されたパターンを永続化させた――がそれを促した。アル＝ナハダ党を見舞った運命の記憶は、反対派の間に一定の用心を仕向けたが、反対派はこの頃には以前イスラム主義者の弾圧を支持した多くの人や、同組織自身の残党（地下に潜った支持者や刑期を終えた者）を含んでいた。しかし、アル＝ナハダ党それ自体はチュニジアにはなお存在しなかったし、ベン・アリはその再生にわずかな好機も与えない決意をしていた。彼の政府は、良心の囚人〔政治犯〕を擁することを一貫して否定していたが、新聞や団体（政治的かそれ以外かを問わず）、そして公的集会を規制する諸法は、不敬罪《レーズ・マジェステ》に当たる多様な違反で個人を拘留する権利を政府に与えていた。

ベン・アリが売り込んだ、法と秩序の熱心な擁護者、厳格な訓練至上主義者というイメージは、中核において常に警察官だった彼にピッタリだったが、狭い治安問題に焦点がおかれ、国民にとって悲しいことに、彼が権力に就いていた年月を特徴づけたはびこる腐敗の抑制や、彼が主宰した略奪的腐敗国家の犯罪的活動を取り締まることには向けられなかった（驚くべきことではないが）。彼、その家族、仲間は現状にまったく満足していたし、その変革を望んでいた人たちは不満を表明するのに、限定的で一般に効果の無い媒体しかもたなかった。モンセフ・マルズーキは、早くも二〇〇二年に大統領が「冒すために法律を作っており……全体主義的政権を隠すために民主主義を掲げている」と批判していた。彼は、ベン・アリのチュニジアが「精神分裂症的」[23]になったと嘆いたが、二〇一一年の制憲議会選挙に続いて彼がベン・アリの後継者となったとき、なおこの診断を維持していたと信じて間違いない。

ベン・アリとRCDは、一九八九年に、ブルギバが権力に就いていた最後の時期に窮地に陥った自国をそこから救い出し、将来への自信を取り戻させると誓ったが、二〇一〇年の終わりには何の自信も無く、長く苦しんでいる国民の忍耐は尽きていた。にもかかわらず、政権による鉄の統制と多くのチュニジア人が味わっていた相対的繁栄が組み合わさったことで、チュニジアの情景の観察者――国内のであれ海外のであれ――で、革命が近いと予測する人はほとんどいない有様だった。しかし、それが勃発したとき、驚いた人はまずいなかった。疑いもなく多くの人にとっていっそう驚きだったのは、ベン・アリが慌てて逃げ出そうと素早く決めたことだった。それはもっとも自己利益を図る理由によってなされたにせよ、おそらく大統領による自国民への最大の贈り物だった。しかしサウジアラビアでの亡命先からも、その政治的亡霊は彼が去ってからも長いことチュニジアの空に漂い続けたし、とりわけ最近の過去がたいへん生々しく感じられるときにはそうだった――彼を引き渡させようとしたときや、欠席裁判のとき、そして国民和解対話を開始しようと努めたとき等。二〇一一年一〇月の制憲議会選挙に出た無数の候補が、失脚した大統領への反対の個人的歴史を語って彼らの勝機を増そうとしたが、より慎重な世論は、真に再建されたチュニジアの指導者たちは、「ベン・アリのもとで投獄されていた年数や、彼にぶつけた侮辱、彼らの戦闘性の規模や強さ[24]」以上のものをみなに提供する必要があると認めていた。そうした行為は勇敢で愛国的だったかもしれないが、議会の最優先事項でなければならなかった社会的・経済的・政治的諸問題の解決には、何の手がかりにもならなかった――政治的成熟を証拠づけるこうした見方が広がるならば、将来にとって良い前兆となりうる。

不確実性の夏

大統領代行メズバーは、三月一日、新憲法の提案を課される制憲議会の選挙を七月二四日に実施すると発表し、民主的過程を開始したが、それによって基本法が合意されれば同国史上初の民選立法府が樹立されるはずだった。選挙が、過去には党への忠誠を示すこと以外に何ら意味が無く、多くの国民が投票に何の意義も感じなかった環境において、有権者を準備させ、参加政党に選挙のしきたりを教え、国家が投票過程における兵站的責任を果たすための体制を整えるよう助けることは、この事業の立派な成果を保障するのに不可欠な基礎資材だった。そしてその事業は、政治的進化におけるそのような一里塚に到達した最初の「アラブの春」国としてのチュニジアを、国際的脚光の中心においた。これらすべてにおける重要な一要素は、「革命目的・政治改革・民主的移行実現高等委員会」だったが、これはベン・アシュール委員会を拡大・改組して具体化したもので、その参加者はまもなく著名な国家的人物や急速に増加する政党・市民社会組織の代表を含むようになった。

ベン・アリが権力に就いていた時代を耐え抜いた、そしていくらかの財源と組織能力をもった一握りの政党にとっては、選挙日の設定は嵐のような活動を始動させた。より重要なことに、無数の新政党も、その多くはこの二つの資産をともに欠いていたが、政治領域における牽引力を手探りで求め始めた。しかしたいていの場合、それらは限定的でときには地方的な目標や、しばしば個人に依存する指導部のあり方が財政的・組織的欠陥と合わさって、全国的舞台で成功しえなかった。チュニジアでは政党名簿による投票の伝統が強いことも、より小さな政党に不利となる傾向があった。しかし、選挙の光景が形をなすにつれ、企画者は彼らの仕事を終えるのに必要な時間を楽観的に見過ぎていたこと、そして想定された予定表の期間内に選挙を実施するという目標は達成不可能であることが明らかになった。政府は六月に、選挙を一〇月まで延期することを決めた。政治的雰囲気がなお非常に緊張していたので、この遅延はアル＝ナハダ党の側に批判と疑念を引き起こした。同党は、三月一日に新しく合法的存在とされたものの、ライバルの大部分よりも長くよく知られた歴史をもち、知名度が高く、その主張のすべてに対してベン・アリがたっぷり嫌悪を示したことを、独裁者の統治時代に手を汚さなかった証拠としてあげることができた。さらには、いかなる他の政治組織よりも旧政権に対して反対の声をあげ、しばしば党員の処罰・拷問・亡命という犠牲を払った、より長く大胆な記録をもつと主張することができた。同党は、国中の聴衆にそのメッセージを届ける上で競争者をはっきりしのいでいたので、支持者の多くは日程変更を、他の諸政党が追いつくまでの時間稼ぎの企み以外の何物でもないと——いくらかは正当に——見た。その結果、提案された延期は激しい論争を引き起こしたが、アル＝ナハダ党を含めすべての政党が、最終的には国家の統一と安定の必要にその留保を従わせたことで受け入れられた。

ガンヌーシと仲間は、彼らの党を将来の投票者に再度紹介するに際して、積極的な公的イメージを築きあげ、革命後の流動的環境でその利益を推進すべく勤勉に働いた。彼らはとりわけ、アル＝ナハダ党がその過去を台無しにした暴力的戦術を放棄したことを強調し、その新しいチュニジアの構想は、民主主義と、女性の権利や良心の自由を含む、かつては党内でタブーとされた諸原則の尊重にしっかり基礎づけられていると主張した。ガンヌーシは、「わが党の誰も民主主義の諸原則を拒否しませんし、イスラムと民主主義の間に矛盾があるとは信じていません[25]」と念を入れて強調した。イギリスに亡命していた年月に、彼は個人的背景を超えた見地を育むようになり、彼自身の思想がより広く流通するようになる一方で、亡命しなかった場合に較べれば、彼はいっそう徹底的に多様な現代イスラム思想にさらされた。彼は、公衆の前に現れたときは頻繁にレジェプ・タイイプ・エルドアンの「トルコ公正開発党」を、「アラブ世界でもっとも民主的な政府のモデル[26]」を創り出すという自分の目標のためのモデルとしてあげた。世俗派が、イスラムと結びついた政治運動をステレオタイプ化する傾向を非難して、「イスラム主義者」のラベルへの不快感を次のように尋ねることで表わした——「イスラム主義者の範囲がビン・ラーデンからエルドアンまで及ぶなら、そのどれがイスラムなのでしょう?……なぜ私たちは、タリバンやサウジアラビアのモデルのように私たちの思想から遠いモデルと一緒くたにされるのでしょう、ほかに私たちに近い、成功したイスラムのモデルがあるのに。イスラムと現代性を組み合わせたモデルとして、トルコやマレーシア、インドネシアのモデルがあるのです」と。驚くことではないが、ガンヌーシの「高等委員会」や他の政党への対応は厄介になりえた。彼は二度、高等委員会から自党を脱退させたが、それは同委員会が不当な権力を横取りし、正当な批判を無視し、制憲議会を選挙過程によるよりも自己の裁定で形成しようとしていると非難してであった。高等委員会の構成者は、九月半ばに制憲議会に与えるべき権力をめぐって口論し、危機が生じた。アル＝ナハダ党は、選挙の日程を巡る以前の不和と似て、議会を制限しようとする努力はとくに自党の利益を損なおうとするものだと見た――世論調査は、夏までに同党が有権者の約三分の一の支持を得ており、その数字は一〇月の投票に至る数カ月間に漸増していることを示していたから。この不一致は、全政党が「移行過程宣言」を受け入れることで解決されたが、それは制憲議会の任期を最大でも一年に限り、そのあとに立法府選挙を行うこと、そして課題を憲法の見直しのみに限定することとした。

アル＝ナハダ党の新しいイメージも、その指導者たちの気分を落ち着かせるレトリックも、同党へのもっとも強硬な反対者――現代的で西洋化された世俗主義者たち――にはあまり効果がなく、彼らはイスラム、とりわけアル＝ナハダ党の理解するそれが国家と一切関わりをもつことを欲しなかったが、それは彼らが同党を、しばしば個人的記憶により、一九九〇年代の暴力と結びつけていたからだ。同運動の側でどれだけ否定の呪文を繰り返しても、対話を申し入れても、同党の代表たちが、民主的手段によってであれ、よりありそうな他の手段によってであれ、チュニジアをイスラム的価値とより密接に同盟させようという究極の目標を曖昧にすることを狙った公式声明においては、真意を隠しているという彼らの確信は揺るがなかった。この確信において彼らの本能的恐怖は、イスラム主義の政党は選挙を「一人一票、一度限り」の場合にのみ承認するという西洋の悪口〔イスラム主義の政党は政権をとったら二度と選挙を許さないという〕によって強化された。同党がもし権力に就いたら何をするかは、選挙キャンペーンの間にそれが言ったことによっては正確に判断できないと、彼らは固く信じていた。

この見方はあまりに強く凝り固まっていたので、両陣営間の溝は架橋しようがなかった。むしろ有権者が直面した根本的な問題は、つまるところ革命後のチュニジアが自己をどのように定義したいのかということであり、それはまた、その公式化においてイスラムが果たす役割にかかっていた。ありうる反応の範囲と、新たに授権されたチュニジアの投票者が発言し、それを考慮される最初の機会に熱狂的に取り組んだことが、多数派の支持を得られない分裂した結果をもたらす可能性は高かった。ガンヌーシはこの認識から、アル＝ナハダ党が他の政治勢力と喜んで協力するということを記録させた。そこで彼は述べた――「私たちは、他の諸党との意思一致を求めます。なぜなら、チュニジアは次の五年間は連立政府をもたなければならないと信じるからです。なぜなら、国内の状況は唯一の政党によっては対処できないからです[28]」と。この点では様々な可能性があったが、いくつかの選択肢は明らかに他のものより魅力的だった。

アル＝ナハダ党は、政治的範囲の左側と中央では、ベン・アリとその前にはブルギバが行った、見せかけの多元主義の不真面目なジェスチャーに起源を有する勢力からの挑戦に直面したが、それらはいかなる現実の政治的意義も欠いていた。そうしたものとしては、ナジブ・シェッビの進歩民主党《パルティ・デモクラティク・プログレシスト》（ＰＤＰ）と、ムスタファ・ベン・ジャーファルの労働と自由のための民主フォーラム《フォロム・デモクラティク・プール・ル・トラバーユ・エ・レ・リベルテ》、今はより一般的にエッタカトル党と呼ばれているものがあった。両党の指導者は暫定政府に地位を占めており、シェッビは地域開発相、ベン・ジャーファル（医者）は保健相だった。両組織とも、社会主義もしくは社会民主主義の哲学を採用し、より均衡のとれた開発、個人と国家の安全の保障、そして恣意的統治のあらゆる痕跡の除去を強調した。両党とも、左翼・世俗派・そして知識人――しばしば重複する基盤のセット――の間で最大の成功が得られた。ＰＤＰはまた、財界から、とりわけメディア会社や観光産業関連企業から相当な支持を引き出した。革命前の歴史をもつ他の政党には、チュニジア労働者共産党《パルティ・コミュニスト・デズブリエ・ド・ラ・チュニジー》（ＰＣＯＴ）とアル＝タドゥジド（復活）党があり、どちらも独立後途切れ途切れに活動したチュニジア共産党の後継だった。晩春に現代民主極党《ポール・デモクラティク・モデルニスト》（アル＝クトゥブ）が合成されたとき、両党ともそれと提携した。他の多数の政党が、ほぼ同じ時期に開花し法的認知を得て、環境保護、汎アラブ主義、科学的社会主義、マグレブの統一、その他の多様な大義を掲げたが、ほとんどは短命に終わった。活動が競争力をもてるほど十分広いと思われる基盤を備えた二つの新党は、昔からの人権活動家でＬＴＤＨ創設者のモンセフ・マルズーキが組織した共和国会議党《コングレ・プール・ラ・レピュブリク》（ＣＰＲ）と、中央左派のアフェク・トゥニス党だった。旧ＲＣＤの忠誠派で、政治過程をかつての反対者に闘いもせず譲る気のない人たちによっても、数十の政党が創られた。その最大のものはカメル・モルジャンのアル＝ムーバダラ（発議）であったが、同類の他種同様、少なくとも公然とはたいした支持をもたなかった。しかし、実際にそれを支持した人たちは、当時の状況においては慎重さが勇気のよりよい部分だと考えたかも知れない。この政党結成の大騒ぎはまた、尊厳と平等党《パルティ・ド・ラ・ディニテ・エ・ド・レガリテ》という名前そのものが革命の本質を要約したものや、蜂起であれほど役立った若い男女に注意を集中した民主青年党《パルティ・デ・ジューヌ・デモクラト》のような多くの青年志向集団をも生み出した。ドゥストゥールやネオ＝ドゥストゥールという言葉を組み入れた名をもつ新党も複数あったが、それはチュニジアの立憲的遺産を想起させるためか、反植民地主義・民族主義の時代の郷愁的あるいは神秘的な見方を呼び起こそうとするものだった。一つは、自己をネオ・ブルギバ主義同盟《ユニオン・ネオ＝ブルギビエンヌ》とさえ呼んだ。承認された政党はいずれも、合計約九五〇万ディナールの公的資金供与の分け前に預かる権利があったが、それはまず政党が公的許可を得たときと、残りはキャンペーン終了前の二回に分けて払われるものだったけれど、投票の少なくとも三％を得られなかった政党は受け取った公的資金を全額返済しなければならないという条件付きだった。

　アル＝ナハダ党に変わることなく反対したチュニジア人のなかで、もっとも声高に発言し強硬だったのは女性たちで、主として中年で中流および上流階級の出身の、彼女たちの母や祖母があえて想像もできなかったほど豊かな教育・雇用・社会的関与の機会を彼女たちに開いた、ブルギバ時代の社会的・法的改革の庇護のもとで生活を送った人たちだった。彼女たちは娘にそれ以下を望まなかったし、もしアル＝ナハダ党が制憲議会を支配したなら数十年来の進歩が、たとえ完全に消されはしなくとも後退するだろうと恐れた。こうした女性たちは、同党の綱領を単に拒否する以上に、中世のイスラムへの先祖返りとしてまったく軽蔑しており――その見解は、けっしてジェンダー特有のものではなかった――、沈黙していること、ましてや同党を支持することは考えられなかった。しかし女性は男性よりも、ヒジャブ〔女性が頭にかぶるベール〕をかぶることを選ぶか断るかで、適切な公的行動についての見解を表明するのに好適な立場にあった。スカーフは革命後人気を得たが、もっとも「西洋化された」女性はそれにほとんど熱狂を見せず、大学のキャンパスにそれが復活したことを〔過去には禁止されていた〕非難した。しかし、自国の指導者たちがチュニジアのイスラムのまさに中核をなす信仰や慣行をあまりに長く無視していたので、復興が適切だと信じたチュニジア人女性もまた多かった。ある女性のアル＝ナハダ党支持者は、外国人レポーターに怒って語った――「私は物理学の修士号をもっているのに、これ［彼女のヒジャブ］のために何年も教えることを許されなかった」と。同党の執行委員会の女性メンバーは、同レポーターに、党は強力で批判的な女性が隊列に加わるのを歓迎すると述べた。「私たちを見てください。医者や、教師や、主婦や、母親です――夫たちは私たちの政治にときには賛成し、ときには反対します。それでも私たちはこうして活動しています。」[29] 外国人ジャーナリストにインタビューされた他の一人は、彼女がなぜアル＝ナハダ党を支持するかを、もっと単純だが多くの姉妹が共感できる仕方で表現した――「私は、イスラムを考慮しない政党に投票したくないのです」[30]と。男性でも女性でも同様にチュニジア人にとっての挑戦は、破壊的な道でなく建設的な変化の道を辿らせることだったが、それは賭け金があれほど高く、相互尊重があれほど低いなかでは難しい課題だった。

暫定政府の一決定で、アル＝ナハダ党への感情の如何にかかわらず女性を喜ばせたのは、ケマル・ジェンドゥービ（ベン・アリ時代の末期はフランスに住んでいた人権活動家）率いる独立最高選挙支援部《アンスタンス・シュペリウール・アンデパンダント・デゼレクション》（ISIE）によるものだった。ISIEは、選挙を組織し、規制し、監督する任務を与えられていた。それは四月に、各政党の名簿が男女の候補を交互に載せることを求めるジェンダー平等法に、政府の承認を獲得した。アル＝ナハダ党は喜んでその原則を適用し、すべての選挙区に名簿を用意できる立場にある唯一の政党だったから、結局候補中にもっとも多くの女性代表を擁する党となった。いくつかの政党は、この新法は名簿への女性の付加を要求することで全市民の完全な平等を損なったという理由で反対し、またこの規制は女性を子供扱いするものだと論じるものもあったが、ほとんどは支持してそれに従う措置をとった。とはいえ、女性候補が先頭に立ったのは名簿の五％に過ぎなかった。この問題に関するアル＝ナハダ党の立場は、その女性支持者の熱狂をいや増したが、この民主的かつ反女性差別の措置の受入れでさえも、同党をまったく信頼しない投票者の間では何の説得力ももたなかった。

アル＝ナハダ党は、政治的左派や中間派からの批判に加えて右からの、超国家的な運動であるサラフィー主義の支持者——チュニジアではヒズブ・アル＝タハリール（解放党）と自称した——からも攻撃を受けた。それは、コーランとスンナ（預言者ムハンマドの言葉・行為・助言の逸話的記述であるハディースにおいて伝えられた伝承）を厳格に、文字通りに守らせようとした。その帰依者の一部は、ムスリムの先祖（アラビア語のサラフの意味）の伝統的衣服をまとい、預言者の個人的姿と彼らが理解するものを再現しようとした。この現象は一九五〇年代にパレスチナで発生したが、一九七〇年代のイスラム復興のあといっそう目に見えるようになった。政治的には、サラフィー主義者はムスリムの統一と、ムスリムのカリフ制の復活を支持し、外部から押しつけられた政治体制を拒否するよう促した。シャリーア法の適用を求め、資本主義・帝国主義・民主主義を、不信心者がムスリムに感染させた有害な概念だと批判した。

制憲議会選挙のための政党登録手続きが終了した際、一一二という驚くべき数の政党が承認されたが、たぶん同様に驚くべきことに、一六二の政党が合法的組織に必要な政府の許可を与えられなかった。キャンペーンは一〇月一日に公式に始まり、有権者は投票日に、制憲議会のチュニジア本土用の一九九議席を争う、一五一七の名簿にまとめられたほとんど一万一〇〇〇人の候補者中から選んだが、そのほとんど半分はいかなる政党にも属さない無所属だった。さらに五三〇人の候補が、国外に住む一〇〇万人ほどのチュニジア人――その半分はフランスだが、残りはオーストラリアからカナダまで散在していた――に割り当てられた一八議席を争った。これらの数字は、あらゆる政治的色合いのチュニジア人が、独裁によって押しつけられた圧力がひとたび消失したなら政治舞台に居場所を見出そうとしたことを、雄弁に物語っている。ヒズブ・アル＝タハリールは、競争参入の前提条件として祭り上げられた民主主義の尊重に対する態度が曖昧だという、当局の主張により参加を妨げられた。同党指導者のリダ・ベルハッジは、そうした非難は誤解を招くもので、彼の党は選挙過程に反対せず、許されたなら参加しただろうと主張した――「私たちは、イデオロギー的理由で選挙を拒否したのではありません。イスラムには選挙はあるのです」と。[31]

アル＝ナハダ党は、夏から初秋にかけて自己に対してなされた手痛い告発に反論し、競争相手から出された合理的主張に対処しようと努めた。繰り返しあげられた懸念は、同党の見たところ豊富な資金の源泉についてのものだった。同党の代弁者は、最大の寄付者はかつての闘士たちで、刑期を終えた（あるいは亡命生活の）あと職業で成功し、同党にふたたび帰属して復活に投資しているのだと主張した。他の富める支持者には、チュニジアを去ってヨーロッパ・北米・湾岸で栄えている在外公民が含まれていた。小規模の貢献者は、あらゆる社会層から来て、（通常は少額の）寄付金か同党への時間とサービスの提供によって彼らの支持を示したと言われた。しかしアル＝ナハダ党の敵は、サウジアラビアやカタールのような保守的アラブ政府が、チュニジアの法律に違反して同党を財政援助しているという確信を明らかにした。

ベン・アリのもとでアル＝ナハダ党が禁止され、革命勃発時にその最高指導者たちが海外に亡命していたために、同党は、他の全国組織同様、若い活動家の活動がそうとう進展するまで彼らに関与しなかった――ガンヌーシは、彼らの大義への鼓舞と支持を申し出たけれども。それで、個々の参加者の一部はたしかに、彼らの努力の最終結果は世俗的と宗教的の統治方式の両方を取り入れた政治文化になるものと想像した。このシナリオは、当初は違うものではありえなかったが、それにもかかわらずアル＝ナハダ党の復活後、一部の懐疑論者は、同党が（そしてベン・アリのもとで存在した他党が）革命行動のつらい苦闘に参加するかを疑問視し、それらは他人の犠牲を利用して自己のかならずしも一致しない政治目的を遂げようとしているのでは？という不信を抱いた。アル＝ナハダ党は、いくつかの世代的課題に直面していた。一つには、蜂起を作り出した若者の大部分は、彼らの大部分が生まれた頃である二〇年前に根絶された同党についてほとんど、あるいはまったく個人的知識をもたなかった。この問題に加えて、同党指導者の大部分は、同国で生じつつあるものにとってかくも中心的となっていた若者文化にほとんど結びつきをもたず、理解も乏しい世代に属していた。この点彼らは、失脚した首相のムハンマド・ガンヌーシやその後継者のアル＝セブシ、そしてベン・アリ自身とさえ似ていなくもなかった。三つ揃えの仕立て背広をきれいに着こなしたこれらの男性すべてのイメージは、チュニスの繁華街やカスバ広場で抗議したジーンズと革ジャンの若者と鋭い対照をなした。多くの若い候補者は、この相違を利用した。スリム・アマムーと一緒に逮捕されていたヤシン・アヤリの言葉では、「六〇歳以上の恐竜で、彼らの時間は尽きており、推論や物の見方の新しい仕方が生まれていること、新しい世代が発言したがっていることを理解しなかったか、理解を拒否した者たちがなお指導している諸政党を見たとき、私は親たちが彼らの革命と未来を盗もうとしている若者たちを代弁することに……決めたのです。[32]」七〇歳のラシード・ガンヌーシは、仕立て服の面では彼の同時代人とほとんど違わなかったかも知れないが、革命後のチュニジアを検討して「何か本当に変わったの？」と憂鬱そうに尋ねた人たちがますます表明し始めた不満に対して、積極的に対応する方法を示した三六五項目の同党綱領を打ち出したことによって、一部の若いチュニジア人の目には他に優れていると見えた。独裁者はたしかに逃げたが、官僚機構と政府の大部分はＲＣＤの旧党員の手中に残っていた――最悪の公的礼節侵害者たちはたしかに政治的影響力を失ったとしても。多くのチュニジア人にとって、より恐ろしく心配なことに、経済は危険な混乱の状態にとどまっていた。

アル＝セブシは、選挙に先立つ週の終わりに、チュニジア人に投票参加を促そうと意図したテレビ演説で、政治・経済ニュースの混じったものをいずれも積極的に仕立てて提示した。視聴者に、一一月九日には彼と閣僚たちは辞任して制憲議会が選んだメンバーに道を譲ると約束したが、その機会を捉えて彼の政府が約五万の職を設けたことを指摘した――たしかに希望を抱かせる兆候だが、チュニジアの経済状況を考えればバケツの一滴でしかなかった。ガンヌーシは、キャンペーン期間中、もしアル＝ナハダ党が権力に就いたら、失業率がなお公式数字で一四％前後に高止まりしているのを、それほど悲惨でない八・五％に減らす計画の一部として、五年間で五〇万以上の職を創り出すのに献身すると繰り返し約束した。しかし、アル＝セブシとガンヌーシ双方の明らかに政治的な発言は、キャンペーンの経済思想の大部分の皮相性を反映していた。諸政党の代弁者は、党の集会では喝采を得る決まり文句を宣言したが、混迷する経済を再生させるための詳細で具体的かつ実行可能な計画を提出することはめったになかった。財務相のジャッルール・アヤドは、選挙が始まろうとしているときに、観光産業の収入と同国への訪問者数がどちらも革命後三分の一以上激減した――同部門が労働者の五人に一人を雇用していることを考えれば、潜在的に破局的な統計だ――と報告し、状況がいかに危ういかを明白にした。経済は、いくらか好転の兆候を見せたがなお改善のデータは得られず、ほとんどの専門家の予測では二〇一一年のGDP成長率は一％を超えることはなさそうで、むしろゼロに近いかも知れないと推定された。より積極的な面で、アヤドは、革命後暴落した株価が持ち直したと述べたが、それはなお一年余り前のピーク時より大きく下回っていた。G8財務相会議による三八〇億ドル（全北アフリカ諸国用）と、チュニジアの経済的復活のためだけのEUからの借款と贈与四〇億ドルの約束が、将来への慎重な楽観主義をもてるようにしたし、経済を支えて革命の業績を維持し、希望の実現を助けようとした他の多様な貢献も同様だった――その一つはアメリカからのもので、セブシが一〇月に訪問してオバマ大統領と会談した際約束されたのだった。アヤドはまた、民営化支援を補うべく、民間部門の事業に共同融資するための二つの国家投資機関の計画を明らかにし、同国が中小企業・科学技術分野・マイクロファイナンス・そして若い企業家の宿願を発展させることに集中する必要を説いた。これはいずれも、「良い統治・透明性・そして社会的責任の文化[33]」をまず創り出さなければ実現しないだろうと、彼はつけ加えた。しかしこの処方箋の有効性や妥当性は、国内外で疑問とされた。多くのチュニジア人にとって、民営化はベン・アリ時代の悪弊の縮図をなし、その復活を受け入れたくなかった。多くの外国の批判者は、アヤドの自国を「地中海のシンガポール」にするという構想――たしかに壮大な目標だ――を相手にしなかった。あるイギリスのエコノミストの言葉によれば、その発言はベン・アリ時代に同様な立場にあったいかなる大臣でもなしえたものだった。「本当に話のうまい大臣でも、話すだけでは有権者に浸透せず、たぶん有権者の大部分に理解されないようなら、ただ話すだけでは十分でない。[34]」彼は、エジプトとチュニジアでの革命後の初期反応は、民間部門のための空間を広げるよりも国家の役割を増すことだったのを、外国の投資家は認識しなければならないと警告した。

アル＝ナハダ党に反対する主要な世俗政党は、選挙が近づくと、それらの予想される支持者に自信の空気を伝えようとした。しかし、それらはライバルの力について幻想をもたなかったから、アル＝ナハダ党が投票所で強力な支持を得るという最悪の――しかしますますありそうな――シナリオで必要になったなら、同党が策謀を巡らす自由を制限するために、考えの似た諸政党と選挙後に有効な連合を組むための下準備にも取りかかった。多くのチュニジア人を嘆かせたことに、ヒズブ・アル＝タハリールの闘士が、投票まで二週間を切る頃になって、彼らの非常に保守的な見方に同調するよう仲間の市民を強制するため、いくつかのやっかいな事件を引き起こした。スース大学で一〇月初め、一人の若い女性がニカーブ――チュニジアでは普通見られない顔全体のカバーで、ベン・アリ時代の制限が緩和されたあとでさえキャンパスでは禁止されていた――を着けるのをそこの職員が許さなかったのに対して、彼らはデモを行った。数日間暴力的な抗議が続き、女性の集団は宗教的な過激主義と不寛容と見たものを公然と非難する対抗デモを開始した。その後まもなく、サラフィー主義者たちは、暫定政府が免許を与えた多くの独立的メディア手段の一つネスマ・テレビが、イラン〔を描いたフランスの〕映画『ペルセポリス』を放映した際、神を人間の姿で表わしたのを異端的だとして強力に反応した。同放送局のチュニス事務所でのデモ隊は解散させられたが、警察がアリアナ郊外のサラフィー派モスクで首謀者とされた人たちを逮捕すると、暴動が勃発し、他の都市でも同様の衝突が起きたので、少なくとも一部の市民は自分の主張を通すためには暴力に訴える用意があるのだという恐怖心を引き起こした。しかし、その映画に怒ったのはサラフィー主義者だけではなかった。多くの穏健派も不快感を表明した。アル＝ナハダ党は、政治的緊張の時期におけるこのネスマの判断を疑問としたが、多くの世俗政党同様に冷静さを求めた。ガンヌーシと彼の同僚は、こうした出来事が彼らの党に否定的影響を与えることを恐れ、アル＝ナハダ党の反対者、とりわけ恐怖を煽りがちな人たちは、サラフィー主義者に対して使うのと同じブラシで党にタールを塗ろうと全力を尽くすだろうとよく知って、ベルハッジやその支持者のより極端な見解から距離をおこうと努めた。彼は、サラフィー主義者に手を差し伸べながら自分の信任状に箔をつけようと、聴衆に「民主主義は極論も吸収する能力をもつ」し、強硬なサラフィー主義者でさえ政治的発言を許されれば「封じ込め」られうると語った(35)。

しかし投票前夜には、日頃は思慮深いガンヌーシ自身も党の敵の術中にはまった。投票の数日前、アル＝ナハダ党が予想を下回る勝利を収めるなら、選挙の不正を示すものだから同党は断固闘うだろうと示唆したのだ。暗黙裏にクーデタをもって脅かしたと非難され、ガンヌーシは発言を取り消し、完全に透明で公正だとは見られないいかなる結果も、すべてのチュニジア人が拒否するだろうと説明した。しかし、恐怖扇動のおそらくもっとも露骨な例は、『ザ・モーニング・アフター』と名づけたテレビとインターネットの広告で、アル＝ナハダ党を標的として（それを特定することなしに）、投票でアル＝ナハダ党が勝利したあとのチュニジアを想像したものだった。一つの広告は、観光客がイスラムの規範を守る国家でバケーションしたがらずに消えてしまったために破産した、空のホテルやカフェ、レストランを描いていた。他の一つでは、一女性が、夫が追加の妻たちをめとって彼女に子供たちの世話をする資金をくれずに放置する恐れを語った。ほかのは、男性に職を奪われた現代的な若い女性や、選挙日を寝て過ごして投票しなかったことのありうる結果を嘆く学生に焦点を当てたものだった。

諸政党が秋の選挙の準備を始めた頃、七月から、前大統領夫妻とその取巻き中の著名人に対する待ちかねられた裁判が始まった。サウジアラビアが、チュニジア当局による、王国に保護を認められたベン・アリかその家族を引き渡すようにとの依頼を断り、チュニジアの検察官の他の主要標的も国外の安全な避難所に逃れたので、これらの裁判は欠席で行われた。ベン・アリ一家に対して提出された告発は、資金洗浄、横領、麻薬の密輸、骨董の不正取引等であったが、これらの告発の多くは、大統領宮殿の捜索により、秘匿された現金や宝石で約二七〇〇万ドルが発見されたことから派生していた。彼らは有罪とされ、三五年の禁固刑と、二五〇〇万ユーロの罰金を科された。最終的に、前大統領とその妻は、腐敗から殺人に至る一五九件について――殺人は、一月の抗議に対してとられた決定に由来するもの——軍事・民事両法廷で起訴された。これらすべての訴訟は、大統領一味の悪事の追加的証拠を明るみに出したが、何よりもそれらは、チュニジア人の大多数がすでに知っていたか、少なくとも強く疑っていたことを確認した。諸法廷は、事前に想像されたよりもさらに複雑でさえある金融取引の網を解きほぐす必要に直面して、ベン・アリ一家のメンバーやビジネスの提携者一〇〇人以上の資産を凍結し、彼らの間でごく一般的だった操作やいかがわしい行為を理解しようとする捜査官の努力を助けた。これらの企業の多くは、閉鎖するよりも、現在の立場や過去の歴史・慣行が整理されるまで法廷が任命した管理者のもとにおかれた。それらの多くが、革命後なお混乱している国民経済にとっていかに重要であったかを考えれば、これは健全で賢明な措置であった。政府はまた、この頃までに、チュニジアから不法に持ち出されて世界中の銀行に預金された富を認定し、要求し、最終的には送還させるという複雑で時間のかかる手続きを開始していた。こうした資産をできるだけ多く認定し、取り戻すことは少なからざる意義をもつ問題だったが、それは数億ドルと推定された額それ自体のためだけでなく、こうした資産の回復は、犯罪者たちがチュニジア国民と政府からだまし取ってチュニジアの管轄外に逃げたために、まず間違いなく責任追及を免れるであろうことに対する国家的報復となったから、象徴としても重要だった。

制憲議会選挙

二〇一一年一〇月二三日、アメリカ・ヨーロッパ連合・その他多くの国からの一〇〇〇人の国際ボランティアが、さらにチュニジアの政党や市民社会団体の代表四〇〇〇人と一緒に、同国史上初めての自由選挙を監視し、ついでその過程の透明性や合法性の評価を報告した。有権者登録は、期待されたほど包括的ではなかったが（全有権者の約半分のみ）――おそらく、半世紀以上にわたる政治的伝統が本当に逆転できるかについての根深い懐疑心を反映して、あるいはおそらく、ISIEや主要政党が有権者を教育する努力を払ったにもかかわらず、多くの国民が制憲議会とは何であり何をするのかを本当には理解しなかったことを表わして――、登録者の九〇％以上が実際に投票し、それはおよそ七五〇万人が参加したということで、そのほとんどは投票権行使の機会を得て大喜びだった。結果のある部分は予想されていたが、いくつかの場合は成功と失敗の規模が衝撃的だった。アル＝ナハダ党は民衆の票の四一・四％をとり、議会で八九の議席を得たが、競争相手のどれも票の一五％以上をとれなかったので、それらのどれよりも三倍以上であった。CPRが大差の二位で、一三・八％の得票比率で二九議席、FDTL（エッタカトル党）は票の一〇％未満で二〇議席であり、政治のベテランのベン・ジャーファルにとってはがっかりさせる成績だった。しかし、もっとも虚脱させる打撃はネジブ・シェッビとPDPに降りかかったが、彼らは選挙前の世論調査ではよかったので、左派および中間派の世俗政党の間で名誉ある地位を占めるだろうと信じていたし、それはある程度正当性があった。ところが、それもまた一〇％未満の票でわずか一六議席しかとれなかった。PDPの劇的な崩壊と対照的だったのは民衆の請願党《ペティション・ポピュレール》（アリダ・シャッビ）の成功で、その驚くべく強力な宣伝は票の八％と二六議席を確保し、エッタカトル党やPDPとほぼ対等にした。しかし、ISIEは選挙後数日にして、いくつかの選挙区の同党名簿は、キャンペーン費用や旧RCD幹部の排除に関する選挙法規定に違反するとの理由で失格とした。同党指導者で国際的なメディアの大立て者ハシュミ・ハムディは、イギリスにある彼の本拠からアリダ党の活動を指揮していたが、この紛争が解決されるまで当選議員に議会から引き揚げるよう指示した――解決は数週間後にもたらされ、問題とされた議席は一つを除き有効とされた。制憲議会に議席を得た他の政党では、現代民主極党（アル＝クトゥブ）は二・三％の得票で五議席、アル＝ムーバダラ党は同様の比率で四議席、アフェク・トゥニス党は二％未満で四議席であった。総得票の二％さえも要求できなかった少数の他政党が、残る議席を分け合った。女性候補は票全体の二四％を受け取り、四九議席を得た。

投票日の前も当日も後も、選挙違反の告発と対抗告発が空気を満たしたが、ほとんどは軽微な違反で、アリダ党事件が断然もっとも深刻だった。党の活動員が有権者を投票所へ運んだり、投票のお礼にカネを払ったり、とくに熱狂的な事例では投票のために列に並んでいる有権者にさえ強制しようとしたことが、聞こえてこなかったわけではけっしてないが、ＩＳＩＥの組織的作業を、革命時の行動に由来する人気と尊敬の輝きになお浸っている軍隊が良心的な後方支援によって補い、投票所における問題を最小限にとどめることができた。一〇月二六日までに、ＩＳＩＥやヨーロッパ連合、そしてアメリカのＮＧＯカーター・センター〔第三九代大統領ジミー・カーターが退任後設立したもので、国際の平和や保健に貢献しようとしてきた〕からのオブザーバーはみな、選挙は自由・公正かつチュニジア国民の意向を反映するものと宣言する、暫定報告を発表した。

図版８・４　チュニスでの革命の落書き、2011 年 2 月。

図版８・５ チュニスの投票所での投票者、2011年10月。

投票の直後数日は、チュニスほかの都市でかなり騒々しい抗議があり、そのほとんどは、自国の差し迫ったイスラム化と彼らが主張するものを恐れた反アル＝ナハダ党勢力の仕事だった。しかし、選挙結果に抗議した人たちの一部がまず確実に所属していた諸政党のいくつかの党首はただちに、適切な保証が得られれば挙国一致の連立政府に参加する用意があると、公式発表を行った。選挙前の主要政党のなかでは、ＰＤＰだけがそうした取決めを探ることを拒否したが、それはある匿名のエッタカトル党支持者がぶっきらぼうに「ＰＤＰは消えた」[36]と言ったように、もはやほとんど問題にならなかった。ＣＰＲもエッタカトル党ももちろん、投票所のブースでそれらが弱い支持しか得られなかった以上、アル＝ナハダ党主導の連立に加わるしか新議会の招集後政策決定に影響力をもつ道はないと理解していた。マルズーキは、アル＝ナハダ党との協力に反対するという以前の発言を取り消して、レポーターたちに語った――「私たちは、イスラム主義政党と交渉する用意がありますし、彼らとイデオロギー的闘いを始めたくはありません」と。

また他のCPR上級幹部は、「私たちは、政治的場面で受け入れられるためにはアル＝ナハダ党の敵でなければならないとは信じません」と繰り返し述べた。しかし同党の代弁者はすべて、支配的政党が一定の神聖な重要事項を尊重し、チュニジア国民の公民的自由を何ら脅かさないことが必要だと主張し、マルズーキは、協同は将来のパートナーにかかっていると強調した。彼は、「人権と女性の権利は超えてはならない線です」と述べ、そうしたことが少しでも起これば支持者を連れて野党になると警告した。(37)

アル＝ナハダ党におけるマルズーキの対話者たちは、しばしば父に替わって話すスーマヤ・ガンヌーシを含め、こうした赤い線を受け入れているように見えた。ガンヌーシは、国民が、社会的・経済的必要をより効果的に満たすためには党派的・イデオロギー的政治を脇におくよう望んでいると認めた。彼女は誓った——アル＝ナハダ党は、「あらゆる政治的傾向や社会的背景をもつチュニジア人が［代表される］挙国一致政府を形成することを、決意している」と。「私たちは、絶対的に誰も排除せずすべての人に心を開いていますし、いかなる同盟も共有された明白な経済的・社会的・政治的プログラムに基づくでしょう。」 他の同党指導者たちは、「政治的領域のあらゆる立場にある他者と協同する」用意があると述べて、彼女の立場を強化した。(38) アル＝ナハダ党は、潜在的パートナーとの予備的討議で要求のいくつかをさらに明確にした。制憲議会の議席で最大ブロックを支配することを理由に、首相職を自党のハンマディ・ジェバリという人物に要求したが、彼は六三歳の書記長で、昔からの闘士、ラシード・ガンヌーシの密な仲間、党の新聞『アル＝ファジュル』の前編集長であり、選挙から生まれた指導者たちのほとんどと同様に革命を起こした若い世代には属しなかった。同党はまた、大統領に候補を立てず、その職を協同相手の一つに残すと発表した。

選挙前の最大の不確かさは、アル＝ナハダ党が反対者より多くの票を得るか否かではなく、過半数を握るかどうかだった。この点では失敗したが、アル＝ナハダ党の次位との得票差の大きさは多くの人を驚かせた。しかし、投票後のより重要な——そして多くのチュニジア人にとって、より懸念される——問題は、事実上すべての近代主義的・世俗的中間派および中間左派の諸政党の、恐るべき成績だった。一つの説明は、ちっぽけな独立諸政党の乱立により約七〇〇の名簿が作られたことにあった。政治的酸素を求めてあえぐ政党の数があまりに手に負えないので、それらのうち最大で最善の組織を有するものだけが——本質的にはアル＝ナハダ党と、以前の反対運動の生残りだけが——、議会の席を得られるようにうまくやるという現実的希望をいくらかでももてた。アル＝ナハダ党が勝利した選挙区の多くで、それに続く数の票をまとめると、ときにはいかなる一政党が得たよりも多い数になったが、議席をとれなかった諸政党間に分散されていた。全国で、総投票数の三分の一近くがこのようにして少しずつ無駄になり、結局その受取り手に何の益もなく、他方でより有力な競争相手を弱めた。これは無駄だったように見えるが、チュニジア人が長い間取り上げられていた投票権を行使したかった熱意を考えれば、彼らが自分の選択の含意を十分把握していたかは別として、理解できることだった。もう一つの貢献要因は、多くの独立的政党の組織者が、同国の他の誰とも同様に、独裁時代は職業を通じて政治的技量の訓練をえる機会をもたず、未経験だったことだ。

図版8・6　ザグワン地方の投票者が、投票した証拠としてインクのついた指を誇らしげに示すさま、2011年10月。

　より大きな政党は、使える資金がより多く、多くの場合すでに見極めのつく支持者をもち、自国を繁栄した未来へと導く自党の政策の長所を有権者にたたき込むことより、（しばしばイデオロギー的には両立可能な）競争相手を誹謗するために法外な量の資源とエネルギーを費やした。それらは多くの場合、とくに農村選挙区では、そこではいずれにせよ支持基盤が集中している都市やその郊外より勢力が弱いのだが、選挙運動集会や未来の支持者

図版８・７ ザグワンでの投票集計、2011 年 10 月。

への個人的訴えよりもマスメディアでの広告を好んだ。

選挙後の政党間交渉の一カ月は、不可避的に統治の仕事を遅らせて相当な国民の批判を生み出したが、ついに連立参加者間での政治的パイの分割に関する合意と、主要な閣僚等の権限についての、たとえ普遍的に受け入れられたものではなくても広範なコンセンサスをもたらした。制憲議会は、一二月二二日に初会合を開き、そこでジェバリが首相を務め、共和国の大統領職は、マルズーキとベン・ジャーファルの両者が熱望したが前者に行き、後者は議会の指導権を握ることを確認した。さらに、広くトロイカと呼ばれた三本足のパートナーシップは、アル＝ナハダ党に内務・法務・保健・教育・外務等の重要閣僚を含む一九の閣僚を割り当てた。ＣＰＲとエッタカトル党はそれぞれ六で、残る一ダースほどは専門技能によって選ばれた無所属のテクノクラートに任された。これらの新たに構成された幹部は、彼らの関心を要求してやまない多くの重要な争点にただちに直面させられた。彼らは、新しい基本法を起草し、それが発効するまで移行期間を管理することに加えて、緊急の経済的・社会的・政治的諸問題に取り組まなければならなかったが、それには革命で中断された成長を回復させようと試みたり、政治改革を開始することが含まれ、この二つが多くの国民にとって、前年の劇的な出来事が成功か失敗かの尺度になるはずだった。ガンヌーシは、これらの決定がなされたあとまもなく、党指導者としての地位をアル＝ナハダ党の年長政治家・上級助言者としての、あまり公的ではないが影響力はある役割と交換した。

同党が議会を支配しようとしていることは、連立の他の構成員によって緩和されているとは言え、選挙運動中に表面化した関心を呼ぶ多くの同じ争点に再度注意を向けさせたので、党の代弁者たちはチュニジア人に対して、イスラム化とアラビア語化のキャンペーンを行って世俗的チュニジア人の日常生活、あるいは教育や観光産業のような重要な国家的制度に有害な影響を与えることを、決めてはいないと安心させ続けなければならなかった。同党は、教育に関しては公表された綱領を強調したが、それはアラビア語を初等・中等教育の媒体として改善・拡大することと国語としてのその地位を守ること、そしてまた、グローバル化する世界で学生がフランス語・英語その他の言語に上達する機会を、容易に得られるようにすることの重要性を認めた。同党の観光産業についての見解は、選挙に先立って恐怖を煽った敵の一部が日和見的にさんざん活用した主題だが、投票後の数週間ではっきり述べられた——国際的訪問者の流入を滞らせる効果をもつかもしれないいかなる新法（たとえば公共の場での服装やアルコールの利用可能性を規制するような）も、導入しないとほのめかしたのだ。同党は、反対に、革命前に国際的コンサルタントが勧告した詳細な観光産業開発計画を採用し、実施する意図を表明したが、それは、当時も今も同産業のもっとも差し迫った問題であり続けているものに全面的に対処しようとする計画である。同党指導者たちは、直接的・間接的に観光産業によって生計を立てている数百万人のチュニジア人に対して、その計画で構想されている同産業の拡大・多様化は、革命後に観光産業部門が経験している下降を止めるだけでなく、ホテルやレストラン、またおもてなし産業の類似要素においてぜひ必要な、新しい職をも創り出すだろうと主張した。アル＝ナハダ党の指導者たちは、観光産業の成長の道に障害物を放り投げることは、ことわざに言うように金の卵を産む鶏を殺すに等しい——全経済に破滅的結果を招く、自殺的な経済的立場である——ことを、完全によく知っていた。彼らが予想したように、その計画はヒズブ・アル＝タハリールから攻撃を受けたが、アル＝ナハダ党自身の基盤を含む国民の圧倒的多数は、ぜひ必要な経済成長を、たとえそれが理想的世界では悪趣味と見なすであろうようなある種の行為を受け入れることさえ意味しても、推進する必要に同意した。同産業は、実際、二〇一二年に挽回を得られた。同年の訪問者は、革命前の記録的数よりも一〇〇万人近く減少したが、崩壊の妖怪は退けられ、少なくとも短期的にはかなりの程度安定性が回復された。政府機関やその顧問が構想した運営面の改革の実施や革新的措置の導入、そして国際的投資家からのインプットが、成長継続の約束を提供した。

同党が、懐疑派を安心させようと協調して努力したにもかかわらず、アル＝ナハダ党の味方以外の大勢は同党を疑わしげに眺め続け、その「本当の」目標の手がかりを求めて公的発言を細心の注意を払って分析した。ジェバリは、首相予定者になった直後に、統治のモデルとして「第六のカリフ制」に言及し、実現に向けてなお手探り状態だった連立構想のパートナーを含む世俗派にパニックを起こさせ、爆発を引き起こした。彼の意図が何であったにせよ、ジェバリは数日後説明を発表し、そのなかで次のように誓った——

私たちが選択する政治統治は、共和的かつ民主的で、自由で透明な選挙と、平和的な権力の交替を保障する自由や権利の尊重を通じて、ひとえに民衆から正統性を得るものです。これらの諸原則は、革命の諸原則および公民的・民主的そして多元的な社会を築こうというわが国民の宿願に従って、私たちが将来の憲法に不可逆的に固定しようと献身しているものです。

彼の説明では、あの元の発言は、単に「私たちの価値、政治的・文化的遺産、私たちみながすべて誇らしく帰属しているチュニジア社会の伝承物から、鼓舞されること(39)」が望ましいと指摘しただけだった。「第六のカリフ制」についての騒動は収まったが、それが警告を与えた人々は忘れなかった。それは、制憲議会が開催されたとき、同機関に当初の党派性・疑惑・不信の雰囲気を醸しだす要因であり続けた。新年が始まり、独裁制崩壊の最初の記念日が近づくなか、善意はなお築かれていなかった。

旧政権の除去が望ましいという合意は広く抱かれていたが（普遍的にではなかったけれど）、その代替物を作るのは別の問題だった。議会が仕事を始めるや、それが満足できる最終結果を生み出す能力をもつことへの国民の信頼は、とりわけアル＝ナハダ党やヒズブ・アル＝タハリールの軌道の外にいる世俗派や女性の間で、革命後のいかなる時にも負けないほど堅固となった疑問や疑念によって弱められた。批判者は、議会の政治的・イデオロギー的方向性への懸念に加えて、審議速度の遅さも批判し、もっと熱心に議題に取り組むよう議員をせかす仕組みがほとんど無いという事実を嘆いた。他方、議会の良心的メンバーは、彼らが現在の課題に献身しており、仕事は良い方向に前進していると国民を安心させようと試みた。たとえば三月に、アル＝ナハダ党は、新憲法はイスラム法を立法の一源泉として掲げない——世俗派は、掲げることを長いこと懸念していた——が、かわりにイスラムを国家宗教、アラビア語を国家言語と呼ぶことで既存の憲法を模倣するだろうと発表した。それは、政治勢力の多数派が国家的諸課題への対処において協同できる、合意された立場を結束して支援することで、移行過程を押し進める強力な国民的一致を形成する試みの一部であった。サラフィー主義者が反対したのは驚くことではないが、ほかにはほとんど反応がなかった。

政府が漂流する傾向があると見えることへの不満は、二〇一二年四月に表面化した。数千人のデモ隊が、チュニスの繁華街でブルギバ通りに沿って、主として植民地支配に対する一九三八年の抗議の記念日を祝うためだが、同時に現政府の、司法改革から経済活性化計画に至る諸争点の取扱いののろさへの不満を表明するために、(形式的には不法な) 行進に参加した際、彼らと警察の間で暴力が発生し、双方が相手側の挑発によるものだと非難した。デモ参加者は、「あごひげの男たち」が棍棒やほかの間に合わせの武器を振り回して行進者に襲いかかり、警察は介入しなかったと主張した。反対派集団とアル＝ナハダ党支持者との間の対決として結晶したこの逸話は、国内に広がっていた緊張と、建設途上の脆弱な均衡を守るためには節制が必要なことを明らかにした。目前の危機は去ったが全般的な不安感は残り、実際それは、多くのチュニジア人に苦痛なほど独裁時代を想起させるという衝撃を与えた、警察による侮辱や蛮行についての他の報告によって悪化した。(40) 国家の保安と抗議の公的表現との間でバランスをとることは、指導者たちにとって、その主題についての彼ら自身の見解がどうであれ適用経験が限られていたし、ブルギバやベン・アリの時代の慣行――失脚した大統領を含む多くの元高官が、独裁時代に犯したとされる犯罪に対していまだ十分に裁かれていない時期ゆえ、それは魅力の無い選択肢だった――以外には、ほとんど拠るべきモデルがなかった。国家の政治指導部トリオのハンマディ・ジェバリ、モンセフ・マルズーキとムスタファ・ベン・ジャーファルは、いずれも旧政権によって投獄されたか亡命に追いやられていたが、この問題を何らかの形の決着に近づけることの重要さを認識し、同様に犠牲となった多くのチュニジア人に正義をもたらすことを目的とする国民会議を開催した。マルズーキは、会合の冒頭で宣言した――「チュニジア人は実際の結果を求めており、際限なく待つことはできません。過去の傷は治され、癒やされなければなりません」と。ベン・ジャーファルが「許すことは可能です……しかし、和解の前に清算がなされなければなりません」と続けたが、ジェバリは、彼の党のメンバーの犠牲にとりわけ注目するよう求めた。[41]国民がこうした発言や仕草から勇気づけられたか、単なる政治工作だと片づけたかは、主として彼らの政治的立場にかかっていた。穏健派は、これらの発言によって政府と議会が問題に取り組もうとしていると信じたかも知れないが、いかなる立場であれ党派に忠実な人にとっては、意図が良くてもそれだけではけっして十分でなかった。議会の審議は夏中続き、二〇一三年の春になった。数十年の独裁によって傷ついた国では、新しい最高責任者に授けられるはずの権力は、議会においてとりわけ大きな関心と長時間の討論の話題であったが、もっとも喫緊かつ困難な問題は、停滞を続け、それによって革命のもっとも大切な期待や希望のいくつかをかなえられないままにしていた経済にまつわるものだった。[42]多くの国民は、この暗い状況に直面して議会の仕事に興味を失い、その審議は彼ら自身のもっとも差し迫った懸念から遠く、もっとも厄介な重荷をほとんど軽減してくれそうにないと結論したように見えた。政府が五月に、新憲法は制憲議会選挙の一周年までに公的討論に付されるだろうと発表したことも、二〇一二年一〇月に、チュニジア人は二〇一三年六月に投票所に行く、今度は大統領と正式な国民議会を選ぶ投票をするために、と決定したことも、だいたいは無関心な反応に迎えられた。

しかし、民主化にとってのこの見たところ積極的な展開の数週間前に、中東と北アフリカを席巻した劇的な公的無秩序の波が、チュニジアでも被害を与えた。一国また一国と、ムスリムの抗議者たちが、多くは急進的サラフィー主義者に煽られて、ユーチューブに掲載された反イスラム的ビデオに対して暴力的な怒りをぶつけた。その作者（アメリカのイスラム嫌いの挑発者）、特定の内容、究極の目的についての噂が同地域を駆け抜けて、隣国リビアではベンガジのアメリカ領事館への攻撃をもたらし、それによって大使を含むアメリカ人数名が命を奪われた。同様のシナリオがチュニスでも展開し、ヒズブ・アル＝タハリールとつながった闘士たちが首都の街頭に出て、彼らが冒瀆行為と見たものの下手人への復讐を要求した。デモ隊はベルジュ・デュ・ラク郊外のアメリカ大使館構内に到達し、大使館と隣接するアメリカン・スクールを襲って両方にかなりの損害を与え、参加者数名の死を招いた。この事件は、政府を不愉快な立場に追いやった。自由な言論と人権を擁護した長い記録をもつ暫定大統領マルズーキは暴力の行使を非難したが、サラフィー主義の傾向をもつ者に限らないムスリムが感じた深い敵意ゆえに、彼も政府の他の世俗的幹部のほとんども、イスラムの擁護者を装っているデモ隊を批判することは、それによってアル＝ナハダ党やその支持者の思うつぼになるのを恐れ、用心した。実際、彼らの党の代弁者は抑制した反応を見せ、ビデオに向けられた批判の合唱に加わり、それが生み出した暴力を政治的動機ゆえに批判したがらないことを暴露した。このやり方は、アル＝ナハダ党の世俗的敵の多くに、それが受け入れていると称する民主的価値は自分で言うほどしっかり信じられてはいないという見方を確信させた。状況は徐々に安定化したが、この逸話は、世俗派と、国家における宗教の役割を強めようと主張する者との間の文化的溝を特徴づけ続けた両極化に、脚光を当てた。それはまたサラフィー主義者が、チュニジアの政治過程において引き続きのけ者にされているのに怒っていることを印象づけた。彼らの数は絶対数としては少なかったが、混乱を起こす能力は不釣り合いに大きかった。

国内の党派争いとその不確かな将来は、二〇一三年二月に歯に衣を着せない自由主義的政治家のシュクリ・ベライドが暗殺されたときにふたたび爆発し、一年以上前の選挙以来同国はもっとも陰鬱な状態に陥った。殺人への共謀の非難があらゆる所からわき上がり、翌月の『ル・モンド・ディプロマティック』〔フランスの高級週間新聞〕は「チュニジアでは、ほとんど誰もが革命の成果が危なくなっていると信じている」[43]と報じた。そのような厳しい評価にもかかわらず、過激派組織とつながりがあるとされた四人の実行犯容疑者が逮捕され、事態は正常化し始めた。夏の選挙への計画が、もう一回の自由で公正な投票は、同国の政治的・経済的・社会的必要に対処するための、広範に認められた権限を有する国民議会を生み出すだろうという希望をもって続けられた。

しかし、七月に制憲議会の歯に衣を着せない世俗派議員のモハメド・ブラヒミが殺され、そのため親政府と反政府の諸集団間の衝突が再開されて、当局はそれを抑えることができなかった。陰謀説に満ちた深い疑惑の雰囲気のなかでは、統治体内のいかなる野党も、政府がこの襲撃を促したり黙認したりしなかったとは信じなかった。議会議員の相当数の一団が辞任して野党の抗議者に加わり、その隊列は、制憲議会を休止せよという要求を支持して動員されたUGTT組合員によっていっそう膨れあがった。議会議長のベン・ジャーファルは、八月六日、休会し全政治党派間の会談を開くことにした――この決定は、正規の国民議会の選挙が二〇一三年六月よりすでに遅らされていたのを、さらに延期することを確実にした。今では、そうした投票が二〇一三年に行われうるかも疑わしい〔実際、翌年秋になった〕。マグレブとエジプトにおける「アラブの春」のこれまでの結果について、ある学者は、起こった事はむしろ「イスラムの春」か、さらには「世俗派の冬」と呼ばれるべきだと示唆した[44]――アル＝ナハダ党が急速に再生して制憲議会選挙で強力さを見せ、その競争で世俗派のライバルの成績がお粗末だったことを考えれば、合理的な提言である。同党への同情の一部は、前政府によるイスラム主義者の虐待から来ていることは疑問の余地がないが、より多くは、イスラムが数世紀にわたってチュニジア文化の中心的要素であったし、今もそうだし、そして将来もそうあり続けるべきだという、支持者の深く真摯な確信から来ていた――その確信の適用については、善意の男女の間で解釈の余地が広大なままであるけれども。ベン・アリと、その前はブルギバが、チュニジアの国民生活におけるイスラムの役割を最小限にしようと努力したにもかかわらず、独裁の終焉とアル＝ナハダ党の活性化は、あらゆる意図や目的の点で同時的であった。この特定の時機においてイスラムの価値や伝統を唱道する政党への熱狂は、チュニジア現代史の縦糸・横糸と極めて整合的である。一九九〇年代のイスラム主義者粛清と二〇一一年の革命の間に、あらゆる所で花開いているように見えた激しい消費主義・貪欲・不正直・利己主義の文化、そしてそれを普通のチュニジア人は変える力が無いと感じた文化への嫌悪が、止めどなく広がった。多くのそうした人たちが、日常のイスラムの儀式や慣行への関与を復活させるという反応をし、それによって慰めや力を得た。彼らは自発的にそうしたのであり、組織された政治指導部、あるいは宗教指導部によって促されたわけではない――それらは、すでに政権によって破壊されるか取り込まれていた。当局が、そのような行動を好まないことを明らかにしていたからこそ、それらはチュニジア人が多かれ少なかれ安全に政府を馬鹿にできる、数少ない仕方の一つを提供したのだ。革命が到来したとき、これらの善男善女は、一般には一部の組織的運動のメンバーとしてでなく、個人としてそれに加わった。彼らは、復活したアル＝ナハダ党の原則の大部分をすでに受け入れていたので、必然的にその前衛となったのである。(45)

日本語版への追記

二〇一三年の数カ月の間に起きた二件の暗殺は、アリ・ラライド〔二月にジェバリ首相が辞任し、三月に交替していた〕のアル＝ナハダ政府は辞任せよという要求を再燃させた。政府はそれをきっぱり拒否し、国民に新憲法を提示する任務を果たすまでは職務を継続すると主張した。しかし膨大な大衆の抗議により、制憲議会議長のムスタファ・ベン・ジャーファルは、その対立する諸陣営間の告発合戦のなか、七月に議会を休会にせざるをえなかった。自由主義者は、イスラム主義者が彼らに同意しない者すべてに対する暴力の雰囲気を強めさせていると非難し、〔アル＝ナハダ〕党の方では、敵対者が頑固で、多くのチュニジア人は国家におけるイスラムの役割を彼らとは違った風に真剣に考えているのに、それを受け入れることを拒否しているのだと攻撃した。それでもアル＝ナハダ党の指導部は、夏中に、議会再開の道を探り仕事に復帰できるよう他の政党ブロックの議員と協議を始めることに同意した。あらゆる政治的傾向のチュニジア人たちは、ベン・アリ追放後の自国の気まぐれな動きに失望していたので、これを将来の方向にとって決定的な時点と判断した。秋には何千人もが街頭に繰り出し、政権に反対するデモと支持するデモで暴力的衝突が引き起こされた。ラライドに替わる首相の任命について、二〇一三年末にようやく合意がなり、一月に彼は辞任して二年にわたるアル＝ナハダ党の統治を終わらせた。

首相職はメフディ・ジョマアに任されたが、彼はテクノクラートでそれまで産業相を務めていた。すべての勢力から受入れ可能とされた彼は、選挙が行われるまでの暫定政府を主宰することを任務とした。危機が収まるや制憲議会は仕事に戻り、一月初めには憲法案を採択したが、譲歩と妥協の精神に基づき同文書を世俗派にも呑みやすくしようと企てて、イスラム主義者がそれまで表明していた希望事項のなかでも、シャリーア法の強制とイスラム国家の形成を案に盛り込まなかった。議会は、即座に議会と大統領の両選挙を二〇一四年秋に設定し、マルズーキ大統領は政治的雰囲気が緩和されたとして、ベン・アリがサウジアラビアへと姿をくらます際に宣言した非常事態令を解除した。この政令による制約は、実践されるより破られるためにあったようだが、それでも大統領のこの行動は、同国がいくらか政治的均衡を取り戻したという感じを強めた。あらゆる政治信条をもつ無数のチュニジア人は、革命の初期の緊張した状況下に（あまりにしばしば党派的な）目的を追求して、疑いもなく遺憾な過ちを犯した。しかし最終的には、国民の十分な数の指導者が、瀬戸際を渡るよりもそこから引き返すために自制・忍耐そして柔軟性を発揮し、「アラブの春」によって生まれた希望がとっくに消えた〔中東〕地域の他所で展開された類の悲劇を避けることができた。これはもちろん、すべてのありうる世界で最善のものを表わすというわけではないが、あの状況下では小さくない成果だったし、事実、チュニジア政府は良心的に責任をもって行動しようと努力しているということの、励ましになる指標をなした。

二〇一四年の投票の結果がどうであれ、新しい最高責任者と国民議会の指導者たちは、勢揃いした諸問題——その一部は革命前の過去に由来し、他はより最近の年代物だ——に直面するはずだが、それらは国内環境を汚染しており、もし放置されれば惨憺たる結果を招くだろう。多くは、経済的性質のものである。たとえば重要な観光産業は、革命直後のどん底からは復活したが、ホテルの利用率やレストラン・旅行ガイド・輸送のような付随的サービスへの需要は、ブームの頃よりそうとう弱いままである。さらに、顧客の性質が変化した。今や東欧やロシアから多くの訪問者が来て、過去の観光客の波の多数をなしたEU市民ほどには気前よくカネを使わない傾向がある。結局、安定したチュニジアという国際的認識のみが、暗殺や政治的混乱という否定的イメージを克服し、おもてなし産業の展望を取り戻せるのだ。これは必然的に長期的な事業であり、すべての国民が果たすべき役割をもつ。

観光産業以外でも、経済の他の重要部門もまた停滞し、あるいは悪化している。リン酸塩生産は、ガフサ地域の労働者が国営企業の雇用慣行や、労働者だけでなくひどく汚染された環境に住むすべての人の健康や安全を全体に無視していることに抗議して、ストを行ったために減少した。鉱業共同体での怒りは、二〇〇八年にベン・アリ政権が大衆の反発に火をつけた激怒を抑圧しようとして、国を公然たる反乱へと導いたのを思い起こさせる。地元の活動家はこの歴史を強く意識して、彼らの不満が解消されないままならばそれを再現させると誓った。これらの産業の労働者の苦境は、海岸地帯のような発展と繁栄を欠いていたし今も欠いている内陸部全体の、農民や小商人のそれと並行している。この中央当局に対する永続的反発の源泉は、そもそも革命の重要な引き金となったし、政府が効果的対策をとっていないと放置された住民が非難し続ける、不和の種であり続けた。皮肉にも、これはシディ・ブージドでさえ当てはまり、革命が始まったこの地域社会においても二〇一三年に抗議が起き、ムハンマド・ブーアジージの焼身以来実質的に何も変わっていないという事実をなお叫んだ。当局は、この課題に対処する仕組みを見つけなければならないが、それもまた定着に時間を要しよう。

国家の保安への懸念も、革命以来高まった。ベライドやブラヒミの暗殺のような有名な事件が国民に恐怖を抱かせ、警察の能力や捜査方法についての疑問をもたせた。僻地で武装集団が現れて政府施設や他の国家的象徴を攻撃し、彼らに対して軍の部隊が配置されたことは治安問題を複雑化した。これらの実態不明な組織の参加者の多くは、二人の政治家の殺害に責任があったとされる過激派サラフィー主義集団のアンサル・アル＝シャリーアの旗の下で、アル＝ナハダ党と世俗派の両方に反対する古参扇動家であるように見える。さらに遠くを眺めれば、〔北アフリカ〕地域の情勢もチュニジアの安全保障に悪影響を与えてきた。カダフィ後のリビアを呑み込んだ混乱がときおり国境を越えてきたし、同国にあふれていた棚ぼた兵器の一部はたしかにアンサル・アル＝シャリーアの戦士や他の反政府派の手中に帰した。そのなかには、「イスラム的マグレブのアル＝カイダ」のようなジハード主義組織があり、チュニジアの役人が多忙で不注意なのを利用して、幻滅した若者の間に志願者を求めた。これと関連した、いっそう懸念される心配の種は、イラク・シリア・アフガニスタンでの戦いに参加したチュニジア人志願兵が帰国することで、彼らが受けた訓練や学んだ技量は将来のチュニジアを高度に不安定化させうる。

しかし、こうした残存課題すべてのうちもっとも面倒なのは、チュニジアの西洋化された自由主義派と、様々な程度にイスラムの影響を受けた政府を擁護する者との間の文化的衝突（文化戦争という者もいよう）かもしれず、それはしばしば証拠はないのに深く根づいた偏見から来るために、ありふれた解決法がいかに賢明で論理的に見えようとも、それから逃れてしまうのだ。彼らの見解は真っ向から対立しており、革命が言論の自由を以前より確かな現実としたために、たいていの実質的な争点について彼らが合意することはありそうもない。しかしはるかに悪いのは、この状況ゆえに両陣営が、理解可能だしときには正当化できるとはいえ、お互いの動機に対して不信・疑惑・懐疑を抱いていることである。にもかかわらず、全当事者がなした譲歩と妥協は、その多くが不承不承ためらいがちになされたとはいえ、彼らが二〇一三年の危機を脱する道を見つけることを許したし、それに続く政治的な前進は、希望の勇気づけられる兆候と見なせるかも知れない――歩むべき道はなお遠く、不和と誤解で敷き詰められている可能性が高いという厳しい現実によって、その希望は抑制されているけれども。それをうまく歩み切るには、「よりよい」チュニジアを目標とする人すべてが、もてるだけの柔軟性・忍耐・自制・善意を振り絞ることが要求されよう。それが何を意味するかはもちろん市民のそれぞれによって異なるし、そうした目標に向かって進むことが、少なくとも短期的にはその達成より重要かもしれないと、各市民が認めることを要求される。チュニジア人だけが、そうした結果を生み出すことができる。彼らがそうするスタミナと意志をもっているかは、時が来れば分かるであろう。

原注

第一章　バルドへの道　一八三五—一八八一年

(1) Mohamed Hedi Chérif, "*L'Incident des Khmirs de 1881, d'après les sources tunisiennes,*" *Cahiers de Tunisie* 45:162-3(1992): 150.

(2) Hachemi Karoui and Ali Mahjoubi, *Quand le soleil s'est levé à l'ouest: Tunisie 1881 - impérialisme et résistance* (Tunis: CERES Productions, 1983), 24によれば、一八四〇年の七五万ヘクタールから一八五五年の一五万ヘクタールへの減少であった。当時の高い税金、農民の徴兵、農村地域に広がった腐敗が、この劇的な低下を説明するのに役立つ。近代よりさかのぼるチュニジアの農業を概観するには、Lucette Valensi, *Fellahs tunisiens: L'économie rurale et la vie des compagnes aux 18e et 19e siècles* (Paris and The Hague: Mouton, 1977)、もしくはその英訳 *Tunisian Peasants in the Eighteenth and Nineteenth Centuries* (Cambridge: Cambridge University Press, 1985) を見よ。

(3) Mezri Bdira, *Relations internationales et sous-développement: La Tunisie, 1857-1864* (Stockholm: Almqvist & Wiksell, 1978)は、ムハンマド・ベイの問題の多い統治の優れた研究を提示しており、本稿の記述の基礎をなす。ビドラは、スフェズ事件のすぐ前に、ムハンマドが一ユダヤ教徒を殺した一ムスリム兵士に死刑を科したことを記して(四七ページ)、ベイはスフェズの処罰を共同体間の関係に均衡を取り戻す一手段と考えたかもしれないと示唆している。

(4) この数字は、次に出ているフランスの保護国の開始時点のユダヤ教徒が二万三〇〇〇人以下という推測に基づいている——Jacques Taieb, "*Evolution et comportement démographiques des Juifs de Tunisie sous le protectorat français* (*1881-1956*)," *Population* 37: 4-5 (1982): 953. 同時期の両集団の比率は次による——Mohammed Larbi Snoussi, "*Aux origines du mouvement sioniste en Tunisie à la veille de la Grande Guerre: Création de l'Aghoudat-Sion et sa première scission* (*1887-1914*)," *Cahiers de Tunisie* 44: 157-8 (1991): 227.

(5) Janice Alberti Russell, "The Italian Community in Tunisia, 1861-1961: A Viable Minority" (Ph.D. diss., Columbia University, 1977), 39. マルタ人人口の推測は次による——Julia Clancy-Smith, "Marginality and Migration: Europe's Social Outcasts in Pre-colonial Tunisia, 1830-1881," in *Outside In: On the Margins of the Modern Middle East*, Eugene Rogan, ed. (London: I. B. Tauris, 2002), 150.

(6) ヨーロッパ人女性の存在が引き起こした争点の最良の研究は——Julia Clancy-Smith, "Gender in the City: Women, Migration and Contested Spaces in Tunis, c. 1830-1881," in *Africa's Urban Past*, ed. David M. Anderson and Richard Rathbone (eds.)

(Oxford: James Curry, 2000), 189-204.

(7) Ibid., 200. 植民地化以前のチュニジアの女性の生活に関する重要な資料に対しても、より多くの文献が光を当てるようになってきた。たとえば次を見よ——Abdelhamid Largueche and Dalenda Largueche, *Marginales en terre d'Islam* (Tunis: Centre d'Etudes et de Recherches Economiques et Sociales, 1992); Adelhamid Largueche, *Les ombres de la ville: Pauvres, marginaux et minoritaires à Tunis* (Tunis: Centre de Publications Universitaires, 1999); and Dalenda Bouzgarrou-Largueche, *Histoire des femmes au Maghreb: Culture matérielle et vie quotidienne* (Tunis: Centre de Publications Universitaires, 2000).

(8) Andreas Tunger-Zanetti, *La communication entre Tunis et Istanbul, 1860-1913: Province et métropole* (Paris: L' Harmattan, 1996), 18-19 は、一九世紀のチュニスは外部に二つの中心都市、すなわちパリとイスタンブールをもっていたと論じる。一八五〇年代には、チュニジアの指導者たちにとって前者が後者より重きをなしたとする。同国のブルジョワジーにとっては、この移行はもう二〇年かかり、普通のチュニジア人には、そのヨーロッパの都市がムスリムの都市に取って替わることはついになかった。

(9) Anne-Marie Planel, "*Etat réformateur et industrialisaton au XIXe siècle: Les avatars d'une manufacture* (*1837-1884*)," *Maghreb-Machrek Monde Arabe* 157 (1997): 103 は、オスマン帝国が一八五四年から一八六二年の間にヨーロッパで四回大規模借款を受け取ったし、一八六〇年代にはメキシコ、ペルー、アメリカ南部連合諸州も借款を求めていたから、当時のヨーロッパ市場で借金する費用は極めて高かったと述べる。それは事実だが、チュニジアの借款の条件は過大だと見なされなければならない。

(10) Noureddine Sraieb, "*Elite et société: L'invention de la Tunisie de l'état-dynastie à la nation moderne*," *Tunisie au présent: Une modernité au-dessus de tout soupçon?*, ed. Michel Camau (Paris: CNRS [Centre National de la Recherche Scientifique], 1987), 83 に引用されている。本書における翻訳はすべて著者によるもの。

(11) カネとともに、新たな服従の要求が届いた。大使はベイのイスタンブールへの態度が悪いと叱り、スルタンはたとえばエジプトにおけるムハンマド・アリの子孫に対してしたようには、フサイン家の世襲統治権の主張を一度も認めていないことを注意した。憤激したムハンマド・アル＝サディクは、「もし皇帝がわが家族の世襲権をお認めになっていれば……私がエジプト人同様に従わないわけがあろうか?」と応えた。次に引用されている——Abdeljelil Temimi, "*Considérations nouvelles sur la révolution d'Ali ben Gadehem*," *Revue de l'Occident Musulman et de la Méditerranée* 7 (1970): 181.

(12) Ibid., 176.

(13) チュニジアのイタリア人共同体にとっての漁業の重要性への洞察と、一部漁業者がとりわけチュニス地域以外で文化の媒介者としての役割を果たしたという議論を次に見よ——Hassine Raouf Hamza, "Les pêcheurs saisonniers italiens à Mahdia

(1871-1945)," in Institut de Recherches et Etudes sur le Monde Arabe et Musulman (IREMAM), *Etre marginal au Maghreb* (Paris: CNRS, 1993), 155-9.

(14) ハイル・アル＝ディンの訴えは、地方からチュニスに来たウラマーの間にとりわけよく反応する聴衆を得た。彼らの多くは、その出身故に首都の宗教的支配層において二次的な層に格下げされていたので、改革を個人的な出世の道と見た。さらに、彼ら、あるいは彼らの家族の一部は、アハマド・ザッルクのサヒルでの乱暴狼藉の犠牲者だったので、改革の必要性を納得した。首相はまた、ハナフィー派のマドハブ（法解釈の学派）のウラマーから、マリキ派のマドハブのより数の多い支持者からよりも強力な支持を得た。次を見よ—— Arnold Green, "*Political Attitudes and Activities of the ʿUlama in the Liberal Age: Tunisia as an Exceptional Case,*" *International Journal of Middle East Studies* 7 (1976): 230.

(15) この補助は、とりわけ植付けと最初の収穫の間の長い時期——しばしば一〇年にも及ぶ——故に重要だった。同様の報酬がデーツ椰子にも適用され、そのほとんどはサヒル以外の地域で栽培された。

(16) François Arnoulet, "*Les rapports tuniso-ottomans de 1848 à 1881: D'après les documents diplomatiques,*" *Revue de l'Occident Musulman et de la Méditerranée* 47 (1988): 148 に引用されている。

(17) Hachemi Karoui, "La résistance populaire à l'occupation française (1881) chez les élites tunisiennes, désavoué et oubli," in *Connaissances du Maghreb: Sciences sociales et colonisation,* Jean-Claude Vatin, ed. (Paris: CNRS, 1984), 415. バルド条約の規定にもかかわらず、フランスは ムハンマド・アル＝サディクの信用を高めるために何の努力も払わなかった。ルスタンは、反乱の一指導者に仲介者を通して、問題は全面的にフランスの手中にあるから、彼がベイに敵対行為をやめるよう打診したのは無意味だと助言した—— Mohamed-Hedi Chérif, "*Les mouvements paysans dans la Tunisie du XIXe siècle,*" *Revue de l'Occident Musulman et de la Méditerranée* 30 (1980): 43. そうとしても、ムハンマド・アル＝サディクは一八八二年に亡くなるまで、フランスの政策を邪魔する機会を、いかに弱々しくだとしても滅多に逃さなかった。

第二章　チュニジアは誰のものか？　一八八一—一九一二年

(1) カンボンが、アリは彼の承認なしには何もしないだろうと威張ったことは、次に報告されている—— Moncef Dellagi, "*L'avènement d'Ali Bey en octobre 1882,*" *Revue d'Histoire Maghrébine* 17-18 (1980): 18 ——これはまた、アリの就任についての本記述の基礎をなす。

(2) Jean-François Martin, *La Tunisie de Ferry à Bourguiba* (Paris: Editions L'Harmattan, 1993), 58.

(3) これらの政策は、一〇年前にハイル・アル＝ディンによって導入されたものとよく似ていた。保護国の初期の税制の説明は、次を見よ—— Richard A. Macken, "The Indigenous Reaction to the French Protectorate in Tunisia, 1881-1900" (Ph. D. diss.,

Princeton University, 1973), 146–61.

(4) Yahya al-Ghoul は、ナブール市の異常に豊かな記録を用いて、典型的な評議会が、メンバーは混合しているがヨーロッパ人が支配していたという実態を、一連の小研究で明らかにした——"*Colonisation et vie municipale: Nabeul à la fin du 19e siècle*," *Cahiers de Tunisie* 45:159–60 (1992): 25–45; "*Colonisation et vie municipale: La fiscalité et les recettes municipales à Nabeul à la fin du XIXe siècle*," *Revue de l'Institut des Belles Lettres Arabes* 176 (1995): 261–88; and "Colonisation et vie municipale: Les services et les dépenses municipales à Nabeul à la fin du 19e siècle," *Revue de l'Institut des Belles. Lettres Arabes* 177 (1996): 3–31.

(5) Hachemi Karoui and Ali Mahjoubi, *Quand le soleil s'est levé à l'ouest: Tunisie 1881 – impérialisme et résistance* (Tunis: CERES Productions, 1983), 31.

(6) クリスピは次に引用されている—— Arthur Marsden, *British Diplomacy and Tunis, 1875–1902* (Edinburgh: Scottish Academic Press, 1971), 228. Janice Alberti Russell, "The Italian Community in Tunisia, 1861–1961: A Viable Minority" (Ph. D. diss., Columbia University, 1977), 115 は、チュニスの新聞を引用している。

(7) Russell, "The Italian Community," 43. チュニジアにおけるイタリア人人口の規模は、絶対値でもフランス公民の数との比較においても、保護国の幹部に次の五〇年についての大きな懸念を抱かせた。

(8) 保護国におけるラビジェリーの重要な役割についての研究は、次を見よ—— J. Dean O'Donnell, *Lavigerie in Tunisia: The Interplay of Imperialist and Missionary* (Athens: University of Georgia Press, 1979). François Arnoulet, "*Le Cardinal Lavigerie et le clergé italien en Tunisie, 1881–1891*," *Revue d'Histoire Maghrébine* 71–2 (1993): 375–86 は、この高位聖職者のイタリア人聖職者たちへの対処を、より狭い焦点を当てて検討している。

(9) 保護国の初期のユダヤ教徒共同体については、次を見よ—— Mohammed Larbi Snoussi, "*Aux origines du mouvement sioniste en Tunisie à la veille de la Grande Guerre: Création de l'Aghoudat-Sion et sa première scission (1887–1914)*," *Cahiers de Tunisie* 44: 157–8 (1991): 229–33. 保護国を通じてのユダヤ教徒共同体の人口については、次を見よ—— Jacques Taieb, "*Evolution et comportement démographique des juifs de Tunisie sous le protectorat français (1881–1956)*," *Population* 37: 4–5 (1982): 952–8.

(10) Mohamed Dabbaband Tahar Abid, *La justice en Tunisie: Un siècle d'histoire judiciaire (essai); De 1856 jusqu'à la veille de l'indépendance* (Tunis: Ministère de la Justice, 1998), 164–6. この公式刊行物の他の部分は、保護国時代の司法制度における変化についての有用な概説を提供している。

(11) Ali Mahjoubi, *L'etablissement du protectorat français en Tunisie* (Tunis: Publications de l'Université de Tunis, 1977), 309.

(12) Macken, "The Indigenous Reaction," 303, 330, and 332; Russell, "The Italian Community," 43.

(13) 以下の「公式」植民地化の説明は、次に依拠する―― Macken, "The Indigenous Reaction," 303–36. この点に関しては、以下も参照せよ―― Charles C. Harber, "*Tunisian Land Tenure in the Early French Protectorate,*" *Muslim World* 63: 4 (1973): 307–15; Carmel Sammut, "*Régimes de terres collectives de tribus,*" *Revue d'Histoire Maghrébine* 6 (1976): 195–202; and Byron Cannon, "Le marché de location des habous en Tunisie: Dialectique de développement agricole, 1875–1902," in *Terroirs et sociétés au Maghreb et au Moyen Orient*, ed. Byron Cannon (Lyon: Maison de l'Orient, 1988), 79–108.

(14) その後それは、フランスのワイン醸造業者が、自己のワインのアルコール度を増すために一般的により強いチュニジアワインを用いたので、そう劇的にではないが着実に増え続けた。耕作の数値は次を参照せよ―― Martin, *La Tunisie*, 74.

(15) 次はこの複雑な過程のよい研究であり、その著者は「フランはチュニジアに導入されなかったが、チュニジアの貨幣単位はフランになった」と主張している―― Carmel Sammut, "*L'installation du protectorat français et la reforme du système monétaire tunisien,*" *Revue d'Histoire Maghrébine* 4 (1975): 184–94.

(16) Macken, "The Indigenous Reaction," 354; Mahjoubi, *L'etablissement du protectorat*, 41.

(17) Macken, "The Indigenous Reaction," 387.

(18) Ibid., 328 に引用されている。.

(19) Jacques Taieb, "*La Tunisie des premiers temps coloniaux,*" *Revue de l'Institut des Belles Lettres Arabes* 141 (1978): 68.

(20) これらの租税統計は次に出ている―― Mahjoubi, *L'établissement du protectorat*, 61–5.

(21) Moncef Dellagi, "*Une campagne sur l'insécurité des colons de Tunisie en 1898,*" *Revue d'Histoire Maghrébine* 7–8 (1977): 101 に引用されている。

(22) Ibid., 104.

(23) Carmel Sammut, *L'impérialisme capitaliste français et le nationalisme tunisien (1881–1914)* (Paris: Publisud, 1983), 125–30. チュニジアの鉱物開発における同社の役割については、次を見よ―― Mohamed Lazhar Gharbi, "*La Compagnie Bône-Guelma et son reseau minier tunisien (1900–1914),*" *Revue de l'Institut des Belles Lettres Arabes* 164 (1989): 227–54. 第一次大戦後、同社は名前からアルジェリアの都市を落としてチュニジア鉄道農業会社《コンパニー・フェルミエール・デ・シュマン・ド・フェール・チュニジアン》となった。

(24) 同社の形成については、次を見よ―― Noureddine Dougui, "*La naissance d'une grande entreprise coloniale: La compagnie des phosphates et chemins de fer de Gafsa,*" *Cahiers de Tunisie* 30: 119–20 (1982): 123–64. 同著者は、次において利権の鉄道部分を論じている―― "*La construction et l'exploitation du réseau de chemin de fer Sfax-Gafsa (1897–1914),*" *Cahiers de Tunisie* 31:123–4 (1983): 13–46.

(25) Noureddine Dougui, "*Sociétés capitalistes et investissements coloniaux en Tunisie (1881–1920): Quelques éléments d'approche,*" *Cahiers de Tunisie* 33:131–2 (1985): 77.

(26) Julia Clancy-Smith, "*L'Ecole Rue du Pacha, Tunis: L'éducation de la femme arabe et 'La Plus Grande France' (1900–1914),*" *Clio: Histoire, Femmes, et Société* 12 (Dec. 2000): 33–55. 学生数については、次も参照せよ—— Souad Bakalti, "*L'enseignement féminin dans le primaire au temps de la Tunisie coloniale,*" *Revue de l'Institut des Belles Lettres Arabes* 166 (1990): 260.

(27) Patrick Cabanel, "L'école laïque française en Tunisie (1881–1914): La double utopie," in *La Tunisie mosaïque: Diasporas, cosmopolitanisme, archéologies de l'identité*, ed. Jacques Alexandropoulos and Patrick Cabanel (Toulouse: Presses Universitaires du Mirail, 2000), 266.

(28) Carmel Sammut, "*La genèse du nationalisme tunisien: Le mouvement Jeunes-Tunisiens,*" *Revue d'Histoire Maghrébine* 2 (1974): 158 は、バシール・スファルを引用している。

(29) De Canières は以下に引用されている—— Pierre Soumille, "*L'idée de race chez les européens de Tunisie dans les années 1890 -1910,*" *Revue de l'Histoire Maghrébine* 5 (1976): 63, and in Charles-André Julien, "*Colons français et Jeunes Tunisiens (1892–1912),*" *Revue Française d'Histoire d'Outre-Mer* 54 (1967): 131.

(30) 次に引用されている—— Macken, "The Indigenous Reaction," 414.

(31) 次に引用されている—— Cabanel, "L'école laïque," 278. Cabanel は、フランス人教育者が、チュニジア人はとりわけ文化的で教育熱心だという「チュニジア好きの神話」を——アルジェリアではベルベル人の方が、アラブ人より同化を本来受け入れやすいという「カビール人神話」と同様に——受け入れたという彼の主張を支えるために、この発言を利用している。

(32) Noureddine Sraieb, "*Le Collège Sadiki de Tunis et les nouvelles élites,*" *Revue de l'Occident Musulman et de la Méditerranée* 72 (1994): 51.

(33) Charles-André Julien, "*Colons français et Jeunes Tunisiens (1882–1912),*" *Revue Française d'Histoire d'Outre-Mer* 54 (1967): 136. 会議の進行についての説明は、次を見よ—— 134–41.

(34) Noureddine Sraieb, "*L'idéologie de l'école en Tunisie coloniale (1881–1945),*" *Revue de l'Occident Musulman et de la Méditerranée* 68–9 (1993): 248.

(35) ジェッラズ事件の優れた説明が、以下に見られる—— Taoufik Ayadi, "Insurrection et religion en Tunisie: L'exemple de Thala-Kasserine (1906) et du Jellaz (1911)," in Direction des Archives de France, *Révolte et société* (Paris: Histoire au Présent,1989), 170–3.

（1）Ali Mahjoubi, *Les origines du mouvement national en Tunisie*（*1904–1934*）（Tunis: Université de Tunis, 1982）, 151–2.

（2）Ibid., 150 and 185.

（3）Ibid., 174.

（4）同書の著作権に関する論争についての議論は次に見よ—— Adnan Zmerli, "*La Tunisie martyre, ses revendications: Oeuvre collective ou oeuvre individuelle?*," *Revue de l'Institut des Belles Lettres Arabe 187*（*2001*）: 25–38. サアルビは、彼の権利要求は他の人たちが起訴を免れるようにと意図したものだが、いずれにせよ、『殉教者チュニジア』の刊行前に以前の原稿を大幅に改訂したと主張している。

（5）次に引用されている—— Mustapha Kraiem, "*Le Parti réformiste tunisien*（*1920–1926*）," *Revue de l'Histoire Maghrébine* 4（1975）: 152.

（6）一九二二年と一九二五年の間のドゥストゥール党員数についてのいくつかの推定は、次を見よ—— Mahjoubi, *Les origines*, 260. ピュオーの懸念は、二六一ページに引用されている。

（7）Robert Raymond, *La nationalisme tunisienne*（Paris: Comité Algérie-Tunsie-Maroc, 1925）, 21.

（8）次に引用されている—— Kraiem, "Le Parti réformiste," 157.

（9）Juliette Bessis, "*A propos de la question des naturalisations dans la Tunisie des années trente*," in *Les mouvements politiques et sociales dans la Tunisie des années trente*, ed. Moncef Chenoufi（Tunis: Le Ministère de l'Education, de l'Enseignement et de la Recherche Scientifique, 1985）, 602–3.

（10）植民地チュニジアにおける劇場の標準的歴史で、この段落が依拠したのは次のものだ—— Hamadi Ben Halima, *Un demi siècle de théâtre arabe en Tunisie*（*1907–1957*）（Tunis: Publications de l'Université de Tunis, 1974）.

（11）Hassine-Raouf Hamza, "Eléments pour une réflexion sur l'histoire du mouvement national pendant l'entre-deux-guerres: La scission du Destour de mars 1934," in Chenoufi, *Les mouvements politiques et sociales*, 51–78.

（12）次に引用されている—— Mahjoubi, *Les origines*, 469.

（13）Mustapha Kraiem, "Le Néo-Destour: Cadres, militants et implantations pendant les années trente," in Chenoufi, *Les mouvements politiques et sociales*, 24–5 は、ドゥストゥール党は一九二六年以降停滞するどころか、実はとりわけサヒル——ブルギバや彼のもっとも密接な仲間たちの出身地域——で党員を拡大したと論じている。一九三三年に、党員の五九％がサヒル出身だった。

（14）Mahjoubi, *Les origines*, 563.

（15）次に引用されている——Lisa Anderson, *The State and Social Transformation in Tunisia and Libya, 1830-1980* (Princeton, NJ: Princeton University Press, 1986), 171.

（16）Kraiem, "Le Néo-Destour," 37 がサラハ・ベン・ユスフを引用している。ネオ＝ドゥストゥール党の党員数は、膨らませる方が党には有利で、削る方が保護国当局には有利なので、記録には大きな違いがある。七万人という数は Mahmoud Matatri によるとされ、Kraiem がおおよそ正確として四六ページに載せている。

（17）チュニジア人女性の政治化のこうした初期の例については、以下を見よ——Ilhem Marzouki, "*La voile des colonisées: Tunisie, 1924-1936*," *Revue de l'Institut des Belles Lettres Arabes* 161 (1988): 59-89, and two articles by Lilia Labidi, "Circulation des femmes musulmanes dans l'espace public et politique formel: Le cas de la Tunisie en période coloniale," and "L'emergence du sentiment politique chez les féministes dans la première moitié du XXème siècle: Le cas de la Tunisie," both in *Participation des femmes à la vie politique*, ed. Lilia Labidi (Tunis: Centre de Recherche et de Formation Pédagogique, 1990), 19-43 and 44-62.

（18）Ahmad Kassab, "La communauté israélite de Tunis entre la francisation et le sionisme (1930-1940)," in Chenoufi, *Les mouvements politiques et sociales*, 546.

（19）Tahar Chikhaoui, "*Les journées d'avril 38 à travers les mémoires de Mahmoud Matari: Mouvance et obliquité*," *Cahiers de Tunisie* 47-8:145-8 (1988-9): 214-15. マタリはまた、振り返ってみると、フランスとチュニジアの和解は、一九三八年の事件がなければ第二次大戦中に達成されただろうと信じた。マタリの回想は、利己的な側面がなくはない。ブルギバはのちに、重要な瞬間にネオ＝ドゥストゥール党を捨てたと非難し、マタリは自己弁護していた。しかし他の人たちも、一九三八年四月の事件の責任をブルギバに帰した。たとえば、次を見よ——Georges Adda, "*Quelques souvenirs et réflexions à propos des évènements du 9 avril 1938*," in *Cahiers de Tunisie 47-8: 145-8 (1988-9)*: 201-10. 一九三八年の暴動の五〇周年記念会議は、そのためにこの二論文が用意されたのだが、ブルギバが大統領職を退いてから数カ月後に開かれており、そのことは疑いもなく、標準的な民族主義的神話と一致しない見解を提示しやすくした。暴動の責任についてのバランスのよくとれた評価は、次を見よ——Hassine-Raouf Hamza, "Les émeutes du 9 avril 1938 à Tunis: Machination policière, complot nationaliste ou mouvement spontané?," in Direction des Archives de France, *Révolte et société*, II (Paris: Publications de la Sorbonne, 1988), 185-91.

第四章　関係の見直し　一九四〇—一九五六年

（1）次に引用されている——Abdelhamid Hassen, "*Moncef Bey et le mouvement moncefiste (1942-1948)*," *Revue d'Histoire*

Maghrébine 49–50 (1988) : 25.

(2) Mokhtar Ayachi, "Le mouvement zeitounien dans le contexte de la seconde guerre mondiale," in *La Tunisie de 1939 à 1945* (Tunis: Ministère de l'Education, de l'Enseignement Supérieur et de la Recherche Scientifique et Technique, 1989), 291.

(3) Annie Rey-Goldzeiguer, "L'opinion publique tunisienne, 1940–1944," in *La Tunisie de 1939 à 1945*, 155.

(4) Hassine-Raouf Hamza, "Le Néo-Destour, dès lendemains d'avril 1938 à la veille de l'indépendance: Hégémonie et institutionalisation," in *La Tunisie de 1939 à 1945*, 212.

(5) Selwa Zangar, "*La Tunisie et l'Union Française: Position nationaliste et positions coloniales, 1946–1951*," *Revue d'Histoire Maghrébine* 67–8 (1992) : 313–14.

(6) Mustapha Kraiem, "*Les événements du 5 août 1947 à Sfax*," *Revue d'Histoire Maghrébine* 9 (1977) : 319は、一九四〇年の小売価格指標一〇〇に基づいた政府の数字を引用しているが、それは一九四五年の五一二から一九四七年の一二八〇への増加を示した。Lazhar Gharbi, "La politique financière de la France en Tunisie au lendemain de la Deuxième Guerre: Contraintes mondiales et exigences nationalistes," in *La Tunisie de l'après-guerre* (*1945–1950*) (Tunis: Faculté des Sciences Humaines et Sociales, 1991), 29–31は、一九四五年一二月のフランの三〇％減価の影響を論じている。翌年、保護国の幹部は、大評議会がチュニジアのフランをフランスの通貨から切り離そうと試みたのを、純粋に政治的な企てだと片付けた。

(7) Hamza, "Le Néo-Destour," 212.

(8) Ibid., 213.

(9) 一九三〇年代のザイトゥーナでの政治活動についての記述は、以下を見よ―― Ayachi, "Le mouvement zeitounien," 272–84, and Mokhtar Ayachi, "Le Néo-Destour et les étudiants zeytouniens: De l'alliance à l'affrontement," in *La Tunisie de l'après-guerre*, 232–6.

(10) Noureddine Sraieb, "*Le problème franco-tunisien est un problème de souveraineté: Traduction et présentation de la lettre de Bourguiba à la beyya*," *Revue de l'Occident Musulman et de la Méditerranée* 1 (1966) : 206.

(11) Charles-Robert Ageron, "La parti colonial face à la question tunisienne (1945–1951)," in *La Tunisie de l'après-guerre*, 199は、シューマンによる統監の告発と、ペリイエによる自己の任務のそれほどすさまじくない描写の両方を引用している。Charles-André Julien, *Et la Tunisie devint indépendante, 1951–1957* (Paris: Editions Jeune Afrique, 1985), 27は、シューマンが彼の発言を「その影響を考慮せずに」、ぞんざいに行ったと示唆している。

(12) Khaled Ben Fredj Abid, "*Le conflit Bourguiba-Thameur en Egypte et ses incidences: Vers une vision 'jugurthienne' de*

l'histoire bourguibienne, 1947–1950," Revue d'Histoire Maghrébine* 102–3（2001）: 247–8. そのパンフレットは、ブルギバを外国人による統治に対する飽くことなき抵抗と結びつけ、彼を紀元前二世紀にローマに対して反乱を起こしたベルベル人指導者ジュギュルタの再来と賛美した。仲間がジュギュルタを裏切ったため、彼の任務は失敗に終わった――新しいジュギュルタは、そうした背信行為を許さないだろう。

（13）オートクロクは、ガブリエル・ピュオーの被保護者で、ピュオーが委任統治領シリアの高等弁務官だったときに事務総長を務めた。ピュオーはこのダマスカスのポストを、一九二〇年代に保護国チュニジアで事務総長として務めたあとに得たのだが、チュニジア在任中は統監のサンにナシル・ベイやドゥストゥール党に対する強硬路線を促した。戦後、ピュオーはフランスの右翼勢力に対してかなりの影響力をもった。彼の息子フランソワは、一九五一年に外務省の全保護国を監督する部署を率いた。植民党《パルティ・コロニアル》は、その上層部が密接に結ばれた「インサイダー」集団からなっていた。

（14）Julien, *Et la Tunisie*, 47.

（15）Abdesslem Ben Hamida, "*Le rôle du syndicalisme tunisien dans le mouvement de libération nationale*（*1946–1956*）," *Cahiers de Tunisie* 29:17–18（1981）: 242.

（16）Julien, *Et la Tunisie*, 124.

（17）Jean-François Martin, *La Tunisie de Ferry à Bourguiba*（Paris: Editions L'Harmattan, 1993）, 163.

（18）保護国の最後の頃の右翼的植民者の態度を調べたものとしては、次を見よ―― Amira Aleya Shgaier, "Les groupements politiques français de droite en Tunisie et la décolonisation, 1954–1956," in *Actes du IXe colloque international sur processus et enjeux de la décolonisation en Tunisie*（*1952–1956*）（Tunis: Institut Supérieur d'Histoire du Mouvement National, 1999）, 205–36. 二万人のデモ隊という数字は、二二六ページに出ている。

（19）マンデス＝フランスと自治交渉については次を見よ―― Mohammed Lotfi Chaibi, "*Les enjeux d'une décolonisation négociée: L'exemple tunisien*（*1954–1956*）," *Revue de l'Institut des Belles Lettres Arabes* 186（2000）: 191–211.

（20）Clement Henry Moore, *Tunisia since Independence. The Dynamics of One-Party Government*（Berkeley: University of California Press, 1965）, 62.

（21）Susan Waltz, *Human Rights and Reform: Changing the Face of North African Politics*（Berkeley: University of California Press, 1995）, 57.

第五章　独立国家が進路を定める　一九五六―一九六九年

（1）Clement Henry Moore, *Tunisia since Independence: The Dynamics of One-Party Government*（Berkeley: University of

California Press, 1965), 74.

(2) Ibid., 151, and Charles Debbasch, "*Du Néo-Destour au parti socialiste destourienne: Le congrès de Bizerte,*" *Annuaire de l'Afrique du Nord* 3 (1964): 37.

(3) Driss Abassi, "La conception de l'histoire selon Bourguiba," in *Habib Bourguiba et l'établissement de l'état national: Approches scientifiques du bourguibisme*, Abdeljelil Temimi ed. (Zaghouan: Fondation Temimi pour la Recherche Scientifique et l'Information, 2000), 22. Abassi はまた、ブルギバが、パキスタンの哲学者で改革者のムハンマド・イクバルは過去と断絶せずにイスラムを再考することの重要性を信じていた、と述べたのを書き留めている。

(4) Mounira M. Charrad, *States and Women's Rights: The Making of Postcolonial Tunisia, Algeria, and Morocco* (Berkeley: University of California Press, 2001), 223. この法律の一般的議論は、二一九―二二一ページを見よ。.

(5) 民族解放運動における女性の役割についての概説は、以下を見よ—— Souad Bakalti, "Mouvement et organisations féminines de lutte de libération nationale en Tunisie," in *Actes du IXe colloque international sur processus et enjeux de la décolonisation en Tunisie* (*1952-1964*) (Tunis: Institut Supérieur d'Histoire du Mouvement National, 1999), 187-204. 会員の統計は、一九四ページに出ている。

(6) 政治的エリートを政府あるいはネオ＝ドゥストゥール党内部の重要機関のメンバーと定義して、Noureddine Sraieb, "*Le Collège Sadiki de Tunis et les nouvelles élites,*" *Revue de l'Occident Musulman et de la Méditerranée*, 72 (1994): 51 は、一九五五年から一九六九年の間、彼らの六五%がサディキ大学の卒業生だったし、一四%がリセ・カルノーで、さらに一五%が他のリセやヨーロッパ的教育を提供する大学で学んだと記している。

(7) Souad Bakalti, "*L'enseignement féminin dans le primaire au temps de la Tunisie coloniale,*" *Revue de l'Institut des Belles Lettres Arabes* 166 (1990): 267.

(8) Zakya Daoud, "*Les femmes tunisiennes: Gains juridiques et statut économique et social,*" *Maghreb-Machrek* 145 (1994): 31, and Kenneth J. Perkins, *Tunisia: Crossroads of the Islamic and European Worlds* (Boulder, CO: Westview Press, 1986), 120.

(9) 一九五〇年代後半のヨーロッパ人人口に関する統計は、以下に拠っている—— Habib Kazdaghli, "Communautés européennes de Tunisie face à la décolonisation (1955-1962)," in *Actes du IXe colloque international*, 332-4; Lilia Ben Salem, "Stratégies politiques et formation d'une élite: Les premiers cadres de la Tunisie indépendante," in *Actes du IXe colloque international*, 348-1; and Lisa Anderson, *The State and Social Transformation in Tunisia and Libya, 1830-1980* (Princeton NJ: Princeton University Press, 1986), 236.

(10) この時期のユダヤ教徒人口の動きに関する統計は、以下に出ている—— Abdelkrim Allagui, "La minorité juive de Tunisie

face à la décolonisation au cours des années 50," in *Actes du IXe colloque international*, 306–9; Jacques Taieb, "*Evolution et comportement démographiques des juifs de Tunisie sous le protectorat français* (*1881-1956*)," *Population* 37: 4–5 (1982): 955; and Moore, *Tunisia since Independence*, 10 n.

(11) ブルギバの世界ユダヤ人会議との接触については、以下を見よ——Abdeljelil Temimi, "La question palestinienne et les relations de Bourguiba avec le Congrès Juif Mondial," in Temimi, *Habib Bourguiba et l'établissement de l'état national*, 109–27.

(12) Moore, *Tunisia since Independence*, 195.

(13) Jean Poncet, "*L'économie tunisienne depuis l'indépendance*," *Annuaire de l'Afrique du Nord* 8 (1969): 104. 外国援助への重い依存については、次を見よ——Samir Radwan, Vali Jamal, and Ajit Ghose, *Tunisia: Rural Labor and Structural Transformation* (London: Routledge, 1990), 30–1. 投資水準や国家的負債については、次を見よ——Karen Pfeiffer, "Between Rocks and Hard Choices: International Finance and Economic Adjustment in North Africa," in *North Africa: Development and Reform in a Changing Global Economy*, ed. Dirk Vandewalle (New York: St. Martin's Press, 1996), 43.

(14) Stephen J. King, "Economic Reform and Tunisia's Hegemonic Party: The End of the Administrative Elite," in *Beyond Colonialism and Nationalism in the Maghrib: History, Culture, and Politics*, ed. Ali Abdullatif Ahmida (New York: Palgrave, 2000), 175. ヨーロッパ人人口の縮減については、次を見よ——Kazdaghli, "Communautés européennes," 336.

(15) Alaya Allani, "Bourguiba et le courant 'libéral' au sein du parti destourien: 1970–1971," in Temimi, *Habib Bourguiba et l'établissement de l'état national*, 51.

(16) Poncet, "L'économie tunisienne," 110.

(17) Alexander Graham and H. S. Ashbee, *Travels in Tunisia* (London: Dulau & Co., 1887), 149.

(18) T. Wemyss Reid, *The Land of the Bey, Being Impressions of Tunis under the French* (London: Sampson Low, Marston, Searle & Rivington, 1882), 53.

第六章　政権の確立と反政府活動の激化　一九六九―一九八七年

(1) Kenneth J. Perkins, *Tunisia: Crossroads of the Islamic and European Worlds* (Boulder, CO: Westview Press, 1986), 136; Karen Pfeiffer, "Between Rocks and Hard Choices: International Finance and Economic Adjustment in North Africa," in *North Africa: Development and Reform in a Changing Global Economy*, ed. Dirk Vandewalle (New York: St. Martin's Press, 1996), 43; and Stephen J. King, "Economic Reform and Tunisia's Hegemonic Party: The End of the Administrative Elite," in

Beyond Colonialism and Nationalism in the Maghrib: History, Culture, and Politics, ed. Ali Abdullatif Ahmida（New York: Palgrave, 2000）, 181.

（2）Samir Radwan, Vali Jamal, and Ajit Ghose, *Tunisia: Rural Labor and Structural Transformation*（London: Routledge, 1990）, 10 and 25–6.

（3）Zakya Daoud, "*Les femmes tunisiennes: Gains juridiques et statut économique et social*," *Maghreb-Machrek* 145（1994）: 31.

（4）Pfeiffer, "Between Rocks and Hard Choices," 44.

（5）Radwan et al., *Tunisia: Rural Labor*, 4. Lisa Anderson, *The State and Social Transformation in Tunisia and Libya, 1830–1980*（Princeton, NJ: Princeton University Press, 1986）, 244は、一九七〇年代末に海外で働いていたチュニジア人の数は、同国の全産業労働者の数を超えていたと推定する。

（6）Perkins, *Tunisia*, 139.

（7）ＭＴＩの創設者の一人と大部分の影響力ある指導者たちの伝記は、次を見よ——Azzam Tamimi, *Rachid Ghannouchi: A Democrat within Islamism*（New York: Oxford University Press, 2001）. 貧困のなかで暮らす人たちの比率は、世界銀行が設定した基準を引用する次のものに基づいている——Anderson, *The State and Social Transformation*, 244.

（8）Clifford Geertz, as quoted in King, "Economic Reform," 183.

（9）次に引用されている——Lisa Anderson, "*Political Pacts, Liberalism and Democracy: The Tunisian National Pact of 1988*," *Government and Opposition* 26: 2（1991）: 249. チュニジア共産党の強さについての推測は、次に出ている——Kenneth Perkins, *Historical Dictionary of Tunisia*, 2nd ed.（Lanham, MD: Scarecrow Press, 1997）, 143.

（10）Emma C. Murphy, *Economic and Political Change in Tunisia: From Bourguiba to Ben Ali*（London: Macmillan, 1999）, 90.

（11）Vincent Geisser, "*Tunisie: Des élections pour quoi faire? Enjeux et 'sens' du fait électoral de Bourguiba à Ben Ali*," *Maghreb-Machrek* 168（2000）: 41.

（12）Murphy, *Economic and Political Change*, p. 94. 経済の平均年間成長率の数字は、次に出ている——*Jeune Afrique / L'Intelligent*, no. 2180–1, October 21–November 3, 2002, 76.

（13）Lisa Anderson, "Democracy Frustrated: The Mzali Years in Tunisia," in *The Middle East and North Africa: Essays in Honor of J. C. Hurewitz*, ed. Reeva Simon（New York: Columbia University Press, 1990）, 201は、ＭＴＩの一幹部を引用している。

（14）Murphy, *Economic and Political Change*, 96.

（15）Geisser, "Tunisie: Des élections pour quoi faire?," 42.

(16) Clement Henry Moore, "*Tunisia and Bourguibisme: Twenty Years of Crisis*," *Third World Quarterly* 10:1 (1988): 186.

(17) イングラムはのちに北アフリカの住民のもとへ戻り、アルジェリアで一九二七年に『アッラーの庭園』を、モロッコで一九三二年に『バルード』を撮影した。チュニジア映画の概観、そのもっとも重要な作品の目録、重要な映画制作者たちの伝記は、次のもののチュニジア篇を見よ——Roy Armes, "Cinema in the Maghreb," in *Companion Encyclopedia of Middle Eastern and North African Film*, ed. Oliver Leaman (London: Routledge, 2001), 490-51. 以下の材料の多くは、この文献およびアームズ教授の以前の未刊行エッセイに拠っている。

第七章 「新しい」チュニジアにおける継続性と革新 一九八七—二〇〇三年

(1) チュニジア映画のパイオニアの一人の回想は、次を見よ——Stefanie van de Peer, "*An Encounter with the Doyenne of Tunisian Film, Selma Baccar*," in *Journal of North African Studies* 16: 3 (2011): 471-82.

(2) この議論は、次に展開されている——Vincent Geisser, "Tunisie: Des élections pour quoi faire? Enjeux et 'sens' du fait électoral de Bourguiba a Ben Ali," *Maghreb-Machrek* 168 (2000): 24-6. 同著者は、一九八九年の選挙でイスラム主義者が成功したことは、彼らにとって益より害が多かったかもしれないと指摘している。彼らが注目に値する唯一の野党であるという見かけを与えたことで、選挙の結果は政府を促して彼らに関心を集中させたからだ。

(3) Abdelbaki Hermassi, "The Rise and Fall of the Islamist Movement in Tunisia," in *The Islamist Dilemma: The Political Role of Islamist Movements in the Contemporary Arab World*, ed. Laura Guazzone (London: Ithaca Press, 1995), 120.

(4) *Tunisia: Basic Data* (Tunis: Tunisian External Communication Agency, 1993), 79, 82-3; "Une destination toujours prisée," *Jeune Afrique / L'Intelligent*, 2194 (January 26 – February 1, 2003), 81.

(5) Kenneth J. Perkins, *Historical Dictionary of Tunisia*, 2nd ed. (Lanham, MD: Scarecrow Press, 1997), 64-5 and 185.

(6) Hermassi, "The Rise and Fall," 125. チュニジアへのアメリカの援助は、アルジェリアの状況が悪化するにつれて相当な水準に回復されたが、これは偶然ではない。

(7) Michel Camau, "*D'une république à l'autre: Refondation politique et aléas de la transition libérale*," *Maghreb-Machrek* 157 (1997): 10. 一九九四年に、RCDは六八〇〇の細胞を擁していた。

(8) Perkins, *Historical Dictionary*, 117.

(9) Camau, *D'une république à l'autre*, 9.

(10) Guilain Denoeux, "*La Tunisie de Ben Ali et ses paradoxes*," *Maghreb-Machrek* 166 (1999): 51.

(11) Clement Moore Henry, "Post-Colonial Dialectics of Civil Society," in *North Africa in Transition: State, Society, and Economic*

Transformation in the 1990s, ed. Yahya H. Zoubir（Gainesville: University Press of Florida, 1999）, 12. 同著者は、イスラム主義者が市民社会における自己の役割を切り開こうとする努力は、フランス植民地主義に対する民族主義者の闘争を再現するものだと論じている。

（12）Geisser, "Tunisie: Des élections pour quoi faire?," 19.

（13）チュニジアの中等教育機関や専門訓練機関での教科書の内容についての議論は、次を見よ—— *Habib Bourguiba et l'établissement de l'état national: Approches scientifiques à du bourguibisme*, ed. Abeleljelil Temimi（Zaghouan: Fondation Temimi pour la Recherche Scientifique et l'Information, 2000）, 26–9.

（14）L. Carl Brown, "*Bourguiba and Bourguibism Revisited: Reflections and Interpretation*," *Middle East Journal*, 55: 1（2001）: 50.

（15）Abassi, "La conception de l'histoire," 21.

（16）この適切な術語は、次に用いられている—— Geisser, "Tunisie: Des élections pour quoi faire?," 15.

（17）次に引用されている—— Fathi Kacemi, "*La deuxième conférence internationale sur Bourguiba et les bourguibiens: Prélude d'une polémique politique*," *Revue d'Histoire Maghrébine* 28:102–3（2001）, 241.

（18）これらの統計は次に出ている—— "L'économie: Ouverture et partenariat," *Jeune Afrique / L'Intelligent*, no. 2197（February 16–22, 2003）, 59. 民営化については次を見よ—— "Changement de tempo," *Jeune Afrique / L'Intelligent*, no. 2180–81, October 21 – November 3, 2002, 79–80.

（19）次に引用されている—— "Tunisie: Une destination toujours prisée," *Jeune Afrique / L'Intelligent*, no. 2194, January 26 – February 1, 2003, 80.

（20）Geisser, "Tunisie: Des élections pour quoi faire?," 16. 同著者はブルギバと比較して、彼の場合は「積極的だが少数派の野党」と対決したと主張している。

（21）*Jeune Afrique / L'Intelligent*, no. 2180–81, October 21 – November 3, 2002, 63. 次に引用されている—— "Tunisie: Une destination toujours prisée," 63.

第八章　尊厳・自由・正義のための革命

（1）Amy Aisen Kallander, "Tunisia's Post-Ben Ali Challenge: A Primer," *Middle East Report Online*, January 26, 2011.（次で閲覧できる—— http://www.merip.org/mero/ mero012611.html.）

（2）同サミットとそれを騒がした論争の報告は、BBCの科学技術レポーター Jo Twist が二〇〇五年一一月一八日にチュニスから発した特電に見られる—— bbc.co.uk/2/hi/technology/4450474.stm.

（3）前者の術語は Fareed Zakaria が *The Future of Freedom* (New York: W. W. Norton & Co., 2003) において、後者は Daniel Blumberg が “*The Trap of the Liberalized Autocracies,*” *Journal of Democracy*, 13:4 (2002): 56-68 において用いた。これらの術語が北アフリカで役立つかどうかの議論は、次を見よ—— George Joffé, “*The Arab Spring in North Africa: Origins and Prospects,*” *Journal of North African Studies* 16:4 (2011): 505-32. とくにチュニジアに関する言及は、次を見よ—— Mehdi Mabrouk, “*A Revolution for Dignity and Freedom: Preliminary Observations on the Social and Cultural Background to the Tunisian Revolution,*” *Journal of North African Studies* 16:4 (2011): 625-35.

（4）CIA World Factbook, 2011.（次で閲覧できる—— http://www.cia.gov/library/publications/the-world-factobook/geos/ts.html.)

（5）Bertelsmann Stiftung, 2011, *BTI 2010 – Tunisia Country Report*.（次で閲覧できる—— http://www.bertelsmann-transformation-index.de/145.0.html?L=1.)

（6）IBRD, *Country Partnership Strategy for the Republic of Tunisia* (Washington, DC: World Bank, 2009), 2.

（7）Naouar Labidi et al., *Food Security in Tunisia: Rapid Assessment Report*. Rome: World Food Program, 2011.（次で閲覧できる—— http://www.wfp.org/feed.security/reports/.)

（8）この見解は、次において説得的、かつ非常に明晰に解説されている—— Emma Murphy, “Under the Emperor's New Clothes,” in *The Tunisian Revolution: Contexts, Architects, Prospects*, ed. Nouri Gana (Edinburgh: Edinburgh University Press, forthcoming). この洞察力あるエッセイは、チュニジア経済の長期にわたる思慮深い観察者が、ベン・アリ時代の末期を、とりわけ同国経済の国際金融機関との関係について、広い視野から位置づけたものである。より長期的に見るには、同著者の次を見よ—— *Economic and Political Change in Tunisia: From Bourguiba to Ben Ali* (London: Macmillan, 1999).

（9）Ronald Albers and Maarga Peeters, *Food and Energy Prices: Government Subsidies and Fiscal Balances in South Mediterranean Countries*, European Economy Papers 431 (Brussels: European Commission, 2011).

（10）World Bank, *Economic Developments and Prospects: Job Creation in an Era of High Growth* (Washington, DC, 2007).（次で閲覧できる—— http://topics.developmentgateway.org/arab/rc/filedownload.do-itemid=1123820.) 世界銀行は早くも二〇〇〇年に、チュニジア経済が新たな求職者を吸収するためだけにも、二〇〇五年から二〇二五年にかけて平均して年間八・六％成長する必要があろうと見定めていた——革命時に、この目標は達成されていなかった。

（11）The World Bank, *Country Partnership Strategy* (2009), 12 は、この数字を同年五七％としている。

（12）次に引用されている—— Mabrouk, “A Revolution for Dignity and Freedom,” 629. 焼身自殺の実行が、とくにチュニジアでの革命勃発と結びつけられているが、若者が故意の感電死や警察との挑発的衝突その他の工夫によって自殺することは、以前からマグレブ中で知られ、行われていた。たとえば次を見よ―― "Tunisia: Dependence on Europe Fuels Unemployment Crisis," *Los Angeles Times*, December 27, 2010（次で閲覧できる―― http://latimesblogs.latimes.com/babylonbeyond/2010/12/tunisia-dependence-on- european-union-fuels-unemployment-crisis.html）, and "Pressure Rises in Morocco after Self-Immolation," *Maghrebia*, August 17, 2011.（次で閲覧できる―― http://www.magharebia.com/cocoon/awi/xhtml1/en_GB/features/awi/features/2011/08/17/feature-01.）

（13）こうした取引に関わった個人の一部の名前や、彼らが得た資産については、次を見よ―― Murphy, "Under the Emperor's New Clothes."

（14）ガフサ地域の騒動の概観は、次を見よ―― Eric Gobe, "The Gafsa Mining Basin between Riots and a Social Movement: The Meaning and Significance of a Protest Movement in Ben Ali's Tunisia."（次で閲覧できる―― halshs-00557826, version 1 http://halshs.archives-ouvertes.fr/halshs-00557826 oai: halshs.archives-ouvertes.fr:halshs-00557826.）

（15）Robin Wright, "The Hip-Hop Rhythm of the Arab Revolt," *Wall Street Journal*, July 23, 2011.（次で閲覧できる―― http://online.wsj.com/article/SB10001424053111903554904576457872435064258.html.）より詳しい説明は、同著者による次を見よ―― *Rock the Casbah: Rage and Rebellion across the Arab World*（New York: Simon & Schuster, 2011）. "Rais Lebled" のユーチューブ・ビデオと歌詞は、次を見よ―― http://newanthems.blogspot.com/2011/01/rayes-lebled- hamada-ben-amor-el-general.html. 事件直後の数カ月に参加者と行われたインタビューに大いに依拠して、若いチュニジア人の革命への参加や態度をより幅広く研究したものは―― Alcinda Honwana, "Youth and the Tunisian Revolution."（次で閲覧できる―― http://www.general.assembly.codesria.org/IMG/pdf/Alcinda_Honwana.pdf.）

（16）*Al-Arabiyya*, May 22, 2011.（次で閲覧できる―― http://english.alarabiya.net/articles/2011/05/22/150022.html.）

（17）*Independent*（London）, January 19, 2011.（次で閲覧できる―― http://www.independent. co.uk/opinion/commentators/kim-sengupta-head-of-tunisian-army-restrains-his-troops-and-watches-and-waits-2187962.html.）

（18）*Voice of America News*, June 20, 2011. この主張は、チュニスでの欠席裁判でベン・アリの弁護士たちによってなされた―― http://www.voanews.com/english/news/africa/Tunisia-Begins-Trial-Against-Former-President-124178269.html.）

（19）*Guardian*, December 7, 2010.（Available at http://www.guardian.co.uk/world/2010/dec/07/wikileaks-tunisia-first-lady.）のちの（二〇〇九年七月二七日）電報のテキストは、次を見よ―― Ibid.（次で閲覧できる―― http://www.guardian.co.uk/world/us-embassy- cables-documents/218324.）

（20）*New York Times*, January 24, 2011.（次で閲覧できる―― http://www.nytimes.com/2011/01/25/world/africa/25tunis.html.）

（21）Steve Coll, "The Casbah Coalition," *New Yorker*, April 4, 2011, 40.

(22) Victor Geisser, "*Tunisie: Des élections pour quoi faire?, Enjeux et 'sens' du fait électoral de Bourguiba à Ben Ali,*" *Maghreb-Machrek* 168 (2000) : 15.
(23) Danny Braün, "Tunisie: Le pays muselé," *L'Actualité*, August 2002, 62.
(24) Business News.tn.com, November 18, 2011.（次で閲覧できる―― http://www.businessnews.com.tn/Tunisie-%E2%80%93-Les-partis-se-%C2%AB-chamaill ent-%C2%BB,-mais-qu%E2%80%99en-pensent-les-vrais-tireurs-de-ficelles-,519,27719,1.）
(25) "Tunisia's Islamist Party Leader Seeks to Allay Fears of Extremism," *Guardian*, October 21, 2011.（次で閲覧できる―― http://www.guardian.co.uk/world/2011/oct/21/tunisian-exile-rejects-claims-fundamentalists?newsfeed=true.）
(26) Jean Daniel, "Islamism's New Clothes," *New York Review of Books*, December 22, 2011, 72.
(27) Anthony Shadid and David Kirkpatrick, *New York Times*, September 29, 2011.（次で閲覧できる―― http://www.nytimes.com/2011/09/30/world/middleeast/arab-debate-pits-islamists-against-themselves.html?pagewanted=all.）
(28) "Tunisia Islamists Set for Big Election Gains," Associated Press, October 16, 2011.（次で閲覧できる―― http://www.sfgate.com/cgi-bin/article.cgi?f=/n/a/2011/10/16/international/i010103D02.DTL&ao=2.）
(29) Monica Marks, "Can Islamism and Feminism Mix?," *New York Times*, October 26, 2011.（次で閲覧できる―― http://www.nytimes.com/2011/10/27/ opinion/can-islamism-and-feminism-mix.html.）
(30) Joshua Hammer, "Will Tunisia Become Less Secular?," *New York Review of Books*, September 26, 2011.（次で閲覧できる―― http://www.nybooks.com/blogs/ nyrblog/2011/sep/26/will-tunisia-become-less-secular/.）
(31) *Al-Jazeera*, October 22, 2011.（次で閲覧できる――http://www.aljazeera.com/indepth/features/2011/10/20111011131734544894.html.）
(32) "Tunisia's Most Influential Bloggers Prepare for Historic Elections," *Guardian*, October 22, 2011.（次で閲覧できる―― http://www.guardian.co.uk/world/2011/oct/22/tunisian-elections-bloggers?INTCMP=SRCH.）この記事は、多くのブロガーの短い伝記的スケッチを含んでいる。
(33) "Tunisia Says Next Government Needs to Revive Privatization," Reuters, October 18, 2011.（次で閲覧できる―― http://af.reuters.com/article/investingNews/idAFJOE79H0AR20111018?sp=true.）
(34) 同上。アヤドは、チュニスでの彼の地位を引き受けるまで、ほとんど四半世紀にわたってアメリカの会社シティバンクに勤めていたので、世界的金融にかなりの経験をもっていた。
(35) "Tunisia's Islamist Party Leader Seeks to Allay Fears of Extremism," *Guardian*, October 21, 2011.（次で閲覧できる―― http://www.guardian.co.uk/world/2011/oct/21/ tunisian-exile-rejects-claims-fundamentalists?newsfeed=true.）

（36）“Ettakatol Reacts to Election Results: Possible Cooperation with Ennahda?,” Tunisia Net, October 26, 2011.（次で閲覧できる―― http://www.tunisia-live.net/2011/10/26/ettakatol-reacts-to-election-results-possible-cooperation-with-ennahda/.）

（37）“CPR Hints at Coalition with Ennahda, Calls for Long Duration for Constituent Assembly,” Tunisia Net, October 26, 2011.（次で閲覧できる―― http:// www.tunisia-live.net/2011/10/26/cpr-hints-at-coalition-with-ennahda-calls-for- long-duration-for-constituent-assembly.）

（38）“A Triumphant Ennadha: Jebali for Prime Minister; No Candidate for Presidency,” Tunisia Net, October 26, 2011.（次で閲覧できる―― A Triumphant Ennahda: Jebali for Prime Minister, No Candidate for Presidency http://www.tunisia-live.net/2011/10/26/a-triumphant-ennahda-jebali-for-prime-minister-no- candidate-for-presidency/.）

（39）「第六の」カリフ制とは、数的には不正確だが、オマル二世（七一七―二〇年）の統治に言及する際普通に用いられる言い方で、彼はムスリムによって公正・正当さ、そして良い統治の模範と広く見なされている。ジェバリの発言は、アル＝ナハダ党が導くチュニジアでは、同様の質に注意が払われるとの含意をもつ。（次で閲覧できる―― http://www. leaders.com.tn/article/hamadi-jebali-clarifie-sa-position-au-sujet-du-6eme-cali-fat?id=6945.）

（40）チュニス港の近くのラデスで起きたそうした事件が、革命前のガフサ地域における抗議と似ていた。参加者のほとんどは若い無職の男性で、警察との衝突を突然引き起こした怒りの当初の原因は、その地に本社のある国営船会社が、地域社会内の人々の苦境を無視して外部の男性たちに職を提供しようと決めたことだった。Tunisia Alive, April 16, 2012.（次で閲覧できる―― http://allafrica.com/stories/201204161571.html.）

（41）Agence France Presse, April 14, 2012.（次で閲覧できる―― http://za.news.yahoo.com/tunisian-leaders-scores-must-settled-ex-regime-180119660.html.）

（42）マルズーキ大統領が、国営公共ラジオで二〇一二年六月七日に行った発言を見よ（次で閲覧できる―― http://m.npr.org/news/World/154430397.）

（43）*Le Monde Diplomatique*, March 2013, 1.

（44）Raphaël Lefévre, “*Current Events in North Africa*,” *Journal of North African Studies*, 17:2（2012）: 373–7.

（45）この過程と、それが生み出した地元の自助機関の一例が、次に論じられている―― Rikke Hostrup Hauhølle and Francesco Cavatorta, “Beyond Ghannouchi: Islamism and Social Change in Tunisia,” *Middle East Report*（Spring 2012）: 20–5.

訳者後書き

本書は、Kenneth Perkins, *A History of Modern Tunisia*, second edition, Cambridge University Press, 2014の全訳である。ただし、参考文献紹介は、フランス語の文献が多いし、原注に多くの出典文献が載っているので割愛した。初版は二〇〇五年に出たが、二〇一一年の「ジャスミン革命」がいわゆる「アラブの春」の諸革命を引き起こしたのを受けて、二〇〇四年から革命後の二〇一三年八月までを描いた第八章を追加した第二版が、二〇一四年一月に出された。本訳書では、さらに著者に、その後の一年（二〇一四年八月まで）に触れる追記を書いていただいた。一〇月～一二月の国民議会選挙と大統領選挙については、私からあとで簡単に報告する。副題として「民主的アラブ国家への道程」を加えたのは、チュニジアがこれまでのところ民主化に成功した唯一のアラブ国家であることを訳者が強調したくて、著者の同意を得たものである。

著者ケネス・パーキンズは、一九四六年生まれのアメリカ人で、バージニア軍学校で学士号、プリンストン大学で修士号と博士号を得ている。一九六九年からチュニジアで研究員を務めたあと一九七四年にサウスカロライナ大学で歴史学の教職に就き、二〇〇八年に退職して現在は同大学名誉教授となっている。著書には本書のほか『カイド、キャプテン、コロン―植民地マグレブにおけるフランスの軍政、一八四四～一九三四年』『ポート・スーダン―植民都市の形成』『チュニジア―イスラム世界とヨーロッパ世界の交差路』『チュニジア歴史事典』等がある。本書（原書）の書評を書いたダニエル・ザイセンワイン（アメリカ海軍学校）は、「……チュニジアの歴史や社会に詳しい人はほとんどいない。同国の研究に専門家としての人生を費やした指導的学者であるパーキンズは、この、彼の『チュニジア近現代史』の第二版で、その空隙を埋める包括的概説を提供している」(*Middle East Quarterly*, Fall 2014) と述べている。パーキンズはアルジェリア、モロッコ、スーダン(やそれらへのフランス、イギリスによる支配)も研究しているので、チュニジアの研究だけに「専門家としての人生を費やした」わけではないが、英語世界におけるチュニジア史研究の第一人者であることは間違いない。また私の知る限り、フランス語でもジャスミン革命にまで及ぶチュニジア近現代史の、包括的でこれだけ詳しい概説書はまだない。アラビア語の書籍についてはパーキンズも紹介していないし私のよく知るところではないが、チュニジア人研究者でもフランス語で著述するのがまだ一般的であるし、革命前は学問の自由が制約されていて、自国の近現代史を客観的に研究・論述するのは難しかったので、やはり類書はまだないと思われる。さらに、本書の半分はフランスによる植民地化と支配の時代を論じているので、フランス人やチュニジア人の研究者ではその客観的な評価が難しく、アメリカ人の著者だからこそ第三者として公平な見方を提示していると言えよう。もちろんアメリカ人として「オリエンタリズム」、すなわち西洋人の東洋への偏見を免れていない可能性はもちろんあるが、本書を読めば著者がチュニジア人の文化を好意的に評価し、イスラムの伝統にもむしろ同情的である(政府による抑圧を強く批判)ことが分かろう。

日本語では、チュニジア近現代史関係の研究書は、中東あるいはマグレブ諸国の一つとして取り上げたものしかなく、わが国ではチュニジアはジャスミン革命までほとんど知られることがなかったが、欧米では一九六〇年前後にも、トルコのアタチュルク革命以来のラディカルな脱イスラム化・世俗化を目指すムスリム国、いち早くパレスチナのイスラエルとの共存受入れを提唱したアラブ国として注目を集めた。私事にわたるが、訳者が中東政治を研究し始めたのは一九八〇年代になってからで、その頃のチュニジアはブルギバ「終身」大統領の評判が悪くなっていたけれど、私が一九八〇―八二年に滞在したエジプトと較べるとずっと進歩的なアラブ国に見えた。それで私はエジプトの次はチュニジアを研究しようと、一九八八―八九年にフランス政府の奨学金を得てエクス・アン・プロバンスの「アラブ・ムスリム世界研究所」で、まずフランスによるチュニジア統治の研究に取り組み、イギリスのエジプト統治と比較しようとしたのだった（当時、チュニジアを初めて訪問）。しかしその後、東京大学出版会の『講座・世界史9　解放の夢―大戦後の世界』（一九九六年）に「スエズ危機とハンガリー動乱」という章を書くよう求められたとき、日本ではスエズ戦争等のアラブ・イスラエル間の諸戦争に関しても研究書が乏しい（ジャーナリスティックなものがほとんど）ことに気づき、アメリカのそれらへの関わりという視角からそれらを研究するようになってしまった（チュニジアがベン・アリ大統領のもとで政治的抑圧と腐敗の国になってしまい、魅力が減ったためもある）。

そうした研究を一九九四年にアメリカで在外研究するなどして続け、『中東戦争と米国―米国・エジプト関係史の文脈』（御茶の水書房、二〇〇三年）にまとめた後、いざチュニジア研究に戻ろうとした頃には九・一一事件に続くアフガン戦争、イラク戦争が起きていて気をとられ、ほとんど研究を進められずに二〇一三年の定年退職を迎えてしまった。その直前にジャスミン革命と「アラブの春」が起きたので、それらを遠望で観察した概説を、二〇一〇年に刊行していた『中東政治入門』（第三書館）の増補新版に序章として書き加えた（二〇一三年）。その際、日本で現れていたアラブ革命関連文献には民主化を歓迎する楽観的なものが多いのに疑問を感じ、イラク系アメリカ人研究者のアディード・ダウィシャ氏の、民主化に伴ってイスラム化が進む可能性を警告した二〇一三年春の著書を日本に紹介することにした。それが拙訳『民主化かイスラム化か―アラブ革命の潮流』（風行社、同年秋刊行）であるが、アラブ諸国でのその後の事態は同氏の見方もなお楽観的だったことを示している。その中で、チュニジアだけはイスラム化を抑制し着々と民主化を進めているので、風行社主の犬塚満氏が私にチュニジアに関する本の出版を提案された。私は二〇一四年四月に放送大学特任教授・石川学習センター長としてフルタイム勤務に復帰するところだったので、自分で本を書くには何年かかるか分からないし、ちょうど本書の原書が出たので推薦したところ、「日本に類書が無いし、翻訳しませんか」ということになった次第である。新しい仕事に就いたため『民主化かイスラム化か』より訳出に時間がかかったけれど（ページ数も多かった）、そのおかげで一〇月～一二月の重要な国政選挙の結果を見届け、チュニジアにおける民主政の定着にいっそう確信を持てるようになった。

その選挙であるが、一〇月の国民議会選挙では、制憲議会選挙で第一・第二党となって暫定連立政権を構成しながら、イスラム過激派のテロや経済悪化を食い止められなかったアル＝ナハダ党と共和国会議党は第二・第六党に転落した。かわって第一党に躍り出たのは、二〇一二年に結成された「ニダー・トゥニス（チュニジアの呼びかけ）」党で、これは制憲議会選挙前に一時首相を務めた（アル＝）セブシが党首となり、彼同様ブルギバやベン・アリ時代から政・官・財界で活躍していた人物を多数集めていた。したがって旧体制の復活を目指す勢力だとの批判を受けたが、「経済発展を実現するには能力と経験を有する指導者が必要だ」と訴えて、二一七議席中の八六議席を獲得した。アル＝ナハダ党は六九議席、第三党の自由愛国同盟（UPL）は二〇一四年に富豪スリム・リアヒによって結成されたばかりの世俗派政党で、その資金力に拠ってか一六議席を得た。二〇一二年結成の左翼的な人民戦線が一五議席、アフェク・トゥニス党が八議席、共和国会議党がわずか四議席、その他となった。

政府の形成は一一月の大統領選挙の結果待ちとなったが、そのときは票の過半数を獲得した候補がおらず、一位のセブシと二位の暫定大統領マルズーキで翌月決選投票が行われた（アル＝ナハダ党は始めから候補を出さなかった）。セブシは八八歳の高齢ながら、マルズーキが、共和国会議党の議会選挙での惨敗に示されたようにアル＝ナハダ党と提携して世俗派市民の信用を失ったため、五六％の得票で勝利した。二〇一五年一月には新たな連立政権が発足するであろうし、アル＝ナハダ党が参加する可能性もあるが、エジプトではイスラム主義勢力を弾圧する事実上の軍政が復活したのに対して、チュニジアではイスラム主義政党と世俗主義政党が妥協を通じて民主主義政体の確立を進めていると言えよう。シリア・イラクにまたがる「イスラム国」を名乗ったイスラム過激派にはせ参じるチュニジア人も多いと報道されており、隣国リビアの混乱も悪影響を与えているので、チュニジアが安定的な民主主義国になると断定すべきではないかもしれない（パーキンズ氏もなお慎重だ）。しかし、次のような勇気づけられる研究がある。

E・チェノウェスとM・J・スティーブンの「反政府勢力は武器を捨てよ――武力は体制変革の効果的手段ではない」という論文（『フォーリン・アフェアーズ・リポート』二〇一四年八月号）によれば、一九〇〇年から二〇〇六年のタイのデモ（首相を辞任させた）まで、二〇世紀の市民運動三二三件（一〇〇〇人以上参加したもの）を調べたところ、権威主義体制に対する非暴力の抵抗運動が成功する確率は、暴力的な抵抗運動の二倍に達した。そして、非暴力の抵抗運動が展開された国では、独裁体制の崩壊後に平和で民主的な統治がもたらされる可能性も高いという。具体的には最近のチュニジア・エジプト・ウクライナ・リビア・シリア等を事例に取り上げ、「チュニジアはアラブの春が波及した国のなかでもっとも明るい先行きが期待できる状況にある。実際、チュニジア革命は、フィリピンやポーランドなど、過去の市民運動の成功例ともっとも共通点が多く、今後五年以内に民主体制への完全な移行を果たすだろう」（五〇ページ）と断言している。

そうとすれば、チュニジアから波及したアラブ諸国の諸革命は、チュニジア以外ではいったん挫折したけれど、チェコのプラハの春の民主化運動（一九六八年）がワルシャワ条約機構軍の干渉で挫折した後、二一年後に東欧諸国の民主化とついにはソ連の解体をもたらしたように、チュニジアの民主主義はいずれ他のアラブ諸国の多くに波及していくことが期待できよう。それゆえ私たちはチュニジアの動向に関心を寄せるべきであるし、なゼチュニジアで民主化が可能になったのか、他のアラブ諸国とどこが違ったのか、それはいかなる歴史の展開によってもたらされたのかを研究すべきである。本書は、そのためのよい手がかりになるものと信じている。

二〇一四年一二月　金沢にて

鹿島正裕

索　引

【アルファベット】
CGT　→　労働総同盟（コンフェデラシオン・ジェネラル・デュ・トラバーユ）
CGTT　→　チュニジア労働総連合
CNLT　→　チュニジアの自由国民評議会
CPR　→　共和国会議党
EC　→　ヨーロッパ共同体
EEC　→　ヨーロッパ経済共同体
FDTL　→　労働と自由のための民主フォーラム（エッタカトル党）
FIS　→　イスラム救済戦線
FLN　→　民族解放戦線
FSN　→　国民連帯基金
G8　→　主要8カ国
ICFTU　→　自由労働組合連合
IMF　→　国際通貨基金
ISIE　→　独立最高選挙支援部
LTDH　→　チュニジア人権連盟
MDS　→　社会民主運動
MTI　→　イスラム潮流運動
MUP　→　人民統一運動
PCOT　→　チュニジア労働者共産党
PDP　→　進歩民主党
POLISARIO　264
PSD　→　社会主義ドゥストゥール党
PSL　→　自由社会党
PSP　→　進歩社会党
PTC　→　チュニジア共産党
PUP　→　人民統一党
RCD　→　民主立憲連合
RSP　→　社会主義進歩連合
RTT　→　チュニジア・テレビ・ラジオ放送局
SATPEC　→　チュニジア映画制作・発展有限会社
SHTT　→　チュニジア観光ホテル会社
TGM　→　チュニス - ラ・グーレット - ラ・マルサ線
UDST　→　チュニジア・シンジケート部門組合
UDU　→　組合主義民主同盟
UGAT　→　チュニジア農業者総同盟
UGTT　→　チュニジア労働総同盟
UMA　→　アラブ・マグレブ連合
UNAT　→　チュニジア全国農民同盟
UNESCO　286
UNFT　→　チュニジア全国婦人同盟
UNTT　→　チュニジア全国労働組合
USTT　→　チュニジア労働シンジケート同盟
UTAC　→　チュニジア手工業・商業同盟
UTIC　→　チュニジア商業者同盟
WFTU　世界労働組合連合

【あ行】
『アイール・アル＝ガズワ（カルタゴの娘）』　244
赤い手（マン・ルージュ）　183
『アクワム・アル＝マサリク・リ・マアリファト・アワハル・アル＝ママリク（諸国の状態に関する知識を得るためのもっとも確実な道）』　72-73,

112
アジーザ、ムハンマド（シェムス・ナディル）　257
アシュール、ハビブ　168, 194, 228-229, 232
『アスフール・スタハ（ハルファウィン――テラスの子ども）』　258
アタチュルク、ムスタファ・ケマル　196-197
アッズーズ、ヒンド　251
アッティア、アハマド　247, 257
アティヤー、アブド・アル＝マジード　252
アハド・アル＝アマン　55-59, 64, 127
アハマド二世ベイ　143
アハマド・ベイ　47-56, 58-59, 62, 65, 73
アビディ、アリ　259
アフェク・トゥニス党　316, 326
アフガニスタン　283
『アブー・ジャハル・アル＝ダッハス』　252
アブダッラー、アブ　167
アブドゥフ、ムハンマド　111
アブドゥル＝マジド　54
『アフリカのカメラ』　247
アフロ・アジア諸国　183
アマムー、スリム　303
アミン・ベイ　162-163, 170, 172, 176, 178, 182-185, 191, 192
アメリカ（米）　160, 162-166, 180, 249, 264-265, 282-283, 301, 319, 322, 325, 327, 336
アメリカ労働連盟　180
アメリカン・スクール　337
アモル、ムハンマド・ベル・ハッジ　274
アヤド、ジャッルール　321-322
アヤリ、ヤシン　320
アラウィ大学　109-110, 114
アラビア半島　228, 262, 265
アラブ・イスラエル戦争　211, 217
『アラブ人』　245
アラプチト、ガブリエル　126
『アラブのカメラ』　247
アラブの春　298, 312, 338
アラブ・マグレブ局　166
アラブ・マグレブ連合（UMA）　264
アラブ連盟　166, 174, 203
アリ、ムハンマド　49, 54-58
アリ、ムハンメド　136-138, 169
アリアナ　323
アリ・ベイ　79-81
『アル＝アサド・ワル＝ティムサル』　257
アル＝アダブ・アル＝アラビーヤ　135
アル＝アッヤディ、サミル　252
アル＝イッティハド・アル＝マスラヒ　154
『アル＝ウンマル・アル＝トゥニシッユーン・ワ・ズフル・アル＝ハラカト・アル＝ニカビーヤ（チュニジア人労働者と労働組合運動の出現）』　140
アル＝カルウィ、ムハンマド　111
アル＝クリム、アブド　139, 166
アル＝サアダ　139, 154
アル＝サディク・ベイ、ムハンマド　46, 53-59, 62-70, 72, 76-80, 93
アル＝サヌーシ、ムハンマド　111
アル＝サフィ、アハマド　126, 129-130, 149
『アル＝サマ（痕跡）』　247
アルジェ　86, 221
アルジェリア　45, 48, 63-64, 82, 84, 102-103, 107, 125, 156, 161-162, 166, 187, 203-204, 264, 266-267, 283, 309
アルジェリア戦争　204

アル＝ジャジーラ　298
アル＝シャッビ、アブール・カシム　154-155
アル＝シャハマ・アル＝アラビーヤ　135
アル＝ジャビリ、ムハンマド・サラハ　252
『アル＝スッド』　154
『アル＝スファラー（大使たち）』　246
『アル＝スラハ（遠吠え）』　245
アル＝セブシ、カイド　305, 320-322
『アル＝ダガル・フィ・アラジニハ』　251
アル＝タドゥジド（復活）党　315
アル＝タムシル・アル＝アラビ劇団　136, 154
アル＝ドゥアジ、アリ　154
『アル＝トゥニシー』　118
アル＝ナシル、ムハンマド　81
アル＝ナハダ党（再生党）　261-263, 266-268, 271-272, 294, 300, 303, 310, 312-316, 319-324, 328-339
アル＝ハディ、ムハンマド　81
『アル＝ハディラ』　112, 118
『アル＝バハル・ヤンシュール・アル＝ワハフー』　252
アル＝ハビブ、ムハンマド　133
アル＝ハミス、ムハンマド・バイラム　74
『アル＝ハラカ・ワ・インテイカス・アル＝シャムス』　252
『アル＝ファジュル（夜明け）』（映画）　245
『アル＝ファジュル』（アル＝ナハダ党機関紙）　329
『アル＝ファッラカ（フェッラガ）』　245
アル＝フィクラ・アル＝バラディーヤ（チュニス市営劇団）　243
『アル＝フィクル』　251
アル＝ボルマ　211
アル＝マスアディ、マハムード　154
アル＝マスラハ　154
アル＝マダニ、アハマド・タウフィーク　139
アル＝マテリ、サフル　301
『アル＝ムタマッリド（叛徒）』　245
アル＝ムーバダラ（発議）　316, 326
アル＝ムワッヒド時代　57
『アル＝ムンバッド』　252
アル＝メッキ、ハティム　249
暗黒の木曜日　230-232, 235, 252
イエメン　295, 298
イギリス（英）　48-50, 54, 58, 62-64, 66-72, 76-77, 85-86, 96, 126, 160, 162, 164-165, 204, 216, 283, 322, 326
イジュティハド　197, 202
イスタンブール　49, 62, 68, 76, 81, 121, 122
イスティタン　100
イスラエル　205-206, 237
イスラム革命　230
イスラム救済戦線（FIS）　266
イスラム潮流運動（MTI）　230, 233-234, 236-238, 240-241, 248, 255, 259-261
イスラムの冬　338
イタリア　57-59, 67, 71-72, 77, 81, 85-87, 91, 93, 96, 98, 103, 106-107, 119-120, 123, 126, 134-136, 156, 158, 161-162, 205-206, 211, 214, 227-248, 258, 263
イタリア＝チュニジア条約　86
『イフラス・アウ・フッブカ・ダルバニ』　251
『イブン・アラビの墓』　256
イブン・グダヘム、アリ　68, 70
イブン・ジヤド、タリク　139
イブン・ハリファ、アリ　78

イブン・ハルドゥーン　112
イベリア半島　167
『イムラァトゥナ・フィル＝シャリーア・ワル＝ムジェタマア（イスラム法における我々の婦人）』　141
イラク　166, 264-266, 305
イラン　230, 300, 323
イラン革命　263
イングラム、レックス　245
インドシナ　185, 187
インドネシア　314
ウィキリークス　301
ウィザラ（チュニジア司法省）　88-89
ウィルソン、ウッドロー　123
ウシュル　100
ウッド、リチャード　54-56, 59, 62-63, 72, 76
『腕木信号機の沈黙（シランス・デ・セマフォール）』　257
『海の天体観測器（ラストロラブ・ド・ラ・メール）』　257
ウラマー　56-57, 59, 61-62, 65, 73-74, 107, 121, 129, 144, 197, 202-203
エコール・ド・チュニス　171, 248
エジプト　49, 52-53, 59, 85, 111, 126, 145, 166, 175, 203, 206, 274, 283, 295, 298, 300, 306, 322, 338
エステバ、ジャン　159, 160
エッタカトル　→　労働と自由のための民主フォーラム
エトワール偵察兵　152
エリオ、エドゥアール　138
エルドアン、レジェブ・タイイプ　31
演劇学校　171
演劇センター（サントル・ダール・ドラマティク）　244
エンフィダ　90
エンフィダビル　179
オーストラリア　319
オーストリア　156
オスマン（帝国）　47-49, 52-54, 59, 62, 65, 68-69, 70, 75-79, 81, 85, 121-123
オートクロク、ジャン・ド　180-184, 272
『男たちの季節（ラ・セゾン・デゾム）』　259-260
オバマ、バラク　322

【か行】

カアク、ムスタファ　167-168
改革党（パルティ・レフォルミスト）　131, 138, 164
『外国による占領から解放された共和国　一九五九－一九六四年』　276
カイロ　166, 174-175, 197, 203, 221
革新運動（ムブマン・ド・ラ・レノバシオン）　269, 274
カスバ広場　304, 305
カセリン　97, 269
カーター、ジミー　327
カーター・センター　327
カダフィ、ムアンマル　231, 306
カタール　320
カナダ　319
カビール　51
ガフサ　84, 93, 97, 103-104, 147, 214, 231-232, 243, 292, 294, 300
ガフサ・リン酸塩会社　292, 294
ガフサ・リン酸塩鉄道会社（コンパニー・デ・フォスファト・エ・シュマン・ド・フェール・ド・ガフサ）　103
カプチン派修道会　87
カプ・ボン半島（地方）　162, 182, 214
ガベス　93, 97
カラマンリ家　47
カルイ、ハミド　263
カルタゴ　61, 86-87, 142, 246

カルタゴ映画祭(ジュルネ・シネマトグラフィク・ド・カルタジュ) 245, 247, 258-259
『カルタゴの映画』 247
ガルマディ、サラハ 252
『寒天(アガル)』 250
ガンヌーシ、スーマヤ 329
ガンヌーシ、ムハンマド 302-304, 314-315, 320
ガンヌーシ、ラシード 230, 233, 236, 240-241, 255, 261-262, 264, 266-268, 304, 320-321, 323-324, 329, 332
カンプノン、ジャン=バプティスト 69
カンボン、ポール 79-82, 85, 90, 110
ガンマルス 245
ギガ、バハリ 145-146, 149, 151
ギガ、マタリ・スファル 156
北アフリカ 45, 48-49, 86-87, 97, 114, 127, 139, 142, 160, 162, 166-167, 174, 180, 217, 243, 256, 264-265, 283, 291, 322, 336
北アフリカ解放委員会 166
北アフリカ議会(コングレ・ド・ラフリク・デュ・ノール) 117
北アフリカ石油会社 180
キプロス 77
共和国会議党(CPR) 316, 326, 328-329, 331
ギヨン、アルマン 151-152, 158
ギリシャ 226
キレナイカ 126
クウェート 264-265
クサル・サイド 46
クサル・ヘッラル 149
クタリ、ナスール 246, 258
クッタブ 107-108
組合主義民主同盟(UDU) 262, 269, 274
グラナダ 167
クリスピ、フランチェスコ 86
クリミア 52-54
クレマンソー、ジョルジュ 124
クレミウー令 88
黒い手(マン・ヌワール) 159
劇場部(セルビス・デュ・テアートル) 243
劇の方向づけ国家委員会(コミシオン・ナショナル・ドリアンタシオン・テアトラル) 243
ゲッラティー、ハサン 121, 126, 128, 131-132, 135
ケビリ 97
ケフィ、ファイザ 284
ケルアン 68, 78, 93, 202
ゲルファリ、リアド(アストルバル) 303
ゲルマシ、アリ 249
現代民主極党(アル=クトゥブ) 316, 326
公共事業庁 102
公衆教育庁 109, 114
『行動(ラクション)』 195
国際財務委員会 71, 74, 81
国際聖さん会議 142
国際通貨基金(IMF) 235, 239, 272, 282, 287
国民協約 260, 263
国民連帯基金(FSN) 269-270
国連 176, 183, 204-205, 299
国連開発計画 290
国家計画評議会 207
国家憲兵隊 293, 307
国境なき記者団 286
『護符(タリスマノ)』 256
コーラン護持協会 223, 230
コルシカ 273
コロン 91-93, 95-97, 100-103, 105, 113-

115, 117-118, 120, 123, 125, 130, 140, 147-148, 152, 162, 166, 177, 180, 183, 186, 206, 214
コロンナ、アントワーヌ　167
混合不動産法廷（トリビュナル・ミクスト・イモビリエ）　90, 92
コンスタンティーヌ　48

【さ行】

サアルビ、アブド・アル＝アジーズ　121, 126-131, 134-135, 155-156, 167, 187
サイド、アミナ　257
ザイトゥーナ　56, 65, 74, 127, 145, 150, 154, 173-174, 178-179, 200-202
ザイトゥーナ学生全国委員会　179
ザイトゥーナ・サディキ合同学生委員会　173
ザイトゥーナ・モスク＝大学　107, 109, 113, 118, 140, 142, 145, 150, 164, 173-174, 178-179, 197, 201, 203, 223, 230
サウジアラビア　264-266, 301, 311, 313, 320, 324
ザウシュ、アブド・アル＝ジャリル　120
サウト・アル＝タリブ・アル＝ザイトゥーニ（ザイトゥーナ学生の声）　178-179
『サウマア・タハタリク』　251
サキエト・シディ・ユフス　204, 208
ザグワン　64, 330-331
サッカ、アハマド　127-128
ザッルク、アハマド　70
ザッルク、ラルビ　47
サディキ大学　74-75, 99, 107-108, 110-111, 118, 157, 230
サディキ大学同窓会（アソシアシオン・デザンシアンゼレーブ・デュ・コレージュ・サディキ）　12, 152
サナア　298
サハラ　204, 211, 264
サヒル　68-69, 74, 78, 98, 149, 152-153, 172
『サファーイブ・ミン・ダハブ（金の木靴）』　258
『サファラ・アル＝ヌクラ・ワル＝タサッウル』　257
サママ、アルベール（シクリー）　244
『サムト・アル＝カスル（宮殿の沈黙）』　259
サムール、ハビブ　158-159, 161, 166
『ザ・モーニング・アフター』　324
サヤハ、ムハンマド　276
サラフィー主義　318, 323-324, 334, 336-337
サラフィーヤ　111-112, 117, 119, 198
『サリファン・フィ・ハルク・アル＝ワディ（ラ・グーレットの夏）』　258
サルディニア　58
サン、ルシアン　130-132, 134, 138, 140-141, 146, 160
サン・ゴバン化学会社　103
サンチーム　96
サン・バンサン・ド・ポール大寺院　87
サン・ルイ大学　109
シアラ家　93
『シェイク』　244
シェシア　114
シェッビ、ナジブ　273, 303, 315, 326
ジェッラズ　119-121
シェニク、ムハンメド　148, 162, 177-182, 184, 221
ジェバリ、ハンマディ　329, 331, 333, 335-336
ジェルバ島　173, 191, 214, 259, 283
ジェンドゥービ、ケマル　318

シオニズム　153
『塩の柱(ル・スタチェ・ド・セル)』
250
シチリア　58, 71
『ジッル・アル＝アルド(土地の影)』
247
シディ・サビト　90
シディ・ブージド　295-296
シナゴーグ　206, 283
シネテレフィルム　247, 257
ジハード　202
ジャイビ、ファデル　244
シャイフ　56, 66
社会主義進歩連合(RSP)　262, 269, 273
社会主義ドゥストゥール党(PSD)　208-209, 213, 220-223, 228-235, 238, 240-242, 248, 252, 255, 276, 279
社会党　138
社会民主運動(MDS)　230, 232, 238, 262, 269, 272, 274
ジャマア・タハト・アル＝スル　154
『シャムス・アル＝ディバ(ハイエナの太陽)』　246
シャリーア(法、裁判所)　88-90, 135, 144, 196-197, 318
シャンマリ、ヘマイス　271
宗教的信託地　→ハブース
自由社会党(PSL)　274
自由フランス　161-162
自由労働組合連合(ICFTU)　170
シューマン、ロベール　176-177
主要８か国(Ｇ８)財務相会議　322
ジュワン、アルフォンス　162
『殉教者チュニジア(ラ・チュニジー・マルティィール)』　127-129
情報社会世界サミット　286
『植民地化した者の肖像に先立たれた植民地化された者の肖像』　250
シリア　49, 139, 295
シンガポール　322
新劇場(テアートル・ヌーボー)　244
『新国家はユフス派の陰謀と闘っていた　一九五六－一九五八年』　276
進歩社会党(PSP)　262
進歩民主党(PDP)　273, 315, 326, 328
人民戦線連合　151, 156-157
人民団結運動(MUP)　223, 234
人民統一運動(MUP)　13
人民統一党(PUP)　234, 238, 262, 269, 274
ズィンミー　56
枢軸国　160
スエズ運河　77, 204
スカイプ　298
スーク・アル＝アルバ　97
スース　97, 102, 105, 118, 181, 214, 241
スース大学　323
スーダン　265
スパヒ　51
スファックス　85, 93, 97, 102-104, 106, 137, 153, 168, 170-171, 296
スファル、タハル　149, 151
スファル、バシール　99, 101, 111-112, 116, 118, 121
スファル、ムスタファ　154-155
スファル、ラシード　239-240
スフェズ、バットー　55, 57
『スフラワルディ・シハブ・アル＝ディン・ヤフヤ(西洋亡命物語)』　256
スペイン　57, 226, 264
スミス、アダム　231
ズメルリ、サアデッディン　267
スリム、タイエブ　157, 159-160, 164
ズワブ　51
ズワワ　51
スンナ　318

青年チュニジア党　117-124, 126, 129
青年トルコ党　117, 122
政府委員（コミセール・デュ・グベルヌマン）　89
世界銀行　235, 239, 272, 282, 287
世界ユダヤ人会議　205
世界労働組合連合（WFTU）　169-170, 180
世俗派の冬　338
セティフ　166
セブシ　→　アル＝セブシ、カイド
セリム三世　49, 52
一九八七年一一月七日通り　277
『ゾフラ』　244
尊厳と平等党（パルティ・ド・ラ・ディニテ・エ・ド・レガリテ）　316
尊厳のための革命　295, 300

【た行】

第一次五カ年計画　224-226, 228
第一次世界大戦　122, 142
タイエブ　80
第三帝国　161
第二次五カ年計画　229
第二次（世界）大戦　158
第四共和政　167
『ダーイラト・アル＝イフティナク』　252
第六のカリフ制　333-334
ダーダネルス海峡　78
タニ・ドール賞　245-247, 258
タハリール広場　300
タバルカ　45, 214
タラ　296
『タルギ』　245
タルナン、フマイス　155
中東　166, 291, 336
チュニジア映画制作・発展有限会社（SATPEC）　245-247, 257
チュニジア観光ホテル会社（SHTT）　214, 215, 218, 233
チュニジア共産党（PTC）　137, 140, 165, 233, 269
チュニジア劇場防衛委員会　171
チュニジア国民劇場（テアートル・ナショナル・チュニジアン）　244
チュニジア式の民主主義（デモクラシー・ア・ラ・チュニジェンヌ）　279-280
チュニジア自由党（パルティ・リベラル・チュニジアン）　128
チュニジア自由立憲党（パルティ・リベラル・コンスティチュショネル・チュニジアン）　129
チュニジア手工業・商業同盟（UTAC）　173, 187
チュニジア商業者同盟（UTIC）　208
『チュニジア人』　117-118
チュニジア人権連盟（LTDH）　230, 267-268, 271-272, 315
チュニジア・シンジケート部門組合（UDST）　168
『チュニジア人の行動（ラクション・チュニジアン）』　144-145, 147, 149, 152-153
『チュニジア人の声（ラ・ブワ・ドュ・チュニジアン）』　142-143
チュニジア信用組合（コオペラチブ・チュニジェンヌ・ド・クレディ）　148
チュニジア全国農民同盟（UNAT）　208
チュニジア全国婦人同盟（UNFT）　198-199
チュニジア全国労働組合（UNTT）　236
チュニジア戦線マニフェスト　165
チュニジア・テレビ・ラジオ放送局（RTT）　248
チュニジア党（パルティ・チュニジアン）

126
『チュニジアの一少女』 303
チュニジア農業者総同盟(UGAT) 187
チュニジアの自由国民評議会(CNLT) 273
チュニジア・フランス人連合 167, 177, 180, 186
『チュニジア民族運動史(イストワール・デュ・ムブマン・ナショナル・チュニジアン)』 276
チュニジア・ムスリム婦人協会 153
チュニジア・ムスリム婦人同盟(ユニオン・ミュジェルマン・デ・ファム・ド・チュニジー) 198
チュニジア労働者共産党(PCOT) 315
チュニジア労働シンジケート同盟(USTT) 169-170, 181
チュニジア労働総同盟(UGTT) 11, 168-172, 181-185, 188, 191, 194-195, 206, 211, 228-230, 233, 236, 261, 265, 285, 292, 338
チュニジア労働総連合(コンフェデラシオン・ジェネラル・デ・トラバユール・チュニジアン) 134, 137-139
チュニス 46-47, 53, 57-58, 60-61, 65, 79, 81, 84, 87, 93, 97-98, 105-106, 111, 119, 125, 127, 129-130, 137, 139, 141, 144, 146-147, 149, 152-154, 157, 162, 171-172, 186, 188-189, 192, 194, 197, 202, 204, 216, 225, 242, 245, 248, 258, 262, 297-298, 300, 320, 327-328, 335-336
チュニス大学 203
チュニス-ラ・グーレット-ラ・マルサ線 103, 106
ツイッター 298
テストゥール 97
デュパルシー会社 103
デルランジェ、ルドルフ 155
ドイツ 122-123, 156, 158-163, 182, 227, 283
ドゥストゥール党 126-151, 153, 155-156, 164, 167, 178, 181, 255
『トゥニス・レブレド(チュニジア、わが国)』 298
ドゥメルグ、ガストン 143
トゥラビ、ハサン 265
トゥルキ、ヘディ 248
トゥルキ、ヤヒヤ 155
ド・カニエール、ビクトル 113-114, 117
独立最高選挙支援部(ISIE) 318, 326-327
ドゴール、シャルル 163-164
トズール 214
トマス・クック・アンド・サンズ 216
トラトリ、ムーフィダ 12, 258-260
トラベルシ、レイラ 291-292, 301
トランスペアレンシー・インターナショナル 291
ドリス、ムハンマド 244
『鳥の灯(フー・ドワゾー)』 257
トリポリ 48, 239
トリポリタニア 77, 79, 107, 119, 126
トリリ、アハマド 194
トリリ、アブデルラハマン 274
トリリ、ムスタファ 256
トルコ 48, 51, 196-197, 313
トルコ公正開発党 313

【な行】

ナイル 61
ナシル・ベイ 131-132, 134, 160
ナセル、ガマル・アブデル 203-205, 274-275
ナブール 97
ナルーティ、アルシヤハ 252

ナワート　303
ヌイラ、ヘディ　182, 206, 223-227, 232, 235, 242
ネオ＝ドゥストゥール党　149-159, 161-187, 189-209, 213, 221-222, 233, 242, 248, 255, 269, 275-276, 278, 285, 316
ネオ＝ドゥストゥール党自由青年部　152
ネオ・ブルギバ主義同盟（ユニオン・ネオ＝ブルギビエンヌ）　316
ネスマ・テレビ　323
『粘土の人形（プペ・ダルジル）』　258
農業庁　91-92
ノーベル平和賞　303

【は行】

バイア　280
ハイリ、ファシア　155
ハイル・アル＝ディン・アル＝トゥンシ　65, 67, 70-76, 82, 90, 110-112, 118
パキスタン　174
バグダード　265
ハサン王　274
ハシェド、ファルハト　168-170, 179-180, 182-183, 187
バシュ＝ハムバ、アリ　117-122
バシュ＝ハムバ、ムハンマド　122
バシール、ズダイダハ　251
ハシン　163
ハシン、アブド・アル＝アジーズ　245
バース党　305
ハズナダル、ムスタファ　62, 64-67, 69-71, 76-77
バッカル、セルマ　246, 248
バックーシュ、サラハ・アル＝ディン　182, 192
バックーシュ、ハシェミ　250, 256
バックーシュ、ヘディ　255
ハッダド、タハル　140-141, 154
ハット＝イ＝シャリフ　49
ハディース　318
バドラ、ムハンマド　181-182
ハナシル　90
ハナフィー学派　144, 196
『ハニン』　251
ババイ、ブラヒム　246
バハレーン　295, 298
ハビブ二世　239
『ハビブ・ブルギバ――その闘争の記録』　178
ハビブ・ブルギバ通り　277
ハビブ・ベイ　134, 138
バーブ・アル＝バハル（フランス門）　87
ハフシド朝　61
ハブース　74, 90, 92, 99, 116, 126, 196, 202
バーブ・スイカ　266
ハブース評議会　74, 92, 99, 109, 196, 207
ハムディ、ハシェミ　326
ハムバ　51
パラマウント・ピクチャーズ　244
パリ　66, 93, 117, 127-128, 134, 138, 151, 180-181
パリ講和会議　126, 127
パリ大学　250
バルディーヤ　50, 53, 119
バルド　45-46, 50, 65, 81, 88
ハルドゥニーヤ　112-113, 116, 118, 152
バルド士官学校　107
バルド条約　47, 77-80, 186
ハルファウィン　258
『ハルファウィン』　259
パレスチナ　57, 145, 153, 166, 174, 205-206, 237, 318

パレスチナ・イスラエル紛争 ,237
パレスチナ解放機構　205, 237
ハンマム・リフ　237
ハンマメット　214
ピアストル　96
『ヒカヤ・バシータ・カハディィヒ（とても単純な物語）』　246
ビシー政府　160-161, 163
ヒジュラ　96
ヒズブ・アル＝タハリール（解放党）　318-319, 323, 326, 334, 336
ビゼルテ　46, 85, 97, 102, 105-106, 137, 144, 204, 206, 209, 212, 248
ピュオー、ガブリエル　129, 131-132
ビュルヌス　114
ビン・ラーデン　313
ブーアジージ、ムハンマド　295, 297
『ファトマ七五』　246
『ファルダ・ワ・リカト・ウフタハ（気の狂った二人の盗賊）』　248
ファルハト、サラハ　134, 149, 161, 167
『ファンタジア』　256
『フィ・バイト・アル＝アンカブート』　252
『フィル＝ダルブ・アル＝タウィル』　251
フェイスブック　296
フェッラガ　183-185, 189, 192, 202
『フォーブズ・マガジン』　286
フォール、エドガー　186
ブーゲディィル、フェリド　247, 258-259
フサイン朝　47, 51, 62, 163, 280
フサイン・ベイ　51
ブージド、ヌーリ　247, 258
ブーズガルー、シェドリア　152
フセイン王　274
ブーハジブ、アリ　145
普仏戦争　→　フランス・プロシャ戦争
フミル　45, 47, 77, 80
フライイフ、バシール　251
ブラウン、L・カール　278
プラス・デ・マルティール　181
ブラヒミ、モハメド　338, 342
フランス（仏）　45-51, 54-55, 62-64, 67-74, 76-93, 96-99, 102, 106-118, 120-125, 127-148, 150-170, 172, 174-191, 198, 200, 203-206, 208, 212, 215, 216, 223, 225, 227, 230, 244, 246, 248, 253, 256, 258, 262, 264, 273, 280, 284, 318-319, 332
フランス＝アラブ学校　108-110, 113-114
フランス人ムスリム連盟（ラ・リグ・デ・ミュジュルマン・フランセ）　145
フランス第三共和政　278
フランス＝チュニジア委員会　90
『フランスのチュニジア（ラ・チュニジー・フランセーズ）』　113
フランス・プロシャ戦争　77
フランダン、エチエンヌ　125
フリフィ、オマル　245-246
ブルギバ、ハビブ　142, 144, 146, 149, 151, 156-157, 161-166, 172-173, 175-195, 197-198, 201-209, 213-214, 217-218, 221-236, 239-243, 248, 250, 252, 254-256, 259-263, 266-267, 269, 270, 274-279, 305, 307-309, 315, 335, 338
ブルギバ、ムハンマド　149
ブルド、ポール　93
ブルム、レオン　151
ブレアール、ジュール＝エメ　46, 77
『フワ・アム！（何という年！）』　135
ベイ宮殿　46-47
ペイルートン、マルセル　146, 150, 273
ベクリ、タハル　256
ベジャ　97

『ベズネス（ビジネス）』　258
ペタン、フィリップ　159
ベッラガ、アリ　249
ベヒ、リダ　246, 248
ベライド、シュクリ　337
ペリイエ、ルイ　177, 180
ベルギー　246
ベルジュ・デュ・ラク　336
『ペルセポリス』　323
ベルハッジ、リダ　319, 323
ベルホッジャ、ナジブ　249
ベルリン（会議）　77, 80
ベン・アイシャ、サドク　246, 248
ベン・アシュール、ヤド　303, 312
ベン・アモル、ハマダ（エル・ジェネラル）　296, 298
ベン・アヤド、アリ　243
ベン・アリ、ザイン・アル＝アビディン　236, 239, 241-242, 253-255, 257, 259-260, 262-271, 273-275, 277, 282-283, 286, 291, 293-295, 299-303, 305-312, 315, 320, 322-325, 335, 338
ベン・アル＝シャイフ、アブド・アル＝カディル　251
ベン・アル＝シャイフ、ハヤト　257
ベン・アンマル、アブド・アル＝ラティフ　246
ベン・アンマル、タハル　130, 164, 185, 187, 192, 199
ベン・アンマル、ラシード　300
ベン・アンマル、ワシラ　239
ベンガジ　239, 336
ベン・サラハ、アハマド　173, 187, 194-195, 208-209, 213, 215, 218, 221-223, 226, 234, 246, 256
ベン・サリフ、ムハンマド・アル＝ハディ　252, 257
ベン・サリム、ウマル　251-252, 256, 272
ベン・ジャーファル、ムスタファ　303, 315, 326, 331, 335, 337
ベン・スリマン、スリマン　156
ベン・マブルーク、ネイジャ　246
ベン・マミ、ライラ　251
ベン・ムヘンニ、リナ　303
ベン・ムラド、ブシラ　152
ベン・ユスフ、サラハ　195, 197-198, 201, 203, 218, 231, 259, 272, 278
ホッブズ、トマス　231
ボーヌ＝ゲルマ会社　102-103, 106
ポルトガル　226
ボワイエ・ド・ラ・トゥール、ピエール　185
ボワザール、ピエール　184
ボンパール、モーリス　84

【ま行】

マアルフ　155
マクタル　97
マグレブ　260, 265, 308, 315, 338
マグレブ演劇祭（フェスティバル・デュ・テアートル・マグレバン）　243
『マグレブ評論（ラ・ルビュ・デュ・マグレブ）』　122-123, 126
マシコー、ジュスタン　82, 84-85, 91
マジャルダ渓谷　93, 97, 102, 105
マジュバ　67, 100, 117
マシュール　115
マスト、シャルル　162-163, 165
マスムーディ、ムハンマド　195
マスラハ・アル＝マディーナ（市の劇場）　243
マダニ、アッバス　264
マタリ、マハムード　145, 149, 151, 157, 161
マナマ　298

マニ教　278
マハダウィ、ヌジャ　249
マハディア　97
マハムード二世　49, 52
マムルーク　50, 54, 56, 65-67, 73
『マラティジュ』　253
マラブー　68
マリキ学派　144, 196
マルズーキ、モンセフ　268, 271, 316, 328-329, 331, 335, 337
マルセイユ　116
マルセイユ信用会社（ソシエテ・マルセイエーズ・ド・クレディ）　90
マルタ　57-59, 67, 81, 86-87, 136
マレーシア　313
マワト　92
マンシロン、ジョゼフ　144-146, 148
マンスール、アリ　248
マンデス＝フランス、ピエール　185, 187
緑の脅威　268
ミュジュルフラン　145
ミルラン、アレクサンドル　132
ミレー、ルイーズ　109
ミレー、ルネ　82, 101-102, 112-113
民事統制官（コントロルール・シビル）　83, 101, 176
民衆の請願党（アリダ党）　326-327
民主青年党（パルティ・デ・ジューヌ・デモクラト）　316
民主立憲連合（RCD）　15, 255, 262-263, 256, 268-272, 282, 284, 293, 297, 303-305, 307, 309-310, 316, 321
民族解放戦線（FLN）　203, 266
『ミン・ハッキヒ・アン・ヤハルーム』　257
ムガラサト　93
ムザリ、ムハンマド・サレハ　184, 232-236, 238-240, 244, 247, 251
無職卒業生組合　293
ムスリム　54-58, 62, 65, 73, 88, 92, 107-108, 110-112, 119, 135, 139, 142-145, 153, 160, 167, 174, 196-197, 202, 205, 223, 240, 248, 258, 264-265, 281, 318, 336-337
ムディラ　293
ムハッバラト　286
ムバラク、ホスニ　306
ムハンマド（預言者）　318
ムハンマド五世　176, 182, 189
『ムフタル』　246
ムフタル・ハディド鉱山会社　103
ムフティー　56, 144-145, 202
ムーラレス　293
ムールー、アブド・アル＝ファッタハ　230, 233, 262, 266
ムワダ、ムハンマド　269
メシミ法　89
メスティリ、アハマド　221-223, 230, 232, 239, 261, 269, 272
メズバー、フアド　302, 311
メッカ　260
メッデブ、アブデルワッハブ　256
メディナ　57, 87, 216
メデニン　121, 306
メトラウィ　293
メンミ、アルベール　250, 256
モスク　196
モスクワ　221
モーゼ　88
モナスティル　97, 146, 152, 206, 214-215, 241-242, 275, 277
モーリタニア　264
モリノー法　134-136, 139, 144
モルジャン、カメル　316
モロッコ　107, 125, 139, 151, 156, 166,

176, 182, 189, 246, 262, 274, 283
モンス、ジャン　167, 170, 172, 174-175, 177
モンセフ派委員会　163-164, 167, 171, 174
モンセフ・ベイ　160-166, 171, 173-175

【や行】

『ヤウム・ミン・アッヤン・ザムラ』 252
ユダヤ教徒　54-55, 57, 87-88, 108-110, 135, 139, 160, 205-206, 244, 250, 258
ユーチューブ　298, 336
ヨルダン　274
ヨーロッパ　45, 47, 49-60, 62, 64-67, 70, 75-78, 85, 90, 93, 95-98, 100-103, 105, 107-111, 113-116, 120, 122, 124, 134, 135, 141, 147-148, 153-156, 158, 166, 171, 197, 205-206, 212, 215-218, 225-228, 236-237, 243-247, 249, 251, 264-265, 267, 272, 282, 308, 319
ヨーロッパ共同体（EC）　263
ヨーロッパ経済共同体（EEC）　226, 272
ヨーロッパ連合（EU）　272, 288, 322, 325, 327

【ら行】

『ライオンの山（ラ・モンターニュ・デュ・リオン）』　256
『ライス・レブレド（わが国の大統領）』 297-298
ラ・カッレ　45, 63
ラ・グーレット　58, 60, 63, 84, 258
ラジオ・チュニス　171
ラシディーヤ専門学校　155
ラスラム、ムハンマド　112, 116-117
ラテン語　216
ラドガム、バディ　222
ラハビブ、ムハンマド　154
ラビ　88
ラビジェリー、シャルル　86-87, 109, 139
ラボンヌ、エリク　158
ラマダン　202, 281
ラ・マルサ　60, 81, 86, 132
ラ・マルサ協約　61, 81-82, 110, 186
リセ・カルノー　109-110
リセ・ファリエール　110
リビア　176, 184, 227, 237, 239, 264, 283, 295, 298, 306, 308, 336
『リフ・アル＝サッド（灰の男）』　247
リボルノ（グラナ）　57
リヤド　265
ル・ケフ　68, 97
ルスタン、テオドール　46, 76-77
『ルニオネ』　86
ルノー　225
ルービエ、ユルバン　82
ルーヒシ、タイエブ　247
『ル・モンド・ディプロマティック』 337
『レイラ』　153
『歴史』　112
レジオン・ドヌール勲章　81
レダイェフ　293-294
『レダイェフ五四』　259
連合国　160
労働総同盟（CGT）　136, 168-169
労働と自由のための民主フォーラム（エッタカトル党：FDTL）　13, 273, 315, 326, 328, 331
ロシア　52, 76, 91
ロッシュ、レオン　54-56, 59, 62-64, 66
ローマ　57, 247

【わ行】

『我が信仰は残れり（マ・フワ・ドゥムール）』 250
『ワ・ガダン？（で明日は？）』 246
『私の人生、私の作品（マ・ビ、モンヌーブル）』 276
『私の友達になって（スワ・モナミ）』 258
『ワ・ナシビ・ミン・アル＝ウフーク』 251
『ワハ・ビ＝ラ・ジッル』 251
湾岸（諸国） 265, 319
湾岸戦争（紛争） 265-266

【訳者略歴】

鹿島正裕（かしま　まさひろ）

1948年新潟市生まれ。1971年東京大学教養学部卒業、1979年同大学院社会学研究科博士課程単位取得退学（2001年同大学院総合文化研究科より学術博士号取得）。1980－82年エジプト・カイロ大学文学部客員助教授、1982－2013年金沢大学法学部ついで国際学類教員、2013年より同大学名誉教授。2014年より放送大学特任教授・石川学習センター所長。近年の主要著作に『中東戦争と米国』（御茶の水書房、2003年）『国際学への扉（改訂版）』（共編書、風行社、2012年）『中東政治入門（増補新版、第三書館、2013年）』『アラブ・イスラエル和平交渉』（アイゼンバーグとキャプランの共著の翻訳、御茶の水書房、2004年）『民主化かイスラム化か』（A・ダウィシャ著の翻訳、風行社、2013年）等。

チュニジア近現代史——民主的アラブ国家への道程

2015年1月25日　初版第1刷発行

著　者　ケネス・パーキンズ
訳　者　鹿　島　正　裕
発行者　犬　塚　　満
発行所　株式会社 風　行　社
〒101-0052 東京都千代田区神田小川町3－26－20
Tel. & Fax. 03-6672-4001
振替 00190-1-537252
印刷・製本　中央精版印刷株式会社

ISBN978-4-86258-085-6